Erich Maria Remarque

Schatten im Paradies

Roman

Mit einem Nachwort
von Tilman Westphalen

Kiepenheuer & Witsch

1. Auflage 1995

Genehmigte, vollständige Lizenzausgabe
Verlag Kiepenheuer & Witsch, Köln, 1995

Umschlaggestaltung Manfred Schulz, Köln
Umschlagfoto Archiv für Kunst und Geschichte, Berlin
Satz Dörlemann Satz, Lemförde
Druck und Bindearbeiten Clausen & Bosse, Leck
ISBN 3-462-02470-1

Inhalt

Schatten im Paradies 7

Nachwort von Tilman Westphalen 493

Prolog

Das Ende des letzten Krieges erlebte ich in New York. Die Gegend um die 57. Straße war mir, dem Heimatlosen, der die Sprache dieses Landes nur sehr mangelhaft beherrschte, fast zu einer neuen Heimat geworden.

Hinter mir lag ein langer, gefährlicher Weg, die Via dolorosa all derer, die vor dem Hitler-Regime hatten fliehen müssen. Die Straße der Leiden lief von Holland, Belgien und Nordfrankreich nach Paris. Dort teilte sie sich. Der eine Weg führte über Lyon an die Küste des Mittelmeeres, der andere über Bordeaux und die Pyrenäen nach Spanien, Portugal und zum Hafen von Lissabon.

Ich war diese Straße entlanggezogen wie so viele, die der Gestapo entkommen waren. Doch auch in den Ländern, durch die unsere Fluchtwege führten, waren wir noch nicht in Sicherheit, denn nur die wenigsten von uns hatten gültige Ausweise oder Visa. Wenn die Gendarmen uns erwischten, wurden wir eingesperrt, zu Gefängnis verurteilt und ausgewiesen. Einige der Länder waren allerdings menschlich genug, uns wenigstens nicht über die deutsche Grenze abzuschieben; dort wären wir in den Konzentrationslagern umgekommen.

Da nur wenige Flüchtlinge gültige Pässe hatten mitnehmen können, waren wir deshalb fast pausenlos auf der Flucht. Wir konnten ohne Papiere auch nirgendwo legal arbeiten. Die meisten von uns waren hungrig, elend und einsam; deshalb nannten wir die Straße unserer Wanderungen auch die Via dolorosa.

Unsere Stationen waren die Postämter in den kleinen Städten und die weißen Mauern an den Straßen. Auf den Postämtern versuchten wir postlagernde Nachrichten von Angehörigen und Freunden zu finden; die Mauern und Häuser an den Chausseen wurden unsere Zeitungen. In Kreide und Kohle fand man dort die Aufzeichnungen der Verlorenen, die sich gegenseitig suchten, Adressen, Warnungen, Hinweise, Schreie ins Leere, in einer Periode allgemeiner Gleichgültigkeit, der bald die Epoche der Unmenschlichkeit folgen sollte: der Krieg, in dem Gestapo und Miliz und oft auch die Gendarmen gemeinsame Sache machten in ihrer Jagd auf uns Unglückliche.

I.

Ich war vor einigen Monaten mit einem Frachtdampfer aus Lissabon in Amerika angekommen und konnte nur wenig Englisch – das war, als hätte man mich halb stumm und halb taub und von einem anderen Planeten hier ausgesetzt. Es war auch ein anderer Planet, denn in Europa war Krieg.
Dazu kam, daß meine Papiere nicht in Ordnung waren. Ich hatte zwar dank vieler Wunder ein gültiges amerikanisches Visum, mit dem ich eingereist war; aber mein Paß lautete auf einen anderen als meinen Namen. Die Immigrationsbehörden waren mißtrauisch geworden und hatten mich in Ellis Island festgesetzt. Nach sechs Wochen hatten sie mir dann eine Aufenthaltsgenehmigung für drei Monate gegeben. In dieser Zeit sollte ich mir eine Einreisegenehmigung in ein anderes Land besorgen. Ich kannte das von Europa her. Ich hatte dort seit Jahren so existiert – nicht von einem Monat, sondern von einem Tag zum andern. Als deutscher Emigrant war ich ohnehin seit 1933 offiziell tot. Jetzt für drei Monate nicht mehr fliehen zu müssen, war bereits ein unfaßbarer Traum.
Es schien mir auch schon lange nicht mehr merkwürdig, einen anderen Namen zu haben und mit dem Paß eines Toten zu leben – im Gegenteil, eher passend. Ich hatte den Paß in Frankfurt geerbt; der Mann, der ihn mir an genau dem Tage schenkte, an dem er starb, nannte sich Ross. Ich hieß also ebenfalls Robert Ross. Meinen wirklichen Namen hatte ich fast vergessen. Man kann viel vergessen, wenn es ums nackte Leben geht.
In Ellis Island hatte ich einen Türken getroffen, der vor zehn Jahren schon einmal in Amerika gewesen war. Ich wußte

nicht, weshalb man ihn jetzt nicht wieder einreisen ließ, ich fragte auch nicht danach. Ich hatte zu oft erlebt, daß man Leute einfach deshalb auswies, weil sie in keine Spalte des Fragebogens paßten. Der Türke gab mir die Adresse eines Russen, der in New York wohnte und den er aus früheren Zeiten kannte. Er wußte freilich nicht, ob er noch am Leben war. Als ich freigelassen wurde, ging ich trotzdem sofort hin. Es war selbstverständlich, daß ich das tat; ich hatte ja seit Jahren so gelebt. Leute, die auf der Flucht waren, mußten mit Zufällen weiterleben, und je unwahrscheinlicher sie waren, desto normaler kamen sie einem vor. Es waren die Märchen von heute; sie waren nicht sehr erheiternd, aber sie endeten überraschenderweise oft besser, als man erwartet hatte.

Der Russe arbeitete in einem kleinen, sehr heruntergekommenen Hotel in der Nähe des Broadway. Er nannte sich Melikow, sprach deutsch und nahm mich sofort auf. Als alter Emigrant hatte er einen Blick für das, was mir fehlte: ein Unterkommen und Arbeit. Das Unterkommen war leicht gefunden; er hatte ein zweites Bett, das er in seinem Zimmer unterbrachte. Mit einem Touristenvisum war es mir verboten zu arbeiten, ich hätte dafür ein anderes haben müssen: ein Einreisevisum mit einer Quotanummer. Ich mußte also heimlich arbeiten. Ich kannte das aus Europa, und es störte mich nicht besonders. Ich hatte auch noch etwas Geld.

»Haben Sie eine Ahnung, wovon Sie leben könnten?« fragte mich Melikow.

»Ich habe in Frankreich zuletzt als Schlepper für Händler mit zweifelhaften Bildern und falschen Antiquitäten gelebt.«

»Verstehen Sie etwas davon?«

»Nicht viel, aber einiges von den üblichen Praktiken.«

»Wo haben Sie die gelernt?«

»Ich war zwei Jahre lang im Museum in Brüssel.«

»Angestellt?« fragte Melikow überrascht.

»Versteckt«, antwortete ich.

»Vor den Deutschen?«
»Vor den Deutschen, die Belgien eingenommen hatten.«
»Zwei Jahre?« sagte Melikow. »Und man hat Sie nicht gefunden?«
»Mich nicht. Aber den Mann, der mich versteckt hat.«
Melikow sah mich an. »Sie sind entkommen?«
»Ja.«
»Haben Sie von dem anderen noch etwas gehört?«
»Das Übliche. Man hat ihn in ein Lager gebracht.«
»War er Deutscher?«
»Belgier. Direktor des Museums.«
Melikow nickte. »Wie konnten Sie so lange unentdeckt bleiben?« fragte er dann. »Kamen keine Besucher in das Museum?«
»Doch. Tagsüber war ich im Keller in einem Abstellraum eingeschlossen. Abends kam der Direktor, brachte mir Essen und öffnete mir für die Nacht mein Versteck. Ich blieb im Museum, aber ich konnte aus dem Keller heraus. Licht durfte ich natürlich nicht machen.«
»Wußten andere Angestellte davon?«
»Nein. Der Abstellraum hatte keine Fenster. Ich mußte still sein, wenn jemand in den Keller kam. Am meisten Sorge hatte ich davor, zur falschen Zeit niesen zu müssen.«
»Hat man Sie dadurch entdeckt?«
»Nein. Es war jemandem aufgefallen, daß der Direktor abends so oft im Museum blieb oder noch einmal zurückging.«
»Ich verstehe«, sagte Melikow. »Konnten Sie lesen?«
»Nur nachts, im Sommer und wenn der Mond schien.«
»Aber Sie konnten nachts im Museum umhergehen und die Bilder ansehen?«
»Solange man sie sehen konnte.«
Melikow lächelte. »Ich mußte während der Flucht aus Rußland an der finnischen Grenze einmal sechs Tage unter dem Holzstapel eines Blockhauses liegen. Als ich herauskam,

dachte ich, es wäre viel länger gewesen. Mindestens vierzehn Tage. Aber ich war damals jung, und für einen jungen Menschen vergeht die Zeit ohnehin langsamer. Sind Sie hungrig?« fügte er ohne Übergang hinzu.

»Ja«, sagte ich, »sehr sogar.«

»Das dachte ich. Man ist immer hungrig, wenn man freigelassen wird. Gehen wir in die Apotheke essen.«

»In die Apotheke?«

»In einen Drugstore. Das ist eine der Eigentümlichkeiten des Landes. Man kann dort Aspirin kaufen und essen.«

»Was haben Sie tagsüber im Museum getan, um nicht irrsinnig zu werden?« fragte Melikow.

Ich blickte die Reihe der Leute entlang, die eilig an der langen Theke aßen und vor sich Reklameschilder und Medizinflaschen hatten. »Was essen wir hier?« fragte ich zurück.

»Einen Hamburger. Neben Wiener Würstchen die Hauptnahrung des Volkes. Steaks sind zu teuer für den einfachen Mann.«

»Ich wartete auf den Abend. Ich benutzte natürlich jedes Mittel, um nicht immerfort an die Gefahr zu denken, in der ich mich befand. Das hätte mich sehr schnell verrückt gemacht. Dafür aber hatte ich schon etwas Training, ich war ja bereits einige Jahre unterwegs, eines davon auf der Flucht in Deutschland. Ich vermied jeden Gedanken, irgend etwas falsch gemacht zu haben. Reue zerfrißt die Seele gründlicher als Salzsäure – sie ist etwas für ruhige Zeiten. Ich repetierte mein Französisch immer wieder und gab mir selbst unzählige Nachhilfestunden. Dann begann ich, nachts in den Sälen des Museums umherzustreichen und die Bilder zu betrachten und mir einzuprägen. Bald kannte ich sie alle. Dann fing ich an, sie mir in meinem Gelaß im Dunkel des Tages vorzustellen. Ich ging dabei systematisch vor, Bild für Bild, nicht wahllos, und ich brauchte oft viele Tage für ein einzelnes Gemälde. Ich hatte zwischendurch Verzweiflungsanfälle, aber ich begann immer wieder von neuem. Hätte ich einfach die Bilder betrachtet, wäre die Verzweiflung viel häufiger gekommen. Dadurch, daß ich eine Art Gedächtnisübung daraus machte, gab ich mir eine Chance, mich zu verbessern. Ich rannte nicht mehr gegen eine Wand, ich ging eine Treppe hinauf. Verstehen Sie das?«

»Sie blieben in Bewegung«, sagte Melikow. »Und Sie hatten ein Ziel. Das schützte Sie.«

»Ich lebte einen Sommer lang mit Cézanne und einigen Degas. Es waren natürlich Phantasie-Bilder und Phantasie-Vergleiche. Aber es waren trotzdem Vergleiche, und dadurch wurden sie eine Herausforderung. Ich memorierte die Farben und die Kompositionen, dabei hatte ich die Farben doch nie am Tage gesehen. Es waren Mondschein-Cézannes und Nacht-Degas, die ich in ihren Schattenwerten memorierte und verglich. In der Bibliothek fand ich später Kunstbücher. Ich hockte mich unter die Fenstersimse und studierte sie. Es war eine Gespensterwelt, aber es war eine Welt.«

»War das Museum nicht bewacht?«

»Nur am Tage. Abends wurde es abgeschlossen. Das war mein Glück.«

»Und das Unglück des Mannes, der Ihnen das Essen brachte.«

Ich blickte Melikow an. »Und das Unglück des Mannes, der mich versteckt hatte«, erwiderte ich ruhig. Ich sah, daß er es gut gemeint hatte; er wollte mir keine Rüge erteilen. Er sprach über Tatsachen, weiter nichts.

»Sie können nicht anfangen, Ihren Unterhalt als illegaler Tellerwäscher zu verdienen«, sagte er. »Das ist romantischer Unfug und, seit es Gewerkschaften gibt, auch vorbei. Wie lange können Sie leben, ohne verhungern zu müssen?«

»Nicht lange. Was kostet diese Mahlzeit?«

»Eineinhalb Dollar. Alles ist hier seit dem Krieg teurer geworden.«

»Krieg?« sagte ich. »Hier ist doch kein Krieg!«
»Doch!« erwiderte Melikow. »Wieder einmal zu Ihrem Glück. Man braucht Leute. Es gibt keine Arbeitslosen mehr. Sie werden leichter etwas finden.«
»Ich muß in zwei Monaten hier wieder weg.«
Melikow lachte und schloß seine kleinen Augen. »Amerika ist sehr groß. Und es ist Krieg. Wieder zu Ihrem Glück. Wo sind Sie geboren?«
»Nach meinem Paß in Hamburg. In Wirklichkeit in Hannover.«
»Man wird Sie weder wegen dem einen noch wegen dem andern ausweisen können. Aber Sie könnten in ein Internierungslager kommen.«
Ich hob die Schultern. »Ich bin in einem gewesen, in Frankreich.«
»Geflohen?«
»Eher eines Tages weggegangen. In der allgemeinen Konfusion der Niederlage.«
Melikow nickte. »Ich war auch in Frankreich. In der allgemeinen Konfusion eines Sieges, der nur theoretisch war. Neunzehnhundertachtzehn. Ich war aus Rußland gekommen – über Finnland und Deutschland. Auf der ersten Welle der kleinen Völkerwanderung. Glauben Sie nicht, daß wir jetzt etwas Wodka brauchen könnten?«
»Ich habe gelernt, dem Schnaps zu mißtrauen«, erklärte ich. »Er hat mich einige Male dazu gebracht, mir selbst zuviel zu vertrauen. Zweimal mit scheußlichen Resultaten – Gefängnisse mit Ungeziefer.«
»In Spanien?«
»Nordafrika.«
»Versuchen wir es trotzdem ein drittes Mal. Die Gefängnisse hier sind sauber. Ich habe Wodka im Hotel. Hier bekommt man nichts.«
»Sind Sie ein Romantiker?« fragte Melikow.

»Nicht sehr oft. Die Polizei faßt Romantiker leichter als andere.«
»Daran brauchen Sie doch für ein paar Monate nicht zu denken.«
»Das ist wahr. Ich bin noch nicht daran gewöhnt.«
Wir gingen zu Melikows Hotel, aber ich hielt es dort nicht lange aus. Ich wollte nichts trinken, ich wollte auch nicht in dem verbrauchten Plüsch dort sitzen, und Melikows Zimmer war zu klein. Ich wollte noch einmal hinaus. Man hatte mich lange genug eingesperrt. Selbst Ellis Island war ein, wenn auch komfortables, Gefängnis gewesen. Melikows Bemerkung, ich hätte für die nächsten zwei Monate von der Polizei nichts zu befürchten, saß mir noch im Kopf. Das war eine unwahrscheinlich lange Zeit. »Wie lange kann ich noch weggehen?« fragte ich.
»Solange Sie wollen.«
»Wann gehen Sie schlafen?«
Melikow machte eine lässige Geste. »Nicht vor morgen früh. Ich habe jetzt zu tun. Wollen Sie eine Frau suchen? Das ist in New York nicht so einfach wie in Paris. Und etwas gefährlicher.«
»Nein. Ich will noch ein wenig herumlaufen.«
»Eine Frau finden Sie leichter hier im Hotel.«
»Ich brauche keine.«
»Man braucht immer eine.«
»Nicht heute.«
»Sie sind also doch ein Romantiker«, sagte Melikow. »Merken Sie sich die Nummer der Straße hier und den Namen des Hotels: Hotel Reuben. Man findet sich in New York leicht zurecht, fast alle Straßen haben hier Nummern, nur wenige haben Namen.«
So wie ich, dachte ich – eine Nummer mit irgendeinem Namen. Es war eine wohltuende Anonymität; Namen hatten mir genug Schwierigkeiten gebracht.

Ich ließ mich durch die anonyme Stadt treiben, deren heller Rauch zum Himmel stieg. Eine düstere Feuersäule bei Nacht und eine Wolkensäule bei Tag – hatte nicht Gott auf ähnliche Weise dem ersten Volk der Emigranten in der Wüste den Weg gewiesen? Ich ging durch einen Regen von Worten, Lärm, Gelächter und Schreien, der blind auf meine Ohren schlug – ich verstand nur den Lärm, nicht den Sinn. Ein jeder schien mir hier, nach den dunklen Jahren in Europa, ein Prometheus zu sein – der schweißige Mann, der mir, von Elektrizität umwittert, aus einer Ladentür beschwörend einen Arm voll Soßen und Handtücher zum Kaufen entgegenstreckte, ebenso wie der Koch, der in einer großen Pfanne Pizza briet, von Funken umsprüht wie ein neapolitanischer Gott. Da ich sie nicht verstand, waren sie alle in einem schier symbolischen Sinne ihrer Handlungen entkleidet. Sie wirkten auf mich, als ständen sie auf einer Bühne. Sie waren nicht nur Kellner, Köche, Anreißer und Verkäufer, sondern gleichzeitig Marionetten, die ein unverständliches Spiel miteinander spielten, von dem ich ausgeschlossen war und von dem ich nur die Umrisse wahrnahm. Ich war mitten unter ihnen und gehörte doch nicht dazu, war entfernt durch etwas Unsichtbares, nicht durch eine Glaswand und nicht durch eine Distanz, nicht durch Feindseligkeit und nicht durch Fremde, sondern durch etwas, das nur mich allein anging und nur aus mir kam. Dunkel begriff ich, daß es ein einmaliger Augenblick war, daß er so nie wiederkäme. Schon morgen würde er etwas verwischt sein – nicht daß ich all dem nähergekommen wäre, im Gegenteil –, es war möglich, daß ich schon morgen den Kampf beginnen würde mit Kuschen und Feilschen und Verfälschen und jener Traube aus Halblügen, aus der jeder Tag bestand, aber heute nacht zeigte mir die Stadt ihr unbeteiligtes Gesicht.

Ich wußte plötzlich, daß ich jetzt, wo ich an dieser fremden Küste angelangt war, die Gefahr noch nicht überstanden hatte, daß sie im Gegenteil erst richtig begann. Nicht die äußere, sondern die von innen. Ich war so lange mit dem einfachen Überleben beschäftigt gewesen, und darin hatte gleichzeitig mein Schutz gelegen. Es war primitives Überleben gewesen, wie bei der Panik eines Schiffsunterganges, wo es kein anderes Ziel gibt als das, zu überleben. Jetzt, schon von morgen an, sogar von dieser sonderbaren Stunde an, würde sich das Leben wieder fächerförmig vor mir ausbreiten, es würde wieder eine Zukunft, aber auch eine Vergangenheit haben, eine Vergangenheit, die mich leicht erschlagen konnte, wenn ich sie nicht vergaß oder sie bewältigen konnte. Ich wußte plötzlich, daß das Eis, das sich gebildet hatte, noch für lange Zeit zu dünn wäre, um darauf zu gehen. Ich würde einbrechen. Ich mußte es vermeiden. Gab es das noch einmal, von vorn, so wie die Sprache, die neue unbekannte, die vor mir lag, um gedeutet zu werden, gab es das noch einmal: das Leben, und war es nicht Verrat, war es Mord, doppelter Mord an geliebten Toten?

Ich drehte mich rasch um und ging zurück, verwirrt und tief aufgerührt, ich blickte nicht mehr umher, und ich war fast atemlos, als ich das Hotel vor mir sah – nicht breit und waagrecht und augenfällig wie andere Hotels, sondern schmal und unauffällig.

Ich trat durch die Tür, die durch falsche Marmorleisten verunstaltet wurde, und sah Melikow hinter der Theke in einem Schaukelstuhl dösen. Er öffnete die Augen, die für einen Moment lidlos wirkten wie die eines alten Papageien, dann wurden sie blau und hell.

»Spielen Sie Schach?« sagte er und erhob sich.

»Wie jeder Emigrant.«

»Gut. Ich hole den Wodka.«

Er ging die Treppe hinauf. Ich sah mich um. Mir war bereits, als wäre ich nach Hause gekommen. Wer nirgendwo zu Hause ist, spürt das leicht.

II.

Mein Englisch verbesserte sich rasch, und nach vierzehn Tagen hatte ich bereits die Kenntnisse eines Fünfzehnjährigen. Ich saß morgens einige Stunden lang mit einer Grammatik im roten Plüsch des Hotels Reuben herum und suchte nachmittags jede sich bietende Gelegenheit zu englischer Konversation. Ich ging dabei ohne Scham und Scheu vor. Als ich merkte, daß ich nach zehn Tagen, die ich mit Melikow verbracht hatte, einen russischen Akzent bekam, wandte ich mich an Gäste und Angestellte des Hotels. Ich bekam nacheinander einen deutschen, jüdischen, französischen und zum Schluß, als ich ganz sicher glaubte, bei den Aufwartefrauen und Stubenmädchen auf waschechte Amerikanerinnen gestoßen zu sein, einen schweren Brooklyn-Akzent.

»Du mußt ein Verhältnis mit einer jungen Amerikanerin anfangen«, sagte Melikow, mit dem ich mich inzwischen duzte.

»Aus Brooklyn?« fragte ich.

»Lieber aus Boston. Dort spricht man am besten.«

»Warum nicht mit einer Lehrerin aus Boston? Das wäre noch ökonomischer.«

»Dieses Hotel ist leider eine Karawanserei. Hier fliegen die Akzente umher wie Typhusbazillen, und du hast leider nur ein gutes Ohr für das Extreme, aber gar keines für das Normale. Gefühle würden da vielleicht helfen.«

»Wladimir«, sagte ich, »die Welt verändert sich mir ohnehin schon rapide genug. Alle paar Tage wird mein englisches Ich ein Jahr älter, zu meinem Bedauern entzaubert sich dabei auch die Welt dieses Ichs. Je mehr ich verstehe, desto mehr schwindet das Geheimnis. Noch ein paar Wochen und meine beiden Ichs halten sich die Waage. Das amerikanische ist dann ebenso ernüchtert wie das europäische. Laß mir deshalb Zeit! Auch mit den Akzenten. Ich möchte meine zweite Kindheit nicht zu schnell verlieren.«

»Das wirst du nicht. Vorläufig hast du erst den geistigen Horizont eines melancholischen Gemüsehändlers. Des Gemüsehändlers an der Ecke, Annibale Balbo. Du gebrauchst sogar schon seine italienischen Sprachbrocken; sie schwimmen wie Fleischstücke in deiner englischen Minestrone herum.«

»Gibt es auch normale, echte Amerikaner?«

»Natürlich. Aber New York ist der große Einfallshafen der Emigranten, der irischen, italienischen, deutschen, jüdischen, armenischen, russischen und noch einem Dutzend anderer. Wie sagt man bei euch: Hier bist du Mensch, hier darfst du's sein. Hier bist du Emigrant, hier darfst du's sein. Dieses Land ist von Emigranten gegründet worden. Wirf also deine europäischen Minderwertigkeitskomplexe ab. Hier bist du wieder Mensch. Nicht mehr ein wundes Stück Fleisch, das an einem Paß klebt.«

Ich blickte vom Schachbrett auf. »Das ist wahr, Wladimir«, sagte ich langsam. »Wir wollen sehen, wie lange es dauert.«

»Glaubst du denn nicht, daß es dauert?«

»Wie könnte ich?«

»Was glaubst du eigentlich?«

»Daß alles immer schlimmer wird«, sagte ich.

Jemand hinkte in den Vorraum. Wir saßen im Halbdunkel, und ich konnte den Mann nur ungenau sehen, aber sein merkwürdiges Hinken, in einer Art von Dreivierteltakt, fiel mir auf und erinnerte mich vage an einen Bekannten. »Lachmann«, sagte ich halblaut. Der Mann blieb stehen und blickte zu mir herüber. »Lachmann!« wiederholte ich.

»Ich heiße Merton«, sagte der Mann.

Ich knipste das Licht an, das trostlos gelb und blau aus einem

bescheidenen Lüster des schlechtesten Jugendstils an der Decke tropfte. »Mein Gott, Robert«, rief er überrascht. »Du lebst? Ich dachte, du wärst längst tot!«
»Das dachte ich auch von dir! Ich habe dich am Schritt erkannt.«
»An meinem Trochäen-Gehinke?«
»An deinem Walzerschritt, Kurt. Kennst du Melikow?«
»Natürlich kenne ich ihn.«
»Wohnst du etwa hier?«
»Nein. Aber ich komme manchmal her.«
»Und du heißt jetzt Merton?«
»Ja. Und du?«
»Ross. Der Vorname stimmt noch.«
»So trifft man sich wieder«, sagte Lachmann mit einem dünnen Lächeln.
Wir schwiegen beide. Es war die alte Verlegenheitspause zwischen Emigranten. Man wußte nicht, wie weit man fragen konnte. Man wußte nicht, wer tot war.
»Hast du noch etwas von Cohn gehört?« sagte ich dann. Auch das war die alte Technik. Man fragte zuerst vorsichtig nach Leuten, die einem nicht sehr nahegestanden haben.
»Er ist in New York«, erwiderte Lachmann.
»Er auch? Wie ist er herübergekommen?«
»Wie sind wir alle herübergekommen? Durch hundert Zufälle. Keiner von uns war auf der von den Amerikanern aufgestellten Liste jener prominenten Intellektuellen, die gerettet werden sollten.«
Melikow drehte das Licht wieder ab und holte eine Flasche unter der Theke hervor. »Amerikanischer Wodka«, sagte er. »Ähnlich wie kalifornischer Bordeaux und Burgunder aus San Francisco. Oder Rheinwein aus Chile. Salut. Einer der Vorteile der Emigration ist, daß man so oft Abschied nehmen muß und dann ein Wiedersehen feiern kann. Gibt einem die Illusion eines langen Lebens.«

Weder Lachmann noch ich antworteten. Melikow kam von einer anderen Generation – der von 1917. Was uns noch brannte, war für ihn schon Erinnerung geworden. »Salut, Wladimir«, sagte ich schließlich. »Warum sind wir nicht alle als Jogis geboren worden?«
»Ich wäre schon zufrieden gewesen, nicht in Deutschland als Jude auf die Welt zu kommen«, erklärte Lachmann-Merton.
»Ihr seid die Vorhut der Weltbürger«, erwiderte Melikow ungerührt. »Benehmt euch zumindest wie Pioniere. Man wird euch einmal Denkmäler setzen.«
»Wann?« sagte Lachmann.
»Wo?« fragte ich. »In Rußland?«
»Auf dem Mond«, erklärte Melikow und ging zur Registriertheke.
»Ein Witzbold«, sagte Lachmann und sah hinter ihm her. »Arbeitest du für ihn?«
»Was?«
»Mädchen. Gelegentlich etwas Morphium und dergleichen. Wetten auch, glaube ich.«
»Bist du deswegen hier?«
»Nein. Ich bin verrückt nach einer Frau. Stell dir das vor: Sie ist fünfzig, aus Puerto Rico, katholisch und hat nur einen Fuß. Der andere ist ihr abgefahren worden. Sie hat irgend etwas mit einem Mexikaner. Der Mexikaner ist ein Zuhälter. Für fünf Dollar würde er sogar das Bett für uns machen. Aber sie will nicht. Absolut nicht. Sie glaubt, daß Gott aus einer Wolke zuschaue. Auch nachts. Ich habe ihr gesagt Gott sei kurzsichtig; seit langem. Nichts zu machen. Aber sie nimmt Geld. Und verspricht. Und lacht dann. Und verspricht wieder. Was sagst du dazu? Bin ich deswegen nach Amerika gekommen? Es ist trostlos!«
Lachmann hatte einen Komplex, weil er hinkte. Nach seinen Erzählungen war er früher ein mächtiger Schürzenjäger gewesen. Ein SS-Sturm, der davon gehört hatte, hatte ihn in

Berlin-Wilmersdorf in sein Sturmlokal geschleppt, um ihn zu kastrieren, war aber dabei von der Polizei – es war 1934 – gestört worden. Lachmann hatte nur ein paar Narben und ein viermal gebrochenes Bein davongetragen, das schlecht verheilt war. Seitdem hinkte er und hatte eine Vorliebe für Frauen mit leichten Körperfehlern. Alles war ihm gleich, solange sie dicke, harte Hintern vorwiesen. In Frankreich hatte er seiner Jagdlust unter den schwierigsten Verhältnissen gefrönt. Er behauptete, in Rouen einmal eine Frau gekannt zu haben, die drei Brüste besaß, die dazu noch auf dem Rücken lagen. Die Venus Anadyomene war für ihn dagegen eine traurige Mißbildung gewesen, da die Dame aus Rouen alles für seine Augen parat gehabt habe, ohne daß er sie umdrehen mußte.

»Dazu steinhart!« sagte er schwärmerisch. »Heißer Marmor!«

»Du hast dich aber nicht geändert, Kurt«, sagte ich.

»Man ändert sich nie. Man schwört es sich tausendmal. Man tut es sorgsam manchmal, wenn man am Boden liegt. Aber kaum kann man wieder schnaufen, vergißt man es.« Lachmann schnaufte selbst. »Ist das eigentlich heldenhaft oder idiotisch?«

Ich bemerkte, daß dicke Schweißtropfen auf seiner faltigen, grauen Stirn standen. »Heldenhaft«, sagte ich. »In unserer Situation soll man sich nur mit den besten Adjektiven schmükken. Wer seine Seele zu sehr erforscht, stößt ohnehin bald auf ein Sieb, das in die Abwässer dreckiger Kanäle führt.«

»Du bist auch derselbe geblieben.« Lachmann-Merton wischte den Schweiß mit einem zerknüllten Taschentuch fort. »Immer noch die Lust an populärer Philosophie, was?«

»Ich kann's nicht lassen. Es beruhigt mich.«

Lachmann grinste unvermittelt. »Es gibt dir ein Gefühl billiger Überlegenheit, das ist es.«

»Überlegenheit kann gar nicht billig genug sein.«

Lachmann klappte den Mund zu. »Ich soll reden«, seufzte er dann und holte aus der Seitentasche seiner Jacke ein in Seidenpapier eingewickeltes Päckchen hervor. »Ein Rosenkranz«, sagte er. »Vom Papst persönlich geweiht. Echt Silber und Elfenbein. Glaubst du, das könnte sie weichmachen?«
»Von welchem Papst?«
»Pius! Von wem sonst?«
»Benedikt XV. wäre besser gewesen.«
»Was?« Er sah mich irritiert an. »Der ist doch tot. Warum?«
»Er hätte mehr Überlegenheit gehabt. Tote haben mehr. Und nicht so billige.«
»Ach so! Auch ein Witzbold! Ich hatte das vergessen. Das letztemal, als ich dich ...«
»Halt!« sagte ich.
»Was?«
»Halt, Kurt. Weiter nichts!«
»Na schön.« Lachmann zögerte einen Augenblick. Dann siegte sein Mitteilungsbedürfnis. Er wickelte ein hellblaues Seidenpapier aus. »Ein kleines Stück aus Gethsemane, von den Bäumen am Ölberg dort. Original, mit Stempel und schriftlicher Bestätigung. Wenn sie da nicht weich wird, was?« Er starrte mich flehentlich an.
»Sicher. Hast du keine Flasche Jordanwasser?«
»Nein, habe ich nicht.«
»Füll eine ab.«
»Was?«
»Füll eine ab. Draußen ist ein Hahn. Tu etwas Staub hinein, damit es echter aussieht. Niemand kann es kontrollieren. Du hast schon beglaubigte Rosenkränze und Ölbaumzweige, da darf Jordanwasser nicht fehlen.«
»Aber doch nicht in einer Wodkaflasche!«
»Warum nicht? Wasch das Etikett ab. Die Flasche sieht sehr orientalisch aus. Deine Puertoricanerin trinkt sicher keinen Wodka. Höchstens Rum.«

»Whisky. Da staunt man, was?«
»Nein.«
Lachmann dachte nach. »Man müßte die Flasche versiegeln, dann sähe sie echter aus. Hast du Siegellack?«
»Was sonst noch? Visa und Pässe? Woher soll ich Siegellack haben?«
»Man hat manchmal die sonderbarsten Sachen bei sich. Ich habe jahrelang eine Kaninchenpfote ...«
»Vielleicht hat Melikow welchen.«
»Klar. Er versiegelt doch andauernd Päckchen. Daß ich nicht daran gedacht habe!«
Lachmann hinkte hinaus.

Ich lehnte mich zurück. Es war ganz dunkel geworden. Schatten und Gespenster stürzten durch die helle Tür nach draußen in den Abend. In dem Spiegel gegenüber hockte ein fahles Grau, das vergeblich zu etwas Silber werden wollte. Die Plüschsessel wirkten violett, und einen Augenblick lang schien es mir, als wäre auf ihnen Blut eingetrocknet. Sehr viel Blut. Wo hatte ich das doch gesehen? Das Blut auf Leichen in einem kleinen, grauen Zimmer, hinter dessen Fenstern ein gewaltiger Sonnenuntergang leuchtete, der alles im Zimmer sonderbar farblos machte in einer Mischung aus Grau und Schwarz und diesem dunklen Rot und Violett – alles, bis auf das Gesicht vor dem Fenster, das sich plötzlich abwandte und von der sterbenden Sonne voll getroffen wurde, eine Hälfte feurig überströmt, die andere im Schatten, und die Stimme, etwas sächsisch gefärbt, überraschend hoch und dünn, die sagte: Weitermachen! Die nächsten!
Ich drehte mich um und knipste das Licht wieder an. Es hatte Jahre gedauert, bevor ich ohne Licht schlafen konnte; und wenn ich schlafen mußte, war ich aus scheußlichen Träumen aufgeschreckt. Noch jetzt schaltete ich nachts das Licht ungern aus, und ich schlief auch nicht gerne allein.

Ich stand auf und ging hinaus. Lachmann stand mit Melikow an der kleinen Theke am Eingang. »Es klappt«, sagte er triumphierend. »Schau es dir an! Wladimir hat eine russische Münze, damit siegeln wir den Korken zu. Kyrillische Schriftzeichen! Wenn das nicht aussieht, als hätten es die griechischen Väter in einem Kloster am Jordan abgefüllt!«
Ich sah den Siegellack auf den Korken tropfen, hellrot im Licht der Kerze, die auf dem Holz daneben stand. Was ist mit mir los? dachte ich. Es ist doch alles vorbei. Ich bin doch gerettet! Da draußen ist das Leben! Gerettet! Aber war ich gerettet? War ich wirklich entkommen? Auch den Schatten?
»Ich gehe noch etwas raus«, sagte ich, »habe den Kopf zu voll von Vokabeln! Muß ihn mir leerschütteln. Servus!«

Melikow hatte seinen Dienst angetreten, als ich zurückkam. Er war alles mögliche zu gleicher Zeit, manchmal Tagesportier, manchmal Nachtportier und zwischendurch auch noch Vertreter für kleinere Aushilfsstellungen. Im Augenblick war er für eine Woche Nachtportier.
»Wo ist Lachmann?« fragte ich.
»Oben bei seiner Angebeteten.«
»Glaubst du, daß er heute Glück haben wird?«
»Nein. Sie wird ihn mit dem Mexikaner zum Essen führen. Er darf bezahlen. War er immer so?«
»Ja. Er hatte nur mehr Glück. Seine Vorliebe für Krüppel und Mißgestaltete hat er erst, seitdem er hinkt, behauptet er. Früher sei er normal gewesen. Vielleicht hat er eine so zarte Seele, daß er sich vor schönen Frauen schämen würde. Wer weiß ...«
Ich sah einen Schatten durch die Tür kommen. Es war eine schmale, ziemlich große Frau mit einem kleinen Gesicht. Sie war blaß, hatte graue Augen und dunkelblonde Haare, die wirkten, als wären sie gefärbt. Melikow stand auf. »Natascha Petrowna«, sagte er, »seit wann sind Sie zurück?«

»Seit zwei Wochen.«
Ich war aufgestanden. Die Frau war fast so groß wie ich. Sie trug ein enganliegendes Kostüm und schien sehr dünn zu sein. Sie hatte eine hastige Art zu sprechen, und die Stimme war etwas zu laut und irgendwie rauchig. »Einen Wodka?« fragte Melikow, »oder Whisky?«
»Einen Wodka. Aber nur einen Schluck. Ich muß wieder weg. Fotografieren.«
»So spät noch?«
»Den ganzen Abend. Der Fotograf ist nur abends frei. Kleider und Hüte. Kleine Hüte. Winzige.«
Ich sah erst jetzt daß Natascha Petrowna selbst einen Hut trug; es war eher eine Kappe, ein schwarzes Nichts, das schief in ihrem Haar saß.
Melikow ging weg, um die Flasche zu holen. »Sie sind kein Amerikaner?« fragte das Mädchen.
»Nein. Deutscher.«
»Ich hasse die Deutschen!«
»Ich auch«, erwiderte ich.
Sie blickte mich überrascht an. »Ich meine das nicht persönlich.«
»Ich auch nicht.«
»Ich bin Französin. Sie müssen das verstehen. Der Krieg.«
»Ich verstehe es«, sagte ich gleichgültig. Es war nicht das erstemal, daß ich für die Sünden des Regimes in Deutschland verantwortlich gemacht wurde. Mit der Zeit wurde man abgestumpft dagegen. Schließlich hatte ich dafür auch in einem Internierungslager in Frankreich gesessen, trotzdem haßte ich die Franzosen nicht. Aber es war überflüssig, das zu erklären. Wer so schlicht hassen oder lieben kann, ist um seine Primitivität zu beneiden.
Melikow kam mit der Flasche und drei sehr kleinen Gläsern, die er vollschenkte. »Nicht für mich«, sagte ich.
»Sind Sie beleidigt?« fragte das Mädchen.

»Nein. Ich möchte nur im Augenblick nichts trinken.«
Melikow schmunzelte. »Strasde«, sagte er und hob sein Glas.
»Eine Gabe der Götter«, erklärte das Mädchen und leerte seines mit einem schnellen Schluck.
Ich kam mir ziemlich idiotisch vor, weil ich abgelehnt hatte, aber da war jetzt nichts mehr zu machen. Melikow hob die Flasche.
»Noch einen, Natascha Petrowna?«
»Merci, Wladimir Iwanowitsch. Genug! Ich muß weg. Au revoir.« Sie hielt mir die Hand hin. »Au revoir, Monsieur.«
Sie hatte einen kräftigen Druck. »Au revoir, Madame.«
Melikow, der sie hinausbegleitet hatte, kam zurück. »Hat sie dich geärgert?«
»Nein!«
»Mach dir nichts draus. Sie ärgert jeden. Meint es aber nicht so.«
»Ist sie keine Russin?«
»Doch. In Frankreich geboren. Warum?«
»Ich habe einmal eine Zeitlang bei Russen gelebt. Es fiel mir auf, daß die Frauen es als Sport betrachteten, auf den Männern herumzuhacken. Mehr als andere.«
Melikow grinste. »Na, na! Aber was ist schlecht daran, einen Mann ein bißchen aus dem Gleichgewicht zu bringen? Immer noch besser, als ihm morgens stolz die Knöpfe seiner Uniform zu putzen und die Stiefel, mit denen er dann die Hände von Judenkindern zertrampeln kann!«
Ich hob die Hände hoch. »Gnade! Heute scheint ein schlechter Tag für Emigranten zu sein. Gib mir lieber den Wodka, den ich vorhin nicht haben wollte.«
»Gut.«
Melikow horchte. »Da sind sie.«
Schritte kamen die Treppe herab. Ich hörte jetzt eine außerordentlich wohlklingende, tiefe Frauenstimme. Es war die Puertoricanerin mit Lachmann. Sie ging vor Lachmann her,

ohne sich darum zu kümmern, ob er mitkam. Sie hinkte nicht, und man konnte auch nicht sehen, daß sie einen künstlichen Fuß hatte.

»Sie holen den Mexikaner ab«, flüsterte Melikow.

»Armer Lachmann«, sagte ich.

»Arm?« erwiderte Melikow. »Er wünscht sich das, was er nicht hat!«

Ich lachte. »Das ist das einzige, was man immer behält, wie?«

»Arm ist man erst, wenn man nichts mehr will.«

»Na«, sagte ich. »Ich dachte, dann wäre man weise.«

»Ich meine es anders. Was ist eigentlich heute mit dir los? Brauchst du eine Frau?«

»Nein. Allgemeine Abspannung, wenn die Gefahr vorbei ist«, sagte ich grinsend. »Solltest du aus deiner Jugend kennen.«

»Wir hockten immerfort zusammen. Du dagegen kümmerst dich nicht viel um andere Emigranten.«

»Ich will mich nicht erinnern.«

»Ist es das?«

»Und ich will nicht in die unsichtbare Gefängnisatmosphäre der Emigranten hinein. Ich kenne sie schon zu gut.«

»Du willst also ein Amerikaner werden.«

»Ich will gar nichts werden, ich möchte endlich einmal etwas sein. Wenn man es mir erlaubt.«

»Große Worte.«

»Man muß sich selbst Mut machen«, sagte ich. »Andere tun's nicht.«

Wir spielten noch eine Partie Schach. Ich verlor sie. Dann kamen die Bewohner des Hotels allmählich zurück, und Melikow mußte ihnen die Schlüssel aushändigen und Flaschen und Zigaretten in die Zimmer bringen. Ich blieb sitzen. Was war wirklich mit mir los? Ich nahm mir vor, Melikow zu sagen, daß ich ein eigenes Zimmer nehmen wollte. Ich wußte nicht einmal genau, warum, wir störten uns gegenseitig nicht, und es war Melikow egal, ob ich bei ihm hauste oder nicht.

Aber es schien mir plötzlich wichtig zu sein, wieder alleine zu schlafen. In Ellis Island hatte ich in einem Saal mit anderen liegen müssen, und im französischen Internierungslager war es nicht anders gewesen. Ich wußte, daß ich, wenn ich wieder in einem Zimmer allein sein würde, an Zeiten zurückdenken mußte, die ich lieber vergessen hätte. Aber es half nichts, ich konnte diesen Erinnerungen nicht für immer ausweichen.

III.

Ich hatte die Brüder Lowy in dem Augenblick kennengelernt, in dem das schräge Licht die Antiquitätenläden auf der rechten Seite der Avenue in die honigfarbene Verzauberung hob, während sich die Fenster auf der anderen Seite bereits mit den Spinnweben des Abends füllten. Es war der Augenblick, in dem sie Leben bekamen – ein Spiegelleben mit geborgtem Licht, trügerisch, ein Leben von jener Art, wie es die gemalte Uhr über einem Optikerladen jeden Tag in jener einen Sekunde erhält, wenn die aufgemalte mit der wirklichen Zeit übereinstimmt. Ich öffnete die Ladentür, der rothaarige der Brüder Lowy trat aus seinem Aquarium heraus, zwinkerte, nieste, sah in das sanfte Licht, nieste noch einmal und bemerkte mich, als ich beobachtete, wie sich der Antiquitätenladen in eine Höhle Aladins verwandelte.
»Schöner Abend, was?« sagte er nirgendwohin.
Ich nickte. »Eine schöne Bronze haben Sie da.«
»Falsch«, erwiderte Lowy.
»Sie gehört Ihnen wohl nicht?«
»Warum?«
»Weil Sie sagen, daß sie falsch ist.«
»Ich sage, daß sie falsch ist, weil sie falsch ist.«
»Ein großes Wort«, erwiderte ich. »Für einen Händler.«
Lowy nieste wieder und zwinkerte dann noch einmal. »Ich habe sie als falsch gekauft. Wir sind hier ehrlich!«
Mich entzückte die Kombination von falsch und ehrlich in diesem Augenblick, in dem die Spiegel zu schimmern begannen. »Glauben Sie nicht, daß sie trotzdem echt sein könnte?« fragte ich.
Lowy trat aus der Tür heraus und besah sich die Bronze, die

auf einem amerikanischen Schaukelstuhl lag. »Sie können sie für dreißig Dollar haben«, erklärte er dann. »Mit einem Untersatz aus Teakholz dazu. Geschnitzt!«
Ich besaß noch etwa achtzig Dollar. »Kann ich sie für ein paar Tage mitnehmen?« fragte ich.
»Sie können sie fürs Leben mitnehmen, wenn Sie sie bezahlen.«
»Nicht auf Probe? Für zwei Tage?«
Lowy drehte sich um. »Ich kenne Sie doch nicht. Das letztemal habe ich einer sehr vertrauenerweckenden Frau zwei Meißner Porzellanfiguren mitgegeben. Auf Probe.«
»Und? Sie verschwand damit für immer?«
»Sie kam wieder. Mit den zerbrochenen Figuren. Ein Mann mit einem Werkzeugkasten hatte sie ihr im überfüllten Omnibus aus der Hand geschlagen.«
»Pech!«
»Sie weinte, als hätte sie ein Kind verloren. Zwei Kinder, Zwillinge. Es war ein Pärchen gewesen. Was konnten wir tun? Sie hatte kein Geld, die Sachen zu bezahlen. Hatte sie ja nur für ein paar Tage mitnehmen und sich daran erfreuen wollen. Und bei einer Bridgeparty in ihrer Wohnung einige Freundinnen damit ärgern. Alles sehr menschlich, wie? Was konnten wir tun? Den Verlust in den Schornstein schreiben. Sie sehen ...«
»Eine Bronze zerbricht nicht so leicht. Besonders nicht, wenn sie falsch ist.«
Lowy blickte mich scharf an. »Sie glauben es nicht?«
Ich antwortete nicht. »Lassen Sie dreißig Dollar hier«, sagte er. »Sie können das Stück für eine Woche behalten und es dann zurückgeben. Wenn Sie es behalten und verkaufen wollen, teilen wir den Profit. Wie ist das?«
»Der Vorschlag eines Halsabschneiders. Aber ich nehme ihn an.«
Ich war meiner Sache nicht sicher, deshalb nahm ich das

Angebot an. Ich stellte die Bronze in mein Zimmer im Hotel. Lowy senior hatte mir noch gesagt, sie stamme aus einem Museum in New York, das sie als falsch ausgeschieden habe. Ich blieb an diesem Abend zu Hause. Als es dunkel wurde, machte ich kein Licht an. Ich lag auf dem Bett und schaute die Bronze an, die am Fenster stand. Ich hatte in der Zeit im Museum von Brüssel eines gelernt: daß die Dinge erst sprechen, wenn man sie lange anschaut, und daß die, die sofort sprechen, nie die besten sind. Ich hatte von meinen nächtlichen Wanderungen manchmal kleinere Dinge in die dunkle Besenkammer mitgenommen, um sie zu fühlen. Es waren oft Bronzen dabei, und da das Museum eine gute Sammlung früher chinesischer Stücke besaß, hatte ich mit Erlaubnis meines Beschützers jeweils ein Stück in meine Einsamkeit mitgenommen. Ich konnte das machen, da er selbst oft Stücke zum Studium mit nach Hause nahm, und wenn eines fehlte, erklärte er, daß er es bei sich habe. Ich hatte so ein gewisses Gefühl dafür bekommen, wie sich die Patina anfühlt, und da ich außerdem in den Nächten viele Stunden vor den Kästen hockte, wußte ich auch etwas von ihrer Textur, obschon ich die Farbe nie wirklich bei vollem Licht gesehen hatte. Aber so wie ein Blinder ein ausgeprägtes Tastgefühl entwickelt, so hatte sich auch bei mir im Lauf der Zeit etwas Ähnliches ausgebildet. Ich traute ihm zwar nicht ganz, aber manchmal war ich doch sicher.

Die Bronze hatte sich gut angefühlt im Laden; die Konturen und die Reliefs hatten, obschon sie sehr scharf waren und das vielleicht bei dem Experten des Museums gegen sie gesprochen hatte, nicht den Eindruck gemacht, als wären sie neu. Aber sie waren auch klar, und während ich die Augen schloß und sie lange und sehr langsam betastete, verstärkte sich der Eindruck, daß sie alt waren. Ich hatte eine ähnliche Bronze in Brüssel gekannt, und von ihr hatte man auch erst angenommen, daß sie eine Tang- oder Ming-Kopie sein könnte.

Schließlich hatten die Chinesen ja schon in der Han-Zeit, um Christi Geburt, ihre Shang- und Chou-Bronzen kopiert und vergraben. Es war daher schwer, die Patina zu kontrollieren, wenn die Ornamente und der Guß nicht kleine Fehler aufwiesen. Ich stellte die Bronze auf die Fensterbank zurück. Vom Hof her kam das metallische Geschrei der Küchenhelfer, das Scheppern der Kehrichtkübel und der weiche gutturale Baß des Negers, der sie hinaustrug. Die Tür wurde aufgerissen. Ich erkannte den Umriß des Zimmermädchens im erleuchteten Viereck, und ich sah, wie sie zurückfuhr.
»Ein Toter!«
»Unsinn«, sagte ich. »Ich schlafe. Machen Sie die Tür zu. Mein Bett ist schon aufgedeckt.«
»Sie schlafen doch gar nicht! Was ist denn das?« Sie hatte die Bronze erspäht.
»Ein grüner Pißpott«, erwiderte ich. »Was sonst?«
»Was Sie auch immer haben! Aber eines sage ich Ihnen: so was trage ich morgens nicht hinaus! Ich nicht! Tun Sie das selber. Hier sind WC im Hause.«
»Gut.«
Ich legte mich wieder hin und schlief ein, ohne daß ich es wollte. Als ich aufwachte, war es tiefe Nacht. Es dauerte eine Weile, ehe ich wußte, wo ich war. Dann sah ich die Bronze und glaubte fast, wieder im Museum zu sein. Ich setzte mich auf und atmete tief. Ich bin nicht mehr da, sagte ich unhörbar zu mir selbst, ich bin entkommen, ich bin frei, frei, frei, und das Wort »frei« wiederholte ich in einem primitiven Coué-Rhythmus, ich wiederholte es, hörbar jetzt, aber leise und eindringlich und so lange, bis ich ruhig geworden war. Ich hatte das oft auf der Flucht getan, wenn ich verstört aufgewacht war. Ich sah die Bronze an, die mit einem letzten Glimmen der Farbe das Nachtlicht auffing, und spürte plötzlich, daß sie lebte. Es war jetzt nicht so sehr die Form als die Patina. Die Patina war nicht tot, sie war nicht aufgeklebt und

nicht künstlich auf der aufgerauhten Oberfläche mit Säuren hervorgerufen, sie war gewachsen, sehr langsam über die Jahrhunderte, sie kam aus dem Wasser, in dem sie gelegen hatte, aus den Mineralien der Erde, die sich mit ihr verschmolzen hatten, und kam wahrscheinlich – der Streifen eines klaren Blaus, das sie am Fuß zeigte, ließ dies vermuten – aus den Phosphorverbindungen, die vor Hunderten von Jahren durch die Nähe eines Leichnams entstanden waren. Die Patina hatte den schwachen Schimmer, den im Museum die nichtpolierten Chou-Bronzen durch ihre Porosität gezeigt hatten, eine Porosität, die das Licht nicht verschluckte, wie es bei künstlich behandelten Bronzen der Fall ist, sondern es eher ein wenig seidig machte, eher wie grobe Rohseide. Ich stand auf und setzte mich ans Fenster. Ich blieb sehr lange so sitzen, fast ohne zu atmen, sehr still hingegeben einem Schauen, aus dem ich langsam jeden Gedanken zurückzog.
Ich behielt die Bronze noch zwei Tage, dann ging ich wieder in die Dritte Avenue. Diesmal war der zweite der Brüder Lowy da, der dem ersten glich, der nur etwas eleganter und sentimentaler war – soweit das bei einem Kunsthändler möglich ist.
»Bringen Sie die Bronze zurück?« fragte er und griff nach seiner Brieftasche, um mir die dreißig Dollar zu geben.
»Sie ist echt«, erwiderte ich.
Er sah mich gütig und belustigt an. »Ein Museum hat sie abgestoßen.«
»Ich halte sie für echt. Ich komme, um sie Ihnen zurückzugeben, damit Sie sie verkaufen können.«
»Und Ihr Geld?«
»Das zahlen Sie mir mit der Hälfte des Gewinns aus. So ist es abgemacht.
Lowy griff in die rechte Tasche, holte einen Zehndollarschein heraus, küßte ihn und steckte ihn in die linke Tasche. »Zu was darf ich Sie einladen?« fragte er.
»Warum? Glauben Sie mir?« sagte ich angenehm berührt.

Ich war zu sehr daran gewöhnt, daß mir niemand etwas glaubte; weder Polizisten noch Frauen noch Immigrationsinspektoren.
»Nein«, erwiderte Lowy junior fröhlich. »Ich habe nur mit meinem Bruder gewettet: fünf Dollar für ihn, daß Sie die Bronze zurückgeben, wenn sie falsch ist, zehn für mich, daß Sie sie zurückgeben, selbst wenn sie echt ist.«
»Sie sind der Optimist der Familie, scheint mir.«
»Der berufsmäßige Optimist. Mein Bruder ist der berufsmäßige Pessimist. So teilen wir das Risiko in diesen schwierigen Zeiten. Niemand kann sich mehr erlauben, heute beides in einem zu sein. Wie wäre es mit einem Schwarzen?«
»Sind Sie Wiener?«
»Ja. Wienerischer Amerikaner. Und Sie?«
»Wahlwiener und Weltbürger.«
»Gut. Trinken wir einen Schwarzen, drüben bei Emma. Die Amerikaner sind ein spartanisches Volk, was Kaffee anlangt. Sie kochen ihn zu Tode, oder bereiten ihn morgens für den ganzen Tag. Sie finden nichts dabei, ihn für Stunden auf Kochplatten heiß zu halten, anstatt ihn neu zu brauen. Emma tut das nicht. Sie ist Tschechin.«
Wir gingen über die brausende Straße. Eine Straßenkehrmaschine schleuderte Wassergüsse nach allen Seiten. Ein violetter Lieferwagen für Kinderwindeln überfuhr uns fast. Lowy rettete sich mit einem graziösen Sprung. Ich sah, daß er Lackschuhe trug. »Sind Sie und Ihr Bruder nicht gleichaltrig?« fragte ich.
»Zwillinge. Aber wir nennen uns der Kunden wegen Senior und Junior. Mein Bruder ist drei Stunden älter. Das macht ihn auch astrologisch zu einem Zwilling. Ich bin Krebs.«
Eine Woche später kam der Inhaber der Firma Loo & Co. von einer Reise zurück, ein Sachverständiger für chinesische Kunst. Er begriff nicht, warum das Museum die Bronze für falsch gehalten hatte. »Es ist kein großartiges Stück«, erklärte

er. »Aber zweifellos eine Chou-Bronze aus der Zeit. Spätes Chou, Übergang zu Han.«
»Was ist sie wert?« fragte Lowy senior.
»Vier- bis fünfhundert Dollar sollte sie bei Parke Bernet auf der Auktion bringen, aber nicht sehr viel mehr. Chinesische Bronzen sind heute billig.«
»Warum?«
»Weil alles billig ist. Krieg. Und für China-Bronzen gibt es nicht viele Sammler. Ich kann Ihnen dreihundert Dollar dafür geben.«
Lowy schüttelte den Kopf. »Ich denke, ich muß sie zuerst dem Museum wieder anbieten.«
»Aus welchem Grund?« fragte ich. »Mir gehört sie zur Hälfte. Etwa für die 15 Dollar, die Sie dafür gezahlt haben? Das gibt es nicht.«
»Haben Sie irgend etwas schriftlich?«
Ich starrte ihn an. Er hob die Hand. »Einen Augenblick, bevor Sie zu brüllen anfangen! Es ist eine gute Lehre. Lassen Sie sich alles schriftlich geben. Mir ist es ähnlich gegangen.«
Ich starrte ihn weiter an. »Ich werde zum Museum gehen und erklären, ich hätte die Bronze fast verkauft. So wie es ist. Ich werde sie dem Museum wieder anbieten, weil New York ein Dorf ist. Unter Kunsthändlern wenigstens. In ein paar Wochen würde durchgesickert sein, was los ist. Wir aber brauchen das Museum wieder. Darum. Ich werde Ihren Anteil verlangen.«
»Wieviel?«
»Hundert Dollar.«
»Und wieviel für Sie?«
»Die Hälfte von dem, was darüber ist. Einverstanden?«
»Für Sie mag das Ganze ein Spaß sein«, sagte ich, »ich aber habe fast die Hälfte meines Vermögens riskiert.«
Lowy senior lachte. Er hatte viel Gold im Munde. »Außerdem haben Sie das Ganze aufgedeckt. Ich kann mir jetzt auch

denken, wie es gekommen ist. Sie haben einen jungen neuen Kurator angestellt. Der hat mal zeigen wollen, daß der alte nicht viel gewußt und falsche Sachen gekauft hat. Ich mache Ihnen einen Vorschlag. Wir haben in unserem Keller noch eine Menge Sachen, von denen wir nur wenig verstehen. Man kann schließlich nicht alles wissen. Wie wäre es, wenn Sie die Dinge durchsähen? Für zehn Dollar pro Tag – und mit Erfolgsprämien, wenn Sie Glück haben?«

»Ist das als Prämie für die Bronze gedacht?«

»So halb und halb. Es ist natürlich nur vorübergehend. Das Geschäft selbst kann ich mit meinem Bruder allein leiten. Einverstanden?«

»Einverstanden«, sagte ich und blickte aus dem Schaufenster in den brodelnden Verkehr. Wie manchmal aus Angst Hilfe wird, dachte ich ohne Überschwang. Es kam nur darauf an, daß man gelockert blieb. Wenn man sich festhalten wollte, würde man verwundet. Leben ist wie ein Ball, dachte ich. Wo es auch ist, es ist im Gleichgewicht.

»Fünfzig Megatote«, sagte der ältere Lowy. »Hundert. Nur im Massenmord ist die Welt vorwärtsgekommen.« Er biß wütend auf seine Zigarre. »Verstehen Sie das?«

»In Deutschland sind die Menschen billiger«, sagte ich. »In den Konzentrationslagern hat man ausgerechnet, daß ein Jude, der arbeitsfähig und jung ist, nur 1620 Mark wert ist. Für sechs Mark täglich verleiht man ihn an die deutsche Industrie als Sklavenarbeiter – seine Ernährung im Lager ist mit 60 Pfennigen am Tage angesetzt. Weitere zehn Pfennige: Kleideramortisation. Durchschnittliche Lebensdauer: neun Monate. Das macht einen Gewinn von mehr als 1400 Mark. Dazu rationelle Verwertung der Leiche: Zahngold, frühere Kleidung, Wertsachen, mitgebrachtes Geld, Haare, abzüglich Verbrennungskosten von zwei Mark, macht etwa 1620 Mark Gewinn. Davon abgezogen wertlose Frauen und Kinder,

Vergasung und Verbrennung kosten rund sechs Mark, dasselbe bei Greisen, Kranken usw. Durchschnittlich immer noch 1200 Mark, generös gerechnet.«

Lowy war sehr bleich geworden. »Ist das wahr?«

»Es ist so ausgerechnet worden. Von den deutschen Behörden. Aber es mag sich noch ein wenig ändern. Die Schwierigkeit ist nicht das Töten. Schwierig ist merkwürdigerweise die Beseitigung der Leichen. Es dauert eine gewisse Zeit, bis eine Leiche verbrennt. Das Eingraben ist auch nicht einfach bei Zehntausenden, wenn man es ordentlich machen will. Man hat viel zuwenig Krematorien. Bei Nacht kann man sie auch nicht immer brennen lassen. Da sind die Flugzeuge. Die armen Deutschen haben es schon schwer. Dabei wollten sie doch Frieden, sonst nichts.«

»Was?«

»Natürlich. Wenn alle Welt getan hätte, was Hitler wollte, hätte es keinen Krieg gegeben.«

»Ein Witzbold«, knurrte Lowy. »Ein verfluchter Witzbold! Herr, da hören die Witze auf!« Er senkte den roten Kopf. »Wie ist das alles nur möglich? Verstehen Sie es?«

»Nein. Aber der Befehl ist fast immer unblutig. Damit beginnt es. Wer am Schreibtisch sitzt, braucht nicht das Beil in die Hand zu nehmen.« Ich blickte den kleinen Mann etwas mitleidig an. »Und Leute, die Befehle ausführen, gibt es immer, besonders in Deutschland.«

»Auch blutige?«

»Die blutigen besonders, weil der Befehl von der Verantwortung entbindet. Man kann sich also gründlich austoben.«

Lowy fuhr sich über den Schädel. »Haben Sie dies alles durchgemacht?«

»Ja«, sagte ich. »Ich wollte, ich hätte es nicht erlebt.«

»Da stehen wir nun«, sagte er. »In einem Laden an der Dritten Avenue, an einem friedlichen Nachmittag. Wie kommt Ihnen das alles vor?«

»Nicht wie Krieg.«
»Das meine ich nicht. Daß so etwas passiert, und die anderen sitzen dabei, als wäre es nichts.«
»Die anderen sitzen ja nicht dabei. Es ist Krieg. Allerdings für mich ein sonderbarer, unwirklicher Krieg. Wirklicher Krieg ist nur im eigenen Land. Alles andere ist unwirklich.«
»Aber Menschen werden getötet.«
»Die Phantasie kann nicht sehr weit zählen. Eigentlich nur bis eins. Bis zum Nächsten neben einem.«
Die Ladenklingel schnurrte. Eine Frau in einem roten Kleid wollte einen silbernen persischen Becher kaufen. Ob man ihn wohl als Aschenbecher verwenden könne? Ich benutzte die Gelegenheit, um im Keller, der sich weit unter der Straße hinzog, zu verschwinden. Ich haßte diese Art von Gesprächen. Sie kamen mir naiv und zwecklos vor. Es waren Gespräche für Leute, die nicht dabei waren und die glaubten, schon etwas getan zu haben, wenn sie sich aufregten. Es waren Gespräche für Leute, die nicht in Gefahr waren. Wie kühl dagegen war der Keller, wie ein Luftschutzkeller mit Komfort. Der Luftschutzkeller eines Sammlers. Gedämpft wie Flugzeuglärm dröhnte von oben das Rauschen der Automobile und das Stampfen der Lastkraftwagen. Aber an den Wänden hing der stille Vorwurf der Vergangenheit.

Spät abends kam ich ins Hotel zurück. Lowy senior hatte mir in der Aufwallung seines einfachen Herzens fünfzig Dollar Vorschuß gegeben. Kurz darauf hatte er es allerdings bereut, das hatte ich gemerkt. Aber wegen der Ernsthaftigkeit unseres vorhergehenden Gespräches hatte er sich doch nicht getraut, es rückgängig zu machen. So hatte ich einen unerwarteten Vorteil davon.
Ich fand Melikow nicht im Hotel, statt dessen kam Lachmann. Er war aufgeregt wie immer und schwitzte.
»Hat alles geklappt?« fragte ich ihn.

»Was?«
»Das Lourdeswasser.«
»Lourdeswasser? Du meinst das Jordanwasser! Was heißt geklappt? So etwas ist nicht so einfach. Aber ich komme vorwärts. Trotzdem: die Frau macht mich wahnsinnig! Ich segle andauernd zwischen Scylla und Charybdis. So etwas ermüdet.«
»Scylla und Charybdis?«
»Du kennst das doch. Aus den griechischen Heldensagen. Diese Felsenklemme für den Schiffer. Ich muß lavieren, lavieren, sonst bin ich verloren.« Er sah mich aus gehetzten Augen an. »Wenn ich die Frau nicht bald bekomme, werde ich impotent. Du weißt ja, daß ich einen schweren Komplex habe. Die Träume sind schon wieder da. Ich wache auf, schweißbedeckt und schreiend. Du weißt doch, daß die Bande mich kastrieren wollte. Mit einer Schere, nicht mit einem Messer. Und das Gelächter dabei! Wenn ich nicht bald mit der Frau schlafe, träume ich, daß sie es geschafft haben. Es sind fürchterliche Träume. Als wären sie wahr! Ich höre das Gelächter noch, nachdem ich aus dem Bett gesprungen bin.«
»Schlaf doch mit einer Hure.«
»Das kann ich nicht. Insoweit bin ich schon impotent. Auch mit keiner normalen Frau. Das haben sie schon erreicht.«
Lachmann horchte. »Da kommt sie! Wir gehen zum Blue Ribbon, sie ißt gerne Sauerbraten. Komm mit! Vielleicht kannst du sie beeinflussen. Du kannst doch gut reden.«
Ich hörte die sehr wohlklingende Stimme von der Treppe her. »Ich habe keine Zeit«, sagte ich. »Aber vielleicht hat auch die Frau einen Komplex wegen ihres fehlenden Fußes, so wie du wegen deiner Narben.«
»Meinst du?« Lachmann stand bereits. »Meinst du wirklich?«
Ich hatte nur so dahingeredet, um ihn zu trösten. Als ich sah, wie erregt er wurde, verfluchte ich meine lose Zunge, ich

wußte ja von Melikow, daß die Frau mit dem Mexikaner schlief. Aber jetzt war nichts mehr zu erklären. Lachmann hörte auch schon nichts mehr, er hinkte davon.

Ich ging auf mein Zimmer, machte aber kein Licht. Gegenüber waren einige Fenster hell; in einem sah ich einen Mann, der Frauenwäsche anzog. Er stand nackt und haarig vor einem Spiegel und schminkte sich. Dann zog er hellblaue Schlüpfer an und legte einen Büstenhalter um, in den er Klosettpapier stopfte. Er war so sehr bei der Sache, daß er vergessen hatte, seinen Fenstervorhang zuzuziehen. Ich hatte ihn schon einige Male beobachtet, er war schüchtern als Mann, doch ziemlich keß, sobald er Frauenkleider trug. Er liebte große weiche Hüte und Abendkleider. Die Polizei kannte ihn, er war als unheilbar registriert. Ich sah ihm eine Weile zu, dann wurde ich von der Melancholie erfaßt, die einen leicht überkommt, wenn man einem solchen Schauspiel beiwohnt, und ich ging nach unten, um auf Melikow zu warten.

IV.

Lachmann hatte mir die Adresse von Harry Kahn gegeben. Ich hatte von seinen sagenhaften Taten schon in Frankreich gehört. Er war als spanischer Konsul in der Provence aufgetreten, zu einer Zeit, als die deutsche Besatzung in diesem Gebiet beendet war und das von Hitler eingesetzte französische Regime in Vichy gegen die Übergriffe, die die Deutschen täglich vornahmen, schwächer und schwächer wurde. Kahn erschien eines Tages unter dem Namen Raoul Tegnèr mit einem spanischen Diplomatenpaß in der Provence. Niemand wußte, woher er den Paß hatte. Es hieß, der Paß sei französisch mit der spanischen Eintragung, Kahn sei Vizekonsul von Bordeaux; andere sagten, sie hätten gesehen, daß es ein echter spanischer Paß sei. Kahn verriet nichts, er trat nur auf. Er hatte einen Wagen mit einem Diplomaten-Abzeichen am Kühler, elegante Anzüge und eine unverschämte Kaltblütigkeit. Er trat so glanzvoll auf, daß selbst Emigranten glaubten, alles habe seine Richtigkeit mit ihm. In Wirklichkeit stimmte wahrscheinlich nichts.

Kahn reiste durch das Land. Pikant dabei war, daß er als Vertreter eines anderen Diktators reiste, der davon nicht die mindeste Ahnung hatte. Er wurde ein legendärer Wohltäter. Da sein Wagen diplomatische Abzeichen trug, war Kahn, in dieser Zeit wenigstens, etwas geschützt. Er sah zwar jüdisch aus, schob das aber hochfahrend auf sein spanisches Blut und wurde sofort so ausfallend, wenn er angehalten wurde, daß die SS-Patrouillen und die deutschen Soldaten rasch unsicher wurden und sich lieber zurückzogen, als einen Anschnauzer ihrer Vorgesetzten zu riskieren. Kahn hatte gelernt, daß man einem Deutschen imponiert, wenn man ihn anbrüllt, und damit war er rasch bei der Hand. Spanien und Franco galten als Freunde Hitlers. Da jede Diktatur auch Furcht und Unsicherheit in den eigenen, vor allem untergeordneten Reihen erzeugt, weil sie das Recht subjektiv und damit gefährlich für die eigenen Taten macht, wenn sie nicht gerade dem jeweiligen, sich ändernden Begriff entsprechen, so profitierte Kahn von der Feigheit, die zusammen mit der Brutalität die logische Folge jeder Gewaltherrschaft ist.

Er hatte Verbindungen zur Résistance. Es war wahrscheinlich, daß seine Mittel daher kamen, auch der Wagen und vor allem das Benzin. Kahn hatte immer genug davon, während es sonst sehr knapp war. Er transportierte Flugblätter und die ersten Untergrundzeitungen, kleine, zweiseitige Pamphlete. Ich wußte von einem Fall, als eine deutsche Patrouille ihn stoppte und den Wagen untersuchen wollte, in dem er Pakete gefährlicher Literatur transportierte. Kahn schlug einen solchen Lärm, daß die Patrouille abzog, als hielte sie eine Kreuzotter am Schwanz. Kahn, damit noch nicht zufrieden, verfolgte sie und beschwerte sich beim nächsten Posten – nachdem er freilich vorher die belastenden Packen losgeworden war. Er brachte es fertig, daß sich der zuständige Offizier für die Tölpelhaftigkeit seiner Leute entschuldigte. Kahn verließ ihn schließlich, besänftigt, mit dem Falangistengruß, der mit einem strammen Heil Hitler erwidert wurde. Erst später entdeckte Kahn, daß er noch zwei Pakete Pamphlete im Wagen vergessen hatte.

Kahn hatte ab und zu auch spanische Blankopässe zur Verfügung. Er rettete damit mehreren Emigranten das Leben. Sie konnten über die Grenze in die Pyrenäen entkommen. Es waren Leute, die von der Gestapo gesucht wurden. Kahn brachte es fertig, sie so lange in französischen Klöstern zu verstecken, bis man Gelegenheit hatte, sie abzuschieben. Ich wußte von zwei Fällen, in denen er den Rücktransport von Emigranten nach Deutschland verhütet hatte. Im einen hatte er dem Feldwebel erklärt, daß Spanien ein besonderes Interesse an dem Gefangenen habe, da es ihn wegen seiner Sprachkenntnisse als Gegenspion in England ausbilden lassen wolle, beim andern hatte er mit Kognak und Rum gearbeitet und der Wache dann gedroht, sie anzuzeigen, weil sie sich hatte bestechen lassen.

Als man dann nichts mehr von Kahn hörte, waren die Gerüchte wie ein Schwarm Krähen aufgeflogen. Jeder wußte, daß dieser Ein-Mann-Feldzug nur mit dem Tod enden konnte. Kahn war ohnehin kühner und kühner geworden, und es war, als hätte er sein Schicksal geradezu herausgefordert. Plötzlich wurde es still. Ich selbst hatte angenommen, er sei längst von den Deutschen in einem Konzentrationslager zu Tode gepeitscht oder wie ein Stück Schlachtvieh an einem Fleischerhaken aufgehängt worden – bis ich von Lachmann gehört hatte, daß er entkommen war.

Ich fand ihn in einem Laden, in dem gerade eine Rundfunkrede von Präsident Roosevelt übertragen wurde. Es war ein ungeheurer Lärm, der durch die offenen Türen auf die Straße hinausschwoll. Vor dem Fenster standen Leute und hörten zu. Ich versuchte mit Kahn zu sprechen. Es war unmöglich, wir hätten schreien müssen. Wir verständigten uns durch Gesten. Er zuckte bedauernd die Achseln, deutete auf das Radio und auf die Zuhörer draußen und lächelte. Ich verstand: Er fand es wichtig, daß man der Rede von Roosevelt zuhörte, und wollte sie meinetwegen nicht versäumen. Ich setzte mich neben das Fenster, holte eine Zigarette heraus und hörte zu. Ich hörte dem Politiker zu, der dafür gesorgt hatte, daß wir nach Amerika kommen konnten.

Kahn war ein schmächtiger Mann mit schwarzen Haaren und großen, flackernden, schwarzen Augen. Er war jung, nicht älter als dreißig. Sein Gesicht zeigte nichts von der Verwegenheit seines Lebens, er hätte eher ein Poet sein können, so nachdenklich und offen waren diese Züge. Aber

Rimbaud und Villon waren auch Poeten gewesen; nur einem Dichter konnte all das einfallen, was er getan hatte.
Der Lautsprecher schwieg plötzlich. »Entschuldigen Sie«, sagte Kahn, »ich mußte die Rede zu Ende hören. Haben Sie die Leute draußen gesehen? Ein Teil davon könnte den Präsidenten umbringen, er hat viele Feinde. Sie behaupten, daß er Amerika in den Krieg gebracht hat, und machen ihn für die amerikanischen Verluste verantwortlich.«
»Für die in Europa?«
»Auch für die im Pazifik. Dort haben ihm allerdings die Japaner die Verantwortung abgenommen.« Kahn sah mich genauer an. »Kennen wir uns nicht von irgendwoher? Aus Frankreich?«
Ich erklärte ihm meine Schwierigkeiten. »Wann müssen Sie raus?« fragte er.
»In vierzehn Tagen.«
»Wohin?«
»Keine Ahnung.«
»Mexiko«, sagte er. »Oder Kanada. Mexiko ist einfacher, die Regierung dort ist freundlicher, sie hat auch die spanischen Réfugiés aufgenommen. Wir können bei der Gesandtschaft anfragen. Was für Papiere haben Sie?«
Ich sagte es ihm. Ein Lächeln veränderte sein Gesicht. »Immer dasselbe«, murmelte er. »Sie wollen bei Ihrem Paß bleiben?« fragte er dann.
»Ich muß. Er ist alles, was ich habe. Wenn ich zugebe, daß er nicht echt ist, setzt man mich ins Gefängnis.«
»Das vielleicht nicht mehr. Aber er hilft Ihnen auch nichts. Haben Sie heute abend etwas vor?«
»Natürlich nicht.«
»Holen Sie mich um neun Uhr ab. Wir brauchen Hilfe. Es gibt einen Platz, wo wir sie finden.«

* * *

Das runde Gesicht mit den roten Backen, den runden Augen und der wilden Frisur darüber glänzte wie ein freundlicher Mond. »Robert«, sagte Betty Stein. »Mein Gott, wo kommen Sie denn her? Und seit wann sind Sie hier? Warum habe ich nichts von Ihnen gehört? Sie hätten sich doch melden können! Aber natürlich, Sie haben Besseres zu tun, als an mich zu denken. Typisch, für ...«
»Sie kennen sich?« fragte Kahn.
Ich konnte mir nicht denken, daß jemand, der auf der Völkerwanderung war, Betty Stein nicht kannte. Sie war die Mutter der Emigranten, ebenso wie sie vorher in Berlin die Mutter jener Schauspieler, Maler und Schriftsteller gewesen war, die noch keinen Erfolg hatten. Sie hatte ein Herz, das vor Freundschaft überfloß – wenn man es anerkannte. Es war eine Freundschaft für alle, die so umfassend war, daß sie etwas gutmütig Tyrannisches hatte. Man gehörte ihr oder war gegen sie.
»Sie sehen, daß wir uns kennen«, sagte ich zu Kahn. »Wir haben uns einige Jahre nicht gesehen, und unter der Tür macht sie mir bereits Vorwürfe. Sie kann eben nichts gegen ihr russisches Blut tun.«
»Ich bin in Breslau geboren«, erklärte Betty Stein. »Und ich bin immer noch stolz darauf.«
»Man hat solche prähistorische Vorurteile«, sagte Kahn gelassen.
»Es ist gut, daß Sie sich kennen. Unser Freund Ross braucht Beistand und Rat.«
»Ross?«
»Ross, Betty«, sagte ich.
»Ist er tot?«
»Ja, Betty. Und ich habe ihn beerbt.«
»Ich verstehe.«
Ich erklärte ihr meine Lage. Sie war sofort mit Eifer dabei, etwas zu tun, und besprach die Möglichkeiten mit Kahn, der

als Held hier immer noch großen Respekt genoß. Ich blickte mich währenddessen um. Das Zimmer war nicht groß, aber es war bereits dem Charakter Bettys angepaßt. An den Wänden waren Fotografien mit Heftzwecken befestigt, alles Bilder mit überschwenglichen Widmungen. Ich las die Namen, manche ihrer Träger waren bereits tot. Sechs waren darunter, die nicht mehr aus Deutschland herausgekommen waren, einer, der zurückgegangen war. »Warum haben Sie denn das Bild von Forster auch in einem Trauerrahmen?« fragte ich. »Er lebt doch noch.«
»Weil er zurückgegangen ist.« Betty wandte sich mir zu. »Wissen Sie, warum er zurückgegangen ist?«
»Weil er kein Jude ist und Heimweh hatte«, sagte Kahn. »Und kein Englisch konnte.«
»Weil es in Amerika keinen Vogerlsalat gibt«, verkündete Betty triumphierend. »Das hat ihn melancholisch gemacht.« Gedämpftes Gelächter rundum. Ich kannte diese halb ironischen und halb verzweifelten Witze der Emigranten. Es gab sie auch über Göring, Goebbels und Hitler. »Weshalb haben Sie das Bild dann nicht einfach heruntergenommen?« fragte ich.
»Weil ich ihn trotzdem liebe, und weil er ein großer Schauspieler ist.«
Kahn lachte. »Betty ist immer unparteiisch«, sagte er. »Wenn das alles einmal zu Ende ist, wird sie die erste sein, die bei unseren früheren Freunden, die inzwischen in Deutschland antisemitische Bücher geschrieben haben und Obersturmführer geworden sind, feststellt, daß sie es nur getan haben, um Juden zu retten oder Schlimmeres zu verhüten!« Er klopfte ihr auf den fleischigen Nacken. »Ist es nicht so, Betty?«
»Wenn die andern zu Schweinen werden, brauchen wir uns doch nicht schweinisch zu benehmen«, entgegnete Betty etwas spitz.

»Das ist es ja, womit sie rechnen«, erwiderte Kahn gelassen. »So wie sie am Ende des Krieges wieder damit rechnen, daß die Amerikaner nach dem letzten Schuß sofort wieder die Züge mit Speck, Butter und Fleisch schicken für die armen Deutschen, die sie doch nur vernichten wollten.«

»Was meinen Sie, was die Deutschen tun würden, wenn sie den Krieg gewännen? Auch Speck verteilen?« fragte jemand und hustete.

Ich antwortete nicht; ich kannte diese Gespräche im Überfluß. Ich sah mir weiter die Bilder an.

»Bettys Totenliste«, sagte eine zierliche, sehr blasse Frau, die unter den Fotos auf einer Bank saß. »Das da ist Hastenecker.«

Ich erinnerte mich an Hastenecker. Die Franzosen hatten ihn mit allen Emigranten, die sie erwischen konnten, in ein Internierungslager gesperrt. Er war Schriftsteller und wußte, daß er verloren war, wenn die Deutschen ihn faßten. Er wußte auch, daß die Internierungslager von Gestapo-Beamten durchsucht würden. Als die Deutschen nur noch ein paar Stunden entfernt waren, beging er Selbstmord.

»Der alte französische Schlendrian«, sagte Kahn bitter. »Sie meinen es zwar nicht so, aber der andere geht dabei drauf.«

Ich erinnerte mich, daß Kahn in einem Lager den Kommandanten dazu gebracht hatte, fünf Emigranten zu entlassen. Er hatte ihm so zugesetzt, daß der Mann, der bis dahin seine Offiziersehre wie einen Schild vor seine Unentschlossenheit gehalten hatte, nachgab und die Flüchtlinge, die verloren gewesen wären, nachts freiließ. Es war schwieriger als sonst, weil im Lager auch einige Nazis waren. Kahn überzeugte den Kommandanten zuerst, daß er die Nazis frei lassen müsse, andernfalls würde er von der Gestapo, wenn sie sein Lager prüfe, verhaftet werden. Danach benutzte er die Entlassung der Nazis als Druckmittel gegen den Kommandanten und erklärte, die Angelegenheit in Vichy bekanntzugeben. Er nannte das »moralische Erpressung in Etappen«. Es wirkte.

»Wie sind Sie aus Frankreich herausgekommen?« fragte ich Kahn.
»Auf die Weise, die damals normal war. Die groteske. Die Gestapo hatte allmählich Wind bekommen. Eines Tages half mir meine Schnauze nicht mehr weiter, auch nicht mehr der fragwürdige Titel eines Vizekonsuls. Ich wurde verhaftet und mußte mich ausziehen. Man wollte auf die alte Weise feststellen, ob ich ein Jude, ob ich beschnitten sei. Ich weigerte mich, solange ich nur konnte, ich erklärte, Tausende von Christen seien beschnitten, in Amerika praktisch fast alle Männer. Je mehr Ausreden ich suchte, desto zufriedener feixten die Jäger. Sie hatten mich. Es machte ihnen Spaß, mich zappeln zu sehen. Schließlich, als ich verzweifelt schwieg, sagte der Kommandeur, ein Oberlehrer mit Brille, zynisch: ›Und nun, du verfluchtes Judenschwein, herunter mit der Hose, zeig dein beschnittenes Ding vor! Dann werden wir es abschneiden und dir zu fressen geben.‹ Seine Untergebenen, gutaussehende blonde Männer, lachten begeistert. Ich zog mich aus, und sie erstarrten beinahe: ich war nicht beschnitten. Mein Vater war ein aufgeklärter Jude gewesen und hatte diesen Brauch im gemäßigten Klima nicht für notwendig gehalten.«
Kahn lächelte. »Sie sehen den Trick. Hätte ich mich sofort ausgezogen, hätte es keinen großen Eindruck gemacht. So waren sie maßlos verblüfft und etwas geniert. ›Warum haben Sie das nicht gleich gesagt?‹ fragte der Oberlehrer.
›Was?‹
›Daß Sie keiner sind.‹
Zum Glück waren zwei der Nazis, die auf meine Veranlassung entlassen worden waren, bei dem Posten gelandet, um nach Deutschland zurückgeschickt zu werden. Wieder eine der Grotesken, ohne die wir längst tot wären. Sie schworen Stein und Bein für mich, ich war ihr Freund. Ich hatte für sie etwas getan. Das gab den Ausschlag. Da ich zunehmend drohender und schweigsamer wurde und ein paar Namen

fallenließ, taten sie nicht das, was ich befürchtete: sie gaben mich nicht an eine höhere Stelle weiter. Sie hatten Angst, wegen des Mißverständnisses angebrüllt zu werden. So waren sie fast dankbar, als ich versprach, nichts daraus zu machen, und sie ließen mich erleichtert laufen. Ich lief sehr weit, bis nach Lissabon. Man soll wissen, wann man nichts mehr riskieren kann. Es gibt da ein Gefühl, das der ersten leichten Attacke von Angina pectoris ähnlich ist. Man hat vorher stärkere Beklemmungen gehabt, aber dieses Gefühl ist anders, und man tut sehr gut daran, ihm zu folgen. Die nächste Attacke kann tödlich sein.«

Wir saßen im Dunkeln in seinem Laden. »Gehört Ihnen dieses Geschäft?« fragte ich.

»Nein. Ich bin hier angestellt. Ich bin ein guter Verkäufer.«

»Das glaube ich.«

Draußen trieb die Großstadtnacht vorbei, mit Lichtern und mit Menschen. Es war, als schützte uns die unsichtbare Scheibe vor mehr als nur dem Lärm – wir saßen wie in einer Höhle.

»Im Dunkeln schmeckt keine Zigarette«, sagte Kahn. »Wäre es nicht großartig, wenn man im Dunkeln keinen Schmerz spürte?«

»Man spürt mehr, weil man sich mehr fürchtet. Vor wem?«

»Vor sich selbst. Eine Phantasie. Man sollte sich nur vor den andern fürchten.«

»Auch eine Phantasie.«

»Nein«, sagte Kahn ruhig. »Das hat man bis 1918 geglaubt. Seit 1933 weiß man, daß es nicht so ist. Kultur ist eine dünne Schicht, schon der Regen kann sie wegwaschen. Das hat uns das Volk der Dichter und Denker gelehrt. Es galt als hochzivilisiert. Es hat Attila und Dschingis-Khan übertroffen. Mit einer einzigen jubelnden Kehrtwendung in die Barbarei.«

»Kann ich Licht machen?« fragte ich.

»Natürlich.«

Wir sahen uns blinzelnd an, als das unbarmherzige Licht auf uns herniederplatschte.
»Sonderbar, wo man überall so landet«, sagte Kahn, während er einen kleinen Kamm hervorholte und sich seinen Scheitel nachzog. »Aber die Hauptsache ist, daß man irgendwo landet und etwas anfängt. Nicht wartet. Die andern ...«, er machte eine Bewegung ins Weite, »sie warten. Worauf? Daß die Zeit ihretwegen zurückgedreht wird? Die armen Hunde! Und was tun Sie? Haben Sie schon so etwas wie einen Beruf?«
»Ich bin Hilfssortierer in einem Antiquitätenladen.«
»Wo? Zweite Avenue?«
»Dritte.«
»Dasselbe. Keine Aussicht. Versuchen Sie etwas Eigenes anzufangen. Selbst wenn Sie Steine verkaufen. Oder Haarnadeln. Ich arbeite auch noch nebenbei. Für mich.«
»Wollen Sie Amerikaner werden?«
»Ich wollte Österreicher werden, dann Tscheche. Leider nahmen die Deutschen beide Länder. Dann wollte ich Franzose werden – derselbe Erfolg. Jetzt bin ich neugierig, ob die Deutschen auch Amerika einnehmen werden.«
»Ich bin neugierig, an welche Grenze ich in zehn Tagen gestellt werde.«
Kahn schüttelte den Kopf. »Das ist noch nicht sicher. Betty wird Ihnen Empfehlungen von drei bekannten Flüchtlingen besorgen. Feuchtwanger würde Ihnen auch eine geben, aber seine ist nicht so viel wert. Er steht zu weit links. Amerika ist mit Rußland verbündet, aber nicht genug, um den Kommunismus gutzuheißen. Heinrich und Thomas Mann sind erste Klasse, noch besser aber sind Empfehlungen von Amerikanern. Ich kenne einen Verleger, der meine Erlebnisse als Buch drucken möchte. Ich werde sie nie schreiben, aber das kann ich ihm auch noch in zwei Jahren sagen. Er interessiert sich für Emigranten. Wittert vielleicht ein Geschäft. So was, mit

Idealismus zusammen, ist eine unschlagbare Kombination. Ich werde ihn morgen anrufen. Werde sagen, daß Sie einer der Leute sind, die ich aus Gurs herausgeholt habe.«
»Ich war im Lager von Gurs«, sagte ich.
»Tatsächlich? Geflohen?«
Ich nickte. »Eine Wache bestochen.«
Kahn wurde lebhaft. »Das ist gut! Wir werden ein paar Zeugen für Sie finden. Betty kennt eine Menge Leute. Erinnern Sie sich an jemanden, der nach Amerika gekommen ist?«
»Herr Kahn«, sagte ich. »Amerika war das Gelobte Land. Wir dachten damals nicht so weit über Gurs hinaus. Ich habe auch keine Papiere mitgebracht.«
»Das macht nichts. Wir werden schon irgendwas beschaffen. Die Hauptsache ist, daß Ihr Aufenthalt verlängert wird. Sagen wir um einige Wochen. Oder Monate. Dazu brauchen wir einen Anwalt, weil die Zeit so knapp ist. Wir kennen genügend Emigranten, die Anwälte waren. Betty wird das besorgen. Aber was wir brauchen, ist ein amerikanischer Anwalt, wegen der Zeit. Betty wird auch da Bescheid wissen. Haben Sie Geld?«
»Für zehn Tage.«
»Das brauchen Sie selbst. Wir müssen aufbringen, was der Anwalt fordert. Es wird nicht sehr viel sein.«
Kahn lächelte. »Vorläufig halten die Emigranten noch zusammen. Elend ist ein besserer Kitt als Glück.«
Ich sah Kahn an. Sein bleiches, ausgemergeltes Gedicht wirkte sonderbar verschattet.
»Sie haben mir etwas voraus«, sagte ich. »Daß Sie ein Jude sind. Nach dem jämmerlichen Programm dieser Leute drüben gehören Sie nicht zu ihnen. Ich kann mich dieser Ehre nicht rühmen. Ich gehöre zu ihnen.«
Kahn wandte sich mir zu. »Mein Volk?« fragte er ironisch. »Sind Sie dessen sicher?«

»Sie nicht?«
Kahn betrachtete mich schweigend. Mir wurde unbehaglich. »Ich rede Unsinn«, erklärte ich schließlich, um etwas zu sagen. »Das eine hat mit dem anderen nichts zu tun, glaube ich.«
Kahn betrachtete mich immer noch. »Mein Volk...« sagte er dann und brach ab. »Auch ich fange an, Unsinn zu reden. Kommen Sie! Machen wir etwas Unjüdisches und trinken wir zusammen eine Flasche Schnaps.«
Ich wollte nicht trinken, aber ich konnte auch nicht absagen. Kahn wirkte völlig gesammelt und ruhig, doch ebenso ruhig hatte in Paris Josef Bär gewirkt, als ich zu müde war, um mit ihm die Nacht durchzutrinken, und morgens hatte ich ihn erhängt in seinem armseligen Hotelzimmer gefunden. Menschen ohne Wurzeln waren sehr labil, und Zufälle spielten bei ihnen eine große Rolle. Hätte Stefan Zweig am Abend, als er und seine Frau sich in Brasilien das Leben nahmen, mit jemand sprechen oder wenigstens telefonieren können, es wäre vielleicht nicht geschehen. So saß er in der Fremde unter Fremden und hatte außerdem noch den Fehler begangen, seine Erinnerungen zu schreiben, anstatt sie zu meiden wie die Pest. Sie hatten ihn überwältigt. Deshalb scheute auch ich vor ihnen zurück, solange ich nichts tun konnte. Ich wußte, daß ich etwas tun mußte und wollte, und das lag wie ein schwerer Stein in mir – aber dazu mußte der Krieg vorbei sein, und ich mußte nach Europa zurückfahren.
Ich kam in das Hotel, das mir trostloser erschien als früher. Ich setzte mich in die altmodische Halle, um auf Melikow zu warten. Ich bemerkte niemand, bis ich glaubte, jemand schluchzen zu hören. In einer Ecke, neben einem Ständer mit Blattpflanzen, saß eine Frau. Im unsichern Licht erkannte ich nach einer Weile Natascha Petrowna.
Sie wartete wahrscheinlich auch auf Melikow. Das Weinen zerrte an meinen Nerven. Ich war vom Alkohol etwas

benommen und wartete noch eine kleine Weile, dann ging ich zu ihr hinüber.
»Kann ich etwas für Sie tun?« fragte ich.
Sie antwortete nicht. »Ist etwas passiert?« fragte ich.
Sie schüttelte den Kopf. »Warum soll etwas passiert sein?«
»Weil Sie weinen.«
»Muß deshalb etwas passiert sein?«
Ich starrte sie an. »Aber Sie müssen doch einen Grund haben, wenn Sie weinen?«
»So?« fragte sie plötzlich feindlich.
Ich wäre gern weggegangen, aber mein Kopf war nicht klar. »Gewöhnlich hat man doch einen Grund«, sagte ich schließlich.
»So? Kann man nicht ohne Grund weinen? Muß alles immer einen Grund haben?«
Ich hätte mich nicht gewundert, wenn sie erklärt hätte, daß nur für stupide Deutsche immer alles einen Grund haben müsse. Ich erwartete es sogar.
»Kennen Sie das nicht?« fragte sie statt dessen.
»Ich kann es mir vorstellen.«
»Sie kennen es nicht?«
Ich hätte ihr erklären können, daß ich leider immer zuviel Grund gehabt hätte. Die Vorstellung, ohne Grund, nur aus Weltschmerz oder Lebensschwermut zu weinen, stammte aus einem zarteren Jahrhundert. »Ich hatte nie Gelegenheit dazu«, sagte ich.
»Natürlich nicht. Warum sollten Sie auch.«
Da sind wir, dachte ich. Weißrußland greift an. »Entschuldigen Sie«, murmelte ich und wollte verschwinden. Die Attacke einer weinenden Frau war alles, was mir noch fehlte. »Ich weiß«, sagte sie erbittert. »Es ist Krieg, und es ist lächerlich, wegen nichts zu weinen. Aber ich weine nun mal. Ich weine, und wenn hundert Schlachten geschlagen werden.«
Ich blieb stehen. »Das verstehe ich. Was hat der Krieg schon

damit zu tun? Wenn auch anderswo hunderttausend Menschen getötet werden – wenn man sich in den Finger schneidet, tut es deswegen nicht weniger weh.«
Wozu rede ich solch törichtes Zeug, dachte ich. Warum lasse ich diese Hysterikerin nicht weinen, solange sie Lust hat? Warum gehe ich nicht? Aber ich blieb stehen, als wäre sie der letzte Mensch, und dann wußte ich, warum: Ich wollte nicht allein sein.
»Alles ist vergebens«, sagte sie. »Alles, alles, was wir auch tun! Wir müssen sterben, und keiner entkommt.«
Du lieber Gott! Auch das noch! »Es gibt da Unterschiede«, sagte ich. »Einer davon ist, wie lange man entkommt.«
Sie antwortete nicht. »Wollen Sie etwas trinken?« fragte ich.
»Ich kann diese Coca-Colas nicht ausstehen«, erwiderte sie. »Was sind das für Getränke!«
»Wie wäre es mit Wodka?«
Sie blickte auf. »Wodka? Wo gibt es hier Wodka, wenn Melikow nicht da ist? Wo ist er überhaupt? Warum ist er nicht da?«
»Das weiß ich nicht. Aber Wodka habe ich auf meinem Zimmer. Ich kann ihn holen.«
»Das ist ein vernünftiger Gedanke«, sagte Natascha Petrowna. Dann fügte sie hinzu, und es erinnerte mich an alle Russen, die ich in meinem Leben gekannt hatte: »Warum haben Sie diesen Gedanken nicht schon lange gehabt?«
Ich holte den Rest Wodka, den ich noch hatte, und ging widerstrebend zurück. Vielleicht kommt Melikow bald, und ich kann versuchen, mit ihm so lange Schach zu spielen, bis ich ruhiger würde. Ich erwartete nicht viel von Natascha Petrowna.
Sie schien eine andere Person zu sein, als ich an ihrem Tisch stand. Die Tränen waren verschwunden, ihr Gesicht war gepudert, und sie lächelte sogar. »Wieso mögen Sie Wodka?« fragte sie. »In Ihrem Vaterland trinkt man ihn doch nicht?«

»Ich weiß«, erwiderte ich. »In Deutschland trinkt man Bier und Schnaps. Aber ich habe mein Vaterland vergessen und trinke weder Bier noch Schnaps. Ich bin aber auch kein großer Wodkatrinker.«
»Was trinken Sie dann?«
Was für eine idiotische Unterhaltung, dachte ich und sagte: »Was es gerade gibt. In Frankreich habe ich Wein getrunken.«
»Frankreich«, sagte Natascha Petrowna. »Was haben die Deutschen daraus gemacht!«
»Ich war nicht dabei. Ich saß um die Zeit in einem französischen Internierungslager.«
»Natürlich! Als Feind.«
»Vorher war ich in einem deutschen Konzentrationslager. Auch als Feind.«
»Das verstehe ich nicht.«
»Ich auch nicht«, antwortete ich ärgerlich. Es war ein verhexter Tag, dachte ich. Immer wieder drehte ich mich im Kreise. Dabei wollte ich nur heraus.
»Möchten Sie noch etwas Wodka?« fragte ich. Wir hatten uns wirklich nichts zu sagen.
»Danke. Lieber nicht. Ich habe schon vorher ziemlich viel getrunken.«
Ich schwieg. Ich fühlte mich hundeelend. So zwischen allem und nirgendwo hingehörig.
»Wohnen Sie hier?« fragte Natascha Petrowna.
»Ja. Vorläufig.«
»Jeder wohnt vorläufig hier. Aber manche bleiben dann für immer.«
»Das kann sein. Haben Sie auch hier gewohnt?«
»Ja. Jetzt nicht mehr. Ich wollte, ich wäre nie weggegangen. Und ich wollte, ich wäre nie hierhergekommen, nach New York.«
Ich war zu müde, um weiterzufragen. Und ich hatte schon zu viele Schicksale gehört, große und kleine, um neugierig zu

sein. Jemand, der darüber jammerte, daß er nach New York gekommen war, interessierte mich nicht. Er gehörte zu einer anderen, schattenhaften Welt.

Natascha Petrowna stand auf. »Ich muß gehen.«

Es war ein Augenblick leichter Panik für mich. »Wollen Sie nicht auf Melikow warten? Er wird sehr bald kommen.«

»Das glaube ich nicht. Felix ist angekommen, der ihn vertritt.«

Auch ich sah jetzt den kleinen Kahlkopf. Er stand vor der Tür und rauchte. »Danke für den Wodka«, sagte Natascha. Sie sah mich mit ihren grauen, wie durchsichtigen Augen an. »Sonderbar, wie wenig einem manchmal schon eine Hilfe sein kann«, sagte sie. »Schon ein Mensch, den man gar nicht kennt, ist genug.«

Sie nickte mir zu und ging. Sie war noch größer, als ich geglaubt hatte. Ihre Schritte hallten auf dem Holzboden laut und energisch, als wolle sie unter ihren Füßen etwas zertreten. Sie schienen gar nicht zu der biegsamen, schmalen Gestalt zu passen, die etwas schwankte.

Ich korkte die Flasche zu und trat unter die Tür zu Felix, Melikows Stellvertreter. »Wie geht es, Felix?« fragte ich.

»Wie es so geht«, erwiderte er und blickte abweisend auf die Straße hinaus. »Wie soll es sonst gehen?«

Ich spürte, als er da so friedlich vor sich hinrauchte, eine wilde Welle von Neid auf ihn. Die brennende Zigarette war plötzlich das Symbol allen Friedens der Welt. »Gute Nacht, Felix«, sagte ich.

»Gute Nacht. Wollen Sie noch was? Wasser, Zigaretten?«

»Nein, danke, Felix.«

Ich öffnete die Tür zu meinem Zimmer. Mit einem Schwall kam mir die Vergangenheit entgegen, als habe sie auf mich gewartet. Ich warf mich auf mein Bett und starrte in das graue Rechteck des Fensters. Ich war hilflos, ich sah viele Gesichter und sah manche schon nicht mehr, ich schrie lautlos nach Rache und wußte doch, daß es vergeblich war, ich wollte jemanden erwürgen und wußte nicht, wen. Ich konnte nur warten, und dann merkte ich, daß meine Hände naß wurden, daß ich weinte.

V.

Der Rechtsanwalt ließ mich eine Stunde warten. Ich nahm an, daß es die alte Taktik war, den Klienten mürbe zu machen. An mir war nichts mürbe zu machen. Ich vertrieb mir die Zeit damit, zwei Klienten im Vorzimmer zu beobachten. Einer kaute Gummi, der andere versuchte, sich mit der Sekretärin für einen Mittagskaffee zu verabreden. Die Sekretärin lachte nur über ihn. Sie hatte recht. Der Mann hatte falsche Zähne und trug einen kleinen Brillantring an einem kurzen, dicken, kleinen Finger, dessen Nagel heruntergekaut war. Gegenüber der Sekretärin hing, zwischen zwei bunten Drucken von New Yorker Straßenszenen, ein gerahmtes Schild mit dem einzigen Wort: Think! Ich hatte diese lapidare Aufforderung zu denken schon öfters bemerkt, im Korridor des Hotels Reuben sogar an einer unerwarteten Stelle: vor der Toilette. Es war das Preußischste, was ich bisher in Amerika gesehen hatte.

Der Anwalt hatte breite Schultern, ein breites, flächiges Gesicht und trug eine goldene Brille. Seine Stimme war überraschend hoch, und das wußte er. So versuchte er sie tiefer zu halten, als sie war, und sprach deshalb sehr leise.

»Sie sind Emigrant?« flüsterte er und starrte auf einen Brief, den Betty an ihn geschrieben haben mußte.

»Ja.«

»Jude, natürlich.«

Er blickte auf, als ich schwieg. »Jude?«, wiederholte er ungeduldig.

»Nein.«

»Was? Sie sind kein Jude?«

»Nein«, sagte ich erstaunt. »Warum?«

»Für Deutsche, die nach Amerika wollen, aber keine Juden sind, arbeite ich nicht.«
»Und warum nicht?«
»Das brauche ich Ihnen sicher nicht zu erklären, Mister.«
»Sicher nicht. Aber um mir das mitzuteilen, hätte ich nicht eine Stunde lang warten müssen.«
»Frau Stein hat mir nicht geschrieben, daß Sie kein Jude sind.«
»Die deutschen Juden scheinen toleranter zu sein als die amerikanischen«, sagte ich bissig. »Um Ihre Frage zurückzugeben: Sind Sie Jude?«
»Ich bin Amerikaner«, antwortete der Anwalt lauter als vorher und mit höherer Stimme. »Und ich setze mich nicht für Nazis ein.«
Ich lachte. »Für Sie ist jeder Deutsche ein Nazi?«
Die Stimme wurde wieder lauter und höher. »Zumindest steckt ein Stück Nazi in jedem Deutschen.«
Ich lachte wieder. »Und ein Stück Mörder in jedem Juden.«
»Was?«
Die Stimme war mit einem Ruck ins Falsett hinaufgeglitten. Ich deutete auf das Schild, das ebenso wie im Vorzimmer auch im Büro hing, hier jedoch in Gold: Think! »Oder in jedem Radfahrer«, sagte ich. »Das ist nämlich ein alter Witz von 1919: Als behauptet wurde, die Juden seien am Krieg schuld gewesen, antwortete man damals: Und die Radfahrer. Wurde man gefragt: Warum die Radfahrer? so antwortete man: Warum die Juden? Aber das war 1919. Damals konnte man in Deutschland noch denken, wenn auch unter Schwierigkeiten.«
Ich erwartete, daß der Anwalt mich hinauswerfen ließe. Statt dessen erschien plötzlich ein breites Lachen auf seinem Gesicht und machte es noch breiter.
»Nicht schlecht«, sagte er mit tieferer Stimme. »Den kannte ich noch nicht.«

»Er ist veraltet«, erwiderte ich. »Heute schießt man, statt Witze zu machen.«
Der Anwalt wurde wieder ernst. »Wir haben eine fatale Schwäche für Witze«, sagte er. »Trotzdem bleibe ich bei dem, was ich behauptet habe.«
»Und ich bleibe beim Gegenteil.«
»Können Sie das auch beweisen?«
»Besser als Sie. Die Juden haben Deutschland verlassen, weil sie mußten: Sie wären sonst verfolgt worden. Das beweist aber noch nicht, daß sie herausgegangen wären, wenn man sie nicht verfolgt hätte. Die Nichtjuden aber, die Deutschland verlassen haben, haben es getan, weil sie das Regime haßten.«
»Die Spione und Spitzel ausgenommen«, sagte der Anwalt trocken.
»Spione und Spitzel haben immer erstklassige Ausweise.«
Der Anwalt wischte das unter den Tisch. »Beweist nicht bereits die Tatsache, daß Sie glauben, nicht alle Juden wären gegen das Naziregime, eine antisemitische Gesinnung?« fragte er.
»Vielleicht. Aber unter Juden. Die Ansicht ist nämlich nicht von mir. Sie stammt von meinen jüdischen Freunden.«
Ich stand auf. Ich hatte von der albernen Wortspielerei genug. Nichts ermüdet mehr, als wenn einem jemand zeigen will, was für ein kluges Köpfchen er ist, besonders wenn er keins ist.
»Haben Sie tausend Dollar?« fragte das breite Gesicht.
»Nein«, entgegnete ich schroff. »Ich habe keine hundert.«
Er ließ mich fast bis zur Tür gehen. »Wie dachten Sie denn zu zahlen?« fragte er dann.
»Meine Bekannten wollen mir helfen. Aber ich will lieber wieder in ein Internierungslager gehen, als ihnen solche Summen zuzumuten.
»Waren Sie schon einmal in einem?«

»Ja«, erwiderte ich ärgerlich. »Sogar in Deutschland. Und da heißen sie anders.«

Ich erwartete jetzt, daß dieser Klugscheißer mir erklären würde, in den Konzentrationslagern säßen auch Kriminelle und Verbrecher – was ja stimmte. Dann hätte ich mich nicht beherrschen können. Aber ich bekam keine Gelegenheit dazu. Hinter ihm schnarrte etwas, und eine melancholische Stimme rief: Kuckuck – Kuckuck – zwölfmal. Es war eine Schwarzwälder Kuckucksuhr; eine Melodie, die ich seit meiner Kindheit nicht mehr gehört hatte.

»Wie hübsch«, sagte ich sarkastisch.

»Es ist ein Geschenk meiner Frau«, erwiderte der Anwalt leicht verlegen. »Ein Hochzeitsgeschenk.«

Ich vermied es, ihn zu fragen, ob auch die Uhr antisemitisch sei.

Mir schien aber, als hätte ich durch den Kuckuck einen unerwarteten Bundesgenossen bekommen. Der Anwalt erklärte plötzlich fast sanft: »Ich werde für Sie tun, was ich tun kann. Rufen Sie übermorgen vormittag hier an.«

»Und das Honorar?«

»Ich werde das mit Frau Stein besprechen.«

»Es wäre mir lieber, wenn ich es wüßte.«

»Fünfhundert Dollar«, sagte er. »In Raten, wenn Sie wollen.«

»Glauben Sie, daß Sie etwas erreichen können?«

»Einen Aufschub schon. Dann muß man weiter verhandeln.«

»Danke«, sagte ich. »Ich werde übermorgen anrufen.«

»Kunststück«, sagte ich unwillkürlich, als ich in dem schmalen Aufzug des engbrüstigen Hauses hinunterfuhr. Eine Frau mit einem Schwalbennest auf dem Kopf und mit Wangen, von denen der Puder stäubte, wenn der Aufzug mit einem Ruck hielt, sah mich empört an. Ich starrte über sie hinweg, so desinteressiert, wie ich nur konnte. Ich hatte bereits gelernt, daß Frauen in Amerika leicht nach der Polizei rufen. Think! stand auf dem Mahagonischildchen im Aufzug über dem Kopf mit den zitternden gelben Löckchen und der reglosen Schwalbenbrut.

Aufzugskabinen machten mich immer nervös. Sie hatten keinen zweiten Ausgang, und man konnte aus ihnen schwer entweichen.

Ich habe als junger Mensch die Einsamkeit geliebt. In den Jahren meiner Flucht und meiner Wanderschaft habe ich sie fürchten gelernt. Nicht nur, weil sie mich zum Nachdenken und damit rasch zur Melancholie brachte, auch weil sie gefährlich war. Wer sich immer verstecken muß, liebt die Menge. Sie macht ihn anonym.

Ich betrat die Straße, und sie war wie eine Umarmung von tausend anderen anonymen Freunden. Sie war offen, voller Türen, Ausgänge, Winkel und Abzweigungen und vor allem voller Menschen, zwischen denen man verschwand.

* * *

»Wir haben uns gegen unsern Willen, aber aus Notwendigkeit, die Mentalität von Verbrechern angeeignet«, sagte ich zu Kahn, mit dem ich in einer Pizzastube zu Mittag aß. »Sie vielleicht weniger als wir anderen. Sie waren aggressiv und schlugen zurück, wir anderen aber wurden nur geprügelt. Glauben Sie, daß wir das je verlieren werden?«

»Die Angst vor der Polizei vielleicht nicht. Sie ist auch natürlich. Jeder anständige Mensch hat sie. Das liegt an den Fehlern unserer Gesellschaftsordnung. Aber sonst? Das liegt an jedem einzelnen. Wenn es irgendeinen Platz gibt, sie loszuwerden, dann ist es hier. Dieses Land ist von Emigranten gegründet worden. Und hier werden sie in jedem Jahr noch zu Tausenden eingebürgert.« Kahn lachte. »Welch ein Land! Sie brauchen hier nur zwei Fragen mit Ja zu beantworten, und jeder hält Sie für einen famosen Kerl. Lieben Sie Amerika? Ja,

es ist das herrlichste Land der Welt. Wollen Sie Amerikaner werden? Ja, selbstverständlich, und man klopft Ihnen auf die Schulter und findet Sie richtig.«
Ich dachte an den Anwalt, von dem ich kam. »Kuckuck!« erwiderte ich.
»Was?«
Ich erzählte Kahn die letzte Episode meines Besuches. »Dieser hemdsärmelige Jehova-SA-Mann hat mich wie einen Aussätzigen behandelt«, erklärte ich.
Kahn war außer sich vor Vergnügen. »Kuckuck!« erwiderte er.
»Aber er hat Ihnen nur fünfhundert Dollar berechnet. Das war seine Entschuldigung! Wie ist die Pizza?«
»Gut. Wie in Italien.«
»Besser als in Italien. New York ist eine italienische Stadt. Außerdem eine spanische, eine jüdische, eine ungarische, eine chinesische, eine afrikanische, eine knalldeutsche –«
»Eine deutsche?«
»Und wie! Fahren Sie mal zur Sechsundachtzigsten Straße, da wimmelt es von so vielen Heidelberger Bierkellern, Café Hindenburgs, Nazis, Deutschamerikanischen- und Turnklubs, von Gesangvereinen mit ›Heil dir im Siegerkranz‹ und Stammtischen mit schwarzweißroten, wohlverstanden, nicht schwarzrotgoldenen Fähnchen ...«
»Keine Hakenkreuze?«
»Nicht öffentlich. Sonst sind die Auslandsdeutschen oft schlimmer als die drüben. Die Abwesenheit wirkt ein goldenes Gespinst der Sentimentalität um das geliebte ferne Heimatland, aus dem man seinerzeit weggegangen ist, weil es gar nicht so liebenswürdig war«, sagte Kahn spöttisch. »Sie müssen mal hören, wenn es da losgeht mit Patriotismus, Bierseligkeit, Rheinliedern und Führersentimentalität.« Ich sah ihn an. »Was ist los?« fragte Kahn.
»Nichts«, sagte ich mühsam. »Und das gibt es hier?«

»Die Amerikaner sind großzügig. Sie nehmen es nicht sehr ernst. Nicht einmal im Krieg.«

»Im Krieg«, sagte ich. Da war es wieder, was ich nicht begreifen konnte. Dies war ein Land, das von seinen Kriegen durch Ozeane und die halbe Welt getrennt wurde. Seine Grenzen rührten nirgendwo an feindliche. Es wurde nicht bombardiert. Niemand schoß.

»Kriege bestehen darin, daß man benachbarte feindliche Grenzen überschreitet«, sagte ich. »Wo sind die hier? In Japan und Deutschland. Das macht den Krieg so unwirklich. Man sieht Soldaten, aber keine Verwundeten. Wahrscheinlich bleiben sie draußen. Oder gibt es keine?«

»Es gibt welche. Und Tote.«

»Trotzdem ist es unwirklich. Als wäre alles nicht wahr.«

»Es ist wahr. Und wie!«

Ich schaute auf die Straße. Kahn war meinem Blick gefolgt. »Ist es dieselbe Stadt?« fragte er. »Jetzt, wo Sie schon viel besser sprechen?«

»Vorher war sie ein Bild und eine Pantomime, jetzt ist sie schon ein Relief. Sie hat bereits Höhen und Tiefen. Sie spricht, und man versteht schon etwas. Noch nicht viel, das trägt zur Unwirklichkeit der Situation bei. Vorher war jeder Taxichauffeur eine Sphinx und jeder Zeitungsverkäufer ein Welträtsel. Auch jetzt noch ist jeder Kellner ein kleiner Einstein, aber ein Einstein, den ich bereits verstehe – wenn er nicht gerade über Physik und Mathematik spricht. Die Verzauberung bleibt, solange man nichts will. Wenn man aber etwas will, beginnen die Schwierigkeiten, und man stürzt aus seiner philosophischen Träumerei hinab auf das Niveau eines zurückgebliebenen Zehnjährigen.«

Kahn bestellte eine doppelte Portion Eis. »Pistazien und Lime«, rief er der Kellnerin nach. Es war seine zweite Portion. »Es gibt hier zweiundsiebzig verschiedene Sorten Eis«, erklärte er schwärmerisch. »Nicht in dieser kleinen Bude,

sondern in den Johnson-Läden und den Drugstores. Etwa vierzig habe ich schon versucht! Das Land ist das Paradies der Eiscreme-Esser. Zum Glück bin ich ein unersättlicher Eiscreme-Narr. Dieses vernünftige Land schickt sogar seinen Soldaten, die auf irgendeinem Atoll Japaner bekämpfen, Schiffe, vollgepackt mit Eiscreme und Steaks.«
Er blickte zu der Kellnerin auf, als brächte sie den heiligen Gral.
»Pistazien haben wir nicht«, sagte sie. »Ich habe Ihnen Pfefferminz und Zitrone gebracht. O. K.?«
»O. K.«
Die Kellnerin lächelte. »Wie appetitlich die Frauen hier sind«, sagte Kahn. »Appetitlich wie die zweiundsiebzig Eiscremes. Sie geben ein Drittel ihres Einkommens für Kosmetik aus. Allerdings fänden sie sonst auch keine Stellungen. Die vulgären Notwendigkeiten der Natur werden hier weitgehend ignoriert. Jugend ist alles, und wo sie nicht ist, wird sie künstlich hervorgezaubert. Das gehört ebenfalls in ihr Kapitel der Unrealität.«
Ich hörte Kahn gelassen und entspannt zu. Das Gespräch plätscherte dahin. »Sie kennen den *Après-midi d'un Faune*«, sagte Kahn. »Das hier ist ein anderer Debussy: *Nachmittag eines Eiscreme-Essers.* Wir können gar nicht genug solcher Nachmittage haben. Sie bügeln die verdrückte Seele aus. Finden Sie nicht?«
»Ich erlebe das unter Antiquitäten. *Nachmittage eines chinesischen Mandarins, kurz vor seiner Enthauptung.*«
»Sie sollten lieber Nachmittage mit einem amerikanischen Mädchen verbringen. Da Sie sie nur halb verstehen können, gewinnen Sie ohne weitere Phantasie etwas von dem Mysterium frühester tölpelhafter Jugend zurück. Alles, was man nicht verstehen kann, ist geheimnisvoll. Die Entzauberung der Erfahrung unterbleibt, da es an Worten fehlt, und Sie haben die Möglichkeit, einen kleinen Menschheitstraum zu

verwirklichen: Ein Stück Leben noch einmal zu leben mit dem Wissen der Jahre und dem zurückgeholten Schmelz der Jugend.« Kahn lachte. »Versäumen Sie das nicht! Jeden Tag geht etwas davon dahin. Sie verstehen immer mehr, und die Faszination wird geringer. Noch sind die Frauen hier für Sie Südsee-Erscheinungen, umwittert von Fremde und Geheimnis – mit jedem neuen Wort, das Sie lernen, werden sie für Sie ein bißchen mehr Hausfrauen, Putzteufel und Konfekt. Behüten Sie Ihre zehnjährige wiedergeschenkte Jugend. Sie werden rasch altern, in einem Jahr sind Sie vierunddreißig!« Kahn blickte auf seine Uhr und winkte der Kellnerin in der blaugestreiften Schürze. »Die letzte Portion! Vanille!«
»Wir haben auch Mandel.«
»Dann Mandel! Und etwas Himbeer!« Kahn sah mich an. »Ich verwirkliche auch einen Jugendtraum, aber einfacher als Sie – den, soviel Eiscreme essen zu können, wie ich will. Hier kann ich es zum erstenmal. Es ist für mich ein Symbol von Freiheit und Sorglosigkeit. Und das sind ja wohl Dinge, an die wir drüben nicht mehr richtig geglaubt haben. Wie man sie sich hier beschafft, ist gleichgültig.«
Ich blinzelte in das staubige Licht der motorenerfüllten Straße. Das Summen der Maschinen und das schlürfende Gleiten der Reifen gaben einen monotonen Lärm, der einschläferte.
»Was möchten Sie jetzt tun?« fragte Kahn nach einer Weile.
»An nichts denken«, sagte ich. »So lange ich kann.«

Lowy senior kam zu mir herunter in den Keller unter der Straße. Er hielt eine Bronze in den Händen. »Für was halten Sie das?«
»Was soll es sein?«
»Eine Chou-Bronze. Oder Shang. Die Patina sieht gut aus, wie?«
»Haben Sie das Stück gekauft?«
Lowy grinste. »Das würde ich nicht ohne Sie tun. Jemand hat

es gebracht. Er wartet oben im Laden. Verlangt hundert Dollar dafür. Das heißt, er gibt es für achtzig. Scheint mir billig zu sein.«
»Zu billig«, sagte ich und betrachtete die Bronze. »Ist der Mann ein Händler?«
»Sieht nicht so aus. Ein junger Mann, behauptet, das Stück geerbt zu haben und Geld zu brauchen. Ist es echt?«
»Es ist eine chinesische Bronze. Aber nicht aus der Chou-Zeit. Auch nicht Han. Eher Tang oder noch jünger. Sung oder Ming. Eine Kopie aus der Ming-Zeit nach einem alten Stück. Man hat nicht sehr sorgfältig kopiert. Die Tao-Tieh-Masken sind ungenau, die Spiralen passen auch nicht dazu, sie wurden in dieser Art erst nach Han verwendet. Das Dekor ist andererseits eine Shang-Kopie: gedrungen, einfach und stark. Doch die Vielfraßmaske und das Füllornament müßten viel klarer und stärker sein, um aus derselben Zeit zu stammen. Außerdem sind hier ein paar kleinere Schnörkel, wie sie in wirklich alten Bronzen nicht vorkommen.«
»Aber die Patina! Sie ist doch sehr schön.«
»Herr Lowy«, sagte ich. »Es ist sicher eine ziemlich alte Patina. Aber sie hat keine Malachitverkrustungen. Bedenken Sie, daß die Chinesen schon in der Han-Zeit Shang-Bronzen kopiert und eingegraben haben – das gibt eine gute Patina, wenn sie auch nicht aus der Chou-Zeit stammt.«
»Was ist das Stück wert?«
»Zwanzig oder dreißig Dollar; aber das wissen Sie besser als ich.«
»Wollen Sie mit raufkommen?« fragte Lowy mit einem Glitzern von Jagdeifer in seinen blauen Augen.
»Muß ich?«
»Macht es Ihnen Spaß?«
»Einen kleinen Schwindler zu überführen? Wozu? Wahrscheinlich ist es gar keiner. Wer versteht schon wirklich etwas von archaischen China-Bronzen?«

Lowy schoß mir einen raschen Blick zu. »Keine Anspielungen, Herr Ross!«
Der kleine dicke Mann marschierte die Kellertreppe hinauf, o-beinig und energisch. Die Treppe bebte. Staub fiel von den Stufen. Einen Augenblick sah man nur die flatternde Hose und die Schuhe, der obere Teil des Mannes war bereits im Laden. Es wirkte, als wäre Lowy senior der hintere Teil eines künstlichen Varieté-Pferdes.
Nach ein paar Minuten erschienen die Beine wieder. Auch die Bronze wurde wieder sichtbar. »Ich habe sie gekauft«, sagte Lowy. »Für zwanzig Dollar. Ming ist ja schließlich auch nicht schlecht.«
»Gar nicht«, erwiderte ich. Ich wußte, daß Lowy die Bronze nur gekauft hatte, um mir zu zeigen, daß er doch etwas verstünde. Wenn nicht von Bronzen, dann vom Geschäft. Er beobachtete mich.
»Wie lange haben Sie hier noch zu tun?« fragte er.
»Insgesamt?«
»Ja.«
»Das hängt von Ihnen ab. Wollen Sie, daß ich gehe?«
»Nein, nein. Aber wir können Sie ja nicht ewig hierbehalten. Sie sind doch hier bald fertig. Was waren Sie früher?«
»Journalist.«
»Können Sie das nicht wieder machen?«
»Mit meinem Englisch?«
»Sie haben schon ganz hübsch gelernt.«
»Aber, Herr Lowy! Ich kann noch nicht einmal einen Brief ohne Fehler schreiben.«
Lowy kratzte sich mit der Bronze den kahlen Kopf. Wäre das Stück aus der Chou-Zeit gewesen, hätte er das vermutlich nicht getan.
»Verstehen Sie auch etwas von Bildern?«
»Nur wenig. Es ist wie bei den Bronzen.«
Er schmunzelte. »Immerhin besser als nichts. Ich will mich

mal umsehen. Vielleicht braucht einer meiner Kollegen eine Hilfe. Das Geschäft ist zwar flau, das sehen Sie bei Antiquitäten. Aber bei Bildern ist es anders. Besonders bei Impressionisten. Alte Bilder sind im Augenblick tot. Na, wir werden mal sehen.«

Lowy stapfte wieder die Treppe hinauf. Au revoir, Keller, dachte ich. Du warst für kurze Zeit eine dunkle Heimat für mich. Auf Wiedersehen, ihr goldenen Lampen aus dem späten 19. Jahrhundert, ihr bunten Appliken von 1890, ihr Möbel aus der Zeit des Bürgerkönigs Louis Philippe, ihr Vasen aus Persien, ihr leichten Tänzerinnen aus den Gräbern der Tang-Zeit, ihr Terrakottapferde und all ihr stummen Zeugen verrauschter Kulturen! Ich habe euch herzlich geliebt und unter euch meine amerikanische Jugend vom zehnten bis zum fünfzehnten Lebensjahr verbracht! Ahoi und ëvoe! Als unwilliger Angehöriger eines der lausigsten Jahrhunderte grüße ich euch, ein später Gladiator ohne Waffen in einer Arena voll von Hyänen, Schakalen und sehr wenigen Löwen. Als einer, der sich des Lebens freut, solange er nicht gefressen wird.

Ich verneigte mich nach allen Seiten, spendete Segen nach rechts und links und sah auf meine Uhr. Mein Arbeitstag war zu Ende. Der Abend stand rot über den Dächern, und die sparsamen Lichtreklamen begannen bleich zu glühen. Aus den Restaurants kam der freundliche Geruch von Fett und Zwiebeln.

»Was ist denn hier los?« fragte ich Melikow im Hotel.

»Raoul. Er will sich das Leben nehmen.«

»Seit wann?«

»Seit heute nachmittag. Er hat Kiki verloren, der seit vier Jahren sein Freund war.«

»In diesem Hotel wird viel geweint«, sagte ich, während ich auf das dumpfe Schluchzen lauschte, das aus der Ecke mit

den Pflanzen in die Plüschbude kam. »Und immer unter Palmen.«
»In jedem Hotel wird viel geweint«, erklärte Melikow.
»Im Ritz auch?«
»Im Ritz wird geweint, wenn die Börse fällt. Bei uns, wenn der Mensch sich unversehens bewußt wird, daß er hoffnungslos allein ist, obwohl er es nicht glaubte.«
»Ist Kiki unter ein Auto gekommen?«
»Schlimmer. Er hat sich verlobt. Mit einer Frau. Das ist die Tragik für Raoul. Wäre er mit einem anderen Homo durchgegangen, so wäre es in der Familie geblieben. Aber eine Frau! Das ist das ewige feindliche Lager. Verräterei. Die Sünde wider den heiligen Geist. Schlimmer als tot.«
»Die armen Schwulen! Sie müssen sich nach zwei Seiten verteidigen. Gegen Männer- und Frauenkonkurrenz.«
Melikow schmunzelte. »Raoul hat vorhin eine Reihe von bemerkenswerten Aussprüchen darüber gemacht, wie ihm Frauen vorkommen. Die einfachste darunter war: wie Seehunde ohne Haut. Auch über die in Amerika so angebetete Zier der Damen, die volle Brust, hat er sich rüde geäußert. ›Schlappende Kuheuter entarteter Säuger‹ war das mildeste. Jedesmal, wenn er sich vorstellt, daß Kiki an einer davon hängt, brüllt Raoul auf. Gut, daß du gekommen bist. Wir müssen ihn auf sein Zimmer schaffen. Hier unten kann er nicht bleiben. Hilf mir. Der Kerl wiegt zweihundert Pfund.«
Wir näherten uns der Palmenecke. »Er kommt wieder, Raoul«, flüsterte Melikow. »Jeder Mensch kann einmal irren. Kiki kommt wieder. Fassen Sie sich.«
Wir versuchten ihn hochzuheben. Er stemmte sich gegen den Marmortisch und flennte. Melikow redete weiter beschwörend auf ihn ein. »Sie müssen schlafen, danach ist alles besser. Er kommt wieder, Raoul. Ich habe so etwas öfter gesehen. Er kommt zurück.«
»Befleckt!« knirschte Raoul.

Während wir ihn wieder emporhoben, trat er mir auf den Fuß. Zweihundert Pfund. »Passen Sie auf, Sie verdammtes altes Weib!« fluchte ich.
»Was?«
»Ja, Sie benehmen sich wie eine rührselige Kaffeeschwester!«
»Ich ein altes Weib?« sagte Raoul, plötzlich einigermaßen normal.
»Herr Ross meint das nicht so«, beschwichtigte Melikow.
»Doch, ich meine es so!«
Raoul fuhr sich über die Augen. Wir blickten ihn an und erwarteten einen hysterischen Aufschrei. »Ich ein Weib!« sagte er statt dessen leise und tödlich beleidigt. »Ich ein Weib!«
»Das hat er nicht gesagt«, log Melikow. »Er hat gesagt: wie ein Weib.«
»So wird man verlassen«, erklärte Raoul und erhob sich ohne unsere Hilfe.
Wir brachten ihn mühelos zur Treppe. »Ein paar Stunden Schlaf«, sagte Melikow beschwörend. »Ein oder zwei Seconals und ein erfrischender Schlaf. Danach eine gute Tasse Kaffee. Dann sieht alles schon viel einfacher aus!«
Raoul antwortete nicht. Auch wir hatten ihn verlassen. Die ganze Welt. »Warum gibst du dir mit dem fetten Mondkalb solche Mühe?« fragte ich.
»Er ist unser bester Mieter. Hat zwei Zimmer und ein Bad.«

VI.

Ich wanderte ziellos durch die Straßen und fürchtete mich davor, ins Hotel zurückzukehren. Ich hatte nachts geträumt und war mit einem Schrei erwacht. Ich hatte schon vorher ab und zu einmal geträumt, von der Polizei verfolgt zu werden, oder ich hatte den alten Traum aller Emigranten: über die deutsche Grenze geraten zu sein und von der SS entdeckt zu werden. Aber das waren Träume der Verzweiflung über die eigene Dummheit, hineingeraten zu sein. Auch aus ihnen erwachte man manchmal schreiend, doch dann entdeckte man, daß man in New York war, blickte aus dem Fenster in den rötlichen Nachthimmel der Straße und streckte sich vorsichtig wieder aus: man war gerettet. Dieser Traum war anders gewesen, unbestimmter, aus Stücken zusammengeflossen, zäh, dunkel, pechartig und ohne Ende. Eine Frau hatte es in ihm gegeben, verstört und sehr bleich und lautlos um Hilfe rufend, die ich ihr nicht geben konnte, versinkend in dem zähen Geschiebe von Pech, Moor und altem Blut, die angstvollen Augen wie gelähmt auf mich gerichtet, weiß, schreiend ohne Worte, mit der schwarzen Höhle des aufgerissenen Mundes, gegen die die schwarze klebrige Masse anstieg, Kommandos, Blitze, eine scharfe Stimme mit einem sächsischen Akzent, Uniformen und ein entsetzlicher Mordgeruch, Verwesung und Feuer, aufgerissene Ofentüren voll loderndem Feuer, ein Mensch, der sich bewegte, nur eine Hand noch bewegte, einen einzigen Finger, ihn sehr langsam krumm machte, und jemand, der darauf stampfte, und dann plötzlich der Schrei, der von allen Seiten kam und nachhallte ...

Ich blieb vor einem Schaufenster stehen, sah aber nichts. Erst nach einer Weile entdeckte ich, daß ich auf der Fifth Avenue stand, vor den Auslagen der Firma van Cleef und Arpels. Ich war, ohne darüber nachzudenken, von Lowys Laden weggegangen. Zum erstenmal war mir der Keller wie eine Gefängniszelle vorgekommen. Ich hatte Menschen gesucht und breite Straßen und war auf der Fifth Avenue gelandet.

Ich starrte auf ein Diadem, das der Kaiserin Eugénie von Frankreich gehört hatte. Es funkelte im künstlichen Licht mit Brillantblumen auf schwarzem Samt. Daneben lag ein Armband mit Rubinen, Smaragden und Saphiren, auf der anderen Seite Ringe und Solitäre.

»Möchtest du so was haben?« fragte eine Frau in einem roten Kostüm eine andere.

»Heute trägt man Perlen«, erwiderte die zweite Frau. »Klasse trägt Perlen.«

»Zuchtperlen oder echte?«

»Zuchtperlen und echte. Perlen und ein schwarzes Kleid. Das ist Eleganz der guten Klasse.«

»Meinst du, Eugenie war keine gute Klasse?«

»Das waren andere Zeiten.«

»Ich hätte nichts dagegen, wenn ich das Armband hätte«, sagte das rote Kostüm.

»Zu bunt«, erwiderte die andere Frau.

Ich ging weiter. Ich stand vor Tabakläden und Schuhgeschäften, vor Porzellanläden und den Riesenfenstern der Modegeschäfte und ihrem Rausch an Farben, Seide und den gaffenden Menschenmengen davor. Ich drängte mich dazwischen und gaffte auch, ich horchte und schnappte nach Gesprächsfetzen wie ein verdurstender Fisch nach Wasser, ich ging durch den ganzen abendlichen Aufruhr des Lebens und wollte daran teilnehmen, in ihm schwimmen wie all die andern, aber ich trieb hindurch, von einem Streifen fahlen Dunkels umweht, wie ein Orestes mit dem fernen Kreischen der Furien hinter sich.

Ich überlegte, ob ich versuchen sollte, Kahn zu erreichen, aber ich wollte mit niemandem sprechen, der mich an früher erinnerte. Nicht einmal mit Melikow. Es ist schwer, den Traum loszuwerden. Gewöhnlich verloren sich die Träume durch den Tag, sie zerflatterten, und für ein paar Stunden blieb vielleicht eine immer loser werdende, sich verwölkende Erinnerung zurück, aber dann war es vorbei. Dieser jedoch hockte und blieb. Ich hatte ihn zurückgedrängt, aber er war nicht gewichen. Eine Drohung war geblieben, finster und bereit, wieder hervorzubrechen.
Ich hatte in Europa wenig geträumt, ich war zu sehr damit beschäftigt gewesen, zu überleben, und hier hatte ich geglaubt, entkommen zu sein. Das Meer mit seinem Rauschen hatte so viel Raum zwischen alles gelegt, daß ich die Hoffnung gefaßt hatte, das verdunkelte Schiff, das zwischen Unterseebooten dahingeschlichen war wie ein schattenhaftes Gespenst, sei auch den anderen Schatten entkommen. Aber jetzt wußte ich, daß die Schatten mitgekommen waren. Sie waren da hineingekrochen, wo ich sie nicht kontrollieren konnte: in den Schlaf und die geisterhafte Welt, die sich jede Nacht ohne Fundamente aufbaut und morgens wieder zerstiebt. Diese aber blieben wie klebriger, nasser Rauch – ich spürte Kälte im Nacken –, wie Rauch, fader, süßlicher Rauch. Rauch aus Krematorien.
Ich schaute mich um. Niemand beobachtete mich. Die süße Müdigkeit eines schönen Abends wölbte sich zwischen den Steinfronten mit ihren Tausenden von blinkenden Fensteraugen. Zwei, drei Stockwerke hoch hingen Reihen von goldenen Schaufenstern übereinander, mit Vasen, Bildern, Pelzen und Zimmern voll glänzend-brauner alter Möbel und seidener Lampen. Die ungeheure Vertrautheit der Bürgerlichkeit schimmerte von allen Seiten; das Bilderbuch eines generösen Gottes gütiger Verschwendung, der zu flüstern schien: Nehmt, nehmt! Es ist genug da!

Welch ein Friede! Welch ein Abendspaziergang frisch erwachter Illusionen, verwelkter Liebe, die sich wieder aufrichtet, Hoffnung, neu grünend unter dem sanften Regen barmherziger Lügen, Stunde der Großmannssucht, der Wünsche und der schlafenden Resignation, Stunde, wo selbst Generäle und Politiker nicht nur glauben, sondern eine kurze Zeit sogar fühlen, daß sie Menschen sind und nicht ewig leben. Wie ich mich anschmiegte an dieses Land, das die Toten schminkt, die Jugend vergöttert und seine Soldaten zum Sterben schickt in Länder, die sie nie vorher gesehen haben und von denen sie nicht einmal wußten, wo sie lagen und für was sie dort willig starben. Die ersten Weltbürger in Uniform.

Warum konnte ich nicht daran teilhaben? Warum gehörte ich ewig zu jener Gruppe von Heimatlosen, die in stolperndem, armseligem Englisch und mit heißem, unsicherem Herzen endlose Treppen erstiegen und Aufzüge fuhren und von einem Zimmer zum andern gingen, geduldet, aber nicht geliebt, und schon liebend, weil sie doch geduldet wurden? Ich stand vor dem Pfeifenladen von Dunhills. Braun geflammt und matt poliert lagen die Symbole der Bürgerlichkeit und Sicherheit da, köstliche Ruhe verheißend und Abende voller gelassener Gespräche, Nächte mit dem Geruch von Honig, Rum, Shag-Tabak noch in den Haaren, und nebenan im Badezimmer das leise Rumoren einer nicht zu dünnen Frau, die sich für die Nacht und das große Bett vorbereitet. Wie anders war das als die bis zur Kippe gerauchten, hastig ausgedrückten Zigaretten der Fremde, diese schwarzen Gauloises, die nach Angst rochen und nicht nach Gemütlichkeit und Friedfertigkeit.

Ich werde in einer scheußlichen Weise sentimental, dachte ich. Wie lächerlich das war! War ich dazu einer der zahllosen Ahasvers geworden, um nun nach dem warmen Ofen und einem Paar gestickter Pantoffeln zu jammern? Nach der

trostlosen Muffigkeit der Gewohnheit und den ausgelatschten Gefühlen der drapierten Langeweile?
Ich drehte mich entschlossen um und verließ die Läden der Fifth Avenue. Ich wandte mich nach Westen und kam durch die Allee der Bauernfänger und Burlesktheater in die Straßen, wo die Leute schweigend auf den hohen Stufen vor den Haustüren saßen, die Kinder wie schmutzige weiße Schmetterlinge vor den schmalen Häusern aus braunem Stein, die Erwachsenen müde und, wenn man der schützenden Dunkelheit trauen konnte, ohne schwere Sorgen.
Eine Frau, dachte ich, je näher ich dem Hotel Reuben kam. Eine Frau, ein dummes, lachendes Tier mit gelben Haaren und einem schaukelnden Hintern, eine Frau, die von nichts etwas weiß und keine anderen Fragen stellt als die, ob man genug Geld für sie bei sich hat, und dann eine Flasche kalifornischer Burgunder und meinetwegen Rum hinein, der billig war – und die Nacht bei ihr in ihrer Wohnung, so daß man nicht ins Hotel zurück mußte, nicht in dieser Nacht, nicht gerade in dieser Nacht. Aber wo war die Frau, das Mädchen, die Hure? Ich war hier nicht in Paris, und ich hatte schon gelernt, wie moralisch die Polizei in New York für arme Leute ist – die Huren liefen hier nicht auf den Straßen herum, sie waren nicht an Schirmen und übergroßen Handtaschen zu erkennen, es gab Telefonnummern, aber das brauchte Zeit und Kenntnis der Nummern.
»Guten Abend, Felix«, sagte ich. »Ist Melikow nicht hier?«
»Heute ist Sonnabend«, erwiderte Felix, »mein Tag.«
Richtig. Sonnabend, auch das noch! Das hatte ich vergessen. Ein langer, leerer Sonntag lag vor mir, den ich plötzlich fürchtete. Ich hatte noch etwas Wodka auf meinem Zimmer. Vielleicht auch noch ein paar Schlaftabletten. Unwillkürlich dachte ich an den dicken Raoul. Noch am Abend vorher hatte ich mich über ihn lustig gemacht. Jetzt war mir nicht viel anders zumute.

»Miß Petrowna hat auch gerade nach Herrn Melikow gefragt«, sagte Felix lässig.
»Ist sie schon weggegangen?«
»Ich glaube nicht. Sie wollte noch ein paar Minuten warten.«
Natascha Petrowna kam mir im dürftigen Licht der Plüschbude entgegen. Hoffentlich weint sie nicht wieder, dachte ich und wunderte mich neuerlich, wie groß sie war. »Müssen Sie wieder zum Fotografen?« fragte ich.
Sie nickte. »Ich wollte noch einen Wodka trinken, aber Wladimir Iwanowitsch ist heute nicht da. Ich hatte es vergessen, daß er heute frei hat.«
»Ich habe Wodka«, sagte ich rasch, »ich kann die Flasche runterholen.«
»Machen Sie sich keine Mühe. Der Fotograf hat mehr als genug. Ich wollte nur hier noch ein bißchen sitzen.«
»Ich hole die Flasche. Es dauert nur eine Minute.«
Ich lief die Treppe hinauf und öffnete die Tür. Die Flasche blinkte auf der Fensterbank. Ich sah nicht rechts und nicht links, nahm sie und zwei Gläser. In der Tür blickte ich mich um. Nichts war zu sehen. Kein Gespenst und kein Geist. Das Bett schimmerte bleich im Dunkel. Ich schüttelte den Kopf über mich und ging nach unten.
Natascha Petrowna wirkte anders, als ich sie im Gedächtnis hatte. Weniger hysterisch und fast amerikanisch. Nur die rauchige Stimme verriet eine Spur von Akzent, aber eher einen französischen als einen russischen, soweit ich das beurteilen konnte. Um den Kopf trug sie wie einen losen Turban ein violettes seidenes Tuch. »Für die Frisur«, sagte sie. »Wir fotografieren Abendkleider.«
»Weshalb sitzen Sie gerne hier?« fragte ich.
»Ich sitze gerne in Hotels. Es ist nie langweilig. Leute kommen und gehen. Man begrüßt sich oder nimmt Abschied. Das sind doch die besten Momente im Leben.«
»Meinen Sie?«

»Es sind die am wenigsten langweiligen. Was dazwischenliegt ...« Sie machte eine Geste der Ungeduld. »Die großen Hotels sind alle farblos. Jeder versteckt seine Emotion zu sehr. Man hat das Gefühl, es liege etwas Abenteuerliches in der Luft, aber man sieht es nie recht.«

»Sieht man es hier?«

»Mehr. Die Leute lassen sich gehen. Ich auch.« Sie lachte. »Sie haben es gesehen. Außerdem mag ich Wladimir Iwanowitsch. Er ist wie ein Russe.«

»Ist er denn keiner?«

»Tscheche. Aber er war alles. Früher war das Dorf, aus dem er kam, russisch, nach 1919 wurde es tschechisch. Dann deutsch, als die Nazis es nahmen. Jetzt sieht es aus, als sollte es wieder russisch werden – oder tschechisch. Oder vielleicht amerikanisch?« Sie lachte und erhob sich. »Ich muß gehen.« Sie zögerte einen Augenblick.

»Warum kommen Sie nicht mit? Haben Sie etwas vor?«

»Nichts. Aber wird mich der Fotograf nicht rauswerfen?«

»Nicky? Welch eine Idee! Da sind eine Menge Leute. Einer mehr oder weniger macht gar nichts. Ein paar Russen sind auch dabei. Es ist alles etwas Boheme.«

Ich ahnte, weshalb sie mich mitnahm. Sie wollte ihr Benehmen vom Anfang wiedergutmachen. Ich hätte eigentlich keine große Lust gehabt mitzugehen, was sollte ich da schon. Aber heute abend hätte ich nach allem gegriffen, um nicht im Hotel sitzen zu müssen. Im Gegensatz zu Natascha Petrowna war es für mich kein Platz der Abenteuer. In dieser Nacht schon gar nicht.

»Sollen wir ein Taxi nehmen?« fragte ich vor der Tür.

Sie lachte. »Im Hotel Reuben nimmt man kein Taxi. Das weiß ich noch. Es ist nicht weit. Und solch ein schöner Abend! Diese Nächte von New York! Ich bin nicht für das Leben auf dem Lande geboren. Sie?«

»Das weiß ich wirklich nicht.«

»Haben Sie nie darüber nachgedacht?«
»Nie«, sagte ich. Wann hätte ich solche Luxusgedanken haben können. Ich war immer froh, daß ich überhaupt lebte.
»Dann haben Sie ja noch einiges vor sich«, erwiderte Natascha Petrowna. Sie steuerte gegen den Strom der Fußgänger wie ein schmales Segelschiff, und ihr Profil unter dem violetten Turban wirkte auch wie das einer Galionsfigur, die gegen die See kämpft, ruhig, am Bug erhöht, umspritzt von Gischt und hingegeben an die Fahrt. Sie ging schnell, mit so weiten Schritten, daß ihr Rock zu eng schien. Sie trippelte nicht, und sie holte tief Atem. Mir fiel ein, daß ich das erstemal in Amerika so mit einer Frau ging, und ich spürte es.

Sie wurde empfangen wie ein Kind, das lange verloren war. Ein halbes Dutzend Leute war in dem riesigen, kahlen Zimmer, das Scheinwerfer erhellten und in dem verschiebbare helle Wände standen. Der Fotograf und zwei andere Männer umarmten und küßten sie, eine Wolke von Gesprächsfetzen flirrte auf, zwischendurch wurde ich vorgestellt, Wodka, Scotch und Zigaretten wurden herumgereicht, und ich fand mich in einem Sessel, etwas abseits des Getümmels und vergessen.
Dafür entfaltete sich vor mir ein Bild, das ich noch nicht kannte. Große Kartons mit Kleidern wurden ausgepackt, hinter einen Vorhang gebracht und wieder hervorgeholt. Eine intensive Debatte darüber begann, was zuerst fotografiert werden sollte. Außer Natascha Petrowna waren noch zwei Mannequins da, ein blondes und ein dunkles, die sehr schön waren, mit ihren hohen Absätzen und silbernen Schuhen.
»Die Mäntel zuerst«, erklärte eine energische Frau.
»Nein, erst die Abendkleider«, protestierte der Fotograf, ein sandhaariger, dünner Mann, der eine goldene Kette als Armband trug. »Sie zerdrücken sonst.«
»Ihr braucht sie ja nicht unter den Mänteln anzuziehen. Die

Mäntel müssen als erstes zurück. Besonders die Pelze. Die Firma wartet darauf.«
»Also gut! Das Pelzcape zuerst!«
Eine neue Debatte, wie es fotografiert werden solle. Ich horchte darauf, ohne es zu hören. Die heitere Aufregung und die Intensität, mit der jeder seine Ansichten klarmachte, hatten etwas von einer Bühnenaufführung an sich. Ich hätte mir den Sommernachtstraum so ähnlich denken können oder ein Stück aus dem Rokoko, den Rosenkavalier oder eine Posse von Nestroy – nur daß hier alles von großer Wichtigkeit war. Man ereiferte sich, und darum hatte es so erstaunliche Ähnlichkeiten mit einem Ballett und war so unwirklich. Jeden Augenblick konnte Oberon mit Hörnerschall auftreten. Plötzlich sammelten sich die Scheinwerfer auf einer weißen Wand, neben die eine riesige Vase mit künstlichen Rittersporen herangeschleppt wurde. Das Mannequin mit den silbernen, hohen Absätzen kam in einem beigefarbenen Pelzcape heraus. Die Direktrice zupfte und glättete, zwei Scheinwerfer, die niedriger waren als die andern, flammten auf und die Frau erstarrte, als hätte man auf sie geschossen.
»Gut!« rief Nicky. »Noch einmal, Darling!«
Ich lehnte mich zurück. Es war gut, daß ich mitgegangen war, dachte ich. Es hätte mir gar nichts Besseres passieren können.
»Jetzt Natascha«, sagte jemand. »Den Breitschwanzmantel.«
Sie stand auf einmal da, schmal und fest in einen schwarzen, glänzenden Mantel gewickelt, eine Art Baskenmütze aus demselben dünnen, glänzenden Fell auf dem Kopf.
»Perfekt!« rief Nicky. »Halte es so wie jetzt!«
Er scheuchte die Direktrice weg, die ändern wollte. »Später. Wir machen noch mehr Aufnahmen. Diese zunächst mal ohne Pose.«
Die Seitenscheinwerfer suchten das kleine Gesicht. Die

Augen wirkten hellblau und glänzten wie Sterne in dem starken Licht von allen Seiten. »Jetzt«, sagte Nicky.
Natascha Petrowna erstarrte nicht wie die beiden anderen Mannequins. Sie blieb einfach stehen, als hätte sie sich schon vorher nicht bewegt. »Gut«, erklärte Nicky. »Und jetzt den Mantel offen!«
Sie hob ihn an, als wären es zwei Schmetterlingsflügel. »Halte ihn so«, rief Nicky. »Wie ein Nachtpfauenauge, weit gespreizt. So ist es richtig!«
»Wie gefällt es Ihnen hier?« fragte jemand neben mir.
Es war ein bleicher, schwarzhaariger Mann mit sonderbar glänzenden Kirschenaugen.
»Großartig«, erwiderte ich aufrichtig.
»Wir haben natürlich nicht mehr die Sachen von Balenciaga und den großen französischen Couturiers zur Verfügung. Das ist leider eine Folge des Krieges«, sagte der Mann mit einem leisen Seufzer. »Aber Mainbocher und Valentina können sich auch sehen lassen, wie?«
»Absolut«, sagte ich, ohne zu wissen, wovon er redete.
»Na, hoffentlich ist das alles bald vorbei, damit wir wieder erstklassige Stoffe kriegen. Diese Seiden aus Lyon ...«
Der Mann erhob sich, es wurde nach ihm gerufen. Ich fand es gar nicht so lächerlich, daß das auch ein Grund war, den Krieg zum Teufel zu wünschen, im Gegenteil: Während ich so dasaß, fand ich, es sei einer der vernünftigsten.
Die Abendkleider wurden fotografiert. Plötzlich stand Natascha Petrowna vor mir. Sie trug ein weißes, langes und sehr enges Kleid, das die Schultern freiließ. »Langweilen Sie sich sehr?« fragte sie.
»Nein, im Gegenteil«, sagte ich etwas verwirrt und starrte sie an. »Es geht sogar so weit, daß ich an freundlichen Halluzinationen zu leiden beginne. Ich glaube, das Diadem, das Sie tragen, heute nachmittag im Schaufenster von van Cleef und Arpels gesehen zu haben. Das ist doch unmöglich.«

Natascha lachte. »Sie haben gute Augen.«
»Ist es wirklich dasselbe?«
»Ja. Die Zeitschrift, für die wir Aufnahmen machen, hat es ausgeliehen. Dachten Sie, ich hätte es gekauft?«
»Weiß der Himmel! Heute nacht scheint mir alles möglich zu sein. Ich habe noch nie so viele Kleider und Pelze zusammen gesehen.«
»Was hat Ihnen am besten gefallen?«
»Vieles. Vielleicht das weite, lange, schwarze Samtcape, das Sie trugen. Es könnte von Balenciaga sein!«
Sie drehte sich um und sah mich scharf an. »Es ist von Balenciaga! Sind Sie ein Spion?«
»Ein Spion? Dafür hat man mich noch nie gehalten. Für welches Land?«
»Für die Konkurrenz. Ein anderes Haus. Sind Sie aus der Branche? Wie können Sie sonst wissen, daß das Cape von Balenciaga ist?«
»Natascha Petrowna«, sagte ich feierlich. »Ich schwöre, daß mir vor zehn Minuten der Name Balenciaga noch völlig unbekannt war. Ich hätte geglaubt, es sei eine Automarke. Der bleiche Herr dort drüben hat ihn mir zum erstenmal genannt. Allerdings hat er gesagt, Kleider von Balenciaga kämen nicht mehr herüber. Da habe ich einen Scherz gemacht.«
»Und haben getroffen! Das Cape ist wirklich von Balenciaga. Herübergebracht in einem Bomber. Einer Fliegenden Festung. Hereingeschmuggelt.«
»Eine herrliche Verwendung für Bomber. Wenn das üblich wird, ist das goldene Zeitalter angebrochen.«
»So, Sie sind kein Spion! Eigentlich schade. Aber es scheint, daß man bei Ihnen aufpassen muß. Sie kombinieren schnell. Haben Sie genug zu trinken?«
»Genug, danke.«
Man rief nach ihr. »Wir gehen alle nachher noch eine Stunde

aus. El Morocco. Das ist so üblich«, sagte sie im Weggehen. »Kommen Sie mit?«
Ich konnte nicht antworten. Natürlich konnte ich nicht mitkommen. Für so etwas hatte ich kein Geld. Ich mußte ihr das später sagen. Es war nicht angenehm. Aber dafür war noch Zeit. Vorläufig ließ ich mich treiben. Ich wollte weder an morgen noch an die nächste Stunde denken. Das dunkle Mannequin, das in einem langen, flaschengrünen Tuchmantel fotografiert worden war, warf diesen Mantel ab, um einen anderen anzuziehen. Sie trug kein Kleid darunter, sondern nur das Nötigste an Wäsche. Niemand war daran interessiert. Wahrscheinlich sahen alle es Tag für Tag. Einige der Männer waren ohnehin Homosexuelle. Das dunkle Mannequin war sehr schön, es hatte die lässige, langsame Sicherheit einer Frau, die weiß, daß sie gewinnen wird, und sich nicht viel daraus macht. Ich sah auch Natascha Petrowna, während sie die Kleider wechselte. Sie war weiß und lang und schlank, und die Haut hatte etwas Mondhaftes, das an Perlen erinnerte. Sie war nicht auf die gleiche Weise mein Typ wie die Dunkle, die Sonja gerufen wurde. Ich dachte das alles nicht sehr klar, es war verwischt, und ich wollte auch gar nicht, daß es sich zu Wünschen und Vergleichen formte. Ich war viel zu froh, nicht im Hotel zu sein. Es war allerdings einigermaßen merkwürdig, daß ich diese Frauen, die ich kaum kannte, hier doch in so viel verschiedenen Situationen gesehen hatte, als wären wir schon vertrauter miteinander gewesen. Es war wie ein Bild mit vielen Lasurfarben über einer Grundfarbe, die durchschimmert und Wärme gibt, obschon sie nicht mehr da zu sein scheint.
Als die Kartons zusammengepackt wurden, erklärte ich Natascha Petrowna, daß ich nicht mitgehen könnte ins El Morocco. Ich hatte gehört, daß das der beste Nachtklub von New York sei.
»Warum denn nicht?« fragte sie.

»Ich habe nicht genug Geld bei mir.«
»Aber Sie Dummkopf! Wir sind doch alle eingeladen! Glauben Sie denn, ich würde Sie das bezahlen lassen?«
Sie lachte mit ihrer rauchigen Stimme. Obschon es ein wenig an das Lachen eines Gigolo erinnerte, hatte ich plötzlich ein so angenehmes Gefühl, als wäre ich unter Komplizen.
»Müssen Sie nicht vorher den Schmuck zurückbringen?«
»Morgen. Das besorgt die Zeitschrift. Jetzt trinken wir Champagner.«
Ich protestierte nicht mehr. Der Tag hatte unverhofft in vielen Facetten von Ironie und einfacher Dankbarkeit geendet. Ich wunderte mich auch nicht mehr, als wir in einem Nebenraum von El Morocco landeten, in dem ein Wiener deutsche Lieder spielte, obwohl Amerika mit Deutschland Krieg führte. Ich wußte nur, daß das in Deutschland nicht möglich wäre. Dabei saßen viele Offiziere in dem Lokal. Es war, als hätte ich auf einer Wüstenstrecke eine Oase gefunden. Ich zählte zwar gelegentlich in der Hosentasche meine fünfzig Dollar, bereit, mein Vermögen auszugeben, wenn es von mir gefordert würde, aber niemand dachte daran. Das ist der Friede, überlegte ich, der Friede, den ich nicht kenne, die Sorglosigkeit, die ich nie haben konnte, und ich dachte dies ohne Neid. Es war genug, daß es das noch gab. Ich saß unter fremden Menschen, die mir näher und freundlicher waren als andere, die ich besser kannte, ich saß neben einer schönen Frau, deren geliehenes Diadem im Kerzenlicht funkelte, ich saß da, ein kleiner Parasit vor geschenktem Champagner, und mir war, als hätte ich mir für einen Abend auch ein anderes Leben geborgt, das ich morgen zurückgeben mußte.

VII.

»Es wird nicht schwer sein, Sie in einer Kunstgalerie unterzubringen«, sagte Lowy senior. »Der Krieg kommt Ihnen da zugute. Heutzutage besteht ein Mangel an Hilfskräften.«
»Ich komme mir bereits wie ein Kriegsgewinnler vor«, erwiderte ich ärgerlich. »Immer wieder muß ich hören, welche Vorteile der Krieg für mich hat.«
»Hat er das nicht?« Lowy kratzte sich den kahlen Schädel mit dem Schwert einer falschen Figur des heiligen Michael. »Ohne den Krieg wären Sie doch nicht hier.«
»Das stimmt. Aber ohne den Krieg wären die Deutschen auch nicht in Frankreich.«
»Sind Sie nicht lieber hier als in Frankreich?«
»Herr Lowy, das sind unnütze Fragen. In beiden Ländern komme ich mir vor wie ein Parasit.«
Lowys Gesicht erhellte sich. »Parasit, das ist es! Das wollte ich Ihnen erklären. Bei Ihrem Status können Sie vorläufig in einer Galerie nicht regulär angestellt werden. Sie müssen etwas finden, so ähnlich, wie Sie es hier gehabt haben. Schwarz, mit einem Wort. Da habe ich mit jemandem gesprochen, bei dem Sie vielleicht so etwas bekommen. Er ist ein Parasit. Ein reicher Parasit. Auch ein Kunsthändler. Ein Bilderhändler. Aber ein Parasit!«
»Handelt er mit falschen Bildern?«
»Bewahre!« Lowy legte den falschen heiligen Michael fort und setzte sich in einen stark reparierten Savonarolastuhl aus Florenz, dessen oberer Teil echt war. »Der Kunsthandel ist ein Gewerbe des schlechten Gewissens«, dozierte er. »Man verdient eigentlich das Geld, das der Künstler hätte verdienen sollen. Man verdient immer das Mehrfache von dem, was der

Künstler einmal erhalten hat. Bei Antiquitäten und Kunstgegenständen ist das nicht so schlimm – schlimm wird es bei der ›reinen Kunst‹. Denken Sie an van Gogh. Er konnte nie ein Bild verkaufen und hatte nie genug zu essen; heute verdienen die Händler mit seinen Bildern Millionen. So war es immer. Der Künstler hungert, der Händler kauft sich Schlösser.«

»Glauben Sie, daß die Händler von Reue zerfressen werden?«

Lowy zwinkerte. »Nur so weit, daß der Gewinn noch würziger wird. Kunsthändler sind ein sonderbares Volk. Sie möchten nicht nur reich werden an den Werken der Künstler, sondern oft selbst noch auf deren Niveau stehen, weil der Künstler, der ihnen etwas verkaufen will, fast immer ein armes Aas ist, das kein Geld für das Abendbrot hat. Die Überlegenheit eines Menschen, der ihm Geld für das Abendbrot zahlen kann, ist Ihnen klar, wie?«

»Sehr sogar. Auch ohne Künstler zu sein. Ich bin da ein Kenner.«

»Da haben Sie es. Der Künstler wird immer ausgenutzt. Um nun wenigstens den Anschein zu erwecken, daß sie die Kunst lieben, von der sie glänzend leben, und den Künstler, den sie ausnutzen, haben die Kunsthändler Galerien. Das heißt, sie machen ab und zu Ausstellungen. Sie tun das natürlich, um an den Künstlern, die sie durch Verträge angekettet haben, Geld zu verdienen – aber auch, um Maler bekannt zu machen. Das ist ihr ziemlich dürftiges Alibi, etwas für die Kunst zu tun.«

»Das sind also die Parasiten der Kunst?« fragte ich amüsiert.

»Das sind sie nicht!« erklärte Lowy senior und zündete sich eine Zigarre an. »Sie tun wenigstens noch etwas für die Kunst. Die Parasiten sind die Händler, die ohne Läden und ohne Galerien verkaufen. Sie nutzen das Interesse aus, das die anderen durch ihre Ausstellungen erwecken, und haben dabei keine eigenen Kosten. Sie verkaufen aus ihrer Wohnung heraus. Sie haben keine anderen Unkosten als eine

Sekretärin. Die Wohnungsmiete ziehen sie bei der Steuer als Geschäftsunkosten ab, weil sie ihre Bilder dort hängen haben. Die ganze Familie lebt heiter und kostenlos in dieser Wohnung. Während wir andern im Geschäft stehen und mit Angestellten Ärger und Kosten haben, schläft der Parasit bis neun Uhr, diktiert dann Briefe und wartet wie eine Spinne auf Käufer.«

»Warten Sie nicht auf Käufer?«

»Nicht so luxuriös wie eine Spinne. Wie ein Angestellter meiner selbst. Nicht wie ein Pirat!«

»Warum werden Sie nicht auch ein Parasit, Herr Lowy?«

Er sah mich stirnrunzelnd an.

Ich begriff, daß ich einen Fehler gemacht hatte. »Aus ethischen Gründen, was?« fragte ich.

»Schlimmer. Aus finanziellen Gründen. Diese Seeräuberei kann man nur betreiben, wenn man Geld hat. Und gute Ware. Sonst wird man ein Schlepper. Sehr gute Ware.«

»Verkauft der Pirat billiger? Er hat doch weniger Unkosten.«

Lowy stieß die Zigarre in einen Renaissance-Mörser, holte sie aber gleich darauf wieder heraus, glättete sie und zündete sie neu an. »Teurer!« schrie er. »Das ist ja der Witz! Und die reichen Dummköpfe lassen sich düpieren und glauben, günstiger zu kaufen. Leute, die Millionen in harter Arbeit gemacht haben, fallen darauf rein. Wenn man ihren Snobismus und ihre gesellschaftliche Ehre, nebbich, kitzelt, kriechen sie wie Fliegen auf den Leim!« Lowys Zigarre sprühte wie ein Feuerwerksrad. »Die Verpackung!« zeterte er. »Sagen Sie einem neugebackenen Millionär, er solle einen Renoir kaufen – er lacht Sie aus, weil er glaubt, das sei ein Fahrrad! Sagen Sie ihm aber, ein Renoir erhöhe seine gesellschaftliche Bedeutung, dann kauft er gleich ein paar! Verstehen Sie?«

Ich lauschte mit Entzücken. Von Zeit zu Zeit erhielt ich von Lowy diesen kostenlosen Unterricht über das praktische Leben, gewöhnlich nachmittags, wenn nicht viel zu tun war,

oder abends, bevor ich im Keller Schluß machte. Heute war es früher Nachmittag.
»Wissen Sie, warum ich Ihnen diesen Kursus im höheren Bilderhandel gebe?« fragte Lowy senior.
»Um mich auf den Krieg im Geschäftsleben vorzubereiten. Den andern kenne ich ja schon.«
»Sie kennen etwas vom ersten totalen Krieg der Welt und glauben, das sei eine Neuigkeit. Im Geschäftsleben gibt es, seit die Erde sich dreht, nichts anderes als den totalen Krieg. Die Front ist überall.« Lowy senior reckte sich. »Ähnlich wie in einer Ehe.«
»Sind Sie verheiratet?« fragte ich. Ich liebte es nicht, den Krieg in irgendwelche albernen Vergleiche gezogen zu sehen. Dazu war er zu sehr jenseits aller Vergleiche, selbst der nicht albernen.
»Ich nicht!« erwiderte Lowy senior plötzlich umdüstert. »Aber mein Bruder trägt sich mit dem Gedanken. Stellen Sie sich das vor! Eine Tragödie! Eine Schickse will er heiraten! Das wäre unser Ruin.«
»Eine Schickse?«
»Na ja, so eine Christin mit Wasserstoffsuperoxyd-Gezottel um die Ohren, mit Augen wie ein Hering und einem Maul, das vor lauter Gier nach unsern sauer ersparten Notgroschen achtundvierzig Zähne hat. Nach unseren Dollars, meine ich. Eine künstlich blonde Hyäne mit zwei krummen rechten Füßen!«
Ich wartete einen Augenblick, um mir dieses Bild klarzumachen.
»Meine arme Mutter, hätte sie das noch erlebt«, fuhr Lowy fort, »sie würde sich im Grabe umdrehen, wenn sie nicht vor acht Jahren eingeäschert worden wäre.«
Ich kam nicht dazu, über diesen Wirrwarr nachzudenken. Ein Wort hatte mich getroffen wie eine Signalglocke. »Eingeäschert?«

»Im Krematorium. Sie war eine fromme Jüdin, noch in Polen geboren. Hier gestorben. Sie wissen –«

»Ich weiß«, sagte ich hastig. »Und Ihr Bruder? Warum soll er nicht heiraten?«

»Aber doch nicht eine Schickse!« empörte sich Lowy. »Es gibt in New York mehr ordentliche jüdische Mädchen als sonstwo. Soll er da keine finden? Ganze Stadtteile voll gibt es hier! Aber nein, er muß seinen Kopf durchsetzen. Das ist, als wollte er in Jerusalem ein Mädchen namens Brunhilde heiraten.«

Ich hörte mir den Ausbruch schweigend an. Ich hütete mich, Lowy auf seinen umgekehrten Antisemitismus aufmerksam zu machen. Es war auch hier wie mit dem Krieg: es gab keine Witze mehr und nicht einmal ironische Vergleiche.

Lowy beruhigte sich. »Entschuldigen Sie«, sagte er. »Manchmal kocht der Kaffeekessel über. Aber ich wollte mit Ihnen über etwas anderes reden. Über Parasiten. Ich habe gestern mit einem Parasiten über Sie gesprochen. Er könnte eine Hilfe brauchen, die einige Kenntnisse von Bildern hat. Nicht so viel, um selbst etwas abzugucken und es dann an die Konkurrenz weiterzugeben. Jemand wie Sie, der sich lieber versteckt als rumredet. Sie sollen sich einmal bei ihm vorstellen. Heute abend um sechs Uhr. Ich habe für Sie zugesagt. In Ordnung?«

»Vielen Dank«, sagte ich überrascht. »Wirklich vielen Dank!«

»Sie werden nicht allzuviel verdienen. Aber es kommt nicht auf den Anfang an, sondern auf die Möglichkeiten, pflegte mein Vater zu sagen. Hier –«, Lowy machte eine Bewegung über den Laden hin, »hier haben Sie keine Möglichkeiten.«

»Ich bin dankbar für meine Zeit hier. Und ich bin dankbar, daß Sie mir weiterhelfen. Warum eigentlich?«

»Das dürfen Sie nie fragen: warum?« Lowy betrachtete mich. »Ja, warum? Wir sind sonst keine solchen Menschen-

freunde. Wissen denn Sie, warum? Ich glaube, weil Sie so hilflos wirken!«
»Was?« sagte ich sehr überrascht.
»Das muß es sein«, erwiderte Lowy, selbst überrascht. »Sie sehen dabei gar nicht so aus. Aber Sie wirken so. Mein Bruder kam auf den Gedanken, als wir über Sie sprachen. Er meinte, Sie würden Glück bei Frauen haben.«
»So was?« meinte ich halb entrüstet.
»Nehmen Sie das nicht ernst. Ich habe Ihnen ja erklärt, was für ein Rhinozeros mein Bruder in dieser Beziehung ist. Aber gehen Sie mal zu dem Piraten. Silvers heißt er. Heute abend.«

Silvers hatte kein Schild an der Tür. Er wohnte in einem Privathaus. Ich hatte eine Art zweibeinigen Hai erwartet. Statt dessen sah ich einen sanften, schmächtigen und eher scheuen Menschen, sehr gut gekleidet und zurückhaltend. Er gab mir einen Whisky-Soda und fragte mich vorsichtig aus. Dann holte er aus einem Nebenraum zwei Bilder und stellte sie auf eine Staffelei. »Welches Bild gefällt Ihnen besser?«
Ich deutete auf das rechte. »Warum?« fragte Silvers.
»Muß man dafür gleich einen Grund haben?«
»Es interessiert mich. Wissen Sie, von wem die Bilder sind?«
»Es sind Zeichnungen von Degas. Das kann doch jeder sehen.«
»Nicht jeder«, sagte Silvers mit merkwürdig scheuem Lächeln. »Einige meiner Kunden nicht.«
»Weshalb kaufen sie sie dann?«
»Um einen Degas bei sich hängen zu haben«, sagte Silvers melancholisch.
Ich erinnerte mich an die Lektion von Lowy senior. Sie schien also zu stimmen. Ich hatte Lowy natürlich weniger als die Hälfte geglaubt, er neigte zu Übertreibungen, besonders dann, wenn er unsicher war.
»Bilder sind Emigranten, wie Sie«, erklärte Silvers. »Und sie

landen oft an merkwürdigen Plätzen. Ob sie sich da wohl fühlen, ist eine andere Frage.«

Er holte zwei Aquarelle aus dem Nebenraum. »Wissen Sie, was das ist?«

»Das sind Cézanne-Aquarelle.«

Silvers war überrascht. »Können Sie mir auch sagen, welches das bessere ist?«

»Bei Cézanne ist jedes Aquarell gut«, erwiderte ich. »Das teurere würde wohl das linke sein.«

»Warum? Weil es größer ist?«

»Nicht deshalb. Es ist ein spätes Bild und schon fast kubistisch. Eine sehr schöne Landschaft aus der Provence mit dem Mont St. Victoire. In Brüssel, im Museum, gibt es eine ähnliche.«

Das Gesicht Silvers' hatte sich verändert. Er stand auf. »Wo haben Sie früher gearbeitet?« fragte er scharf.

Ich erinnerte mich an Natascha Petrowna. »Ich habe nirgendwo gearbeitet«, erwiderte ich ruhig. »Bei keiner Konkurrenz, und ich bin kein Spion. Ich war eine Zeitlang in Brüssel im Museum.«

»Wann?«

»Während der Zeit, als es besetzt war. Ich wurde dort versteckt, aber ich konnte entkommen, über die Grenze. Daher stammen meine harmlosen Kenntnisse.«

Silvers setzte sich wieder. »Man kann in unserm Beruf nicht vorsichtig genug sein«, murmelte er.

»Warum?« sagte ich, froh, keine weiteren Erklärungen abgeben zu müssen.

Silvers zögerte etwas. »Bilder sind wie lebende Wesen. Wie Frauen. Man soll sie nicht überall herumzeigen, wenn sie ihren Zauber behalten sollen. Und ihren Wert.«

»Aber sie sind doch dazu gemacht?«

»Vielleicht, aber ich bin dessen nicht ganz sicher. Für den Händler ist es wichtig, daß nicht jeder sie kennt.«

»Merkwürdig. Ich dachte, das würde den Preis erhöhen.«
»Längst nicht immer. Bilder, die zu viel gezeigt werden, heißen in der Fachsprache ›verbrannt‹. Im Gegensatz dazu stehen die ›Jungfrauen‹, die immer in derselben Hand in Privatbesitz gewesen sind und die kaum jemand kennt. Sie werden höher bezahlt. Nicht weil sie besser sind, sondern weil da die Lust des Kenners und Sammlers am Entdecken dazukommt.«
»Und dafür bezahlt er?«
Silvers nickte. »Leider gibt es heute zehnmal so viele Sammler wie Kenner. Die eigentliche Epoche des Sammlers, der auch Kenner war, endete nach dem Kriege 1918. Mit jeder politischen und wirtschaftlichen Umwälzung kommt eine finanzielle. Vermögen wechseln. Sie werden verloren, und neue entstehen. Alte Sammler müssen verkaufen, neue kommen, aber oft haben sie das Geld, sind aber keine Kenner. Zum Kennerwerden gehört Zeit, Geduld und Liebe.«
Ich hörte ihm zu. In dem mit grauem Samt ausgeschlagenen Raum mit den beiden Staffeleien schien sich die verlorene Stille einer friedlichen Zeit gefangen zu haben. Silvers stellte ein neues Bild auf eine der Staffeleien. »Kennen Sie das?«
»Ein Monet. Ein Mohnblumenfeld.«
»Gefällt es Ihnen?«
»Es ist herrlich. Welch ein Friede! Und welch eine Sonne! Die Sonne von Frankreich.«
»Wir können es ja einmal versuchen«, sagte er schließlich. »Sie brauchen hier keine großen Kenntnisse. Zuverlässigkeit und Verschwiegenheit sind wichtiger. Wie wäre es mit sechs Dollar am Tage?« Ich wurde mit einem Schlag lebendig.
»Für welche Zeit? Vormittags oder nachmittags?«
»Vormittags und nachmittags. Aber Sie haben zwischendurch viel Zeit.«
»Das ist ungefähr so viel, wie ein besserer Laufbursche verdient.« Ich erwartete jetzt, daß Silvers mir erklären würde,

meine Stellung sei auch nichts weiter. Doch er war subtiler. Er rechnete mir vor, was bessere Laufburschen verdienen. Es war weniger.

»Ich kann es nicht unter zehn Dollar machen«, sagte ich. »Ich habe Schulden, die ich abtragen muß.«

»Schon?«

»Für den Anwalt, der meine Aufenthaltserlaubnis bearbeitet.«

Ich wußte, daß Silvers das von Lowy gehört hatte, er tat aber so, als wäre das ein Makel, und er müsse sich jetzt neu überlegen, ob er mich nehmen könne. Endlich zeigte das Raubtier seine Zähne.

Wir einigten uns auf acht, nachdem Silvers mir mit scheuem Lächeln beigebracht hatte, daß ich ja, da ich schwarzarbeite, keine Steuern zu zahlen hätte. Außerdem spräche ich ja auch kein fließendes Englisch. An diesem Punkt aber faßte ich ihn. Dafür spräche ich französisch, erklärte ich, und das sei doch in seinem Geschäft ein Vorteil. Darauf bewilligte er mir die acht Dollar und versprach, wenn ich einschlage, könnten wir noch mal darüber reden.

Als ich das Hotel erreichte, bot sich mir ein ungewöhnliches Bild. In der altmodischen Bude brannten mehr Lichter als sonst. Auch die, die von der sparsamen Direktion gewöhnlich abgeschaltet wurden. Um einen Tisch in der Mitte war eine interessante gemischte Gesellschaft versammelt. Raoul präsidierte. Er hockte wie eine schwitzende Riesenkröte in einem beigefarbenen Riesenanzug an der Schmalseite des Tisches, der zu meinem Erstaunen weiß gedeckt war und an dem ein Kellner bediente. Melikow saß neben ihm; außerdem war Lachmann da mit der Puertoricanerin; der Mexikaner mit rosa Schlips, steinernem Gesicht und rastlosen Augen; ein sehr blonder junger Mann, der eine Baßstimme hatte, obschon jeder einen hohen Sopran vermutet hätte;

zwei Mädchen unbestimmten Alters, zwischen dreißig und vierzig, wachsam, spanisch, reizvoll und dunkel. Und auf der anderen Seite Melikows Natascha Petrowna.
»Herr Ross!« rief Raoul. »Geben Sie uns die Ehre!«
»Was ist passiert?« fragte ich. »Ein Massen-Geburtstag? Oder hat jemand das große Los gezogen?«
»Setzen Sie sich zu uns, Herr Ross«, erwiderte Raoul mit schwerer Zunge. »Einer meiner Retter«, erklärte er dem blonden jungen Mann mit dem Baß. »Schüttelt euch die Hände! Dies ist John Bolton.«
Ich hatte ein Gefühl, als hielte ich einen toten Fisch zwischen meinen Fingern. Nach der tiefen Stimme war ich auf einen kräftigen Händedruck vorbereitet gewesen. »Was möchten Sie trinken?« fragte Raoul. »Alles, was Ihr Herz begehrt, Coca-Cola, Seven-up, Aalborg, Bourbon, Rye Scotch – meinetwegen sogar Champagner. Was sagten Sie das letztemal, als mein Herz vor Traurigkeit schwitzte? Alles fließt, sagten Sie. Nach einem alten Griechen, wie? Heraklit oder Demokrit oder Demokrat. Wie es an der Siebten Avenue heißt: Nichts währt ewig, der schönste Jud wird schäbig. Wie wahr. Aber andere, junge wachsen nach. Also, was wollen Sie trinken? Alfons!« Er winkte dem Kellner wie ein römischer Kaiser.
»Was trinken Sie?« fragte ich Natascha Petrowna.
»Wodka, was sonst!« erwiderte sie fröhlich.
»Wodka«, sagte ich zu Alfons.
»Doppelt!« erklärte Raoul mit schwimmenden Augen.
»Ist es das Mysterium des menschlichen Herzens, die Liebe?« fragte ich Melikow.
»Es ist das Mysterium der menschlichen Illusion, in der jeder glaubt, der andere sei sein Gefangener.«
»Le coup de foudre«, sagte Natascha Petrowna. »Einseitig!«
»Was machen Sie hier in dieser Gesellschaft?«
»Zufall.« Sie lachte. »Und welch ein prächtiger. Ich mußte

einmal heraus aus der sterilen Monotonie der Party im Colony Club. Aber dies hätte ich nicht erwartet!«
»Sie sind wieder auf dem Wege zum Fotografen?«
»Heute nicht. Warum? Wären Sie mitgekommen?«
Ich wollte es eigentlich nicht direkt sagen und sagte es dann doch: »Ja.«
»Endlich ein klares Wort«, erwiderte Natascha Petrowna. »Salut.«
»Salut.«
»Salut, Salve, Salute«, rief Raoul und stieß mit allen an. Er versuchte dazu sogar aufzustehen, sank aber zurück, wobei der falsche Thronsessel, in dem er saß, krachte. Dieses alte Haus besaß zu all seinen anderen Schrecken auch noch eine neugotische steife Möbelausstattung.
Lachmann kam während des Prostens heran.
»Heute abend«, wisperte er mir zu, »ich mache den Mexikaner besoffen.«
»Und du selbst?«
»Ich habe Alfons bestochen. Er bringt mir nur Wasser. Der Mexikaner glaubt, er tränke mit mir Tequila. Hat dieselbe Farbe, nämlich keine.«
»Ich würde lieber mit der Frau trinken«, sagte ich, »der Mexikaner hat nichts dagegen. Es ist ja die Frau, die nicht will.«
Lachmann wurde einen Augenblick unsicher. »Macht nichts«, sagte er dann trotzig. »Es wird schon klappen. Es muß ja. Es muß, verstehst du?«
»Trink mit beiden – und mit dir selbst. Vielleicht fällt dir im Rausch etwas ein, woran du nüchtern nie gedacht hättest. Manche Leute sind im Rausch unwiderstehlich.«
»Aber dann hätte ich doch nichts davon. Ich weiß dann nichts mehr. Es wäre dann, als wäre es nie gewesen!«
»Wenn du dir das doch umgekehrt einbilden könntest. Als wäre es gewesen und du wüßtest nichts mehr davon.«

»Aber hör mal, das wäre ja Falschmünzerei!« protestierte Lachmann erregt. »Man muß doch ehrlich bleiben!«
»Bist du ehrlich mit dem Tequila?«
»Ich bin ehrlich zu mir selbst.« Lachmann beugte sich an mein Ohr. Sein Atem war heiß und feucht, obwohl er nur Wasser schlürfte. »Ich habe herausgekriegt, daß Inez nur einen steifen Fuß hat und nicht amputiert ist. Sie trägt diese Chromstütze aus Eitelkeit!«
»Aber Lachmann!«
»Ich weiß es. Du kennst die Frauen nicht. Vielleicht will sie deshalb nicht? Damit ich es nicht herausfinde.«
Ich war einen Moment sprachlos. Amore, amour, Blitzschlag des Irrtums, Hoffnung der tiefsten Hoffnungslosigkeit, sorgloses Wunder weißer und schwarzer Magie, dachte ich, sei gegrüßt! Ich verneigte mich feierlich. »Lieber Lachmann, ich grüße in dir den Sternentraum der Liebe!«
»Ach du mit deinen Witzen! Ich meine es todernst.«
Raoul hatte sich emporgerappelt. »Meine Herrschaften«, sagte er schweißüberströmt, »es lebe das Leben. Ich meine: gut, daß wir noch leben. Wenn ich mir vorstelle, daß ich mir noch vor kurzem dieses Leben nehmen wollte, so könnte ich mich ohrfeigen. Was sind wir doch für Idioten, wenn wir glauben, am edelsten zu sein.«
Die Puertoricanerin begann plötzlich zu singen. Es war ein spanisches Lied, wahrscheinlich aus Mexiko. Sie hatte eine prachtvolle Stimme, tief und stark, wenn sie sang, die Augen unentwegt auf den Mexikaner gerichtet. Es war ein Lied von einer so vehementen, natürlichen Wollust, klagend fast, weit von jedem Nachdenken und jeder Zivilisation, aus einer Zeit, in der die Menschheit ihr menschlichstes Gut, den Humor, noch nicht erlernt hatte, direkt und schamlos und unschuldig. Der Mexikaner rührte nicht einen Muskel. Auch die Frau blieb bewegungslos bis auf ihren Mund und ihre Augen. Sie sahen sich an, ohne zu blinzeln, und die Melodie strömte und

strömte. Es war eine Vereinigung, ohne daß sie sich berührten, und jeder fühlte, daß es das war. Ich sah, wie alle schwiegen, und ich sah sie alle, während das Lied langsam strömte – Raoul und John, Lachmann und Melikow und Natascha Petrowna, alle ernst und über sich selbst hinausgehoben durch diese Frau, die nichts sah als den Mexikaner und in ihm, in seinem schäbigen Gigologesicht, das Leben, und es war weder sonderbar noch lächerlich.

VIII.

Ich hatte drei Tage Urlaub, bevor ich meine Stellung antrat. Am ersten Tag ging ich die Dritte Avenue um jene Stunde entlang, die ich dort am meisten liebte: den späten Nachmittag, wenn in den Antiquitätenläden die Zeit stehenblieb, die Schatten blau wurden und die Spiegel erwachten. Aus den Restaurants begann der erste Geruch von gebratenen Zwiebeln und Kartoffeln zu sickern, die Kellner fingen an, die Tische zu decken, und die Hummer auf ihrem Folterbett von Eis in den großen Fenstern des King of the Sea versuchten mit ihren durch spitze Holzpflöcke untauglich gemachten Scheren zu entfliehen. Ich konnte ihre runden, gebogenen Körper nie ohne leisen Schauder sehen, sie erinnerten mich an die Folterkammern in den Konzentrationslagern des Volkes der Dichter und Denker.

»Der Reichsjägermeister Hermann Göring würde so etwas nicht gestatten«, sagte Kahn, den ich vor der Abteilung mit den Riesenkrabben traf.

»Sie meinen die Hummer? Die Krabben sind doch schon gevierteilt!«

Er nickte. »Das Dritte Reich ist berühmt für seine Tierliebe. Der Schäferhund des Führers heißt Blondi und wird von ihm wie ein Kind gehegt. Der Reichsjägermeister, preußischer Ministerpräsident etc. etc., Hermann der Cherusker, hält in seiner Walhalla mit der blonden Emmi Sonnemann einen jungen Löwen, dem er gern in altgermanischer Tracht leutselig gegenübertritt, das Hifthorn an der Seite. Und der Chef aller Konzentrationslager, Heinrich Himmler, liebt zärtlich Angorakaninchen.«

»Dafür können die gevierteilten Krabben den Reichsinnenminister Frick befruchten. Aber halt, als Kulturmensch und Doktor hat er die Guillotine bereits als zu menschenfreundlich abgeschafft und durch das alte Handbeil ersetzt. Vielleicht ist es seine nächste Idee, die Juden zu vierteilen wie Riesenkrabben.«

»Wir sind nun einmal ein Volk«, sagte Kahn grimmig, »dessen urtümliches, unübersetzbares Wort ›Gemütlichkeit‹ heißt.«

»Es gibt noch ein anderes urteutonisches Wort, das ebenfalls in keiner anderen Sprache vorkommt: ›Schadenfreude.‹«

»Wollen wir jetzt aufhören?« fragte Kahn. »Unser Humor wird mühsam.«

Wir blickten uns an wie ertappte Schulkinder. »Daß man das so schwer los wird«, murmelte Kahn.

»Geht es nur uns so?«

»Allen. Nach dem ersten oberflächlichen Gefühl der Geborgenheit und der Vogel-Strauß-Politik des Kopf-in-den-Sand-Steckens kommt die Gefahr. Und sie ist um so größer, je geborgener man sich fühlt. Am besten geht es noch denen, die wie die Ameisen nach einem Gewitter unverdrossen zu bauen anfangen – ein Nest, ein Geschäft, eine Familie, eine Zukunft. Die aber, die warten, sind in größerer Gefahr.«

»Warten Sie auch?«

Kahn blickte mich ironisch an. »Warten Sie etwa nicht, Ross?«

»Doch«, sagte ich nach einer Pause.

»Ich auch. Warum eigentlich?«

»Ich weiß, warum.«

»Jeder hat Gründe. Ich fürchte nur, sie werden zerspritzen wie Wasser auf einer heißen Herdplatte, wenn erst einmal alles vorbei ist. Dann werden wir wieder ein paar Jahre verloren haben und müssen wieder einmal neu anfangen. Die andern sind uns dann um diese Jahre voraus.«

»Was macht das?« fragte ich verwundert. »Das Leben ist kein Hindernisrennen.«
»Nein?« fragte Kahn.
»Nicht der Konkurrenz wegen. Wollen nicht die meisten zurück?«
»Ich glaube, keiner weiß das ganz genau. Einige müssen zurück. Die Schauspieler, weil sie hier nichts werden können, weil sie niemals gut genug Englisch sprechen werden. Die Schriftsteller, die hier kein Publikum haben. Aber bei den meisten liegt der Grund anderswo. Unbewältigtes, lausiges Heimweh. Trotz allem! Es ist zum Kotzen! Sie wissen, wer die besten Patrioten in Deutschland waren? Die Juden. Sie haben das Land mit einer hündischen, sentimentalen Anhänglichkeit geliebt.«
Ich schwieg. Ich dachte, daß die Juden das Land vielleicht deshalb so übermäßig geliebt haben, weil man sie nie ganz hatte heimisch werden lassen. Die leichte Unsicherheit hatte ihre Liebe nie zur Ruhe kommen lassen. In der Kaiserzeit hatte man die Juden allerdings sogar geschützt, aber später nicht mehr. Trotzdem war der Antisemitismus bis 1933 gering und eigentlich eher eine Angelegenheit von vulgären und schwitzenden, ungewaschenen Neurotikern gewesen.
»Das mit der Liebe zu Deutschland habe ich erlebt«, sagte ich. »In der Schweiz. Bei einem jüdischen Kommerzienrat, den ich anschnorren wollte. Er gab mir kein Geld. Dafür den guten Rat, nach Deutschland zurückzukehren. Die Zeitungen lögen. Und wenn etwas stimme, dann seien es vorübergehende, nicht zu umgehende Härten. Wo gehobelt würde, fielen Späne. Die Juden hätten an vielem auch selbst schuld. Als ich ihm sagte, daß ich selbst im Konzentrationslager gewesen sei, erklärte er mir, das müsse einen Grund gehabt haben, und die Tatsache, daß man mich entlassen habe, sei ein Zeichen für die Gerechtigkeit der Deutschen.«
»Warum sind Sie entlassen worden?« unterbrach Kahn mich.

»Weil ich kein Jude bin«, sagte ich und ärgerte mich, es erzählt zu haben. »Den Kommerzienrat habe ich angebrüllt. Er brüllte zurück, ich sei ein Antisemit.«
»Ich kenne diesen Typ!« sagte Kahn finster. »Er ist nicht häufig, aber er existiert.«
»Sogar in Amerika.« Ich dachte an meinen Anwalt. »Kuckuck«, sagte ich.
Kahn lachte und antwortete: »Kuckuck! Zum Kuckuck mit allen Idioten in dieser Welt.«
»Unseren eigenen auch.«
»Denen zuerst. Wollen wir jetzt trotzdem ein paar Krabben essen?«
Ich nickte. »Erlauben Sie mir, daß ich Sie dazu einlade. Es ist ein erhebendes Gefühl, dies wieder einmal zu können. Vermindert den Komplex, ein Gewohnheitsbettler zu sein. Oder ein Edelparasit, wenn Sie wollen.«
»Für die Verminderung des Schuldkomplexes, am Leben zu sein, den uns unser geliebtes Vaterland eingebleut hat, ist nichts zu gut. Ich nehme die Einladung an. Lassen Sie mich dafür eine Flasche New Yorker Riesling zahlen, damit wir uns für kurze Zeit wie Menschen vorkommen.«
»Sind wir das hier nicht?«
»Zu neun Zehntel.« Kahn zog ein rosa Papier aus der Tasche.
»Ein Paß!« sagte ich andächtig.
»Ein Ausweis für feindliche Ausländer«, sagte Kahn. »Enemy alien. – Das sind wir hier.«
»Also noch immer keine vollwertigen Menschen«, erwiderte ich und öffnete die riesige Speisekarte. »Werden wir es jemals wieder werden?«
Wir gingen abends zu Betty Stein. Sie hatte eine Berliner Sitte aufrechterhalten. Donnerstags führte sie abends einen Salon. Jeder konnte kommen. Wer etwas Geld hatte, brachte mit, was er hatte – eine Flasche Wein, Zigaretten oder eine Dose Würstchen. Ein Grammophon war da mit alten Platten, Lie-

der von Richard Tauber und alte Operetten von Kálmán, Léhar und Walter Kollo. Ab und zu las einer der Dichter etwas vor, meistens diskutierte man.
»Sie meint es gut«, sagte Kahn. »Aber es ist ein Leichenschauhaus von Toten und von Lebenden, die tot sind, ohne es zu wissen.«
Betty war in ein altes Seidenkleid aus den Jahren vor Hitler gekleidet. Es war voll von Rüschen und raschelte, roch nach Mottenpulver und war violett. Ihre roten Backen, die eisengrauen Haare und die glänzenden dunklen Augen standen in Kontrast dazu. Sie kam uns mit dicken, ausgebreiteten Armen entgegen. Sie war so herzlich, daß man hilflos lächelte, sie rührend und lächerlich fand und sie liebte. Sie tat so, als ob es die Zeit seit 1933 nicht gebe. Sie mochte an anderen Tagen existieren, aber nicht am Donnerstag. Donnerstag war man in Berlin, und die Weimarer Verfassung war noch in Kraft. Das große Zimmer mit der Galerie der Toten war ziemlich voll. Wir trafen den Schauspieler Otto Wieler, der in einem Kreise von Bewunderern stand. »Er hat Hollywood erobert!« sagte Betty voll Stolz. »Er hat sich durchgesetzt!«
Wieler ließ sich feiern. »Was für eine Rolle hat er?« fragte ich Betty. »Othello? Die Brüder Karamasow?«
»Eine Riesenrolle! Was, weiß ich nicht. Aber er wird alle schlagen! Ein künftiger Clark Gable.«
»Charles Laughton«, sagte Bettys Nichte, ein verschrumpeltes, älteres Mädchen, das Kaffee einschenkte. »Eher Charles Laughton. Ein Charakterschauspieler.«
Kahn warf mir einen sardonischen Blick zu. »Ganz so groß ist die Rolle nun doch nicht«, sagte er dann, »und ganz so groß war Wieler in Europa auch nicht. Kennen Sie die Geschichte des Mannes, der in Paris in einen Nachtklub russischer Emigranten kam? Der Besitzer versuchte ihm zu imponieren. ›Der Portier hier‹, sagte er, ›war früher ein General, der Kellner ein Graf, der Sänger ein Großfürst, und so weiter.‹

Der Gast schwieg. Schließlich deutete der Besitzer auf den kleinen Dackel, den der Gast mitgebracht hatte. ›Was ist denn das für ein Hund?‹ fragte er höflich. ›Das‹, erwiderte der Gast, ›war früher in Berlin ein Bernhardiner.‹«
Kahn lächelte melancholisch. »Aber Wieler hat wirklich eine kleine Rolle gekriegt. Er spielt in einem B-Film einen Nazi. Einen SS-Mann.«
»Was? Er ist doch Jude.«
»Was hat das damit zu tun? Die Wege Hollywoods kennt nur Gott. Und für Hollywood sehen die SS-Leute anscheinend jüdisch aus. Dies ist der vierte Fall, daß die Rolle eines SS-Mannes mit einem Juden besetzt wird.«
Kahn lachte. »Eine Art poetischer Gerechtigkeit. Die Gestapo schützt begabte Juden indirekt vor dem Verhungern!«
Betty gab bekannt, daß Doktor Gräfenheim für diesen Abend in New York sei. Einige kannten ihn, er war ein berühmter Berliner Frauenarzt gewesen. Eine Erfindung zur Empfängnisverhütung war nach ihm benannt worden. Er kam kurz darauf. Kahn kannte ihn. Er war ein bescheidener Mann, schmal, mit einem dunklen Bärtchen.
»Wo arbeiten Sie?« fragte Kahn ihn. »Wo ist Ihre Praxis?«
»Praxis«, erwiderte Gräfenheim, »ich habe meine Prüfung noch nicht gemacht. Es ist schwer. Könnten Sie ohne weiteres das Abitur wiederholen?«
»Müssen Sie das denn?«
»Ja. Alles noch einmal. Und in Englisch.«
»Aber Sie waren doch ein bekannter Arzt. Man sollte Sie doch hier kennen! Und wenn es schon sein muß, so sollte das Examen nur eine Formsache sein.«
Gräfenheim hob die Schultern. »Das ist es aber nicht. Im Gegenteil, es wird uns schwerer gemacht als den Amerikanern. Sie wissen, wie das ist. Ärzte sind nur dem Beruf nach Menschenfreunde. Sonst aber sind sie in Vereinen und Klubs zusammengefaßt und wehren sich ihrer Haut. Sie wollen

keine Außenseiter eindringen lassen. Deshalb müssen wir die Examina nachmachen. Das ist nicht leicht in einer fremden Sprache. Ich bin über sechzig.«

Gräfenheim lächelte entschuldigend. »Ich hätte Sprachen lernen sollen. Aber es geht uns allen ähnlich. Ich muß auch noch mein Assistentenjahr nachmachen. Immerhin, dabei bekomme ich wenigstens schon die Kost im Hospital und kann auch dort wohnen.«

»Sagen Sie nur die Wahrheit!« unterbrach Betty ihn resolut, »Kahn und Ross verstehen das. Man hat ihn nämlich bestohlen. Ein Emigrantenlump hat ihn bestohlen.«

»Na, Betty ...«

»Doch, gemein bestohlen. Gräfenheim hatte eine wertvolle Briefmarkensammlung. Einen Teil davon hat er einem Freund mitgegeben, als der vor Jahren Deutschland verließ. Er sollte sie für ihn aufbewahren. Aber als er ankam, war der Freund kein Freund mehr. Er behauptete, nie etwas von Gräfenheim bekommen zu haben.«

»Die alte Sache«, sagte Kahn. »Gewöhnlich wird allerdings behauptet, die Sachen seien einem an der Grenze abgenommen worden.«

»Dieser war schlauer. Er hätte damit ja zugegeben, daß er sie empfangen hatte, und Gräfenheim hätte ein gewisses schwaches Recht auf Wiedererstattung gehabt.«

»Nein, Betty«, sagte Kahn, »das hätte er nicht. Sie hatten doch keine Quittung, wie?« fragte er Gräfenheim.

»Natürlich nicht. Das war doch ausgeschlossen. So etwas mußte doch vertraulich gemacht werden.«

»Dem Schweinehund geht es dafür jetzt glänzend«, fauchte Betty. »Und Gräfenheim mußte hungern.«

»Hungern gerade nicht. Aber ich hatte damit gerechnet, mein zweites Studium damit bezahlen zu können.«

»Sagen Sie mir, um wieviel er Sie gebracht hat«, forderte Betty unbarmherzig.

»Nun ja«, lächelte Gräfenheim verlegen, »es waren meine seltensten Marken. Sechs-, siebentausend Dollar würde jeder Händler dafür zahlen.«
Betty, obschon sie die Geschichte kannte, riß erneut die Kirschenaugen auf. »Ein Vermögen! Wieviel Gutes man damit hätte tun können!«
»Immer noch besser, als wenn die Nazis sie bekommen hätten«, sagte Gräfenheim entschuldigend.
Betty sah ihn entrüstet an. »Ewig dieses: Immer noch besser! Diese alte Emigranten-Resignation! Warum verfluchen Sie das Leben nicht aus tiefstem Herzensgrunde?«
»Was würde es nützen, Betty?«
»Manchmal werde ich selbst zum Antisemiten. Immer dieses Verstehen und schon halb Verzeihen! Glaubt ihr, ein Nazi würde auch so handeln? Er würde den Betrüger totprügeln!«
Kahn sah Betty, die mit ihren violetten Rüschen wie ein aufgeplusterter Papagei wirkte, belustigt und zärtlich an. »Du bist die letzte Makkabäerin, mein Herzchen!«
»Lach nicht! Du wenigstens hast es den Barbaren gezeigt. Du solltest mich verstehen. Ich könnte manchmal ersticken. Immer diese Demut! Dieses Hinnehmen!« Betty blickte mich zornig an. »Was sagen Sie dazu? Nehmen Sie auch alles hin?«
Ich antwortete nicht. Was war da zu antworten? Betty schüttelte sich, lachte über sich selbst und ging zu einer anderen Gruppe.
Jemand stellte das Grammophon an. Man hörte die Stimme Richard Taubers. Er sang ein Lied aus dem ›Land des Lächelns‹. »Jetzt beginnt das Heimweh nach dem Kurfürstendamm«, sagte Kahn. Er wandte sich an Gräfenheim. »Wo wohnen Sie denn jetzt?«
»In Philadelphia. Ein Kollege hat mich dort aufgenommen. Vielleicht kennen Sie ihn: Ravic.«
»Ravic? Aus Paris? Natürlich kenne ich ihn. Ich wußte nicht, daß er herausgekommen ist. Was macht er?«

»Dasselbe wie ich. Er nimmt es nur leichter. In Paris war es unmöglich, ein Examen zu machen. Er betrachtet es als einen Fortschritt, daß es hier möglich ist. Für mich ist es schwer. Ich spreche leider nur diese eine verfluchte Sprache und außerdem Griechisch und Lateinisch ziemlich flüssig. Was tut man damit?«

»Können Sie nicht warten, bis alles vorbei ist? Deutschland kann den Krieg nicht gewinnen, das weiß jetzt jeder. Dann können Sie zurückgehen.«

Gräfenheim schüttelte langsam den Kopf. »Das wird die letzte Illusion sein, die uns zerbricht, daß wir zurückgehen können.«

»Warum nicht? Wenn die Nazis erledigt sind?«

»Die Deutschen werden vielleicht erledigt sein, die Nazis nicht. Die Nazis sind ja nicht vom Mars heruntergefallen und haben Deutschland vergewaltigt«, sagte er. »Das glauben vielleicht noch jene, die Deutschland 1933 verlassen haben. Ich bin noch jahrelang dagewesen. Ich habe das Gebrüll im Radio gehört, das fette, blutrünstige Geschrei in den Versammlungen. Das war nicht mehr eine Partei. Das war Deutschland.« Er horchte auf das Grammophon, das ›Berlin bleibt Berlin‹ spielte, gesungen von Sängern, die inzwischen im Konzentrationslager oder in der Emigration gelandet waren. Betty Stein und ein paar andere lauschten verzückt, skeptisch und sehnsüchtig. »Die wollen uns drüben gar nicht wiederhaben«, sagte Gräfenheim. »Keiner. Und keinen.«

Ich ging zum Hotel zurück. Der Abend bei Betty Stein hatte mich melancholisch gemacht. Ich dachte an Gräfenheim, der versuchte, sich eine neue Existenz aufzubauen. Wozu? Er hatte seine Frau in Deutschland zurückgelassen. Sie war keine Jüdin. Fünf Jahre hatte sie dem Druck der Gestapo standgehalten und sich nicht scheiden lassen. In diesen fünf

Jahren war die blühende Frau ein nervöses Wrack geworden. Man hatte Gräfenheim alle paar Wochen zu einer Vernehmung geholt. Die Frau und er hatten jeden Morgen von vier bis sieben Uhr gezittert; das war die Zeit, zu der man ihn gewöhnlich abholte. Die Vernehmungen waren manchmal erst am anderen Tage oder mehrere Tage später. In der Zwischenzeit war Gräfenheim in eine Zelle gesperrt, in der auch andere Juden saßen. Sie hockten zusammen und schwitzten den kalten Schweiß der Todesangst. Sie wurden in diesen Stunden zu einer sonderbaren Brüderschaft. Sie flüsterten miteinander und hörten doch nichts. Sie horchten nach draußen – nur nach draußen, von wo die Schritte kamen. Sie waren eine Brüderschaft, die sich mit dem wenigen Rat zu helfen vorgab, den sie hatte, und die sich doch in einer schauerlichen Zuneigung und Abneigung fast haßte, als wäre nur ein bestimmtes Quantum an Ausfluchtsmöglichkeiten vorhanden für sie alle und als ob jeder mehr die Chancen des einzelnen verringerte. Der Stolz der deutschen Nation schleppte manchmal einen hinaus, mit Fußtritten, Schlägen und den Beschimpfungen, die zwanzigjährige Recken für nötig hielten, um einen herzkranken alten Mann vorwärts zu treiben. Dann sprach niemand in der Zelle mehr.
Wenn dann, oft nach Stunden, ein blutiger Haufen Fleisch in die Zelle geworfen wurde, machte man sich schweigend an die Arbeit. Gräfenheim hatte das so oft mitgemacht, daß er schon, wenn er wieder einmal abgeholt wurde, seine weinende Frau instruiert hatte, ein paar Taschentücher in seinen Anzug zu stecken; er konnte sie zum Verbinden brauchen. Binden traute er sich nicht mitzunehmen. Denn selbst das Verbinden in der Zelle war eine Handlung, die großen Mut erforderte. Es war vorgekommen, daß Leute, die es taten, wegen Obstruktion totgeschlagen wurden. Gräfenheim erinnerte sich an die Opfer, wenn sie zurückgeschleppt wurden. Sie konnten sich kaum bewegen, aber manche flüster-

ten mit ihren vom Schreien heiseren Stimmen und den Augen, in die sich die letzte Möglichkeit von Ausdruck geflüchtet hatte, so daß sie heiß und glänzend aus dem zerschundenen Gesicht starrten – »Glück gehabt, sie haben mich nicht behalten!« Dabehalten hieß, im Keller langsam zu Tode getrampelt zu werden oder im Konzentrationslager kaputtgeschunden und dann in den elektrischen Draht gejagt zu werden.

Gräfenheim war einmal wieder zurückgekommen. Seine Praxis hatte er längst an einen andern Arzt abgeben müssen. Sein Nachfolger hatte ihm dreißigtausend Mark dafür geboten und dann tausend bezahlt – sie war dreihunderttausend wert. Ein Untersturmführer aus der Verwandtschaft des Nachfolgers war eines Tages erschienen und hatte Gräfenheim vor die Wahl gestellt, ins Lager gesteckt zu werden, weil er unerlaubt praktiziert hatte, oder die tausend Mark zu nehmen und eine Quittung über dreißigtausend Mark auszustellen. Gräfenheim wußte, was er zu tun hatte. Schließlich war die Frau reif für die Irrenanstalt. Aber sie wollte sich immer noch nicht scheiden lassen. Sie glaubte, daß nur sie Gräfenheim noch davor schützte, in ein Lager gebracht zu werden. Sie wollte sich nur scheiden lassen, wenn Gräfenheim das Land verlassen konnte. Sie wollte ihn in Sicherheit wissen. Nun hatte Gräfenheim etwas Glück. Der Untersturmführer, der inzwischen Obersturmführer geworden war, suchte ihn eines Nachts auf. Er war in Zivil und kam nach einigem Zögern damit heraus, daß Gräfenheim bei seiner Freundin eine Abtreibung vornehmen solle. Er war verheiratet, und seine Frau hielt nicht viel von den nationalsozialistischen Ideen, es sei notwendig, möglichst viele Kinder zu haben, auch wenn sie von zwei oder drei erbtüchtigen Blutlinien kamen. Sie hielt ihre eigene Blutlinie für ausreichend. Gräfenheim weigerte sich. Er vermutete eine Falle. Zur Vorsicht erklärte er, daß sein Nachfolger doch auch Arzt sei, der

Obersturmführer möge sich doch an ihn wenden; er sei doch sogar ein Verwandter und ihm – Gräfenheim deutete das behutsam an – sogar zu großem Dank verpflichtet. Der Obersturmführer wischte das fort. »Das Aas will nicht«, erklärte er. »Ich habe mal so ganz von weitem angetippt! Der Schweinehund hat mir eine nationalsozialistische Rede gehalten von Erbmasse, Erbgut und diesem Quatsch. Da sehen Sie, was Dankbarkeit ist! Dabei habe ich dem Kerl zu seiner Praxis verholfen!« Gräfenheim entdeckte keine Spur von Ironie in den Augen des wohlgenährten Obersturmführers. »Bei Ihnen ist das anders«, erklärte der Mann. »Bei Ihnen bleibt alles unter uns. Mein Schwager, das Luder, würde unter Umständen auch nicht die Schnauze halten. Oder mich ein Leben lang erpressen.« »Sie könnten ihn ja ebenso erpressen, wegen verbotenen Eingriffs«, wagte Gräfenheim zu antworten. »Ich bin ein einfacher Soldat«, erwiderte der Obersturmführer. »Ich kenne mich in so was nicht aus. Bei Ihnen nun, Doktorchen, ist das alles viel einfacher. Wir verstehen uns. Sie dürfen nicht arbeiten, und ich darf nicht abtreiben lassen; also kein Risiko für beide. Das Mädel kommt nachts her; morgens geht es nach Hause. In Ordnung?« »Nein!« sagte Frau Gräfenheim von der Tür her. Sie hatte voll Angst gelauscht und dann alles gehört. Wie ein zerstörter Geist stand sie in der Tür und hielt sich fest. Gräfenheim sprang auf. »Laß mich!« sagte die Frau. »Ich habe alles gehört. Du wirst nichts tun! Nichts, ehe du nicht eine Ausreiseerlaubnis bekommst. Das ist der Preis. Besorgen Sie sie«, wandte sie sich an den Obersturmführer. Der versuchte ihr zu erklären, das sei nicht sein Gebiet. Sie blieb unerbittlich. Er versuchte wegzugehen. Sie drohte ihm mit Erpressung; sie würde ihn bloßstellen bei seinen Vorgesetzten. Wer würde ihr glauben? Aussage stünde gegen Aussage. Die seine gegen die ihre. Er versuchte es mit Versprechungen; sie ließ sich nicht darauf ein. Erst die Erlaubnis, dann die Abtreibung.

Das fast Unmögliche gelang. In dem Chaos der Bürokratie des Schreckens gab es ab und zu solche Oasen. Das Mädchen kam ungefähr zwei Wochen später, nachts. Als alles vorüber war, erklärte der Obersturmführer Gräfenheim, daß er noch einen dritten Grund gehabt hätte, ihn zu nehmen; er hätte zu einem jüdischen Arzt mehr Vertrauen als zu seinem Kaffer von Schwager. Gräfenheim erwartete bis zum Schluß eine Falle. Der Obersturmführer gab ihm zweihundert Mark Honorar. Gräfenheim wies sie zurück. Der Obersturmführer stopfte sie ihm in die Tasche. »Doktorchen, wir werden das schon noch brauchen können!« Er liebte das Mädchen wirklich. Gräfenheim war so mißtrauisch, daß er sich nicht von seiner Frau verabschiedete. Er glaubte, so das Schicksal zu bestechen. Hätte er sich verabschiedet, glaubte er, hätte man ihn zurückgebracht. Er kam durch. Nun saß er in Philadelphia und bereute, seine Frau nicht geküßt zu haben. Er konnte nicht darüber hinwegkommen. Von seiner Frau hatte er nie wieder etwas gehört. Es wäre auch schwer möglich gewesen, bald darauf war der Krieg ausgebrochen.

* * *

Vor dem Hotel Reuben stand ein Rolls-Royce mit Chauffeur. Er nahm sich da aus wie ein Goldbarren in einem Aschenhaufen. »Das ist der richtige Begleiter für Sie«, sagte Melikow aus dem Innern der Plüschbude. »Ich habe leider keine Zeit.« Ich sah Natascha Petrowna in der Ecke. »Gehört Ihnen vielleicht der imposante Rolls-Royce draußen?« fragte ich. »Geliehen!« erwiderte sie. »Geliehen, wie die Kleider, in denen ich fotografiert werde, und wie der Schmuck. Nichts ist echt an mir.«

»Die Stimme ist echt. Und der Rolls-Royce auch.«

»Gut. Aber nichts gehört mir. Ich bin dann eine Betrügerin mit echten Dingen. Paßt das besser?«

»Es ist viel gefährlicher«, sagte ich.

»Sie sucht einen Begleiter«, erklärte Melikow. »Sie hat den Rolls-Royce nur für heute abend. Morgen muß sie ihn wieder abliefern. Möchtest du nicht einen Abend als Hochstapler durch die Welt gleiten?«
Ich lachte. »Das tue ich seit vielen Jahren. Aber nicht im Auto. Das wäre etwas Neues.«
»Wir haben auch einen Chauffeur«, sagte Natascha Petrowna. »Sogar in Uniform. Einen englischen.«
»Muß ich mich umziehen?«
»Selbstverständlich nicht. Schauen Sie mich doch an!«
Es wäre mir auch schwergefallen, mich umzuziehen. Ich hatte zwei Anzüge, und den besseren hatte ich bereits an.
»Fahren Sie mit?« fragte Natascha Petrowna.
»Gerne!« Mir konnte nichts Besseres passieren, um von dem Gedanken an Gräfenheim loszukommen. »Heute scheint ein glücklicher Tag für mich zu sein«, sagte ich. »Ich habe mir selbst drei Tage Urlaub gegeben, aber ich habe nicht an solche Überraschungen geglaubt.«
»Können Sie sich selbst Urlaub geben? Ich kann das nicht.«
»Ich auch nicht, aber ich wechsle meine Stellung. In drei Tagen werde ich Schlepper, Bildereinrahmer und Hausbursche bei einem Bilderhändler.«
»Verkäufer auch?«
»Gott bewahre. Das tut Herr Silvers selbst.«
Natascha Petrowna studierte mich einen Augenblick. »Warum sollten Sie nicht verkaufen können?«
»Dazu verstehe ich zu wenig.«
»Man muß nichts verstehen von dem, was man verkauft. Man verkauft dann sogar besser. Es gibt einem mehr Freiheit, wenn man die Nachteile nicht kennt.«
Ich lachte. »Woher wissen Sie das alles?«
»Ich muß manchmal auch verkaufen. Kleider und Hüte.« Sie studierte mich wieder. »Aber ich bekomme dann eine Provision. Das sollten Sie auch!«

»Vorläufig weiß ich überhaupt nicht, ob ich nicht nur das Haus ausfegen muß und Kaffee für die Kunden bringen. Oder Cocktails.«
Wir fuhren langsam durch die Straßen, vor uns den breiten Rücken eines in Cord gekleideten Chauffeurs mit einer beigefarbenen Mütze. Natascha drückte einen Knopf und aus der Mahagoniwand vor uns hob sich langsam ein versenkbarer Tisch. »Cocktails«, sagte sie und griff in ein Abteil, das unter dem Tisch frei geworden war und einige Gläser und Flaschen enthielt. »Eisgekühlt«, erklärte sie. »Das Neueste. Ein kleiner eingebauter Eisschrank. Was möchten Sie haben? Wodka, Whisky oder Mineralwasser? Wodka, nicht wahr?«
»Selbstverständlich.«
Ich blickte auf die Flasche. »Aber das ist ja echter russischer. Wie kommt denn der hierher?«
»Der Nektar der Götter! Der Über-Nektar sogar. Eine der wenigen erfreulichen Folgen des Krieges. Der Mann, dem dieser Wagen gehört, hat etwas mit Außenpolitik zu tun. Er muß öfter nach Rußland und Washington.« Sie lachte. »Fragen wir nicht weiter, sondern genießen wir. Man hat es mir erlaubt.«
»Aber nicht mir.«
»Der Mann, dem dieser Wagen gehört, weiß auch, daß ich darin nicht allein umherfahre.«
Der Wodka war hervorragend. Was ich bisher getrunken hatte, war dagegen alles zu scharf und schmeckte zu sehr nach Sprit.
»Noch einen?« fragte sie.
»Warum nicht? Es scheint plötzlich mein Schicksal zu sein, als Kriegsnutznießer zu leben. Ich bin in Amerika hereingelassen worden, weil Krieg ist; ich habe Arbeit gefunden, weil Krieg ist; und nun trinke ich russischen Wodka, wiederum weil Krieg ist. Ich bin ein Parasit wider Willen.«

Natascha Petrowna blinzelte mich an. »Warum sind Sie es nicht mit Willen? Es ist viel angenehmer.«
Wir fuhren die Fifth Avenue hinauf, am Central Park entlang. »Hier beginnt Ihr Gebiet«, sagte Natascha Petrowna.
Wir bogen nach einiger Zeit in die 86. Straße ein. Sie war breit und amerikanisch und erinnerte doch sofort an eine Straße in einer deutschen Kleinstadt. Konditoreien, Bierkneipen, Wurstläden säumten den Weg. »Spricht man hier noch deutsch?« fragte ich.
»Soviel Sie wollen. Die Amerikaner sind großzügig. Sie sperren deshalb keinen ein. Nicht wie die Deutschen.«
»Und nicht wie die Russen«, erwiderte ich.
Natascha Petrowna lachte. »Die Amerikaner sperren auch Leute ein«, sagte sie. »Die Japaner, die hier leben.«
»Und die Franzosen und die Emigranten, die drüben lebten.«
»Ich glaube, überall werden die Falschen eingesperrt, wie?«
»Das mag sein. Die Nazis dieser Straße hier sind jedenfalls frei. Können wir nicht anderswohin fahren?«
Natascha Petrowna sah mich einen Augenblick schweigend an. »Ich bin sonst nicht so«, sagte sie dann nachdenklich. »Irgend etwas reizt mich bei Ihnen.«
»Wie schön. Es geht mir mit Ihnen auch so.«
Sie achtete nicht auf meine Antwort. »Es ist irgend etwas wie eine versteckte Selbstzufriedenheit«, sagte sie. »Etwas Verstocktes, an das man nicht herankann. Aber man ärgert sich darüber. Verstehen Sie das?«
»Ohne weiteres. Ich ärgere mich selbst darüber. Aber wozu sagen Sie es mir?«
»Um Sie zu ärgern«, erwiderte Natascha Petrowna. »Warum sonst? Und ich? Was reizt Sie an mir?«
Ich lachte. »Nichts«, sagte ich.
Sie stutzte. Ich bereute sofort, was ich gesagt hatte, aber es war zu spät. »Sie verdammter Deutscher«, sagte sie. Ihr Gesicht war blaß, und sie sah an mir vorbei.

»Es mag Sie interessieren, daß Deutschland mich ausgebürgert hat«, erwiderte ich und ärgerte mich sofort, das gesagt zu haben.
»Kein Wunder!« Natascha Petrowna klopfte an die Scheibe.
»Fahren Sie zum Hotel Reuben.«
»Verzeihen Sie bitte, Madame, in welcher Straße?« fragte der Chauffeur.
»Das Hotel, wo wir zuletzt gehalten haben.«
»Sehr wohl.«
»Sie brauchen mich nicht zum Hotel zu bringen«, sagte ich.
»Ich kann hier aussteigen. Es fahren überall Omnibusse.«
»Wie Sie wollen. Hier sind Sie ja zu Hause.«
»Halten Sie bitte!« sagte ich zu dem Chauffeur und stieg aus.
»Vielen Dank«, sagte ich zu Natascha Petrowna. Sie antwortete nicht. Ich stand auf der 86. Straße in New York und starrte auf das Café Hindenburg, aus dem Blechmusik erscholl. Im Café Geiger lag heimischer Kranzkuchen aus. Nebenan hingen Blutwürste im Fenster. Um mich herum klangen deutsche Laute. Ich hatte mir in all den Jahren oft ausgemalt, wie es wohl sein würde, wenn ich einmal zurückkommen würde, aber so hatte ich es mir niemals vorgestellt.

IX.

Meine Arbeit bei Silvers bestand zunächst darin, alles zu katalogisieren, was er je verkauft hatte, und die Fotografien, die es dazu gab, mit den Aufschriften über die Herkunft der Bilder zu versehen.

»Bei alten Bildern besteht die Schwierigkeit immer in der Expertise«, erklärte Silvers. »Man weiß nicht von allen, woher sie kommen. Bilder sind wie Aristokraten, man muß ihre Ahnenlinie bis zu dem Mann verfolgen können, der sie gemalt hat. Und es muß eine ununterbrochene Linie sein, von der Kirche X zum Kardinal A, von der Sammlung der Fürsten Z bis schließlich zum Gummimagnaten Rabinowitz oder zum Automobilkönig Ford. Seitensprünge gibt's da nicht.«

»Aber man kennt doch das Bild?«

»Man mag es kennen, aber die Fotografie ist erst eine Sache des späten neunzehnten Jahrhunderts. Und längst nicht von allen alten Bildern hat man Stiche zum Vergleichen angefertigt. Man ist da häufig nur auf Vermutungen angewiesen.« Silvers lächelte diabolisch. »Und auf Kunsthistoriker.«

Ich schichtete einen Packen Fotos zusammen. Zuoberst lagen viele farbige Fotos von Manet. Es waren Blumenbilder kleinen Formats, Päonien in einem Wasserglas. Man konnte die Blüten und das Wasser fühlen. Eine wunderbare Ruhe ging von ihnen aus und eine Energie, die reine Schöpfung waren: als hätte der Maler diese Blumen zum erstenmal geschaffen und als wären sie vorher nicht auf der Welt gewesen.

»Gefallen sie Ihnen?« fragte Silvers.

»Sie sind herrlich.«

»Besser als die Rosen von Renoir drüben an der Wand?«
»Anders«, sagte ich. »Wie kann man hier von besser reden!«
»Man kann. Wenn man Kunsthändler ist.«
»Die Manets hier sind ein Augenblick der Schöpfung, der Renoir des blühenden Lebens.«
Silvers wiegte den Kopf. »Nicht schlecht. Waren Sie einmal Schriftsteller?«
»Nur ein lausiger Journalist.«
»Sie haben anscheinend das Zeug, über Bilder zu schreiben.«
»Dazu verstehe ich viel zuwenig.«
Silvers setzte wieder sein diabolisches Lächeln auf. »Meinen Sie, die Leute, die über Bilder schreiben, verstehen mehr? Ich will Ihnen ein Geheimnis mitteilen. Über Bilder kann man gar nicht schreiben. Über Kunst auch nicht. Alles, was darüber geschrieben wird, ist dazu da, Banausen aufzuklären. Über Kunst kann man nicht schreiben. Man kann sie nur fühlen.«
Ich erwiderte nichts.
»Und verkaufen«, sagte Silvers, »das war es doch, was Sie dachten?«
»Nein«, erwiderte ich wahrheitsgetreu. »Aber weshalb meinen Sie dann, ich hätte das Zeug, darüber zu schreiben? Weil nichts darüber zu schreiben ist?«
»Vielleicht ist das besser, als ein lausiger Journalist zu sein.«
»Vielleicht auch nicht. Vielleicht ist es besser, ein lausiger ehrlicher Journalist zu sein als ein hochtrabender Phrasendrescher, der über Kunstwerke schreibt.«
Silvers lachte. »Sie haben die Eigenschaft vieler Europäer. Sie denken in Extremen. Oder ist es die Eigenschaft der Jugend? Aber so jung sind Sie gar nicht mehr. Zwischen Ihren beiden Extremen liegen tausend Varianten und Nuancen. Und außerdem stimmen die Voraussetzungen nicht. Sehen Sie, ich wollte Maler werden. War es auch. Mit allem Enthusiasmus ein lausiger Maler. Jetzt bin ich Kunsthändler. Mit allem

Zynismus, den ein Kunsthändler hat. Ist etwas anders geworden? Habe ich die Kunst verraten, weil ich keine schlechten Bilder mehr male, oder habe ich sie verraten, weil ich sie verkaufe?«

Silvers bot mir eine Zigarre an. »Gedanken an einem Sommernachmittag in New York«, sagte er. »Versuchen Sie einmal diese Zigarre. Es ist die leichteste Havanna, die es gibt. Sind Sie Zigarrenraucher?«

»Ich habe es da noch zu keiner Unterscheidung gebracht. Ich habe geraucht, was mir in die Finger kam.«

»Wie glücklich Sie sind!«

Ich blickte überrascht auf. »Das ist mir neu. Ich wußte nicht, daß man deswegen glücklich sein kann.«

»Sie haben das alles noch vor sich, das Auswählen, das Genießen und das Ermüden. Zum Schluß bleibt nur das Ermüden. Je weiter unten man anfängt, um so länger dauert es, bis man dazu kommt.«

»Sie meinen, man sollte als Barbar beginnen?«

»Wenn man kann.«

Ich war plötzlich verärgert. Ich hatte genug von Barbaren gesehen. Diese ästhetische Salonauffassung brauchte ich nicht, das war etwas für ruhigere Zeiten. Das parfümierte Geschwätz lag mir nicht, auch nicht für acht Dollar am Tag. Ich zeigte auf den Stapel Fotografien. »Bei diesen ist das Gutachten wohl eine einfachere Sache als bei Bildern aus der Renaissance«, sagte ich. »Es ist eine Differenz von einigen Jahrhunderten. Degas und Renoir haben ja noch bis in den Ersten Weltkrieg, ja Renoir sogar noch darüber hinaus gelebt.«

»Trotzdem gibt es schon genug falsche Bilder von ihnen.«

»Ist die lückenlose Expertise da die einzige Sicherheit?«

Silvers lächelte. »Das, oder das Gefühl. Man muß viele Hunderte von Bildern sehen. Immer wieder sehen. Über viele Jahre hinaus. Sehen, studieren, vergleichen. Und immer wieder sehen.«

»Das klingt ganz gut«, sagte ich. »Aber wie kommt es, daß so viele Museumsdirektoren falsche Expertisen abgeben?«
»Einige geben sie ab wider besseres Wissen. Das spricht sich aber rasch herum. Andere irren sich einfach. Warum? Da kommen wir zum Unterschied zwischen dem Museumsdirektor und dem Händler. Der Museumsdirektor kauft ab und zu – aber für das Geld des Museums. Der Händler kauft oft – aber immer für sein eigenes Geld. Glauben Sie nicht, daß das einen Unterschied macht? Wenn dem Händler ein Fehlurteil unterläuft, verliert er sein Geld. Der Museumsdirektor aber verliert keinen Pfennig seines Gehalts. Sein Interesse am Bild ist akademisch, das des Händlers ist finanziell. Der Händler schaut schärfer hin, er riskiert mehr.«
Ich betrachtete den sehr gut angezogenen Mann. Seine Anzüge und Schuhe stammten aus London, seine Hemden hatten Pariser Schick. Er war gepflegt und duftete nach französischem Eau de Cologne. Ich sah ihn wie durch eine Glasscheibe; ich hörte ihn, aber als wäre er in einem andern Haus. Es war eine gedämpfte Welt, in der er zu leben schien, eine Welt der Halsabschneider und Räuber, dessen war ich sicher – aber eine Welt eleganter und leicht gefährlicher Räuber und Halsabschneider. Alles, was er gesagt hatte, stimmte – und trotzdem stimmte nichts. Es war alles auf eine fast unwirkliche Weise verschoben. Silvers wirkte gelassen und sehr überlegen, aber ich hatte das Gefühl, daß er sich jeden Augenblick verwandeln könne in einen rücksichtslosen Geschäftemacher, der über Leichen gehen würde. Seine Welt schwebte in der Luft. Sie war gebildet aus den Seifenblasen wohllautender Phrasen, einer intimen Kenntnis künstlerischer Dinge, von denen er doch nur die Preise wirklich verstehen konnte – denn wer Dinge wirklich liebt, verkauft sie doch nicht, meinte ich.
Silvers sah auf seine Uhr. »Machen wir Schluß für heute. Ich muß in meinen Klub.«

Ich wunderte mich nicht, daß er in einen Klub mußte. Es gehörte zu der unrealen Glashausexistenz, die er für mich zu führen schien. »Wir werden miteinander auskommen«, sagte er und zog die Bügelfalten seiner Hose glatt. Ich blickte auf seine Schuhe. Alles, was er trug, war um eine Nuance zu gepflegt. Die Schuhe waren um eine Spur zu spitz; auch um eine Spur zu hell. Das Muster des Anzugs war um ein weniges zu lebhaft und die Krawatte um ein geringes zu bunt und zu gut. Er betrachtete meinen Anzug. »Ist der nicht etwas dick für den Sommer in New York?«

»Ich kann die Jacke ausziehen, wenn es zu heiß ist.«

»Nicht hier. Kaufen Sie sich einen Tropical. Die amerikanische Konfektion ist sehr gut. Selbst Millionäre tragen hier selten Maßanzüge. Kaufen Sie bei den Brook's Brothers. Wenn Sie billiger kaufen wollen, bei Browning und King. Für sechzig Dollar bekommen Sie da schon etwas Vernünftiges.«

Er zog einen Packen Scheine aus der Rocktasche. Ich hatte schon früher bemerkt, daß er keine Brieftasche hatte. »Hier«, sagte er und blätterte einen Hundertdollarschein ab. »Betrachten Sie es als einen Vorschuß.«

Ich fühlte die Hundertdollarnote wie einen heißen Stein in meiner Tasche. Es war noch Zeit, zu Browning und King zu gehen. Ich wanderte durch die Fifth Avenue und pries Silvers in stummem Gebet. Ich hätte das Geld behalten und weiter meinen früheren Anzug getragen, das war aber nicht möglich. Silvers würde in einigen Tagen Fragen stellen. Immerhin, nach all den Vorträgen über Bilder als die beste Kapitalanlage hatte ich selbst, ohne einen Manet zu kaufen, mein Vermögen heute verdoppelt.

Ich bog nach einiger Zeit in die 54. Straße ein. Ein Stück weiter war ein kleiner Blumenladen, der sehr billige Orchideen verkaufte; sie waren vielleicht nicht mehr ganz frisch,

doch das sah man nicht. Ich hatte mir am Tage vorher von Melikow die Adresse des Geschäftes geben lassen, in dem Natascha Petrowna beschäftigt war – ich war im Hin- und Widerstreit meiner Gedanken nicht dazugekommen, einen Entschluß zu fassen. In der einen Stunde hielt ich Natascha für eine chauvinistische Modeziege, in der andern mich für einen ungehobelten Polterer. Jetzt schien Gott eingegriffen zu haben, und der Geldschein war ein Beweis dafür. Ich kaufte zwei Orchideen und schickte sie an Nataschas Adresse. Sie kosteten nur fünf Dollar und sahen teurer aus, und auch das schien mir irgendwie zu passen.
Bei Browning und King fand ich einen leichten grauen Anzug, bei dem nur die Hose passend gemacht werden mußte.
»Bis morgen abend«, sagte der Verkäufer.
»Kann ich ihn nicht heute abend haben?«
»Es ist schon spät.«
»Ich brauche ihn heute abend«, sagte ich, »dringend.«
Ich brauchte ihn nicht so dringend, aber ich wollte ihn plötzlich so rasch wie möglich haben. Es war endlos lange her, seit ich einen neuen Anzug hatte kaufen können, und es kam mir törichterweise auf einmal so vor, als wäre das ein Symbol, daß meine lange Zeit als heimatloser Emigrant vielleicht vorüber wäre, daß ich seßhaft werden könnte, um ein ruhiges Dasein als Kleinbürger zu beginnen.
»Versuchen Sie es möglich zu machen«, sagte ich.
»Ich will erst mal in der Werkstatt nachsehen.«
Ich stand zwischen den langen Reihen der aufgehängten Anzüge und wartete. Die Reihen schienen von allen Seiten gegen mich zu marschieren, wie eine Armee von Automaten, bei denen endlich der Gipfel der Perfektion erreicht war – die völlige Ausschaltung des Menschen. Wie ein Anachronismus huschte der Verkäufer zappelnd durch die stummen Reihen.
»Es läßt sich machen. Holen Sie den Anzug kurz vor sieben ab.«

»Vielen Dank.«
Ich trat durch einen Streifen von staubigem Sonnenschein auf die heiße Straße.

Ich ging die Dritte Avenue entlang. Lowy senior stand im Schaufenster und dekorierte. Ich blieb in der ganzen Pracht meines Tropical draußen stehen. Er machte Augen wie ein Uhu in der Nacht und winkte mir mit einem Leuchter, hereinzukommen. »Köstlich«, sagte er. »Ist das bereits die erste Frucht Ihrer Tätigkeit als höherer Gauner?«
»Es ist die Frucht eines Vorschusses von dem Mann, bei dem Sie mich empfohlen haben, Herr Lowy.«
Lowy grinste. »Ein ganzer Anzug. Tiens.«
»Und noch was drüber. Silver hatte mir Brook's Brothers empfohlen. Ich habe bescheidener gewählt.«
»Sie sehen aus wie ein Hochstapler.«
»Herzlichen Dank. Das bin ich auch.«
»Sie scheinen sich bereits glänzend zu verstehen«, brummte Lowy und befestigte einen wunderbaren Engel aus dem 18. Jahrhundert, dessen Bemalung neu war, vor einem Stück Samt aus Genua. »Ein Wunder, daß Sie sich überhaupt noch hier sehen lassen bei uns kleinen Pinschern.«
Ich sah ihn sprachlos an. Der kleine Dicke war eifersüchtig, dabei hatte er mich selbst Silvers empfohlen. »Wäre es Ihnen lieber, wenn ich Silvers beraubt hätte?« fragte ich.
»Zwischen ihn berauben und ihm den Arsch küssen ist noch ein Unterschied!« Lowy schob einen französischen Stuhl zurecht, von dem ein halbes Bein original aus der Zeit war. Ein warmes Gefühl stieg in mir auf. Es war viel Zeit vergangen, seit ich gespürt hatte, daß mich jemand gern hatte, ohne etwas von mir zu wollen. Es war eigentlich nicht so lange her, fand ich, als ich darüber nachdachte. Die Welt war voll von guten Menschen: Das merkte man erst, wenn es einem sehr schlecht ging, und es war eine gewisse Aussöhnung dafür,

daß es einem schlecht ging. Eine merkwürdige Balance, die einen in verzweifelten Augenblicken sogar an einen sehr fernen, unpersönlichen und automatischen Gott mit Schalttafeln glauben ließ. Allerdings nur in diesem Moment und dann nicht lange.
»Was starren Sie so?« fragte Lowy.
»Sie sind ein netter Mensch«, erwiderte ich. »Wie ein Vater!«
»Was?«
»Ich meine es so. In einem komischen, vagen Übersinne.«
»Was?« fragte Lowy. »Es geht Ihnen also gut. Sie reden Schmonzes. Schmonzes Balonzes! Gefällt Ihnen das Leben bei dem Parasiten so sehr?« Er wischte sich den Staub von den Händen ab. »So was brauchen Sie da nicht zu tun, was?« Er warf das schmutzige Handtuch hinter einen Vorhang auf einen Haufen eingerahmter japanischer Holzschnitte. »Besser als hier ist es da, was?«
»Nein«, sagte ich.
»Überschmonzes!«
»Anders, Herr Lowy. Was macht das alles aus, wenn die Bilder herrlich sind! Das sind keine Parasiten!«
»Das sind Opfer«, erwiderte Lowy senior plötzlich ruhig. »Stellen Sie sich vor, wie denen zumute sein müßte, wenn sie ein Bewußtsein hätten! Wo die überall wie Sklaven hin verkauft werden. An Waffenhändler, Gewehrfabrikanten, Bombenkaufleute! Für ihr Blutgeld kaufen sich die Kerle Bilder voll himmlischen Friedens.« Ich sah Lowy an. »Also gut«, sagte er. »Dieser Krieg ist anders, aber ist er anders für diese Schmarotzer? Die wollen verdienen, für oder gegen, da können Sie sagen, was Sie wollen. Die würden auch dem Teufel ...« Er stockte. »Da kommt Julius«, flüsterte er. »Gerechter Gott, im Smoking! Alles ist verloren.«
Lowy junior war nicht im Smoking. Er tauchte auf im letzten schmutzig-honigfarbenen Sonnenlicht der Straße, umwallt von Benzinrauch und Auspuffgasen, im kleinen Besuchsan-

zug – dunkles Marengojackett, gestreifte Hose, steifer Hut und zu meinem Erstaunen hellgraue, altväterliche Gamaschen. Ich betrachtete die Gamaschen mit Rührung, ich hatte so was seit der Zeit vor Hitler nicht mehr gesehen.
»Julius!« schrie Lowy senior. »Komm herein; geh nicht. Ein letztes Wort: Denk an deine fromme Mutter!«
Julius schritt langsam über die Schwelle. »An die Mutter habe ich gedacht«, erklärte er. »Und du kannst mich nicht irre machen, du jüdischer Faschist!«
»Julius, rede nicht so! Habe ich nicht immer dein Bestes gewollt? Auf dich aufgepaßt, wie ein älterer Bruder es nur kann, dich gepflegt, wenn du krank warst, du ...«
»Wir sind doch Zwillinge«, erklärte Julius, »mein Bruder ist, wie ich Ihnen gesagt habe, drei Stunden älter als ich.«
»Drei Stunden können mehr als ein Leben sein. Immer warst du träumerisch, weltabgewandt, immer mußte ich auf dich aufpassen, Julius, du weißt es, immer hatte ich dein Bestes im Auge, und nun plötzlich behandelst du mich wie deinen Erzfeind.«
»Weil ich heiraten will.«
»Weil du die Schickse heiraten willst. Schauen Sie sich an, wie er dasteht, Herr Ross, zum Erbarmen, als wäre er ein Goi und möchte auf die Rennbahn gehn. Julius, Julius, komm zu dir! Warte noch! Einen Antrag will er machen wie ein Kommerzienrat! Man hat dir einen Liebestrank eingegeben, denk an Tristan und Isolde und das Unglück, das daraus entstanden ist. Schon nennst du deinen leiblichen Bruder einen Faschisten, weil er dich davor bewahren will, falsch zu heiraten. Nimm eine ordentliche jüdische Frau, Julius.«
»Ich will keine ordentliche jüdische Frau. Ich will die Frau heiraten, die ich liebe!«
»Liebe, Schmiebe, was für ein Wort! Schau dir an, wie du schon jetzt aussiehst. Einen Antrag will er ihr machen. Schauen Sie ihn an, Herr Ross!«

»Ich kann dazu nichts sagen«, erwiderte ich. »Ich trage auch einen neuen Anzug. Einen für Hochstapler, erinnern Sie sich?«
»Das war Spaß!«
Das Gespräch wurde sehr bald ruhiger. Julius nahm den jüdischen Faschisten zurück und tauschte ihn um gegen einen Zionisten und bald darauf sogar gegen einen Familienfanatiker. Lowy senior machte in der Hitze der Diskussion einen taktischen Fehler. Er sagte, daß ich doch auch nicht unbedingt eine Jüdin heiraten würde. »Warum nicht?« erwiderte ich. »Als ich sechzehn Jahre alt war, hat mir mein Vater sogar schon geraten, eine zu heiraten. Sonst, meinte er, würde bestimmt nichts aus mir.«
»Siehst du!« rief Julius.
Das Gespräch flammte aufs neue auf. Aber Lowy senior gewann allein schon durch seinen Eifer gegen den Lyriker und Träumer Julius an Boden. Ich hatte nichts anderes erwartet. Wäre Julius fest entschlossen gewesen, er wäre nicht noch einmal im kleinen Besuchsanzug in der Dritten Avenue erschienen, sondern gleich ins Haus der Göttin mit den gelben Haarzotteln – gefärbt, wie der Senior glaubte – marschiert. Er ließ sich nicht allzu ungern überreden, mit dem Antrag noch zu warten. »Du verlierst nichts«, beschwor Lowy senior ihn. »Du überlegst es dir einfach noch mal.«
»Und wenn ein anderer kommt?«
»Es kommt kein anderer, Julius. Bist du denn umsonst seit dreißig Jahren hier im Geschäft gewesen? Haben wir nicht tausendmal behauptet, ein anderer Kunde sei hinter einem Objekt her und wolle es kaufen, und es war immer ein fauler Trick? Aber Julius, nun komm und zieh die Affenjacke aus!«
»Das tue ich nicht«, erklärte Julius mit unerwarteter Schärfe. »Jetzt habe ich sie an und gehe aus.«
Lowy senior fürchtete ein neues Hindernis. »Gut, gehen wir

aus«, sagte er bereitwillig. »Wohin wollen wir gehen? Ins Kino? Da wird ein Film mit Paulette Goddard gezeigt.«
»Kino?« Julius sah beleidigt an seinem Marengojackett hinunter. Im Kino kam so etwas nicht zur Geltung, da war es dunkel.
»Gut, Julius. Gehen wir essen. Gut essen, erstklassig essen! Mit einer Vorspeise! Gehackte Hühnerleber und hinterher als Dessert Pfirsich Melba. Wohin du willst.«
»Ins Voisin«, sagte Julius entschlossen.
Lowy senior schluckte einen Moment. »Gut, also ins Voisin.« Er wandte sich an mich. »Herr Ross, gehen Sie mit. Sie sind ja ohnehin schon festlich gekleidet. Was haben Sie in dem Paket?«
»Meinen alten Anzug.«
»Lassen Sie ihn hier. Wir holen ihn später ab.«
Ich kam ungefähr um zehn Uhr zurück ins Hotel. »Ein Paket ist für dich angekommen«, sagte Melikow. »Scheint eine Flasche zu sein.«
Ich packte sie aus. »Mein Gott!« rief Melikow. »Echter russischer Wodka!«
Ich suchte in der Verpackung herum. Kein Wort war dabei. Nur die Flasche war da. »Hast du gesehen, daß die Flasche nicht ganz voll ist?« fragte Melikow. »Das war nicht ich. Sie ist so gekommen.«
»Ich weiß«, erwiderte ich. »Zwei ziemlich große Gläser fehlen. Wollen wir anfangen? Welch ein Tag!«

X.

Ich holte Kahn ab. Wir waren zu einer Festlichkeit bei der Familie Vriesländer eingeladen. »Ungefähr dasselbe wie früher eine Bar-Mizwa, die ja der Konfirmation bei den Protestanten entspricht«, erklärte Kahn. »Die Vriesländers sind vorgestern eingebürgert worden.«
»So bald schon? Muß man nicht fünf Jahre warten, bis man die ersten Papiere bekommt?«
»Die Vriesländers haben fünf Jahre gewartet. Sie gehören zur ›smarten Welle‹. Sind schon vor dem Krieg nach Amerika ausgewandert.«
»Wirklich smart«, sagte ich. »Warum sind wir nicht auf die Idee gekommen?«
Die Vriesländers waren Leute, die Glück gehabt hatten. Sie hatten einen Teil ihres Geldes schon vor der Nazi-Zeit in Amerika angelegt. Der alte Herr hatte weder den Deutschen noch den Europäern getraut. Er hatte, was er erübrigen konnte, in amerikanischen Aktien angelegt, meistens in American Tel and Tel. Die waren im Laufe der Zeit ganz hübsch gestiegen. Das einzige, was er versäumt hatte, war die Wahl der richtigen Termine gewesen. Er hatte einen Teil seines Geldes in Amerika untergebracht, aber nur den Teil, der im Geschäft nicht gebraucht wurde. Vriesländer hatte mit Seide und Pelzen gehandelt, und er hatte geglaubt, daß er klug genug sei, alles rasch zu verkaufen, wenn die Situation brenzlig würde. Aber die Situation wurde zwei Jahre vor der Machtergreifung der Nazis brenzlig. Die Darmstädter und Nationalbank, eine der großen deutschen Banken, begann plötzlich zu wackeln. Ein Sturm auf die Kassen begann. Die Deutschen hatten die furchtbare Inflation von vor zehn

Jahren nicht vergessen. Eine Billion Mark war damals auf vier wirkliche Mark zusammengeschmolzen. Um einen Krach zu verhindern, schloß die Regierung die Kassen und blockierte alle Überweisungen ins Ausland. So wollte sie verhüten, daß die ganzen Markbestände in stabilere Währungen umgewandelt würden. Es war eine demokratische Regierung – aber sie sprach damit, ohne es zu wissen, das Todesurteil über zahllose Juden und Feinde der Nazipartei aus. Die Blockade von 1931 wurde nie aufgehoben. Fast niemand konnte daher, als die Nazis kamen, sein Geld ins Ausland retten. Man mußte entweder alles im Stich lassen oder bei seinem Gelde bleiben und damit rechnen, umzukommen. In Kreisen der nationalsozialistischen Partei wurde das als einer der besten Scherze der Welt betrachtet.

Vriesländer zögerte damals. Er wollte nicht alles im Stich lassen; außerdem verfiel er der sonderbaren Euphorie, der 1933 zahllose Juden verfielen, daß alles nur ein Übergang sei. Das Geschrei der Heißsporne würde bald verstummen, wenn erst erreicht war, was man wollte: die Macht, und eine ordentliche Regierung würde daraus hervorgehen. Ein paar Monate würden zu überstehen sein, wie bei jedem Umsturz. Dann würde alles ruhiger werden. Vriesländer war, bei all seinem geschäftlichen Mißtrauen, ein glühender Patriot. Er traute den Nazis nicht; aber hatte man nicht noch den ehrwürdigen Reichspräsidenten von Hindenburg, Feldmarschall und preußische Säule des Rechtes und der Tugend?

Es dauerte einige Zeit, bis Vriesländer aus seinem Traum erwachte. Es dauerte so lange, bis ein Gericht ihn aller möglichen Untaten anklagte, von Betrügereien bis dazu, ein minderjähriges Lehrmädchen, das er nie gesehen hatte, vergewaltigt zu haben. Mutter und Tochter schworen, daß die Anklage zu Recht erhoben sei, nachdem der törichte Vriesländer einen Erpressungsversuch der Mutter – sie wollte 50 000 Mark – entrüstet und im Vertrauen auf die sprichwörtlich gerechte deutsche Justiz abgelehnt hatte. Vriesländer lernte rasch, einen zweiten Erpressungsversuch nahm er an. Ein Kriminalsekretär, hinter dem ein höherer Parteiführer stand, suchte ihn eines Abends auf. Der Erpressungsbetrag war höher, dafür sollte Vriesländer und Familie die Gelegenheit gegeben werden, zu fliehen. An der holländischen Grenze sollte ein Posten eingeweiht werden. Vriesländer glaubte nichts davon, er verfluchte sich jeden Abend. Nachts verfluchte seine Frau ihn. Er unterschrieb alles, was von ihm verlangt wurde. Das Unwahrscheinliche passierte. Vriesländer und seine Familie wurden über die Grenze geschafft. Zuerst seine Frau und seine Tochter. Als er eine Postkarte aus Arnheim erhielt, gab er den Rest seiner Aktien her. Drei Tage später war auch er in Holland. Dann begann der zweite Akt der Tragikomödie. Vriesländers Paß lief ab, ehe er um ein amerikanisches Visum nachsuchen konnte. Er versuchte andere Papiere zu bekommen. Umsonst. Es gelang ihm, eine gewisse Geldsumme aus Amerika zu bekommen. Dann hörte auch das auf. Den Rest, und das war der weitaus größte Teil, hatte Vriesländer so festgelegt, daß er ihm nur persönlich ausgehändigt werden durfte. Er hatte erwartet, daß er natürlich selbst rechtzeitig in New York sein würde. Jetzt war sein Paß abgelaufen, und Vriesländer war ein Millionär ohne Geld geworden. Er ging nach Frankreich, die Behörden waren damals schon sehr nervös und behandelten ihn wie einen der vielen Leute, die aus Angst um ihr Leben und um eine Aufenthaltsbewilligung zu bekommen, alles mögliche erzählten. Zum Schluß bekam er auf seinen abgelaufenen Paß ein Visum, weil er Verwandte in Amerika hatte, die für ihn bürgten.

Als er den Stoß Aktien aus dem Safe herausholte, küßte er die oberste und beschloß seinen Namen zu ändern.

Dies war der letzte Tag Vriesländers und der erste Tag Daniel Warwicks. Er hatte von der Möglichkeit Gebrauch gemacht, bei der Einbürgerung seinen Namen zu ändern. Wir traten in den erleuchteten großen Salon. Man sah sofort, daß Vriesländer die Zeit in Amerika nutzbringend verwendet hatte. Überall war der Reichtum zu spüren. Im Eßzimmer war ein riesenhaftes Büfett aufgebaut. Ein Tisch war mit Kuchen bedeckt, darunter zwei Zuckertorten, rund, mit Aufschriften: ›Vriesländer‹ auf der einen und ›Warwick‹ auf der andern. Die Vriesländer-Torte hatte einen Schokoladerand, den man mit einiger Phantasie als einen modifizierten Trauerrand betrachten konnte, die mit der Aufschrift ›Warwick‹ dagegen hatte einen rosa Marzipanrand, aus dem Rosen leuchteten. »Ein Gedanke meiner Köchin«, sagte Vriesländer stolz. »Was meinen Sie dazu?«

Sein rotes, breites Gesicht glänzte vor Vergnügen. »Die Vriesländer-Torte wird heute angeschnitten und aufgegessen«, erklärte er. »Die andere bleibt ganz. Es ist eine Art Symbolik.«

»Wie sind Sie auf den Namen Warwick gekommen?« fragte Kahn. »Ist das nicht ein bekanntes Geschlecht aus England?«

Vriesländer nickte. »Gerade deshalb! Wenn ich mir schon einen Namen aussuchen kann, dann will ich diesmal etwas Vernünftiges nehmen.«

»Was wollen Sie trinken, Herr Kahn?«

Kahn starrte ihn an. »Champagner! Dom Perignon. Das sind Sie Ihrem Namen schuldig!«

Vriesländer wurde einen Augenblick verlegen. »Den haben wir leider nicht, Herr Kahn. Wir haben aber guten amerikanischen Champagner.«

»Amerikanischen? Dann geben Sie mir lieber ein Glas Bordeaux.«

»Kalifornischen. Wir haben da einen guten.«

»Herr Vriesländer«, erläuterte Kahn geduldig. »Bordeaux ist zwar von den Deutschen besetzt, aber es liegt noch nicht in

Kalifornien. So weit brauchen Sie Ihr neues Nationalgefühl doch nicht gleich zu treiben.«

»Das ist es nicht.« Vriesländer wölbte die Smokingbrust. Er trug Hemdenknöpfe aus kleinen Saphiren. »Wir wollen uns an diesem Tage einmal an nichts von früher erinnern. Wir hätten ein wenig holländischen Genever bekommen können, auch deutschen Wein. Wir haben das selbstverständlich abgelehnt, wir haben da zuviel durchgemacht. Auch in Frankreich, deshalb haben wir keine französischen Weine bestellt. Sie schmecken außerdem gar nicht so viel besser. Alles Reklame! Und der Mischwein aus Chile ist erstklassig.«

»Sie führen also einen Rachekrieg in Getränken?«

»Es ist eine Sache des Geschmacks. Aber kommen Sie zu Tisch, meine Herren.«

Er ging uns voraus.

»Es gibt, wie Sie sehen, auch reiche Emigranten«, sagte Kahn, »allerdings sehr wenige. Schon Vriesländer hat alles verloren, was er noch in Deutschland gehabt hatte. Einige andere der ›smarten Welle‹ haben sofort angefangen zu arbeiten und sind schon gut vorwärtsgekommen. Dann ist da das Gros der Unentschlossenen. Sie treten auf der Stelle und wissen nicht recht, ob sie zurück wollen oder nicht. Außerdem die, die zurück müssen, weil sie hier keine Arbeit finden, die Überwinterer.«

»Zu welcher Welle rechnen Sie mich?« fragte ich und biß in ein Hühnerbein mit Gelee in Portweinsauce.

»Zur späten, zu der, die sich, wenn sie an die Reihe kommt, schon kreuzt mit der ersten, die zurückläuft. Man kocht großartig hier, wie?«

»Ist das alles hier im Hause gekocht?«

»Alles. Vriesländer hat in Europa das Glück gehabt, daß seine Köchin eine Ungarin war. Sie ist ihm treu geblieben und einige Jahre später über die Schweiz nach Frankreich gefolgt – den Schmuck von Frau Vriesländer im Magen. Einzelne, sehr schöne, ungefaßte Steine, die Frau Vriesländer ihr rechtzeitig übergeben hatte. Vor dem Grenzübergang schluckte Rosy sie in Kuchenteig hinunter. Es wäre im übrigen nicht notwendig gewesen, niemand kontrollierte sie als Ungarin. Jetzt kocht sie wieder. Eine Perle!«

Ich sah mich um. Am Büfett standen die Leute in zwei Reihen.

»Sind das alles Emigranten?« fragte ich.

»Nein, nicht alle. Frau Vriesländer kultiviert amerikanischen Umgang. Wie Sie hören, spricht auch die Familie nur noch Englisch. Mit deutschem Akzent, aber englisch.«

»Eine vernünftige Idee. Wie sollen sie es sonst lernen?«

Kahn lachte. Er hatte ein riesiges Stück Schweinebraten auf seinem Teller. »Ich bin Freidenker«, sagte er, als er meinen Blick bemerkte, »und Rotkohl ist eine meiner ...«

»Ich weiß«, unterbrach ich ihn. »Eine Ihrer zahllosen Liebhabereien.«

»Man kann nicht genug haben. Besonders, wenn man gefährlich lebt. Man kommt nie auf die Idee, Selbstmord zu begehen.«

»Wollten Sie das je?«

»Ja. Einmal. Der Geruch von gebratener Leber und Zwiebeln hat mich gerettet. Es war eine verzweifelte Situation. Sie wissen, das Leben verläuft in mehreren Schichten, die alle ihre Zäsuren haben. Meistens fallen sie nicht zusammen – so hält die eine Schicht die andern, die gerade unterbrochen sind. Wenn aber alle Zäsuren einmal gleichzeitig kommen, ist höchste Gefahr. Das ist die Zeit des Selbstmordes ohne ersichtlichen Grund. Damals hat mich der Geruch von gebratener Leber und Zwiebeln gerettet. Ich beschloß, sie noch vorher zu essen. Ich mußte etwas darauf warten, trank ein Glas Bier, geriet in ein Gespräch. So kam eins zum andern, und ich funktionierte wieder. Sie glauben mir? Es ist keine Anekdote. Ich will Ihnen eine Geschichte erzählen, die mir

immer einfällt, wenn ich das trostlose Englisch-Quaken unserer Emigranten höre. Es rührt mich sehr und erinnert mich an eine alte Emigrantin, die arm und krank und ohne Hilfe war. Sie wollte sich das Leben nehmen und hätte es auch wohl getan, aber als sie den Gashahn aufdrehen wollte, fiel ihr ein, wie schwer es ihr gefallen war, Englisch zu lernen, und daß sie seit einigen Wochen gespürt hatte, wie sie es besser und besser verstand. Es schien auf einmal schade, das aufzugeben. Das bißchen Englisch war alles, was sie hatte, und sie klammerte sich daran und kam durch. Ich muß oft an sie denken, wenn ich das eifrige, beflissene, scheußliche Anfänger-Englisch höre. Es rührt mich. Sogar bei Vriesländers. Komik schützt vor Tragik nicht und Tragik nicht vor Komik. Sehen Sie das wunderschöne Mädchen, das drüben Apfelkuchen mit Schlagsahne hineinschlingt? Ist es nicht schön?«
Ich blickte hinüber. »Mehr als schön«, sagte ich erstarrt, »tragisch schön.« Ich blickte noch einmal hin. »Sie ist hinreißend. Wenn sie den Apfelkuchen nicht mit solcher Hingebung äße, wäre sie eine der seltenen Frauen, vor denen man niederknien möchte, ohne genau zu wissen, warum. Welch ein herrliches Gesicht! Hat sie einen Buckel? Oder Elefantenknöchel? Irgend etwas muß doch mit ihr nicht in Ordnung sein, wenn diese Göttin sich zu Vriesländers verirrt hat.«
»Warten Sie, bis sie aufsteht«, sagte Kahn begeistert. »Sie ist perfekt. Die Knöchel sind die einer Gazelle. Die Knie die der Diana. Der Körper nicht zu dünn. Sie hat volle feste Brüste. Eine Haut ohne Fehler. Die Füße einwandfrei. Sie hat nicht einmal die Andeutung eines Hühnerauges.«
Ich schoß ihm einen Blick zu. »Sie glauben mir nicht?« sagte er. »Ich weiß es genau. Außerdem heißt sie Carmen. Sie ist Greta Garbo und Dolores del Rio in einem!«
»Und ...« sagte ich gespannt.
Kahn reckte sich. »Sie ist dumm«, erwiderte er. »Nicht einfach dumm, sondern unbeschreiblich dumm. Das, was sie

jetzt gerade mit dem Apfelkuchen macht, ist bei ihr bereits eine hervorragende geistige Leistung. Es erschöpft sie bereits. Sie müßte danach eigentlich ausruhen. Ein Schlummerchen machen.«

»Schade«, sagte ich ohne Überzeugung.

»Faszinierend!«

»Wieso kann so viel Dummheit faszinierend sein?«

»Weil sie so unerwartet ist.«

»Eine Statue ist noch dümmer.«

»Eine Statue redet nicht. Diese redet.«

»Was redet sie?«

»Das törichteste Zeug, das Sie sich denken können. Nicht wie eine Kleinbürgerin, auch nicht wie eine Hausfrau. Perfekte kuhhafte Dummheit. Ich habe sie gelegentlich in Frankreich gesehen. Ihre Dummheit war so sagenhaft, daß sie sie wie ein Zaubermantel schützte. Irgendwann einmal geriet sie in die Klemme. Es war höchste Zeit für sie zu verschwinden. Ich wollte sie mitnehmen. Sie lehnte ab. Sie wollte erst baden und sich anziehen. Dann wollte sie ihre Kleider mitnehmen und weigerte sich, ohne Kleider mitzukommen. Das alles, während die Gestapo im Anmarsch war. Ich hätte mich nicht gewundert, wenn sie noch zu einem Friseur gewollt hätte. Zum Glück gab es keinen. Aber frühstücken wollte sie noch. Ich hätte ihr am liebsten die Brötchen um die herrlichen Ohren geschlagen. Sie bekam ihr Frühstück, doch ich zitterte vor Nervosität. Die Brötchen und die Marmelade, die sie nicht auffaß, wollte sie mitnehmen. Sie suchte so lange nach einem Stück sauberen Papiers, bis wir die Stiefel der Gestapo hörten. Dann stieg sie in meinen Wagen, ohne Eile. An diesem Morgen habe ich mich in sie verliebt.«

»Sofort?«

»Als wir in Sicherheit waren. Sie merkte nichts davon. Sie ist, fürchte ich, sogar zu dumm für die Liebe.«

»Ein großes Wort«, sagte ich.

»Ich hörte manchmal von ihr. Sie ist durch alle Gefahren hindurchgesegelt wie ein schönes, faules Segelschiff. Sie war in unglaublichen Situationen. Nichts ist ihr passiert. Ihre unbeschreibliche Unbefangenheit entwaffnete sogar Mörder. Ich glaube, sie ist nicht einmal vergewaltigt worden. Sie kam natürlich mit einem der letzten Flugzeuge hier an. Als sie in Lissabon einstieg zu einem Haufen zitternder Flüchtlinge, meinte sie gelassen: ›Wäre es nicht komisch, wenn das Flugzeug ins Meer abstürzen würde?‹ Niemand hat sie gelyncht. Carmen heißt sie auch noch. Nicht Berta, Ruth, Elisabeth – nein, Carmen!«

»Was macht sie jetzt?«

»Mit dem Glück einer heiligen Kuh hat sie sofort eine Stellung als Mannequin bei Saks, Fifth Avenue, bekommen. Nicht gefunden, das wäre zu anstrengend gewesen. Präsentiert bekommen.«

»Warum ist sie nicht beim Film?«

»Selbst dazu ist sie zu dumm.«

»Das ist unmöglich. So dumm kann niemand sein!«

»Sie ist nicht nur dumm, auch indolent. Keine Ambition. Keine Komplexe. Eine wunderbare Frau!«

Ich griff nach einem Stück von der Vriesländer-Torte. Die Warwicksche war inzwischen auf einer Anrichte in Sicherheit gebracht worden. Die Vriesländersche war hervorragend – bittere Schokolade mit Mandeln besteckt, möglicherweise auch ein Symbol. Ich konnte verstehen, daß Kahn von Carmen fasziniert war. Sie hatte das, was er durch Kühnheit und Todesverachtung geschafft hatte, von der Natur geschenkt bekommen. Das mußte eine unwiderstehliche Anziehungskraft ausüben.

»Ich verstehe Sie, aber wie lange kann man so etwas aushalten?«

Er machte ein schwärmerisches Gesicht. »Für immer! Es ist das größte Abenteuer, das es gibt.«

»Was?«
»Das größte«, wiederholte er.
»Dummheit? Reine Dummheit? Keine Langeweile?«
»Keine.« Kahn griff ebenfalls nach der Vriesländer-Torte. Er schnitt ein Stück mit den Anfangsbuchstaben von ›Vries‹ ab. »Hätte er sich nicht einfach ›Lander‹ nennen können?« sagte er.
»Er wollte ganz neu anfangen«, erwiderte ich. »Nicht einfach mit dem kaum veränderten Hinterteil seines alten Namens. Sehr begreiflich.«
»Wie werden Sie sich nennen, wenn Sie eingebürgert werden?«
»Ich werde einen Witz machen und als Pseudonym meinen früheren Namen annehmen. Meinen wirklichen Namen. Etwas ganz Neues.«
»Ich traf in Frankreich einen Zahnarzt. Er war am Tage vor seiner Ausreise aus Deutschland, die schon genehmigt war, noch einmal eilig zur Gestapo gerufen worden. Verzweifelt nahm er Abschied von seinen Angehörigen. Alles nahm an, daß er ins KZ gebracht würde. Aber er wurde nur über seinen Namen verhört. Es wurde ihm gesagt, daß er mit diesem Namen unmöglich als Jude ausreisen könne. Er hieß Adolf Deutschland. Man ließ ihn laufen, als er sich bereit erklärte, unter dem Namen ›Land‹ auszureisen. Er wäre noch unter ganz anderen Namen ausgereist, meinte er im französischen Internierungslager.«
Wir waren endlich beim Kaffee angelangt. Wir fühlten uns wie die Fresser auf einem Bild Breughels des Älteren. »Glauben Sie, daß sich Vriesländers Prinzipien auch gegen französischen Kognak richten?«
»Er hat Fundador. Portugiesischen oder spanischen. Etwas süß, aber nicht schlecht.«
Frau Vriesländer kam herein. »Es wird getanzt, meine Herren. Eigentlich sollte man ja nicht – wegen des Krieges –, aber

es kommt schließlich nur einmal vor, daß man einen solchen Tag feiert. Ein kleines Tänzchen in Ehren tut niemandem weh. Unsere Soldaten hier warten geradezu darauf.«
Wir entdeckten einige amerikanische Soldaten. Sie gehörten zum neuen Bekanntenkreis der Vriesländers. Der Teppich des Wohnzimmers war zusammengerollt worden, und Fräulein Vriesländer, in flammend rotem Kleide, führte einen jungen Leutnant zur Schlachtbank. Der Leutnant trennte sich nur ungern von seinen beiden Kameraden, die noch Eis löffelten. Sie wurden aber gleich von zwei Mädchen zum Tanzen geholt, die sich verblüffend ähnlich sahen. Die Mädchen waren hübsch und sehr lebhaft.
»Es sind die Koller-Zwillinge«, erklärte Kahn, »Ungarinnen. Die eine kam vor zwei Jahren an und ließ sich sofort vom Schiff mit einem Taxi zu einem Arzt fahren, der für seine Schönheitsoperationen bekannt ist. Sechs Wochen später tauchte sie wieder auf, gefärbt, mit einer geraden, halb so großen Nase und einem prächtigen Busen. Sie hatte die Adresse auf der Überfahrt erfahren und rasch gehandelt. Als die Schwester später nachkam, wurde sie vom Schiff abgeholt und rasch zum selben Arzt gebracht. Böse Zungen behaupteten: verschleiert. Auf jeden Fall tauchte auch sie nach zwei Monaten verschönt auf, und die Karriere begann. Jetzt soll noch eine dritte Schwester angekommen sein, die sich aber nicht operieren lassen will. Dieselben bösen Zungen behaupten, sie sei irgendwo von den Zwillingen eingesperrt, bis sie gefügig ist.«
»Haben die unternehmungslustigen Zwillinge auch ihre Namen operieren lassen?« fragte ich.
»Nein. Sie behaupten, in Budapest Stars gewesen zu sein. Hier sind sie inzwischen kleine Stars für kleine Rollen. Sie werden noch weit kommen. Sie sind witzig und intelligent. Und Ungarinnen. Sie verkörpern das alte Schema: Paprika im Blut.«

»Ich finde das großartig. Ich finde es auch großartig, daß jedermann hier noch einmal neu anfangen und alles wechseln kann, was er unfreiwillig mitbekommen hat: Gesicht, Busen und Expertise, wie Silvers das bezeichnet. Und sogar den Namen. Es ist, als wäre Maskerade und Jungbrunnen vereint. Mißbrauchtes steigt in die Flut und kommt so hervor, wie es sein soll. Ich bin für die Kollers, die Warwicks und das Abenteuer der zweiten Wirklichkeit.«
Vriesländer kam heran. »Nachher gibt es noch Gulasch. Rosy bereitet es vor. So um elf. Tanzen Sie nicht?«
»Wir haben mit dem Magen Tango und den Kaiserwalzer getanzt.«
»War's gut?«
»Herrlich.«
»Das freut mich.« Vriesländer neigte uns sein feuchtes rotes Gesicht zu. »Es ist schwer, sich zu freuen, wissen Sie?«
»Aber Herr Vriesländer!«
»Doch. Da ist immer so ein dunkles Gefühl, das wird man nie los. Nie. Meinen Sie, das war richtig mit meinem Namen, Herr Kahn? Manchmal habe ich auch da ein dunkles Gefühl.«
»Aber das geht doch nur Sie allein an, Herr Vriesländer«, sagte Kahn herzlich. Er haßte Angabe und wurde ironisch, wenn er nur einen Hauch davon merkte – aber er wurde sofort menschlich, wenn er Angst und Unsicherheit spürte. »Und wenn er Ihnen nicht paßt, dann lassen Sie ihn eben noch einmal ändern.«
»Kann man das?«
»Es ist in diesem gesegneten Lande leichter als irgendwo anders. Hier hat man fast soviel Gefühl dafür wie in Java. Wenn in Java einem seine eigene Persönlichkeit langweilig oder zuwider wird, nimmt man einen anderen Namen an. Jeder findet das richtig, und viele wiederholen das ein paarmal in ihrem Leben. Warum soll man immer den alten Adam

mit sich rumschleppen, wenn man ihm längst entwachsen ist? Der Mensch soll sich ohnehin alle sieben Jahre erneuern, sagen die Mediziner.«

Vriesländer lächelte beruhigt. »Sie sind ein Schatz, Herr Kahn!«

Er wackelte davon.

»Da tanzt Carmen«, sagte Kahn.

Ich blickte zu ihr hinüber. Sie bewegte sich kaum. Gelassen und ein Sinnbild aller Träume, lag sie in kosmischer Weltschwermut in den Armen eines langen rothaarigen Sergeanten. Während alle Augen rundum jünger wurden, dachte sie, wenn ich Kahn glauben wollte, über das Rezept des Apfelkuchens nach.

»Ich bete diese Kuh an«, sagte Kahn heiser.

Ich antwortete nicht. Ich sah Carmen und Frau Vriesländer und die Koller-Zwillinge mit ihren neuen Busen und Herrn Vriesländer-Warwick, dessen Hosen etwas zu kurz waren, und ich fühlte mich so leicht wie seit langem nicht mehr. Vielleicht war dieses wirklich das Gelobte Land, dachte ich, vielleicht hatte Kahn recht und man konnte hier wirklich seine Persönlichkeit wechseln und nicht nur seinen Namen und sein Gesicht, vielleicht gab es das, obschon es unmöglich schien: nichts zu vergessen und doch alles zu erneuern, es zu sublimieren, bis es nicht mehr schmerzte, es umzuschmelzen, ohne Verlust, ohne Verrat und ohne Desertion.

XI.

Am folgenden Abend fand ich einen Brief des Anwalts vor: Meine Aufenthaltserlaubnis war um sechs Monate verlängert worden. Es war ein Gefühl wie auf einer Schaukel, einmal war man oben, dann wieder unten. Man konnte sich daran gewöhnen. Der Anwalt schrieb mir, ich solle ihn am nächsten Vormittag anrufen. Ich konnte mir denken, weshalb.
Als ich in das schäbige Hotel kam, saß Natascha Petrowna da. »Warten Sie auf Melikow?« fragte ich etwas befangen.
»Nein, ich warte auf Sie.«
Sie lachte. »Wir kennen uns so wenig und haben uns so vieles zu vergeben, daß es geradezu spannend ist. Wie stehen wir zueinander?«
»Großartig«, sagte ich. »Zum mindesten scheinen wir uns nicht langweilig zu sein.«
»Haben Sie schon gegessen?«
Ich zählte rasch in Gedanken mein Geld. »Nein, noch nicht. Wollen wir zu Longchamps gehen?«
Sie musterte mich. Ich hatte meinen neuen Anzug an. »Neu!« sagte sie, und ich folgte ihrem Blick. Ich hob meine Schuhe hoch. »Auch neu. Glauben Sie, daß ich longchamps-reif bin?«
»Ich war gestern abend im Pavillon. Es war ziemlich langweilig. Im Sommer sollte man draußen sitzen können. Man hat das in Amerika noch nicht entdeckt. Hier gibt es ja auch keine Cafés.«
»Konditoreien.«
»Ja, für alte Weiber, die sanft nach welkem Laub riechen.«
»Ich habe einen Topf Szegediner Gulasch auf meinem Zimmer«, sagte ich. »Genug für sechs starke Esser, von einer

ungarischen Köchin zubereitet. Es war gestern abend schon hervorragend, heute ist es noch besser. Szegediner Gulasch mit Kümmel und Kraut schmeckt aufgewärmt besser als frisch.«
»Wie kommen Sie zu Szegediner Gulasch?«
»Ich war gestern abend bei einer Feier.«
»Ich habe noch nie erlebt, daß man von einer Feier Gulasch für sechs nach Hause bringt. Wo war denn das? Bei …?«
Ich warf ihr einen warnenden Blick zu. »Nein, in keinem deutschen Bierrestaurant. Gulasch ist ungarisch, nicht deutsch. Ich war privat eingeladen. Mit Tanz!« fügte ich hinzu, um mich für ihre Gedanken zu rächen.
»So, mit Tanz! Sie scheinen ja tüchtig herumzukommen.«
Ich hatte keine Lust, weiter verhört zu werden. »Es ist dort so Sitte«, erklärte ich. »Einsame Junggesellen, die in trostlosen Hotellöchern hausen, bekommen von der menschenfreundlichen Wirtin einen Topf übriggebliebenen Gulaschs mit nach Hause. Es war genug da für eine Kompanie. Kriegsstark. Dazu haben ein Freund und ich noch Gurken in Dill und Kirschenstrudel mitbekommen. Ein Mahl für Götter. Aber leider ist es kalt.«
»Kann man es nicht aufwärmen?«
»Wo?« sagte ich. »Auf meinem Zimmer habe ich einen kleinen elektrischen Kocher für Kaffee, das ist alles.«
Natascha Petrowna lachte. »Ich hoffe, Sie haben nicht auch noch ein paar Radierungen auf Ihrem Zimmer, die Sie Ihren Damenbesuchen zeigen wollen!«
»Daran habe ich noch gar nicht gedacht. Wollen Sie nicht Longchamps versuchen?«
»Nein. Sie haben Ihr Gulasch zu verlockend beschrieben.«
»Melikow muß bald kommen«, sagte Natascha Petrowna. »Er kann uns sicher helfen. Spazieren wir eine halbe Stunde in der Stadt umher. Ich war heute noch nicht draußen. Zu Ihrem Gulasch gehört sicher ein gehöriger Appetit.«

»Gut.«

Wir gingen zusammen durch die Straßen. Die Häuser schwammen im rötlichen Licht. In den Geschäften blinkten die Lichter auf. Natascha Petrowna erklärte mir, daß sie einen Schuhkomplex habe. Es sei ihr unmöglich, an einem Laden mit Schuhen vorbeizugehen. Selbst wenn sie ihn eine Stunde vorher angeschaut habe, müsse sie auf dem Rückwege nachschauen, ob sich nichts verändert habe. »Verrückt? Nicht wahr?«

»Warum?«

»Es kann sich doch nichts verändert haben. Ich habe mir doch gerade vorher alles angesehen.«

»Sie könnten etwas übersehen haben. Außerdem könnte der Besitzer auf die Idee gekommen sein, neu zu dekorieren.«

»Nach Geschäftsschluß?«

»Wann sonst? Solange er offen hat, muß er verkaufen.«

Sie sah mich rasch an. »Sie sind ...« sie tippte an ihre Schläfe, »halt. Dabei ist es mir ein paarmal passiert, daß tatsächlich gerade neu dekoriert wurde. Sie wissen, wie: Alles huscht lautlos auf Strümpfen im Fenster umher und tut so, als bemerke es die Passanten nicht, die stehengeblieben sind.« Sie machte es vor. »Wie ist es mit Modegeschäften?« fragte ich.

»Das ist mein Beruf. Davon habe ich tagsüber genug.«

Wir waren in die Nähe von Kahns Geschäft gekommen. Ich hatte inzwischen einen Entschluß gefaßt. Ich wollte Kahn bitten, mir einen elektrischen Kocher zu leihen. Zu meinem Erstaunen war er noch im Laden. »Einen Augenblick«, sagte ich zu Natascha Petrowna, »hier ist die Lösung des Problems, das wir mit unserem Abendessen haben.«

Ich öffnete die Tür. »Sie kommen wie gerufen!« sagte Kahn und sah an mir vorbei auf Natascha Petrowna. »Wollen Sie die Dame nicht hereinbringen?«

»Nichts liegt mir ferner«, erwiderte ich. »Ich wollte mir nur Ihren elektrischen Kocher leihen.«

»Jetzt?«
»Jetzt.«
»Das geht nicht. Ich brauche ihn selbst. Heute abend ist die letzte Ausscheidung der Boxmeisterschaften im Radio. Ich erwarte Carmen zum Essen. Sie muß jeden Augenblick kommen. Sie hat bereits eine dreiviertel Stunde Verspätung. Zum Glück macht das nichts bei aufgewärmtem Gulasch.«
»Carmen«, sagte ich und blickte auf Natascha, die plötzlich so fremd und begehrenswert auf der anderen Seite des Schaufensters stand, als wäre sie hundert Kilometer weit entfernt.
»Carmen«, wiederholte ich.
»Ja. Warum bleiben Sie nicht hier? Wir können zusammen essen und dann den Boxkampf anhören.«
»Großartig«, sagte ich. »Zu essen ist ja genug da.«
»Es ist sogar fertig.«
»Aber wo essen wir? Ihr Zimmer ist doch für vier Personen viel zu klein!«
»Im Laden.«
»Im Laden?«
Ich ging zu der immer noch so weit entfernten, durch den Lichtreflex im Schaufenster grau und silbern schimmernden Natascha Petrowna hinaus. Als ich neben ihr stand, hatte ich das merkwürdige Gefühl, daß sie mir näher war als vorher. Eine Illusion von Licht, Schatten und Spiegelung, dachte ich idiotisch.
»Wir sind zum Abendessen eingeladen«, sagte ich. »Und zum Boxkampf.«
»Und mein Gulasch?«
»Und zum Gulasch«, sagte ich.
»Wie?«
»Das werden Sie sehen.«
»Haben Sie überall in der Stadt Schüsseln mit Gulasch versteckt?« fragte sie überrascht.
»Nur an strategischen Punkten.«

Ich sah Carmen kommen. Sie trug einen hellen Regenmantel ohne Hut. Kahn kam aus dem Laden. Ich sah, wie Natascha Carmen blitzschnell musterte. Carmen tat nichts dergleichen. Sie war auch nicht überrascht. Der rötliche Schein des Abends färbte ihr schwarzes Haar wie eine Hennawolke.
»Ich bin etwas spät«, erklärte sie gelassen. »Das macht doch nichts, wie? Bei Gulasch. Haben Sie von dem Kirschenstrudel auch etwas mitgebracht?«
»Kirschenstrudel, Topfenstrudel und Apfelstrudel«, sagte Kahn. »Heute vormittag kam ein Paket aus der unerschöpflichen Vriesländerschen Küche.«
»Sogar Wodka«, erwiderte Natascha Petrowna. »Welch ein Tag der Überraschungen.«
Das Gulasch war tatsächlich noch besser als am Tage vorher. Es war schon deshalb besser, weil wir es umrauscht von Orgelklang aßen. Kahn hatte seinen Radioapparat angestellt, er wollte den Boxkampf auf keinen Fall versäumen, deshalb hörten wir schon das Vorprogramm. Sonderbar genug, ging Johann Sebastian Bach nicht schlecht mit dem Szegediner Gulasch, obschon ich geglaubt hatte, Franz Liszt hätte besser dazu gepaßt. Normales Gulasch mit Bach wäre allerdings unmöglich gewesen. Wir aßen die Dillgurken mit den Fingern und das Gulasch mit Löffeln. Draußen versammelten sich einige Passanten vor dem Fenster, sie wollten die Übertragung des Boxkampfes hören und schauten uns dabei gleichzeitig zu. Sie waren Aquariumsfische für uns und wir wahrscheinlich auch für sie.
Plötzlich klopfte es energisch an die Tür. Kahn und ich glaubten schon, es wäre die Polizei – aber es war nur der Kellner von gegenüber. Er brachte vier doppelte Drinks.
»Wer hat die bestellt?« fragte Kahn.
»Ein Herr mit einer Glatze. Er hätte durch das Fenster gesehen, daß Sie Wodka trinken und daß die Flasche fast leer sei.«

»Wo ist er?«
Der Kellner zuckte die Schultern. »Die vier Wodkas sind bezahlt. Ich hole die Gläser später.«
»Bringen Sie dann noch vier mit.«
»Gut.«
Wir hoben die Gläser gegen die unbekannten Menschen draußen. Ich zählte im gedämpften Licht der Reklamen mindestens fünf Glatzen. Es war unmöglich, unseren Wohltäter zu erkennen. Wir taten deshalb, was man so selten kann und am liebsten tut: Wir hoben unsere Gläser hoch, für und gegen die anonyme Menschheit. Die Menschheit antwortete mit Fingergeprassel an die Scheibe. Die Orgelmusik brach ab. Kahn drehte das Radio noch lauter und verteilte die verschiedenen Strudel. Er entschuldigte sich, daß er keinen Kaffee machte, er konnte jetzt nicht nach oben laufen und nach der Kaffeebüchse suchen. Die erste Runde begann.

Der Kampf war vorbei. Natascha Petrowna griff nach ihrem Wodkaglas. Kahn schien etwas erschöpft, er hatte sich während der Runden ausgegeben. Carmen schlief, gelöst und friedlich.
»Was habe ich Ihnen gesagt«, sagte Kahn.
»Lassen Sie sie schlafen«, flüsterte Natascha. »Ich muß jetzt gehen. Vielen Dank für alles. Gute Nacht.«
Wir traten auf die feuchte Straße hinaus. »Er will doch sicher mit seiner Freundin allein bleiben.«
»Das weiß ich nicht einmal so genau.«
»Warum sollte er nicht? Sie ist sehr schön.« Sie lachte. »Unbequem schön. So schön, daß man Minderwertigkeitskomplexe bekommen kann.«
»Sind Sie deshalb weggegangen?«
»Nein. Ich bin deshalb geblieben. Ich mag schöne Menschen. Allerdings machen sie mich manchmal traurig.«
»Warum?«

»Weil sie nicht schön bleiben. Den wenigsten bekommt das Alter. Darum braucht man möglicherweise mehr, als nur schön zu sein.« Wir gingen die Straße entlang. Die schlafenden Schaufenster waren voll von billigem Modeschmuck. Ein paar Delikatessenläden waren noch offen. »Sonderbar«, sagte ich. »Ich habe noch nie darüber nachgedacht, wie es ist, wenn man alt wird. Wahrscheinlich war ich so sehr mit Überleben beschäftigt, daß ich nie dazu gekommen bin.«

Natascha lachte. »Ich denke über nichts anderes nach.«

»Ich werde es wohl auch noch tun. Melikow sagt, man versteht es nie.«

»Melikow war immer alt.«

»Immer?«

»Immer zu alt für Frauen. Und das ist Alter, oder nicht?«

»Wenn man es sehr einfach auffaßt.«

»Ich glaube, das ist es. Alles andere ist nur Resignation mit schönen Namen. Meinen Sie nicht?«

»Vielleicht. Ich weiß es nicht. Ich kann es mir im Augenblick auch nicht vorstellen.«

Sie warf mir einen ihrer raschen Blicke zu, »Bravo«, sagte sie dann lächelnd und nahm meinen Arm.

Ich zeigte nach links. »Da ist ein Schuhgeschäft. Noch erleuchtet. Wollen wir es ansehen?«

»Wir müssen.«

Wir gingen hinüber. »Wie groß die Stadt ist!« sagte sie. »Sie hört nie auf. Sind Sie gern in New York?«

»Sehr.«

»Warum?«

»Weil man mich hiersein läßt. Einfach, nicht?«

Sie sah mich grübelnd an. »Wenn es genug ist?«

»Es ist genug für ein kleines Glück. Das Glück des primitiven Menschen, Unterkunft und Nahrung.«

»Ist das genug?« wiederholte sie.

»Genug für einen Anfang. Abenteuer sind reichlich langweilig, wenn sie Gewohnheit werden.«
Natascha lachte. »Das Glück im Winkel, wie? Wie gut Sie sich etwas vormachen können. Ich glaube Ihnen nicht ein Wort.«
»Ich mir auch nicht. Aber es beruhigt mich manchmal, mir selbst solche Sprüche vorzusagen.«
Sie lachte wieder. »Um nicht zu verzweifeln, wie? Oh, wie ich das kenne!«
»Wo wollen wir jetzt hingehen?« fragte ich.
»Das große Problem der großen Stadt. Alle Lokale werden bald langweilig.«
»Wie ist es mit El Morocco?«
Sie drückte zärtlich meinen Arm. »Sie haben es heute mit den Millionärslokalen – als wären Sie ein reicher Schuhfabrikant.«
»Ich muß meinen neuen Anzug doch ausführen.«
»Mich nicht?«
»Ich werde mich hüten, darauf zu antworten.«
Wir gingen in den kleinen Raum des Morocco, nicht in den großen mit der Sternendecke und den Zebrasofas. Im kleinen spielte Karl Inwald Wiener Lieder.
»Was möchten Sie haben?« fragte ich.
»Einen Moscow Mule.«
»Was ist denn das?«
»Ein Moskauer Maulesel. Wodka, Ingwer-Bier und Lime-Saft. Sehr erfrischend.«
»Das werde ich auch versuchen.«
Natascha zog ihre Füße auf das Sofa. Sie ließ ihre Schuhe auf dem Boden stehen. »Ich bin nicht sehr für Sport«, sagte sie. »Nicht wie die Amerikaner. Ich kann weder reiten noch schwimmen, noch Tennis spielen. Ich bin eine Sofahockerin und eine Schwätzerin.«
»Was sind Sie noch?«

»Sentimental und romantisch und unausstehlich. Billige Romantik finde ich unwiderstehlich. Je billiger, um so besser. Wie schmeckt der Moscow Mule?«
»Wunderbar.«
»Und die Wiener Lieder?«
»Auch wunderbar.«
»Gut.« Sie lehnte sich zufrieden in ihre Sofaecke zurück. »Manchmal ist es absolut nötig, sich von einer Riesenwoge Sentimentalität überfluten zu lassen, in der alle Vorsicht und aller guter Geschmack glorios untergehen. Später kann man sich dann trockenschütteln und sich auslachen. Wollen wir?«
»Ich bin schon dabei.«
Sie hatte etwas von einer verspielten und doch traurigen Katze. Sie sah auch so aus mit dem kleinen Gesicht, dem vielen Haar und den grauen Augen. »Fangen wir gleich an«, sagte sie. »Ich bin unglücklich verliebt, entsetzlich enttäuscht, einsam, trostbedürftig, will von nichts mehr etwas wissen und weiß wirklich nicht, warum ich lebe. Ist das genug?« Sie nahm einen großen Schluck und sah mich erwartungsvoll an.
»Nein«, erwiderte ich. »Das sind unbequeme Details.«
»Auch daß ich nicht weiß, warum ich lebe?«
»Wer weiß das? Und wenn man es weiß, so macht es das Leben nur noch mehr zu einer Fleißaufgabe. Wollen Sie das?«
Sie starrte mich an. »Meinen Sie das ehrlich?«
»Natürlich nicht. Wir reden Unsinn. Wollten wir das nicht?«
»Nicht ganz. So halb und halb.«
Der Pianist kam an den Tisch und begrüßte Natascha. »Karl«, sagte Natascha, »bitte spielen Sie doch das Lied aus dem ›Graf von Luxemburg‹.«
»Aber gern.«
Karl begann zu spielen. Er sang sehr gut und war ein ausgezeichneter Pianist. »Lieber Freund, man greift nicht nach den Sternen, die für uns in nebelhaften Fernen ...«

Natascha hörte ihm entrückt zu. Es war eine hübsche Melodie. Tingeltangel, aber der Text war blödsinnig, wie immer.
»Wie finden Sie es?« fragte Natascha.
»Kleinbürgerlich.«
Sie überlegte nur eine Sekunde. »Dann müßten sie es ja lieben. Wie das Glück im Winkel, das Sie doch so sehr schätzen.«
Die Kanaille war schnell, dachte ich. »Müssen Sie denn alles zu Tode kritisieren?« sagte sie plötzlich sanft. »Können Sie sich nicht loslassen? Haben Sie so viel Angst?«
Auch eine Frage in einem Nachtklub in New York! Ich ärgerte mich über mich dabei, denn sie hatte recht. Wie ein Götze gab ich, während ich es doch gleichzeitig verabscheute, typisch deutsche Antworten. Es hätte nur noch gefehlt, daß ich einen Vortrag über die Vergnügungsstätten vom grauen Altertum bis in die Neuzeit unter besonderer Berücksichtigung der Dielen und Nachtklubs seit dem ersten Kriege gehalten hätte. »Das Lied erinnert mich an eine Zeit lange vor dem Kriege«, sagte ich dann. »Es ist ein sehr altes Lied, ich glaube, mein Vater kannte es schon. Mir ist, als hätte er es manchmal gesungen. Er war ein schmaler Mann mit einer Liebe für alte Dinge, alte Gärten. Ich habe das Lied oft gehört. Es ist ein schmalziges Operettenlied; aber in den abenddunklen Gärten der Wiener Vorstädte und Dörfer, wo der junge Wein unter Windlichtern, unter hohen Nußbäumen und Kastanien ausgeschenkt wird, ist es nicht mehr schmalzig. Es ist wehmütig, mit den Kerzen, der leisen Schrammelmusik und der weichen Nacht. Nicht mehr kleinbürgerlich, das habe ich nur so gesagt. Ich habe es lange nicht mehr gehört. Und da war noch ein anderes Lied: ›Erst wenn's aus wird sein, mit einer Musik und einem Wein.‹ Das war das letzte, was man damals hören konnte.«
»Karl kennt es sicher.«
»Ich möchte es lieber nicht mehr hören. Es war das letzte

Lied, bevor die Nazis Österreich einnahmen. Danach gab es nur noch Marschlieder.«

Natascha schwieg eine Weile. »Karl wird das andere Lied noch ein paarmal spielen. Wenn Sie wollen, sagen wir ihm, daß er es nicht tut.«

»Er hat es doch gerade gespielt.«

»Wenn ich hier bin, spielt er es öfters.«

»Aber wir waren doch schon einmal hier. Da habe ich es nicht gehört.«

»Da hatte er seinen freien Abend. Jemand anders spielte.«

»Ich höre es ebenso gerne wie Sie.«

»Wirklich? Hat es keine traurigen Erinnerungen für Sie?«

»Das ist, wie man es nimmt. Alle Erinnerungen sind zum Schluß traurig, weil sie mit Vergangenem zu tun haben, wenn man so will.«

Sie betrachtete mich. »Ich glaube, es wird jetzt Zeit für einen neuen Moscow Mule.«

»Unbedingt.« Ich betrachtete sie. Sie hatte wenig von Carmens tragischer Schönheit, dafür wechselte ihr kleines Gesicht sehr rasch zwischen wacher Intelligenz, einem fast spitzbübischen, pfeilschnellen und aggressiven Humor und einer plötzlichen, überraschenden Sanftheit.

»Was sehen Sie mich so an?« fragte sie, mit einemmal hellwach und mißtrauisch. »Glänzt meine Nase?«

»Nein. Ich denke nur darüber nach, warum Sie so freundlich zu Kellnern und Klavierspielern sind und so aggressiv zu Ihren Freunden.«

»Weil die Kellner sich nicht wehren können.« Sie sah mich an. »Bin ich wirklich so aggressiv? Oder sind Sie nur übersensibel?«

»Ich glaube, ich bin übertrieben sensibel.«

Sie lachte. »Das glauben Sie gar nicht. Niemand, der es ist, glaubt es. Glauben Sie das?«

»Auch das.«

Karl begann das Lied aus dem ›Graf von Luxemburg‹ zum zweiten Male. »Ich habe Sie gewarnt«, sagte Natascha.
Ein paar Leute kamen herein und winkten ihr zu. Auch vorher hatten andere sie schon begrüßt. Sie kannte sehr viele Leute, das hatte ich schon bemerkt. Gleich darauf kamen zwei Männer an den Tisch und sprachen mit ihr. Ich stand dabei und hatte plötzlich jenes Gefühl, das man hat, wenn ein kleines Flugzeug in ein Luftloch gerät. Nichts war mehr fest, alles schwebte und fiel, die grün- und blaugestreiften Wände, die vielen Köpfe und die verfluchte Musik schwankten – es war wie eine Gleichgewichtsstörung, die blitzartig auftrat. Es konnte nicht der Wodka sein und auch nicht das Gulasch, dafür war das Gulasch zu gut gewesen und der Wodka zu wenig. Wahrscheinlich war es die Erinnerung an Wien, dachte ich erbittert, an Wien und meinen toten Vater, der nicht rechtzeitig genug geflohen war. Ich starrte auf den Flügel und auf Karl Inwald, ich sah seine Hände auf den Tasten und hörte kaum etwas. Dann begannen die Wände sich wieder zu beruhigen. Ich atmete tief und hatte das Gefühl, von einer weiten Reise zurückgekommen zu sein. »Es wird zu voll«, sagte Natascha Petrowna. »Die Theater sind aus. Wollen wir gehen?«
Die Theater sind aus, dachte ich, und die Nachtklubs füllen sich um Mitternacht mit Millionären und Gigolos, und es ist Krieg und ich hocke dazwischen. Es war ein lächerlicher und ungerechter Gedanke, denn viele der Männer, die an den Tischen saßen, waren in Uniform, und sicher waren nicht alle Etappenschweine, sondern es waren wohl auch Urlauber von der Front darunter, aber mir lag im Augenblick nichts daran, gerecht zu sein. Ein hilfloser Zorn würgte mich.
Wir drängten uns über den schmalen Gang, an dem die Pissoirs und Garderoben lagen, zwischen Gelächter und Grüßen hinaus. Die Straße war warm und feucht. Eine Reihe von Taxis stand vor der Tür. Der Portier öffnete einen Schlag.

»Wir brauchen keines«, sagte Natascha Petrowna. »Ich wohne nicht weit von hier.«
Die Straße wurde dunkler. Wir kamen zu dem Haus, in dem sie wohnte. Sie räkelte sich wie eine Katze. »Ich liebe solche nächtlichen Gespräche über alles und nichts«, sagte sie. »Natürlich ist alles das, was ich Ihnen gesagt habe, nicht wahr.« Das Licht der Straßenlampe fiel voll auf ihr Gesicht. »Natürlich nicht«, erwiderte ich, immer noch hilflos und zornig auf mich, weil ich mich bemitleidete. Ich nahm sie und küßte sie und erwartete, daß sie mich ärgerlich als vulgären Plebejer zurückstoßen würde. Sie tat es nicht, sie sah mich nur mit einem sonderbaren, stillen Blick an, blieb noch einen Augenblick stehen und ging dann schweigend ins Haus.

XII.

Ich kam vom Anwalt. Betty Stein hatte mir hundert Dollar gegeben, damit ich ihm die erste Rate bezahle. Ich hatte die Kuckucksuhr angesehen und versucht zu handeln, aber der Anwalt war hart geblieben wie ein Diamant, von keiner Sentimentalität getrübt. Ich war so weit gegangen, ihm einiges aus den letzten Jahren zu erzählen. Ich wußte, daß er einen Teil davon bereits gehört hatte, hatte all das ja gebraucht, um die Verlängerung meiner Aufenthaltsgenehmigung zu erreichen, aber ich hatte gedacht, ein paar Details würden nicht schaden, um den Mann milder zu stimmen. Fünfhundert Dollar waren eine sehr große Schuld für mich. Betty Stein hatte mir dazu geraten. »Flennen Sie ihm richtig was vor«, hatte sie gesagt. »Vielleicht hilft es. Und außerdem stimmt es ja.« Es hatte nichts genützt. Der Anwalt erklärte mir, daß er mir bereits ein Geschenk gemacht habe, sein normales Honorar sei bedeutend höher. Auch der Hinweis auf den mittellosen Emigranten schlug fehl. Der Anwalt lachte mich aus. »So wie Sie kommen jedes Jahr über hundertfünfzigtausend Emigranten nach Amerika. Hier sind Sie keine rührende Ausnahme. Was wollen Sie? Sie sind gesund, stark und jung. So haben alle unsere Millionäre angefangen. Und wie ich höre, sind Sie über das Tellerwäscherstadium schon hinaus. Ihre Situation ist nicht schlimm. Wissen Sie, was schlimm ist? Arm zu sein, alt zu sein, krank zu sein und ein Jude in Deutschland zu sein! Das ist schlimm! Und nun good bye! Ich habe Wichtigeres zu tun. Bringen Sie die nächste Rate pünktlich.«

Ich war dankbar gewesen, daß er nicht noch dafür, daß er mich angehört hatte, ein Extrahonorar verlangte. Langsam schlenderte ich durch die Stadt, die in heiterem, geschäftigem Morgendunst lag. Die Sonne schien hinter glänzenden Wolken. Die Autos blitzten frisch geputzt, und der Central Park war voll von Kindergeschrei. Bei Silvers hatte ich Fotografien von Picassos aus Paris gesehen, die ähnlich gewesen waren. Der Ärger über den Anwalt verflog, es war auch nur der Ärger über die ziemlich erbärmliche Rolle gewesen, die ich gespielt hatte. Er hatte mich durchschaut, und er hatte recht gehabt. Ich konnte nicht einmal auf Betty ärgerlich sein, die mir dazu geraten hatte. Es war ja meine Sache gewesen, ihrem Rat zu folgen oder nicht.

Ich ging am Bassin der Seelöwen vorbei, auch sie glitzerten in der warmen Sonne wie polierte lebendige Bronzen. Die Tiger, Löwen und Gorillas waren in ihren Außenkäfigen. Sie wanderten ruhelos auf und ab mit den durchsichtigen beryllfarbenen Augen, die nichts und alles sahen. Die Gorillas spielten und warfen mit Bananenschalen. Ich enthielt mich allen sentimentalen Mitleids. Anstatt wie hungrige Beutesucher, die von Mücken und Krankheiten gequält wurden, sahen die Tiere eher aus wie ruhige, satte Rentner auf dem Morgenspaziergang. Wenn Angst und Hunger die Haupttriebfedern der Natur sind – die Tiere hier waren davon frei, allerdings war der Preis dafür eine gewisse Monotonie. Doch wer wußte, wem das eine oder das andere lieber war? Die Tiere haben, wie Menschen, ihre Gewohnheiten, an denen sie festhalten, und von der Gewohnheit ist nur ein Schritt zur Monotonie. Revolutionen sind überall selten. Ich mußte an Natascha Petrowna denken und an meine Theorie vom Glück im Winkel. Sie war keine Revolutionärin, und ich glaubte an das Glück im Winkel nur als Kontrast. Beide gehörten wir aber nirgendwohin. Wir flatterten und machten manchmal irgendwo halt, um auszuruhen. Aber taten das nicht alle Tiere ohne viel Aufhebens?

Ich setzte mich auf die Terrasse und bestellte mir einen

Kaffee. Ich hatte fünfhundert Dollar Schulden und vierzig Dollar Vermögen. Aber ich war frei, gesund und, wie der Anwalt mir erklärt hatte, auf der ersten Stufe zum Millionär. Ich trank noch einen Kaffee und kam mir vor wie im Jardin du Luxembourg in Paris an einem Sommervormittag. Damals hatte ich einen Spaziergänger gemimt, damit die Polizei nicht auf mich aufmerksam wurde. Heute bat ich einen vorübergehenden Polizisten um Feuer für meine Zigarette und erhielt es. Der Luxemburg-Garten erinnerte mich an das Lied vom Graf von Luxemburg im Morocco. Aber als ich es dort gehört hatte, war es Nacht gewesen, und jetzt war es heller, winddurchwehter Tag. Am Tag ist alles anders.

* * *

»Wo bleiben Sie nur? Sie waren ja endlos lange weg!« sagte Silvers. »Es kann doch keine solche Ewigkeit dauern, um einen Anwalt zu bezahlen!«
Ich war überrascht. Er war nicht mehr der gepflegte Weltmann, den ich ihm auch nie ganz geglaubt hatte. Er war heute gespannt, nervös, ohne es sehr zu zeigen, er schritt rasch und etwas geduckt durchs Haus. Sogar sein Gesicht hatte sich geändert. Die leicht gepolsterte Weichheit war verschwunden. Hier war einer, der auf Raub ausging, dachte ich. Eine Art Salonleopard, der Wild gesichtet hatte.
»Es kann schon länger dauern, wenn man nicht bezahlen kann.«
Silvers wischte das beiseite. »Kommen Sie jetzt, wir haben wenig Zeit. Wir müssen Bilder umhängen.«
Wir gingen in den Raum mit den Staffeleien. Silvers holte aus dem Nebenraum zwei Bilder hervor und stellte sie auf. »Sagen Sie mir, ohne nachzudenken, welches Sie kaufen würden.«
Es waren wieder die zwei Degas, beides Bilder von Tänzerinnen. Beide ungerahmt. »Los, los!« sagte Silvers.
Ich deutete auf das linke. »Dieses.«

»Warum? Es ist doch weniger ausgeführt.«

Ich zuckte die Achseln. »Es gefällt mir besser. Gründe kann ich Ihnen auf Anhieb nicht sagen. Das wissen Sie doch selbst viel besser als ich.«

»Natürlich weiß ich es besser«, versetzte Silvers ungeduldig. »Kommen Sie, wir müssen beide rahmen, bevor der Kunde erscheint.«

Er zeigte mir eine Anzahl leerer Rahmen im Nebenraum. Ich brachte sie heraus. »Es sind Normalgrößen«, murmelte er. »Diese hier werden passen. Wir haben keine Zeit mehr, Rahmen zurechtzuschneiden.«

Es war überraschend, wie die Bilder sich veränderten, wenn die Rahmen darübergelegt wurden. Das eine, das etwas zerflattert im Raume zu hängen schien, war plötzlich gesammelt. Die Bilder wirkten fertiger.

»Man soll Bilder nur im Rahmen zeigen«, erklärte Silvers. »Nur Kunsthändler können sie ohne Rahmen beurteilen. Nicht einmal Museumsdirektoren verstehen das immer. Welchen Rahmen würden Sie nehmen?«

»Diesen da.«

Silvers sah mich anerkennend an. »Sie haben keinen schlechten Geschmack. Aber wir werden einen anderen nehmen. Diesen hier.«

Er schob die Tänzerinnen in einen breiten und reichverzierten Rahmen. »Ist der nicht ein wenig zu üppig für ein Bild, das nicht ganz fertig gemalt wurde?« fragte ich.

»Im Gegenteil, er kann gar nicht üppig genug sein, weil das Bild nicht fertig ist. Gerade deshalb.«

»Ich verstehe. Er verdeckt.«

»Er erhöht. Er ist so fertig, daß das Bild auch fertig wirkt. Rahmen sind sehr wichtige Dinge«, dozierte Silvers und setzte sich zurecht. Ich hatte schon öfter gemerkt, daß er es liebte, professoral zu werden. »Es gibt Kunsthändler, die an Rahmen sparen; sie glauben, der Kunde merke es nicht.

Rahmen sind teuer, und Schmokusmalokus, gepreßte und vergoldete Gipsrahmen sehen zwar guten Rahmen auf den ersten Blick ähnlich, aber nur auf den ersten Blick.«
Ich paßte den ersten Degas vorsichtig in den Rahmen. Silvers suchte einen zweiten für das andere Bild aus. »Wollen Sie doch beide zeigen?« fragte ich.
Er lächelte verschmitzt. »Nein. Aber ich will das zweite Bild in Reserve halten. Man weiß nie, was passiert. Beide Bilder sind absolute Jungfrauen. Nie gezeigt. Der Kunde, der heute kommt, wollte erst übermorgen erscheinen. Wir brauchen die Rückseite nicht zu kleben; wir haben keine Zeit dazu. Biegen Sie nur die Nägel um, damit es fest hält.«
Ich holte den zweiten Rahmen. »Eine Schönheit, wie?« sagte Silvers. »Louis XV., reich und üppig. Macht das Bild um fünftausend Dollar wertvoller. Mindestens! Selbst van Gogh wollte, daß seine Bilder erstklassig gerahmt sein sollten. Degas hat seine allerdings oft mit weiß angestrichenen Latten gerahmt. Aber vielleicht war er geizig.«
Vielleicht hatte er auch nicht genug Geld, dachte ich. Van Gogh hatte sicher nicht genug, er hat Zeit seines Lebens kein Bild verkaufen können und wurde von seinem Bruder dürftig unterstützt. Die Bilder waren gerahmt. Silvers wies mich an, das eine in das Nebenkabinett zurückzubringen. »Das andere hängen Sie in das Schlafzimmer meiner Frau.«
Ich sah ihn erstaunt an. »Sie haben richtig verstanden«, sagte er. »Ich gehe mit, kommen Sie.« Frau Silvers hatte ein hübsches, sehr weibliches Schlafzimmer. Ein paar Zeichnungen und Pastelle hingen zwischen den Möbeln. Silvers betrachtete sie mit Feldherrnblick. »Nehmen wir die Renoir-Zeichnung drüben einmal herunter und hängen wir den Degas hin. Den Renoir dafür nach drüben über den Toilettentisch, die Berthe-Morisot-Zeichnung nehmen wir heraus. Den Vorhang rechts ziehen wir halb zu. Etwas mehr … so, jetzt ist das Licht gut.«

Er hatte recht. Das Gold des halb zugezogenen Vorhangs gab dem Bild Süße und Wärme. »Strategie«, sagte Silvers, »ist der halbe Verkauf. Kommen Sie.«
Er instruierte mich über die Strategie. Ich sollte die Bilder, die er vorzeigen wollte, in das Zimmer mit den Staffeleien bringen. Er würde mich beim vierten oder fünften Bild beauftragen, den Degas aus dem Kabinett zu holen. Ich sollte ihn dann daran erinnern, daß das Bild im Schlafzimmer von Frau Silvers hänge. »Sprechen Sie so viel Französisch, wie Sie wollen«, erklärte er. »Wenn ich Sie nach dem Bild frage, antworten Sie allerdings englisch, damit der Kunde es auch versteht.« Ich hörte die Hausklingel. »Da ist er«, sagte Silvers. »Warten Sie hier oben, bis ich Ihnen klingle.«
Ich ging in das Kabinett, in dem die Bilder Seite an Seite in Holzgestellen standen, und setzte mich auf einen Stuhl. Silvers ging nach unten, um seinen Gast zu begrüßen. Das Kabinett hatte ein kleines Fenster mit einer Milchglasscheibe, das stark vergittert war. Ich hatte das Gefühl, in einer Gefängniszelle zu sitzen, in der zur Abwechslung für einige hunderttausend Dollar Bilder aufgespeichert waren, was den Charakter der Zelle veränderte. Das milchige Licht erinnerte mich an eine Zelle, in der ich einmal in der Schweiz vierzehn Tage gesessen hatte – wegen illegalen Aufenthalts ohne Papiere, das übliche Vergehen der Emigranten. Die Zelle war genauso sauber und ordentlich gewesen, und ich hätte gern länger als vierzehn Tage darin gesessen, das Essen war gut und die Zelle geheizt. Aber nach zwei Wochen wurde ich in einer stürmischen Nacht nach Annemasse an die französische Grenze gebracht, erhielt eine Zigarette und einen Knuff in den Rükken: »Marsch nach Frankreich. Und laß dich nie wieder in der Schweiz sehen!«
Ich mußte eingenickt sein. Plötzlich läutete die Klingel. Nebenan hörte ich Silvers sprechen. Ich ging hinein. Ein schwe-

rer Mann mit großen roten Ohren und kleinen Schweinsaugen saß da. »Monsieur Ross«, flötete Silvers, »bitte bringen Sie einmal die helle Sisley-Landschaft.«

Ich brachte die Landschaft und stellte sie auf. Silvers sagte lange Zeit nichts, sondern beobachtete durch das Fenster die Wolken. »Gefällt sie Ihnen?« fragte er dann gelangweilt. »Ein Sisley, aus der besten Zeit. Eine Überschwemmung – das, was jeder haben will.«

»Mist«, sagte der Kunde noch gelangweilter als Silvers.

Der Händler lächelte. »Auch eine Kritik«, erwiderte er ziemlich sarkastisch. »Monsieur Ross«, wandte er sich an mich in Französisch, »nehmen Sie diesen herrlichen Sisley fort.«

Ich wartete einen Augenblick darauf, daß Silvers mir sagen würde, was er jetzt hereingebracht haben wolle. Da er es nicht tat, ging ich mit dem Sisley hinaus, hörte aber Silvers noch sagen: »Sie sind heute nicht in Stimmung, Herr Cooper. Verschieben wir es auf ein anderes Mal.«

Ziemlich schlau, dachte ich in dem milchigen Licht meiner Kammer, jetzt mußte Cooper anfangen. Als ich wieder gerufen wurde, nach einiger Zeit, und die anderen Bilder nach und nach hereinbrachte, rauchten beide zwei von Silvers' Kundenzigarren Partagas. Dann fiel mein Stichwort. »Dieser Degas ist nicht hier, Herr Silvers«, sagte ich.

»Aber natürlich ist er hier. Er muß da sein.«

Ich kam heran, beugte mich halb zu ihm herunter und flüsterte vernehmlich: »Das Bild ist oben, bei Frau Silvers ...«

»Wo?«

Ich wiederholte auf französisch, daß das Bild bei Frau Silvers im Schlafzimmer hänge.

Silvers schlug sich vor die Stirn. »Ach richtig, daran habe ich ja gar nicht gedacht. Nun, dann geht es eben nicht ...«

Ich bewunderte ihn grenzenlos. Er schob die Initiative wieder Cooper zu. Er sagte mir nicht, daß ich das Bild holen solle, er behauptete auch nicht, daß das Bild seiner Frau zugedacht sei

oder gar ihr gehöre. Er ließ das Thema ganz einfach fallen und wartete.
Ich wanderte zurück in meine Kemenate und wartete ebenfalls. Mir schien, daß Silvers einen Hai an der Angel habe und ich nicht sagen könne, ob der Hai nicht Silvers verschlucken würde. Allerdings war Silvers' Position günstiger. Der Hai konnte eigentlich nur die Angel durchbeißen und wegschwimmen. Es war ausgeschlossen, daß Silvers zu billig verkaufte. Der Hai machte immerhin interessante Versuche. Da die Tür einen Spalt offenstand, hörte ich, daß das Gespräch sich wirtschaftlichen Verhältnissen und dem Krieg zuwandte. Der Hai prophezeite das Schlimmste: Börsenpleite, Schulden, neue Ausgaben, neue Schlachten, Krisen, sogar drohenden Kommunismus. Alles würde fallen. Bares Geld würde das einzige sein, das Wert behielte. Er erinnerte nachdrücklich an die schwere Krise Anfang der dreißiger Jahre, wer da bares Geld hatte, war ein König und konnte alles für den halben Preis kaufen, für ein Drittel, ein Viertel. Nachdenklich fügte der Hai hinzu: »Luxussachen wie Möbel, Teppiche und Bilder sogar für ein Zehntel.«
Silvers bot ungerührt Kognak an. »Später sind die Sachen dann wieder gestiegen«, sagte er. »Und das Geld ist gefallen. Sie wissen ja selbst, daß das Geld heute weniger als die Hälfte von damals wert ist. Es ist nicht wieder gestiegen, Bilder dagegen um das Fünffache und mehr.« Er lachte ein sanftes falsches Lachen. »Ja, die Inflation! Sie begann vor zweitausend Jahren und geht weiter und weiter. Sachwerte steigen, Geld fällt, so ist es nun einmal.«
»Darum sollte man nie etwas verkaufen«, parierte der Hai unter fröhlichem Gebrüll.
»Wenn man das könnte«, erwiderte Silvers gelassen. »Ich verkaufe ohnehin so wenig wie möglich. Aber man braucht ja Betriebskapital. Fragen Sie einmal meine Kunden. Für die bin

ich ein Wohltäter. Ich habe noch vor kurzem eine Degas-Tänzerin, die ich vor fünf Jahren verkauft habe, für das Doppelte des Preises zurückgekauft.«
»Von wem?« fragte der Hai.
»Das sage ich Ihnen natürlich nicht. Möchten Sie, daß ich herumposaunen würde, zu welchen Preisen Sie bei mir kaufen?«
»Warum nicht?« Der Hai war eine scharfe Nummer.
»Andere mögen es gar nicht. Nach denen muß ich mich richten.« Silvers machte ein Geräusch, als stünde er auf. »Schade, daß Sie hier nichts gefunden haben, Herr Cooper. Nun, vielleicht ein andermal. Die Preise kann ich natürlich nicht lange offenhalten, das verstehen Sie?«
Auch der Hai stand auf. »Hatten Sie nicht noch einen Degas, den Sie mir zeigen wollten?« fragte er nachlässig.
»Ach den, der im Zimmer meiner Frau hängt?« Silvers zögerte. Dann hörte ich die Klingel. »Ist meine Frau in ihrem Zimmer?«
»Sie ist vor einer halben Stunde ausgegangen.«
»Dann bringen Sie doch einmal den Degas, der neben dem Spiegel hängt.«
»Es wird einen Augenblick dauern, Herr Silvers«, sagte ich. »Ich habe gestern einen Holzdübel eindrehen müssen, da die Wand nicht sehr fest war. Das Bild ist darauf festgeschraubt. Es dauert nur ein paar Minuten.«
»Lassen Sie nur«, erwiderte Silvers. »Wir gehen einfach hinauf. Was meinen Sie, Herr Cooper?«
»Von mir aus.«
Ich hockte mich wieder wie Fafner zwischen die Schätze des Rheingolds. Nach einiger Zeit kamen die beiden zurück, und ich wurde hinaufgeschickt, das Ding loszumachen und herunterzubringen. Da nichts loszumachen war, wartete ich einfach ein paar Minuten. Ich sah durch das hintere Fenster, das zum Hof hinausging, Frau Silvers im Küchenfenster gegenüber. Sie machte eine fragende Geste. Ich schüttelte

heftig den Kopf, die Luft war noch nicht rein, Frau Silvers mußte weiter in der Küche bleiben.
Ich brachte das Bild in den veloursgrauen Staffeleiraum und verließ das Zimmer. Vom Gespräch konnte ich nichts mehr hören, Silvers hatte die Zwischentür geschlossen. Ich hätte ganz gern festgestellt, wie subtil er andeuten würde, daß seine Frau das Bild gerne für die private Sammlung behalten würde, aber ich war sicher, er würde es so machen, daß der Hai nicht mißtrauisch würde. Es dauerte ungefähr noch eine halbe Stunde, dann kam Silvers herein und erlöste mich aus der Luxusgefangenschaft. »Den Degas brauchen wir nicht zurückzuhängen«, sagte er. »Sie müssen ihn morgen zu Herrn Cooper bringen.«
»Gratuliere.«
Er zog eine Grimasse. »Was man alles tun muß! Dabei wird der Mann sich in zwei Jahren ins Fäustchen lachen, so werden die Bilder gestiegen sein.«
Ich wiederholte die Frage Coopers. »Warum verkaufen Sie dann wirklich?«
»Weil ich es nicht lassen kann. Ich bin eine Spielernatur. Außerdem muß ich verdienen. Übrigens, die Sache mit dem angeschraubten Bild war nicht schlecht. Sie entwickeln sich.«
»Sollte ich dann nicht besser bezahlt werden?«
Silvers machte schmale Augen. »Sie entwickeln sich etwas zu schnell. Vergessen Sie nicht, daß Sie bei mir einen Gratisunterricht bekommen, um den Sie mancher Museumsdirektor beneiden würde.«

Ich ging abends zu Betty Stein, um mich für das geliehene Geld zu bedanken. Ich fand sie mit verweinten Augen in sehr gedrückter Stimmung. Bei ihr waren einige ihrer Bekannten, die sie anscheinend trösteten. »Ich kann morgen wiederkommen, wenn ich heute störe«, sagte ich. »Ich wollte mich nur bedanken.«

»Was?«

Betty sah mich verstört an. »Für das Geld«, sagte ich, »das ich dem Anwalt brachte. Man hat meine Erlaubnis verlängert.« Sie brach in Tränen aus. »Was ist passiert?« fragte ich den Schauspieler Rabinowitz, der Betty in den Arm nahm und ihr zusprach.

»Wissen Sie es nicht? Moller ist tot. Vorgestern.«

Rabinowitz machte mir ein Zeichen, nicht weiterzusprechen. Er führte Betty zu einem Sofa und kam zurück. Er spielte die Rollen brutaler Nazis in B-Filmen und war ein sehr sanfter Mann. »Er hat sich erhängt«, sagte er, »Lipschütz hat ihn gefunden. Er muß schon ein oder zwei Tage tot gewesen sein. In seinem Zimmer. Er hing am Kronleuchter. Alle Lampen brannten, auch am Kronleuchter. Vielleicht wollte er nicht allein im Dunkel sterben. Er muß sich wohl nachts erhängt haben.«

Ich wollte gehen. »Bleiben Sie nur hier«, sagte Rabinowitz. »Je mehr Leute bei Betty sind, desto besser ist es für sie. Sie kann nicht allein sein.«

Die Luft im Zimmer war abgestanden und schwül. Betty wollte kein Fenster offen haben. Aus einem rätselhaften, atavistischen Aberglauben heraus glaubte sie, man täte dem Toten etwas an, wenn sich die Trauer in die freie Luft verflüchtigen könne. Ich habe vor vielen Jahren einmal gehört, daß man die Fenster öffne, wenn ein Toter im Hause läge, um die im Zimmer umherirrende Seele zu befreien, aber nie, daß man sie schließe, um die Trauer zu beherbergen.

»Ich bin eine dumme Kuh!« sagte Betty und schneuzte sich energisch. »Ich sollte mich zusammennehmen.« Sie stand auf. »Ich werde euch Kaffee machen. Oder wollt ihr etwas anderes haben?«

»Gar nichts, Betty, wirklich gar nichts.«

»Doch. Ich werde Kaffee machen.«

Sie ging mit ihrem verdrückten raschelnden Kleid in die

Küche. »Weiß man irgendeinen Grund?« fragte ich Rabinowitz.
»Braucht man einen Grund?«
Ich erinnerte mich an Kahns Theorie über die Zäsuren im Leben und darüber, daß der Wurzellose besonders gefährdet sei. »Nein«, sagte ich.
»Er war nicht ganz arm, das kann es nicht gewesen sein. Er war auch nicht krank, vor ungefähr zwei Wochen hat Lipschütz ihn noch gesehen.«
»Konnte er arbeiten?«
»Er konnte schreiben. Aber er konnte nichts veröffentlichen. Er hat seit Jahren nichts veröffentlichen können«, sagte Lipschütz. »Aber so geht es vielen. Das allein kann es auch nicht sein.«
»Hat er etwas hinterlassen?«
»Nichts. Er hing mit dem blauen Gesicht und der dicken Zunge am Kronleuchter, und die Fliegen krochen über seine offenen Augen. Er sah schon entsetzlich aus. In diesen heißen Tagen geht das schnell. Die Augen ...« Lipschütz schüttelte sich. »Das Schlimmste ist, daß Betty ihn noch einmal sehen will.«
»Wo ist er jetzt?«
»In einem Unternehmen, das hier Funeral Home genannt wird. Beerdigungsheim. Die Leichen werden da zurechtgemacht. Waren Sie schon einmal in einem solchen Etablissement? Gehen Sie nie hin. Die Amerikaner sind ein junges Volk, sie erkennen den Tod nicht an. Die Verstorbenen werden geschminkt, als schliefen sie nur. Viele werden auch einbalsamiert.«
»Wenn er geschminkt wird ...« sagte ich.
»Das haben wir auch gedacht, aber es ist fast nichts zu machen. So viel Schminke gibt es kaum. Es ist auch zu teuer. Sterben ist furchtbar teuer in Amerika.«
»Nicht nur in Amerika«, sagte Rabinowitz.

»Nicht in Deutschland«, sagte ich.
»In Amerika ist es sehr teuer. Wir haben schon ein einfaches Beerdigungsinstitut ausgesucht. Trotzdem kostet es, aufs Billigste gebracht, einige hundert Dollar.«
»Wenn Moller die gehabt hätte, wäre er vielleicht noch am Leben«, erklärte Lipschütz.
»Vielleicht.«
Ich sah, daß die Reihe der Fotografien von Betty gestört war. Mollers Bild hing nicht mehr unter den Lebenden. Es hatte noch keinen schwarzen Rahmen wie die Toten auf der anderen Seite, es war noch in seinem alten Goldrahmen, aber Betty hatte aus einem Stück schwarzen Tülls eine Schleife darum geknüpft. Moller sah lächelnd und fünfzehn Jahre jünger daraus hervor. Es war ein Jugendbild, und es war nichts dazu zu sagen, auch nicht zu der Schleife. Trotzdem war mir einen Augenblick, als könne man das nie verstehen.
Betty kam mit einem Tablett und Kaffeetassen und schenkte aus einer geblümten Kanne ein. »Da ist Zucker und Sahne«, sagte sie.
Alle tranken. Ich auch. »Die Trauerfeier ist morgen«, sagte sie. »Kommen Sie auch?«
»Wenn ich kann. Ich habe schon heute ein paar Stunden freinehmen müssen.«
»Alle seine Bekannten müssen kommen«, erwiderte Betty, sofort wieder aufgeregt schrill. »Morgen um halb eins. Es ist extra so gelegt worden, daß alle kommen können.«
»Ich komme auch, selbstverständlich. Wo ist es?«
Lipschütz nannte mir den Namen. »Ascher's Funeral Home an der Vierzehnten Straße.«
»Wo wird er beerdigt?« fragte Rabinowitz.
»Er wird nicht beerdigt. Er wird verbrannt. Das Krematorium ist billiger.«
»Was?«

»Er wird verbrannt.«
»Verbrannt«, wiederholte ich mechanisch.
»Ja. Das Funeral Home erledigt das.«
Betty kam nach vorn. »Da liegt er nun, allein, unter wildfremden Menschen«, klagte sie. »Wenn er doch wenigstens bei uns aufgebahrt worden wäre, unter Freunden, bis zur Beerdigung.« Sie wandte sich an mich. »Was wollten Sie noch wissen? Wer das Geld für Sie vorgeschossen hat? Vriesländer.«
»Vriesländer?«
»Ja, wer sonst. Aber Sie kommen morgen bestimmt?«
»Bestimmt«, sagte ich. Es gab nichts anderes zu sagen.
Rabinowitz brachte mich zur Tür. »Wir müssen Betty hinhalten«, wisperte er. »Sie darf Moller nicht sehen. Nicht das, was von ihm übriggeblieben ist. Da war doch eine Obduktion wegen des Selbstmordes. Betty hat keine Ahnung davon. Und Sie wissen ja, daß sie gewohnt ist, ihren Willen stürmisch durchzusetzen. Zum Glück hat sie den Kaffee gebracht. Lipschütz hat in ihre Tasse eine Schlaftablette gegeben. Sie hat nichts gemerkt, deshalb haben wir alle den Kaffee getrunken und gelobt. Betty kann Lob nicht widerstehen; sonst hätte sie nichts getrunken. Wir haben es mit Beruhigungspillen versucht. Sie will keine nehmen, sie glaubt, es wäre Betrug an Moller. Genau wie das mit dem geschlossenen Fenster. Vielleicht können wir trotzdem noch eine Tablette in ihr Essen schmuggeln. Morgen früh ist die schlimmste Zeit, sie davon abzuhalten. Sie kommen auch?«
»Ja. Zum Funeral Home. Und Moller wird zum Krematorium gebracht?«
Rabinowitz nickte. »Wo ist es?« fragte ich. »Im Funeral Home?«
»Das glaube ich nicht. Warum?«
»Was redet ihr denn da so lange?« fragte Betty vom Zim-

mer her. »Sie ist mißtrauisch«, flüsterte Rabinowitz. »Gute Nacht.«
»Gute Nacht.«
Er ging über den halbdunklen Flur, an dessen Wänden Fotos vom Romanischen Café in Berlin hingen, zurück in das dumpfe Zimmer.

XIII.

Ich schlief schlecht in dieser Nacht und ging früh vom Hotel fort – zu früh für meinen Dienst bei Silvers. Ich fuhr mit dem Fifth-Avenue-Omnibus bis zur Haltestelle an der Kreuzung zur 83. Straße, um ins Metropolitan-Museum zu gehen. Es war noch nicht offen. Ich ging durch den Central Park hinter dem Museum bis zum Shakespeare-Denkmal. Ich ging weiter, den See entlang und kam zu einem Denkmal Schillers, das sich ebenso fremd ausnahm. Vielleicht hatte ein Auslandsdeutscher es vor Jahrzehnten gestiftet. Im Augenblick hatte ein Erotiker es verschönt. Mit roter Farbe war ein üppiger gebückter Frauenhintern darauf gezeichnet, der von einem Mann mit einer Brille von hinten vergewaltigt wurde. Es war nicht einmal eine ungeschickte Zeichnung, aber sie paßte schlecht zum Verfasser der ›Jungfrau von Orléans‹. Ich wanderte weiter und wurde von einem würdigen Vollbart angesprochen. Ich vermutete zuerst, er sei der Maler, merkte aber, als er fragte, ob ich schon gefrühstückt hätte, daß ich einen lyrischen Homosexuellen vor mir hatte, und schüttelte ihn ab. Inzwischen war es Zeit geworden, ins Museum zu gehen.

Ich war schon mehrere Male dagewesen. Es erinnerte mich an die Zeit, die ich im Museum in Brüssel zugebracht hatte – und merkwürdigerweise am meisten an die Stille darin. Die grenzenlose, gequälte Langeweile der ersten Monate dort, die monotone Spannung, die ständige Angst dieser Zeit, entdeckt zu werden, die erst allmählich in eine Art fatalistische Gewohnheit übergegangen war, alles das schien unter den Horizont gesunken zu sein. Geblieben war nur die unheimliche Stille, dieses Herausgehobensein aus jedem Zusammen-

hang, dieses Leben in dem stillen Kern eines Tornados, umbraust von den Wirbeln des Sturms, aber immer scheinbar geborgen in einer Windstille, in der kein Segel flatterte.
Ich hatte beim erstenmal Angst gehabt, daß in mir mehr wieder geweckt würde, aber es war, als berge mich dieses Museum in New York in dieselbe schützende Stille. Nichts hatte sich gerührt, als ich zögernd durch die Räume schritt. Der Friede, der selbst von den leidenschaftlich bewegten Kampfszenen an den Wänden ausging und der etwas sonderbar Metaphysisches hatte, etwas von einem ›Hinter allem‹ und ›Nach allem‹ – dieser ungeheure Friede der Vergangenheit, der Friede war, gerade weil er vergangen war, dieser Friede, von dem der Prophet sprach, als er sagte, daß Gott nicht im Sturm, sondern in der Stille sei – dieser durchsichtige Friede hielt alles an seinem Ort, er ließ den Krieg nicht mehr in der Fläche dasein und nicht mehr im Raum kämpfen, und er schien auch mich zu schützen. Ich hatte hier, in diesen Räumen, plötzlich das grenzenlose, reine Gefühl des Lebens gehabt, das die Inder Samadhi nennen und das man nie vergißt, wenn es einmal wie eine steile Fontäne zwischen den Augen aufgebrochen ist und sich über einem verliert, ganz gleich, ob es bleibt oder nicht. Was bleibt, ist der Reflex der bezaubernden Illusion der Welt: Daß Leben ewig ist und daß wir ewig leben, wenn es nur gelingt, die Schlangenhaut des Ichs abzustreifen und zu wissen, daß der Tod eine Verwandlung ist. Ich hatte diese Illusion vor der Ansicht von Toledo gehabt, dieser düsteren und erhabenen Landschaft Grecos, die direkt neben dem viel größeren Bilde des Großinquisitors hing, dieses gütigen Urbildes der Gestapo und aller Folterer der Welt. Ich wußte nicht, ob das einen Zusammenhang hatte, ich fühlte in dieser leuchtenden Sekunde, daß nichts und alles einen Zusammenhang habe und daß dieser Zusammenhang nichts anderes war als eine menschliche Krücke, eine Lüge in der einen und eine unfaßliche Wahrheit in der

anderen Hälfte. Aber was war eine unfaßliche Wahrheit anderes als eine unfaßliche Lüge?
Es war kein Zufall, der mich ins Museum gebracht hatte. Der Tod Mollers hatte mich mehr beunruhigt, als ich erwartet hatte. Im Anfang hatte er mich nicht sehr berührt, denn ich hatte Ähnliches in Frankreich auf der Flucht oft erlebt. Auch Hastenecker, der im Internierungslager durch die schlampige französische Bürokratie hilflos und sinnlos festgehalten wurde, hatte, als die Deutschen nur noch Stunden entfernt waren, lieber den Tod gewählt, statt in ihre blutigen Hände zu fallen – aber das ist begreifliche Panik in höchster Gefahr. Dieses war anders. Hier hatte einer, der gerettet war, nicht weiterleben wollen, und er war nicht nur irgendeiner, er ging uns alle an. Ich hatte es abschütteln wollen als einen Zufall, aber es war mir nachgeschlichen und hatte mich nicht in Ruhe gelassen. Es war der Grund, daß ich jetzt hier war und von Bild zu Bild ging, bis ich zu dem Saal mit den Grecos kam.
Die Landschaft von Toledo wirkte heute trübe und stumpf. Es konnte vielleicht am Einfall des Lichtes liegen, aber ebenso an meiner eigenen Trübe. Ich hatte damals nichts gesucht, heute war ich gekommen, um mich von der Landschaft trösten zu lassen – und das war eigentlich schon ein kleiner Betrug. Kunstwerke sind keine Krankenschwestern. Wer Trost sucht, soll beten. Und auch das ist Autosuggestion. Die Landschaft sprach nicht. Sie sprach weder vom ewigen noch vom zeitlichen Leben, sie war schön, ruhig in sich und hatte gerade jetzt, wo ich in ihr das Leben suchte, um dem Gedanken an den Tod zu entgehen, mit ihrem geisterhaften Licht etwas Skelettiges, als läge sie jenseits des Acheron. Dafür aber leuchtete das riesige Bild des Großinquisitors wie nie zuvor, in seinen kühlen Rots und mit den Augen, die einem folgten, wohin man auch ging, als wäre es plötzlich, nach Jahrhunderten, wieder zum Leben erwacht. Es war mächtig und be-

herrschte den Raum. Es war nicht tot. Es würde nie sterben. Die Folter war ewig. Die Angst blieb. Niemand war gerettet. Ich wußte plötzlich, wer Moller getötet hatte. Ich verzweifelte nicht an meinem ersten Erlebnis hier. Es blieb. Doch das andere blieb auch, und es war am mächtigsten, wenn man glaubte, gerettet zu sein.
Ich ging weiter, bis ich zu den Räumen mit den chinesischen Bronzen kam. Ich liebte eine blaue Bronze, eine eierfarbene Schale, die in einem Glasschrank stand, und ich suchte sie zuerst auf. Sie war nicht poliert wie die grünen, zackigen Chou-Stücke, die zu dem herrlichen Altar gehörten, der in der Mitte des Raumes stand und dessen Bronzen glänzten wie Jade, mit dem Seidenschimmer des Alters darauf. Ich hätte sie gern ein paar Minuten in den Händen gehalten, aber alles war in Glaskästen, und dies aus gutem Grund, denn schon der unsichtbare Schweiß der Hände konnte diese kostbaren Stücke leicht beschädigen. Ich blieb eine Weile stehen und stellte mir vor, daß ich sie spürte. Es war merkwürdig, wie mich das beruhigte. Der hohe helle Raum mit dem schwebenden Licht hatte das, was mich auch in der magischen Stunde der Antiquitätenläden der Zweiten und Dritten Avenue so anzog; die Zeit stand still, von der ich so viel hatte vergeuden müssen, um nur am Leben zu bleiben.

Das Beerdigungsinstitut war zwar billig, aber dafür mit dem ganzen falschen Pathos eingerichtet, das bewirkt, daß einem ein paar Bretter oder ein Leichenwagen würdiger erscheinen. Das Schlimmste war für mich die Diskretion – diese Diskretion in Schwarz, die feierlichen Mienen, die Beileidsgesichter, die Buchsbaumtöpfe am Eingang, die Orgel, von der man wußte, daß sie ein Grammophon war. Es war fast eine Erlösung, als Betty plötzlich wild und laut losschluchzte, mit ihrem roten, schwitzenden Gesicht und den vielen schwarzen Rüschen.

Ich wußte, daß ich ungerecht war. Aber es ist schwer, im Tode das Pathos zu vermeiden und das geheime Gefühl unterdrückter Befriedigung, nicht selbst dort in der scheußlichen, polierten Kiste zu liegen. Dieses Gefühl, das man haßt und dem man dennoch nicht entgehen kann, macht alles leicht schief, übertrieben und unehrlich. Dazu kam, daß ich nervös war.

Der schmerzliche Gedanke an das Krematorium hatte mich mehr und mehr erregt, als ich mich gemächlich der 14. Straße näherte. Ich hatte inzwischen erfahren, daß die Funeral Homes natürlich kein eigenes Krematorium hatten – das hatten nur deutsche Konzentrationslager –, aber dieser Gedanke saß mir wie eine Hornisse im Schädel und ließ sich nicht vertreiben. Es war für mich schwierig genug, daran erinnert zu werden, und ich hatte mir vorgenommen, daß ich mich, sollten wir nach der Trauerfeier noch mitfahren müssen zur Einäscherung, wie das früher in Europa Sitte war, weigern würde. Nicht nur weigern – daß ich einfach verschwinden würde. Lipschütz sprach. Ich hörte nicht zu. Ich war benommen von der Schwüle und dem starken Geruch der Blüten auf dem Sarg. Ich sah Vriesländer und Rabinowitz. Etwa zwanzig bis dreißig Leute waren gekommen. Die Hälfte kannte ich nicht; bei einigen sah man, daß es Schriftsteller und Schauspieler waren. Auch die Koller-Zwillinge waren da, mit leuchtenden Haaren saßen sie neben Vriesländer und seiner Frau. Kahn war allein da, er war nicht mit Carmen zusammen, die zwei Bänke vor ihm saß, und ich hatte den Eindruck, daß sie während der Rede von Lipschütz schlief. Das Ganze war auch von der üblichen Inkonsequenz jeder Trauerfeier. Etwas für immer Unvorstellbares hatte lautlos zugeschlagen, und man versuchte, es mit Gebeten, Orgelklang und Worten in etwas Vorstellbares zu verwandeln, wobei man es barmherzig und kleinbürgerlich verfälscht.

Plötzlich standen vier Männer mit schwarzen Handschuhen neben dem Sarg, hoben ihn mit Griffen, die in ihrer Geübtheit an Scharfrichtergehilfen denken ließen, rasch und leicht hoch und marschierten auf Gummisohlen ziemlich schnell hinaus. Es war vorüber, ehe man es geglaubt hätte. Als sie dicht an mir vorüberkamen, war mir, als hebe es mir plötzlich den Magen hoch, und dann fühlte ich zu meiner Überraschung, daß meine Augen feucht waren.
Wir gingen hinaus. Ich blickte mich um, der Sarg war verschwunden. Am Ausgang fand ich mich neben Vriesländer. Ich überlegte, ob dies der Augenblick sei, mich für das Darlehen zu bedanken.
»Kommen Sie«, sagte er. »Ich habe meinen Wagen da.«
»Wohin?« fragte ich in Panik.
»Zu Betty. Sie hat etwas zu essen und zu trinken vorbereitet.«
»Ich habe nicht so viel Zeit.«
»Es ist ja Mittag. Sie brauchen nicht lange zu bleiben. Nur daß sie sieht, man ist da. Es geht ihr sehr nahe. Jedesmal. Sie wissen, wie sie ist. Kommen Sie.«
Rabinowitz, die Koller-Mädchen, Kahn und Carmen fuhren mit. »Es war die einzige Möglichkeit, sie davon abzuhalten, Moller noch einmal zu sehen«, erklärte Rabinowitz. »Wir haben gesagt, alle würden nach der Feier zu ihr kommen. Es war Meyers Idee. Sie verfing. Die gute Wirtin, die sie seit Jahrzehnten ist, siegte. Sie ist um sechs Uhr morgens aufgestanden, um zu kochen. Wir haben ihr gesagt, daß in der Hitze Vorspeisen und eine kalte Platte am besten seien. Das dauerte länger, sie vorzubereiten, da sie wieder kalt werden müssen. Sie war beschäftigt bis vor einer Stunde. Gott sei Dank. Wie Moller jetzt schon aussehen muß, bei dieser Hitze!«
Betty kam uns entgegen. Die Koller-Zwillinge gingen mit ihr sofort in die Küche, um zu helfen. Auf dem Tisch war das Porzellan aufgestellt. Die schreckliche Fürsorge war rührend

und niederschmetternd. »Es ist das, was man bei urtümlicheren Völkern den Leichenschmaus nennt«, erklärte Rabinowitz. »Übrigens eine uralte Sitte ...«
Er erging sich, hingerissen, über den Ursprung dieser Sitte in den ältesten Zeiten der Menschheit.
Welch ein Deutscher, dachte ich, während ich mit halbem Ohr seinen Darlegungen lauschte und eine Möglichkeit zu entkommen suchte. Die Koller-Zwillinge erschienen mit großen Platten voll Ölsardinen, Hühnerleber, Thunfisch und Mayonnaise. Sie teilten Teller aus. Ich sah, daß Meyer II., der gelegentlich bei Betty auftauchte, einer verstohlen in den allerdings sehr verlockenden Hintern kniff. Das Leben begann wieder, sich zu rühren. Es war scheußlich oder großartig, je nachdem, wie man es nahm. Einfacher war es, dies großartig zu finden.

Ich verbrachte den Nachmittag mit Belehrungen durch Silvers. Er übte mit mir einen Trick, in dem ich erklärte, daß ein Bild nicht vorhanden sei, obwohl es sich in Wirklichkeit im Kabinett befand. Es war entweder bei einem der Rockefellers, Fords oder Mellons zur Ansicht. »Sie glauben nicht, wie das wirkt«, erklärte Silvers. »Der Snobismus und der Neid sind zwei unschätzbare Bundesgenossen des Kunsthändlers. Ebenso wie ein Bild ja auch wertvoller wird, wenn es einmal im Louvre oder im Metropolitan-Museum ausgestellt war. Obschon es doch dasselbe Bild bleibt, genügt für die unteren Schichten der Kunstkäufer allein die Tatsache, daß ein Millionär sich dafür interessiert, um es begehrenswerter zu machen.«
»Und jene Käufer, die Bilder lieben?«
»Der echte Sammler? Ist wieder einmal am Aussterben. Man sammelt heute, um Geld anzulegen oder zu protzen.«
»Früher nicht?«
Silvers sah mich ironisch an. »In stabilen Zeiten weniger, da

hat das Kunstverständnis Zeit, sich über ein bis zwei Generationen hinweg zu entwickeln. Nach jedem Kriege findet eine Umschichtung der Vermögen statt, alte werden verloren, neue gebildet. Alte Sammlungen werden aufgelöst, Neureiche wollen Sammler werden. Nicht aus unstillbarer Liebe zur Kunst. Wie soll ein Grundstücksspekulant oder ein Waffenfabrikant sie auch so plötzlich entwickeln? Sie kommt erst nach den ersten paar Millionen. Zumeist, weil die Frau es nicht mehr erträgt, keinen Monet zu haben, wenn die Johnsons schon zwei haben. Es ist wie mit den Cadillacs und Lincolns.« Silvers lachte sein sanftes gutturales Lachen, das klang, als gluckste eine Quelle in seiner Brust. »Die armen Bilder. Sie werden in Sklaven verwandelt.«

»Würden Sie einem armen Menschen ein Bild für einen Teil seines Wertes verkaufen, weil er das Bild mehr als sein Leben liebt, aber kein Geld hat, es zu bezahlen?« fragte ich.

Silvers strich sich seinen Bart. »Es wäre leicht, zu lügen und zu antworten: Ja. Ich würde es aber nicht tun. Der arme Mensch kann umsonst ins Metropolitan-Museum gehen und jeden Tag Rembrandts, Cézannes, Degas', Ingres und fünf Jahrhunderte Kunst nach Herzenslust betrachten.«

Ich ließ nicht nach. »Das könnte ihm vielleicht nicht genügen. Er möchte eines selbst besitzen, um es immer, zu jeder Zeit, auch nachts, anbeten zu können.«

»Dann soll er Drucke nach Pastellen und Zeichnungen kaufen«, erwiderte Silvers ungerührt. »Die Drucke sind heute so gut, daß Sammler darauf hereinfallen und sie für Originale kaufen.«

Ihm war nicht beizukommen. Ich wollte es auch gar nicht. Ich wollte nur nicht über etwas anderes nachdenken. Als ich von Betty wegging, hatte Carmen plötzlich gesagt: »Der arme Herr Moller! Da brennt er jetzt im Krematorium!« Die Idiotie, ihn immer noch als Herrn zu bezeichnen, hatte mich gereizt, aber das war lächerlich gewesen – was geblieben war

wie ein Zahnschmerz, war das Krematorium. Es war nicht nur ein Bild. Ich kannte es. Ich wußte, was geschah, wenn sich im Feuer der Tote aufbäumte, als erleide er einen letzten gräßlichen Schmerz und das Gesicht sich zerreißend verzerrte, umweht von der Lohe der verbrannten Haare. Ich wußte, wie Augen aussahen im Feuer.
»Der alte Oppenheimer«, fuhr Silvers behaglich fort, »hatte eine schöne Sammlung, aber er hatte Ärger mit ihr gehabt. Zweimal wurde ihm etwas gestohlen. Einmal bekam er es wieder, aber er mußte die Bilder hoch versichern, um geschützt zu sein. Sie wurden ihm zu teuer. Außerdem liebte er sie wirklich, und das Geld der Versicherung wäre kein Ersatz gewesen. Aus Angst vor neuen Diebstählen traute er sich nicht mehr aus dem Hause. Endlich fand er die Lösung: Er verkaufte alles an ein Museum in New York. Plötzlich war er frei, konnte reisen, wohin er wollte, wann er wollte, hatte Geld genug für alle seine Launen. Und wenn er seine Bilder sehen wollte, ging er ins Museum, wo sich andere Leute um Versicherung und Diebstähle Sorgen machen konnten. Voll Verachtung sah er auf die Besitzer und Sammler herab, bei denen man nicht weiß, ob die Bilder ihre Gefangenen oder sie die Gefangenen ihrer Bilder waren.« Silvers lachte wieder sein kullerndes Lachen. »Gar keine schlechte Idee!«
Ich betrachtete ihn, brennend vor Neid. Welch ein gepflegtes Leben! Es wiegte sich dahin in etwas Zynismus, Ironie, gesundem, hartem Geschäft und im Reflex der Feuer, die von der Agonie der Kunst ausgingen und die hier zu einem komfortablen Kaminfeuer geworden waren. Wer es verstand, konnte auch auf fremden Vulkanen sein Essen kochen und sein Filet Mignon grillen. Wenn man das lernen könnte! Doch wollte ich das wirklich? Ich wußte es nicht, aber heute wollte ich es. Ich fürchtete mich davor, in mein graues Zimmer im Hotel zurückzukehren.

Schon von der Ecke aus sah ich den Rolls-Royce vor dem Hotel stehen. Ich ging schneller, damit ich Natascha Petrowna noch erreichte. Wenn man etwas sehr wünscht, das hatte ich zu oft erlebt, entwischt es einem im letzten Augenblick.

»Da ist er«, sagte Natascha, als ich in die Plüschbude trat. »Geben wir ihm gleich einen Wodka. Oder ist es schon zu heiß dafür?«

»Wir sollten lernen, Moscow Mules zu machen«, sagte ich. »Die Sommer in New York scheinen Sommer in einer Riesenküche zu sein. Anders als in Paris.«

»Ich bin heute wieder eine Hochstaplerin«, erklärte Natascha Petrowna. »Der Rolls-Royce mit Chauffeur gehört mir bis elf Uhr. Wollen Sie riskieren, mich noch einmal auszufahren?«

Sie blickte mich herausfordernd an. Ich überschlug mein Geld. »Wohin?« fragte ich.

Sie lachte. »Nicht Longchamps. Fahren wir zum Central Park und essen wir einen Hamburger.«

»Mit Coca-Cola?«

»Mit einem Bier, um Ihre europäischen Gefühle zu schonen.«

»Gut.«

»Sie wollte mich auch mitschleppen«, sagte Melikow, »aber ich bin bei Raoul eingeladen.«

»Zu einer Trauerfeier oder einem Freudenmahl?« fragte Natascha.

»Zu einer geschäftlichen Unterredung. Raoul will ausziehen und eine Wohnung mieten. Er will mit John bürgerlich werden. Ich soll ihm das ausreden. Befehl vom Chef.«

»Welchem Chef?« fragte ich.

»Dem Mann, dem dieses Hotel untersteht.«

»Das klingt, als wären wir das Ritz. Wer ist dieser geheimnisvolle Chef? Habe ich ihn schon gesehen?«

»Nein«, erwiderte Melikow kurz.

»Ein Gangster mit Familie«, sagte Natascha.
Melikow sah sich um. »Sie sollten nicht so reden, Natascha. Es ist ungesund.«
»Ich kenne ihn. Ich habe ja hier gewohnt. Er ist dick, schwammig, trägt etwas zu enge Anzüge und wollte mit mir schlafen.«
»Natascha Petrowna!« sagte Melikow scharf.
»Gut, Wladimir, Ihretwegen. Reden wir von etwas anderem. Aber er wollte mit mir schlafen.«
»Wer möchte das nicht, Natascha.« Melikow lächelte wieder.
»Immer die falschen, Wladimir. Es ist ein verfluchtes Los. Geben Sie mir noch einen kleinen Wodka.« Sie wandte sich an mich. »Der Wodka ist hier so gut, weil der Boß auch an einer Schnapsfabrik beteiligt ist. Deshalb bekommen wir ihn sogar billiger. Auch weil der Chef die Absicht, mit mir zu schlafen, immer noch nicht ganz aufgegeben hat. Er ist überaus geduldig. Das ist seine Stärke.
»Natascha!« sagte Melikow.
»Gut, wir gehen schon. Oder wollen Sie noch einen von den Gangster-Wodkas?« fragte sie mich.
Ich schüttelte den Kopf.
»Er wartet auf den Rolls-Royce-Wodka«, erklärte Melikow.
»Nehmen Sie lieber hier einen«, sagte Natascha zu mir. »Im Rolls-Royce steht, durch einen unerklärlichen Schicksalsschlag, nur eine Flasche Sherry-Brandy aus Kopenhagen. Der Besitzer des Gefährts muß gestern mit einer Dame spazierengefahren sein.«
Wir gingen hinaus. Auf der Straße stand der Chauffeur und rauchte. »Wollen Sie nicht fahren, Sir?« fragte er mich.
»Den Rolls-Royce? Ich würde mich nicht trauen. Außerdem habe ich keinen Führerschein. Und drittens kann ich nicht fahren.«
»Wie schön! Nichts ist langweiliger als ein Amateur-Rennfahrer!«
Ich sah sie an. Langeweile schien etwas zu sein, das sie fürch-

tete. Ich liebte Natascha. Sie war Sicherheit. Sie liebte dafür wahrscheinlich Abenteuer, die ich haßte; sie waren zu lange mein tägliches Brot gewesen. Ein trockenes Brot. Trocken wie Handfesseln.

»Wollen Sie wirklich zum Zoo?«

»Warum nicht! Das Restaurant ist noch nicht geschlossen. Man sitzt draußen und schaut den Seelöwen-Clowns zu. Die Tiger gehen schlafen. Die Tauben fliegen auf den Tisch. Sogar die Eichhörnchen kommen auf die Terrasse. Wo ist man näher beim Paradies?«

»Glauben Sie, daß der elegante Chauffeur des Rolls-Royce damit zufrieden ist, wenn wir ihm zum Diner einen Hamburger mit Mineralwasser anbieten? Alkohol darf er ja wahrscheinlich nicht trinken.«

»Haben Sie eine Ahnung! Er säuft wie ein durstiges Pferd. Heute allerdings nicht. Er muß seinen Gebieter vom Theater abholen. Und Hamburger sind seine Leidenschaft. Meine auch.«

Es war sehr still. Nur wenige Leute waren noch da. In den Bäumen hing die Dämmerung. Die braunen Bären rüsteten zur Ruhe. Nur die Eisbären schwammen ruhelos in ihren kleinen Becken auf und ab. John, der Chauffeur, aß abseits drei große Hamburger mit Tomatensauce beschmiert, und saure Gurken. Er trank dazu Kaffee.

»Es ist schade, daß man nachts im Central Park nicht spazierengehen kann«, sagte Natascha. »In einer Stunde wird es gefährlich. Die vierbeinigen Raubtiere gehen dann schlafen und die zweibeinigen wachen auf. Wo waren Sie heute? Bei Ihrem Raubtier in Bildern?«

»Ja. Er hat mir an einem Degas das Leben erklärt. Sein Leben. Nicht das von Degas.«

»Sonderbar, wie viele Ratschläge man überall bekommen kann, wie?«

»Sie auch?«

»Immerfort. Jeder will mich ununterbrochen erziehen. Und jeder weiß alles besser als ich. Und an dieser fertigen Weisheit sollte man glauben, das Glück sei überall zu Hause. Dem ist nicht so. Der Mensch ist groß in Plänen – für andere.«

Ich sah sie an. »Ich finde, Sie brauchen nicht viele Ratschläge.«

»Ich brauche unendlich viele. Aber sie nützen mir nichts. Ich mache trotzdem alles verkehrt. Ich will nicht unglücklich sein, aber ich bin es. Ich will nicht allein sein, aber ich bin es immer wieder. Sie lachen jetzt. Sie meinen, daß ich viele Menschen kenne. Das ist wahr. Aber das andere ist auch wahr.«

Sie sah sehr lieblich aus, während sie in der Dämmerung zwischen den letzten Raubtierrufen diesen kindlichen Unsinn schwätzte. Ich hörte ihr zu und hatte ein ähnliches Gefühl wie heute nachmittag bei Silvers, wie unverständlich weit auch dieses Leben von meinem entfernt schien. Es war, ebenso wie das andere, getrieben von einfachen Emotionen, von vernünftigem Unglück und der Fassungslosigkeit darüber, daß das Glück kein Zustand war, sondern eine Welle im Wasser – bei keinem aber lauerte im Schatten eine orestische Verpflichtung zur Rache, eine finstere Unschuld, eine Verstrickung in Schuld und ein Pack von Erynnien, die die Erinnerung bewachten. Wie glücklich und beneidenswert sie waren mit ihren Erfolgen, ihrem müden Zynismus, ihren Bonmots und ihren harmlosen Unglücken, von denen ein Verlust in Geld oder Liebe schon das Limit war. Sie saßen alle vor mir wie Ziervögel eines anderen Jahrhunderts und zwitscherten. Wie gern wäre ich einer von ihnen gewesen, hätte vergessen und mit ihnen gezwitschert.

»Man verliert den Mut«, sagte Natascha. »Man glaubt, man könne sich an Enttäuschungen gewöhnen. Das ist nicht wahr. Sie schmerzen jedesmal mehr. Sie schmerzen so, daß man Angst bekommt. Es ist, als würde man jedesmal mehr verbrannt. Und jedesmal heilt es langsamer.« Sie stützte ihren Kopf in die Hand. »Ich will nicht weiter verbrannt werden.«

»Wie wollen Sie das machen?« fragte ich. »In ein Kloster gehen?« Sie machte eine ungeduldige Bewegung. »Man kann vor sich selbst nicht davon laufen.«

»Doch, man kann. Einmal. Aber von da kann man nicht zurückkommen«, sagte ich und dachte an Moller, wie er einsam in New York in einer heißen Nacht am Kronleuchter gehangen hatte – in seinem guten Anzug und einem sauberen Hemd, zu dem er keine Krawatte angelegt hatte, wie Lipschütz mir berichtet hatte. Eine Krawatte hätte die Erstikkung qualvoller gemacht, hatte er gemeint. Ich wollte das nicht glauben. Es kam mir vor, als glaube einer, der in der Eisenbahn fährt, schneller anzukommen, wenn er auf dem Korridor hin- und herläuft. Rabinowitz hatte das Thema gereizt, mit der unpersönlichen Neugierde eines Gelehrten hatte er sich darüber verbreiten wollen. Ich war dann weggegangen.

»Sie haben mir vor einigen Tagen einmal erklärt, Sie waren unglücklich«, sagte ich. »Dann haben Sie mir nachher gesagt, daß es nicht wahr sei. Geht das so schnell bei Ihnen? Wie glücklich Sie sind!«

»Beides war nicht wahr. Sind Sie wirklich so naiv? Oder machen Sie sich über mich lustig?«

»Keines von beiden ist wahr?« sagte ich. »Ich habe gelernt, mich über niemanden lustig zu machen, und ich habe gelernt, alles erst einmal zu glauben, was man mir sagt. Es macht vieles einfacher.«

Natascha sah mich zweifelnd an. »Sie sind merkwürdig«, sagte sie dann. »Sie reden wie ein alter Mann. Wollten Sie einmal Priester werden?«

Ich lachte. »Nie.«

»Sie wirken manchmal so. Warum machen Sie sich nicht

über andere Leute lustig? Sie sind so ernst und könnten etwas Humor gebrauchen! Aber die Deutschen ...«
Ich winkte ab. »Ich weiß. Die Deutschen haben keinen Humor. Das stimmt sogar.«
»Was haben sie denn statt dessen?«
»Schadenfreude. Ein unübersetzbares deutsches Wort. Dasselbe, das Sie mit Humor bezeichnen: sich über andere lustig machen.«
Sie war einen Moment verlegen. »Getroffen, Professor. Wie gründlich Sie sind!«
»Wie ein Deutscher«, sagte ich lachend.
»Und ich bin unglücklich. Oder leer. Oder sentimental. Oder verbrannt. Verstehen Sie das nicht?«
»Doch.«
»Gibt es das auch bei Deutschen?«
»Es hat es gegeben. Früher.«
»Bei Ihnen auch?«
Der Kellner kam an den Tisch. »Der Chauffeur läßt fragen, ob er eine Portion Eiscreme bestellen kann. Vanille und Schokolade.«
»Zwei«, sagte ich.
»Man muß Ihnen alles aus den Zähnen ziehen«, sagte Natascha Petrowna ungeduldig. »Können wir nicht endlich einmal ein vernünftiges Gespräch führen? Sie sind auch unglücklich?«
»Ich weiß es nicht. Unglücklich ist so ein zahmes Wort.«
Sie sah mich betroffen an. Je dunkler es wurde, desto heller wurden ihre Augen. »Dann kann uns ja eigentlich nichts passieren«, sagte sie schließlich fast zaghaft. »Wir sitzen beide in der Tinte.«
»Nichts kann passieren«, bestätigte ich, »wir sind beide gebrannte Kinder und höllisch vorsichtig.«
Der Kellner kam mit der Rechnung. »Ich glaube, man schließt hier«, sagte Natascha.

Ich spürte einen Moment die alte Panik. Ich wollte an diesem Abend nicht allein sein und fürchtete, Natascha wolle schon gehen. »Haben Sie den Wagen nicht so lange, bis die Theater schließen?« fragte ich.

»Doch. Wollen wir bis dahin umherfahren?«

»Sehr gerne.«

Wir standen auf. Die Terrasse und der Zoo waren ganz leer. Die Dunkelheit hing mit schwarzen Fahnen in den Bäumen. Man hätte das Gefühl haben können, auf einem Dorfplatz zu sein, wo in einem Brunnen leise plätschernd die Seelöwen wie Negerkinder badeten und weiter entfernt die Ställe für die Büffel und Zebus waren.

»Ist dies schon die Stunde, wo der Central Park gefährlich wird?«

»Dies ist erst die Stunde der Voyeure und Perversen. Sie schleichen sich an die Bänke heran, auf denen Liebespaare sich küssen. Die Stunde der Handtaschenräuber, Vergewaltiger und Mörder kommt später, wenn es ganz dunkel ist. Auch die der Banden, die umherstrolchen.«

»Kann die Polizei nichts dagegen tun?«

»Sie fährt die Wege ab und hat Patrouillen, aber der Park ist riesengroß, und man kann sich überall verstecken. Schade. Es wäre schön, wenn es im Sommer anders wäre. Jetzt ist nichts zu fürchten; wir sind ja nicht allein.«

Sie nahm meinen Arm. Jetzt ist nichts zu fürchten, wir sind ja nicht allein, dachte ich und fühlte sie dicht neben mir. Die Dunkelheit war keine Gefahr; sie schützte und verschwieg und hatte Geheimnisse, die wie Trost aus ihr hervorglänzten. Ich spürte eine fast anonyme Zärtlichkeit, eine Zärtlichkeit, die noch keinen Namen hatte und noch an niemand gebunden war, die frei schwebte wie ein Hauch im späten Sommerabend und doch schon ein sanfter Betrug war. Sie war nicht rein, sondern ein Gemisch aus verschiedenen Gründen, es war Angst darin und die Furcht, daß die Vergangenheit

wieder aufziehen könnte, es war Feigheit dabei und der Wunsch, nicht noch verlorenzugehen in jener geheimnisvollen und lauernden Zwischenzeit der Hilflosigkeit, die zwischen Rettung und Entkommen liegt, und es war das blinde Tasten darin, das nach allem greift, was wie Geborgenheit aussieht. Ich fühlte Scham darüber, aber ich tröstete mich oberflächlich damit, daß auch Natascha nicht sehr viel anders sei, daß auch sie wie eine Pflanze war, die sich an das nächste anklammerte, ohne viel zu fragen und ohne allzu große Ehrlichkeit. Sie wollte nicht allein sein in einer gestörten Periode ihres Lebens, und so wollte auch ich es nicht mehr. Mit all den versteckten Gründen aber schwebte diese laue, leichte Zärtlichkeit um uns her, die so gefahrlos zu sein scheint, weil sie noch keinen Namen hat und keinen Schmerz kennt, der sich an sie wie ein Geierfuß krallt und dem man sich deshalb so leicht ergibt.
»Ich bete dich an«, sagte ich plötzlich zu meiner eigenen Überraschung und gegen meinen Willen, als wir durch den Laubengang mit den gelben Laternen schritten, der zur Fifth Avenue führte, vor uns den breiten Schatten des Chauffeurs. »Ich kenne dich nicht und bete dich an, Natascha«, wiederholte ich und bemerkte, daß ich sie zum erstenmal geduzt hatte.
Sie wandte sich mir zu. »Es ist nicht wahr«, erwiderte sie. »Du lügst, und es ist nicht wahr. Aber sage es trotzdem, es ist gut, diesen Satz zu hören.«

* * *

Ich wachte auf, aber es dauerte eine Weile, ehe ich mir klarmachen konnte, daß ich geträumt hatte. Erst allmählich erkannte ich die dunklen Konturen meines Zimmers wieder, die helleren des Fensters und den schwachen Schein der rötlichen Nacht von New York. Aber es war ein zähes, langsames Erwachen, als müsse ich mich aus einem Morast hocharbeiten, in dem ich fast erstickt wäre.

Ich horchte. Wahrscheinlich hatte ich geschrien. Ich schrie immer, wenn ich diesen Traum hatte, und es dauerte jedesmal lange, bis ich mich aus ihm zurückfand. Ich träumte, jemanden ermordet und vergraben zu haben in einem verwilderten Garten an einem Bach, und daß man ihn nach langer Zeit gefunden habe und daß das Unheil auf mich zugeschlichen kam und man mich fassen würde. Ich wußte nie genau zu sagen, ob es ein Mann oder eine Frau war, die ich umgebracht hatte. Ich wußte auch nicht, weshalb ich es getan hatte, und es schien mir auch, als hätte ich im Traum schon vergessen gehabt, daß ich es getan hatte. Um so unheimlicher war dann das Erschrecken und die tiefe Bestürzung, die mir lange nach dem Erwachen folgten, als wäre der Traum doch noch Wahrheit. Die Nacht und das jähe Aufschrecken hatten alle Schutzzäune, die ich um mich gebaut hatte, niedergerissen. Der gekalkte Raum im Krematorium mit den Haken zum Erhängen und den Flecken darunter, die von den zuckenden Köpfen stammten, die den Kalk weggescheuert hatten, war wieder da in der schwülen Nacht, und die skeletthafte Hand am Boden, die sich noch bewegte, und die fettige Stimme, die befahl: »Tritt drauf! Willst du dreckiges Aas wohl drauftrampeln? Los, oder ich mach dich kalt! Wir hängen dich Schwein dazu, aber langsam, mit Genuß!« Ich hörte die Stimme wieder und sah die kalten höhnenden Augen und sagte mir zum hundertsten Male vor, daß er mich umgebracht hätte wie eine Stubenfliege, so wie er Dutzende anderer Häftlinge aus Vergnügen umgebracht hatte, wenn ich es nicht getan hätte. Er wartete nur darauf, daß ich zögerte. Trotzdem fühlte ich, wie jedesmal der Schweiß von meinen Achselhöhlen herunterrann, und ich stöhnte wie jedesmal, hilflos und dem Erbrechen nahe. Diese fette Stimme und diese sadistischen Augen mußten ausgelöscht werden. März, dachte ich. Egon März. Man hat mich später freigelassen, in einem dieser widerspruchsvollen Anfälle des Regimes, weil ich kein Jude war, und ich war geflüchtet. Die holländische Grenze war nicht weit; ich kannte sie und hatte Hilfe, aber ich wußte, daß ich dieses Gesicht noch einmal vor mir haben mußte, bevor ich sterbe.

Ich saß auf meinem Bett, die Beine hochgezogen, wie von innen her erstarrt in der kurzen Sommernacht. Ich saß da und dachte an alles, was ich hatte verscharren und beerdigen wollen, und wieder aufs neue, daß es nicht möglich war und daß ich zurück mußte und daß ich nicht vorher verenden und aus Ekel und Verzweiflung Schluß machen durfte, so ähnlich wie Moller. Ich mußte am Leben bleiben und mich retten, und es war egal, wonach ich griff. Ich wußte, daß die Nacht alles dramatischer macht und die Werte und die Begriffe vergrößert, aber ich saß trotzdem da und fühlte die Schattenflügel der Reue, der hilflosen Wut und der Trauer. Ich saß da, die Nacht wurde grau, ich sprach mit mir wie mit einem Kinde, ich wartete auf den Tag, und als er kam, war ich zerschlagen, als hätte ich die ganze Nacht mit einem Messer gegen eine unendliche Wand schwarzer Watte gekämpft, die nicht beschädigt worden war.

XIV.

Silvers schickte mich zu Cooper, dem Mann, der die Degas-Tänzerin gekauft hatte. Ich sollte ihm das Bild bringen und ihm helfen, es aufzuhängen. Cooper wohnte im vierten Stock eines Hauses an der Park Avenue. Ich erwartete, an der Tür von einem Diener abgefertigt zu werden, aber Cooper selber empfing mich in Hemdsärmeln. »Kommen Sie herein«, sagte er. »Wir wollen uns Zeit nehmen, einen Platz für diese grünblaue Dame zu finden. Wollen Sie einen Whisky? Oder lieber Kaffee?«

»Danke, ich nehme gerne einen Kaffee.«

»Ich nehme einen Whisky. In dieser Hitze das einzig Vernünftige.«

Ich widersprach nicht. Die Wohnung war sehr kühl; in ihr war die leichte Grabesluft künstlich gekühlter und durchlüfteter Räume. Coopers Kopf leuchtete darin wie eine reife Tomate. Verstärkt wurde das noch durch die Einrichtung, die französisch war, Louis XV., fast alles gefaßte oder vergoldete Stücke, zierlich, untermischt mit kleinen italienischen Sesseln und einer prachtvollen kleinen, gelben venezianischen Kommode. An den bespannten Wänden hingen französische Impressionisten.

Cooper löste das Papier von dem Degas und stellte ihn auf einen Stuhl. »Das war doch Schwindel mit dem Bild, wie?« fragte er. »Silvers behauptete, er hätte es seiner Frau geschenkt und sie würde Krach machen, wenn sie nach Hause käme! So ein Bluff!«

»Haben Sie es deshalb gekauft?« erwiderte ich.

»Natürlich nicht. Ich habe es gekauft, weil ich es haben wollte. Haben Sie eine Ahnung, was Silvers dafür verlangt hat?«

»Nicht die mindeste.«
»Dreißigtausend Dollar.«
Cooper sah mich forschend an. Ich wußte sofort, daß er log und mich aushorchen wollte. »Nun?« sagte er. »Viel Geld, nicht?«
»Für mich wäre es viel Geld.«
»Wieso? Was würden Sie dafür zahlen?«
Ich lachte. »Gar nichts!«
»Warum nicht?« fragte Cooper sehr schnell.
»Ich habe nicht das Geld dafür. Zwischen mir und dem Nichts stehen im Augenblick etwa fünfunddreißig Dollar.
Cooper ließ nicht nach. »Was würden Sie zahlen, wenn Sie das Geld dafür hätten?«
Ich hatte das Gefühl, daß ich für einen Kaffee genug ausgefragt war. »Alles, was ich besäße«, erwiderte ich. »Sie brauchen ja nur Ihre Bilder hier schätzen zu lassen, um zu wissen, daß Kunstbegeisterung gleichzeitig ein gutes Geschäft ist. Besser geht es doch gar nicht. Ich glaube, Silvers würde sie Ihnen gern mit hohem Profit wieder abkaufen.«
»Der Gauner! Um sie mir eine Woche später mit fünfzig Prozent Aufschlag wieder anzubieten!«
Cooper kollerte wie ein Truthahn nach der Mahlzeit – zufrieden und nicht mehr herausfordernd. »Also wo wollen wir die Tänzerin hinhängen?«
Wir gingen durch die Wohnung. Zwischendurch wurde Cooper ans Telefon gerufen. »Sehen Sie sich nur um«, rief er mir zu. »Vielleicht finden Sie schon einen Platz.«
Die Wohnung war mit feinem Geschmack eingerichtet. Cooper mußte selbst sehr viel verstehen oder ausgezeichnete Berater haben, wahrscheinlich beides. Ein Mädchen führte mich. »Hier ist Mister Coopers Schlafzimmer«, sagte sie, »da wäre noch Platz.«
Über einem breiten Bett im Jugendstil hing goldgerahmt eine Waldlandschaft mit einem röhrenden Hirsch und ein paar

Rehen, mit einer Quelle im Vordergrund. Ich sah dieses scheußliche Machwerk sprachlos an. »Hat Herr Cooper das selbst gemalt?« fragte ich dann. »Oder hat er es geerbt von seinen Eltern?«
»Das weiß ich nicht. Er hat es, seit ich hier bin. Herrlich, nicht wahr? So naturgetreu!«
»Das ist es. Man sieht den Dampf vor dem Maul des Hirsches. Ist Herr Cooper Jäger?«
»Nicht daß ich wüßte.«
Ich sah mich um und entdeckte gegenüber eine Venedig-Landschaft von Ziem. Mir wurden fast die Augen feucht vor Rührung, Coopers Geheimnis entdeckt zu haben. Hier, in seinem Schlafzimmer, brauchte er sich nicht in Positur zu setzen. Dies war es, was er wirklich liebte. Alles andere war Aufmachung, Geschäft und vielleicht sogar auch laue Zuneigung, wer konnte das wissen und wer wollte es? Aber dieser röhrende Hirsch, das war Passion, und diese sentimentale Venedig-Studie, das war Romantik.
»Wir wollen weitergehen«, sagte ich zu dem Mädchen. »Hier ist alles so, daß man es nur stören würde. Sind oben noch Räume?«
»Oben ist das Dachgeschoß und ein kleiner Salon.«
Sie führte mich eine Treppe hinauf. Aus dem Arbeitszimmer hörte ich Cooper mit barscher Stimme Befehle in das Telefon bellen. Ich war gespannt, ob das Arbeitszimmer ähnlich eingerichtet war wie das Schlafzimmer: Ein zweiter röhrender Hirsch wäre nicht unpassend gewesen.
In der Tür zur Terrasse blieb ich stehen. Unten lag New York in der schwülen Sommerhitze wie eine afrikanische Stadt mit Wolkenkratzern, so weit man sehen konnte. Am Horizont ahnte man das Meer. Es war eine Stadt aus Steinen und Stahl, und sie wirkte als das, was sie war: nicht allmählich entstanden und organisch gewachsen, nicht mit der Patina der Jahrhunderte, sondern entschlossen und rasch hingebaut von

entschlossenen Menschen, die nicht von Traditionen behindert waren und deren oberstes Gesetz nicht Schönheit, sondern Zweckmäßigkeit hieß und darum wieder eine neue, verwegene, antiromantische, antiklassische, moderne Schönheit. New York mußte man von oben sehen, dachte ich, nicht von unten, den Nacken hochgereckt zu den Wolkenkratzern. Von oben wirkten sie friedlich, gerade so, als ob sie dahin gehörten, wie Giraffen in einer Herde von Zebras, Gazellen und Riesenschildkröten. Ich hörte Cooper schnaufend die Treppe heraufschlurfen. »Haben Sie einen Platz gefunden?«
»Hier«, sagte ich und wies auf die Terrasse. »Aber die Sonne würde es bald zerstören. Eine Tänzerin über dieser Stadt, das wäre etwas. Vielleicht in den Salon nebenan? An der Wand, die der Sonne abgewandt ist.«
Wir gingen hinein. Der Salon war sehr hell, mit weißen Wänden und Möbeln, die mit Chintz bespannt waren. Auf einem Tisch standen drei chinesische Bronzen und ein Paar Tang-Tänzerinnen. Ich blickte Cooper an. Was empfand er? Hätte er nicht lieber statt der Chou-Bronzen drei Trinkhumpen gehabt und statt der Tanz-Terrakotten Porzellanzwerge?
»Dort«, sagte ich. »An der Wand hinter den Bronzen. Die grünblaue Patina der Bronzen hat denselben Ton wie der Tutu der Tänzerin.«
Cooper äugte und schnaufte immer noch. Ich hielt das Bild gegen die Wand. »Dann muß man ein Loch in die Wand machen«, sagte er schließlich. »Und wenn man das Bild später mal wegnimmt, ist das Loch da.«
»Sie können dann auch ein anderes Bild hinhängen«, sagte ich und betrachtete Cooper erstaunt. »Außerdem kann man das Loch wieder so zugipsen, daß man es kaum sieht.« Welch ein Pfennigfuchser! Aber so hatte er wahrscheinlich seine Millionen gemacht. Sonderbarerweise ärgerte mich das nicht, der röhrende Hirsch im Schlafzimmer versöhnte mich mit

allem. Für Cooper war alles andere in seiner Wohnung leicht feindlich, und er verstand es nicht ganz. Ebensowenig, wie er eigentlich verstand, daß man so viel Geld dafür ausgeben konnte. Das war auch der Grund, warum er mich ausfragen wollte. Er traute der Kombination Kunst-Geld nicht recht, und darin traf er sich sogar mit den wirklichen Liebhabern. Cooper entschied sich schließlich. »Aber machen Sie ein kleines Loch.«

»Das kleinste, das möglich ist. Sehen Sie diese beiden Patenthaken: Sie brauchen nur einen dünnen Nagel und tragen trotzdem ein großes Bild.«

Ich war rasch damit fertig. Cooper blieb mißtrauisch bei mir. Ich nahm mir dennoch Zeit, die chinesischen Bronzen zu betrachten und in die Hand zu nehmen. Sofort fühlte ich die sanfte Wärme der Patina, die gleichzeitig kühl zu sein schien. Es waren sehr schöne Bronzen, und sie gaben mir ein sonderbares Gefühl von finsterem Zuhausesein, sie waren so vollkommen, daß sie nichts anderes vermittelten, als eben vollkommen zu sein, dieses unbeschreibliche Gefühl, das man einen Augenblick hat, wenn man begreift, daß dieser Horde von rastlosen, blutjungen, kurzlebigen Wanderern über den Globus etwas geglückt ist, das mit der Illusion ›Ewigkeit‹ bezeichnet werden kann.

»Verstehen Sie was davon?« fragte Cooper.

»Etwas.«

»Was sind sie wert?« fragte er fast sofort, und ich hätte ihn umarmen können, er war so echt und voraussehbar.

»Sie sind unbezahlbar.«

»Was? Wieso? Sie sind eine bessere Kapitalanlage als Bilder?«

»Das nicht«, erwiderte ich, sofort vorsichtig, um Silvers nicht in die Flanke zu fallen, »aber sie sind sehr schön. Bessere gibt es im Metropolitan-Museum auch nicht.«

»Wirklich? Schau, schau! Irgendein Gauner hat sie mir mal angedreht.«

»Sie haben eben Glück.«
»Meinen Sie?« Er lachte wie sechs Truthähne und sah mich abschätzend an. Ich glaubte, er überlegte, ob er mir ein Trinkgeld geben könnte, ließ es dann aber sein. »Möchten Sie noch etwas Kaffee?«
»Danke.«
Ich ging zurück zu Silvers und berichtete ihm. »Dieser alte Halsabschneider«, erklärte Silvers. »Er versucht das jedesmal, wenn ich jemand zu ihm schicke. Er ist der geborene Gelegenheitskäufer. Hat auch mit einer Karre voll altem Eisen angefangen, dann hat er Züge voll von Schrotteisen verkauft. Später ist er in das Waffengeschäft eingestiegen. Zur rechten Zeit, vor dem Kriege. Hat fleißig Waffen und Schrotteisen nach Japan geliefert. Als er das nicht mehr konnte, versorgte er die Vereinigten Staaten. Für jeden Degas, den er kauft, müssen ein paar hundert oder tausend Menschen das Leben lassen.«
Ich hatte Silvers noch nie so ärgerlich gesehen. Der Vergleich mit dem Degas war natürlich falsch, aber trotzdem blieb er mir im Kopf. Falschheiten haben nun einmal mehr Beharrungsvermögen als Wahrheiten. »Warum verkaufen Sie ihm dann etwas?« fragte ich. »Werden Sie dann nicht mitschuldig?«
Silvers lachte, immer noch wütend. »Warum? Weil ich verkaufe? Ich kann mein Geschäft nicht wie ein Quäker ausüben! Und mitschuldig? An was? Am Krieg? Lächerlich!«
Es kostete mich Mühe, ihn zu beruhigen, das hatte ich davon, logisch denken zu wollen! So etwas führt jedesmal zu Mißverständnissen.
»Ich kann diese Händler auf den Tod nicht ausstehen«, sagte Silvers schließlich friedlicher. »Immerhin! Ich habe ihm fünftausend Dollar mehr abgenommen, als ich das Bild taxiert hatte, ich hätte noch fünftausend mehr rechnen sollen!«

Er holte sich einen Whisky und Soda. »Wollen Sie auch einen?«
»Danke. Ich habe schon zuviel Kaffee gehabt!«
So muß man Rache nehmen, dachte ich. In Zahlen! Wenn man das könnte, wäre man aus dem ganzen trüben Morast seiner Vergangenheit heraus. »Sie können das sicher nachholen«, sagte ich. »Er kommt vielleicht bald wieder. Ich habe ihm gesagt, daß der andere Degas mit dem, den er gekauft hat, ein wunderbares Paar ergäbe, und daß ich, aber das sei nur mein persönlicher Geschmack, den, der noch hier sei, künstlerisch beinahe noch interessanter fände.« Silvers sah mich nachdenklich an. »Sie entwickeln sich! Machen wir eine Wette. Wenn Cooper innerhalb eines Monats wegen des zweiten Degas zurückkommt, erhalten Sie hundert Dollar.«

Vor dem Hotel Plaza sah ich plötzlich Natascha. Sie überquerte den Platz mit den weitausladenden Bäumen, in Richtung zur 59. Straße. Es war das erste Mal, daß ich sie am Tage erblickte. Sie ging rasch, ein wenig vorgebeugt, mit großen Schritten, und sah mich nicht.
»Natascha«, sagte ich, als ich dicht neben ihr war. »Denkst du nach, welches Diadem du dir für heute abend von van Cleef und Arpels ausleihen solltest?«
Sie war eine Sekunde überrascht. »Und du?« erwiderte sie. »Hast du einen Renoir von Herrn Silvers gestohlen, um deine Rechnung im Morocco zu bezahlen?«
»Das ist der Unterschied«, seufzte ich. »Ich denke an Leihen, du gleich an Raub. Du wirst weiterkommen im Leben.«
»Aber dafür wird es vielleicht kürzer. Willst du mit mir essen kommen?«
»Wo?«
»Ich will dich einladen«, sagte sie lachend.
»Das geht nicht. Zum Gigolo bin ich schon zu alt. Ich habe auch zu wenig Charme.«

»Du hast gar keinen, aber das ist einerlei. Komm mit und laß deine moralischen Bedenken fahren. Wir essen alle immer hier im Abonnement. Keiner zahlt vor Monatsende. Für deine Würde ist also gesorgt. Außerdem möchte ich, daß du jemanden triffst. Eine alte Dame. Sehr reich. Sie will Bilder kaufen. Ich habe von dir erzählt.«
»Aber Natascha! Ich verkaufe doch keine Bilder!«
»Du nicht, aber Silvers. Und wenn du ihm Kunden zuführst, wird er dir eine Provision geben.«
»Was?«
»Eine Provision. Das ist üblich. Weißt du nicht, daß die Hälfte aller Menschen von gegenseitigen Provisionen lebt?«
»Nein.«
»Dann mußt du es lernen. Und nun komm. Ich habe Hunger. Oder hast du Angst?«
Sie sah mich herausfordernd an. »Du bist sehr schön«, sagte ich.
»Bravo.«
»Sollte etwas aus der Provision werden, mußt du mit mir essen gehen, Kaviar und Champagner.«
»Bravo. D'accord. Ist dann endlich genug getan für deine Ethik?«
»Genug. Jetzt habe ich nur noch Platzangst.«
»So verschieden von den andern bist du gar nicht«, sagte Natascha. Das Restaurant war ziemlich voll. Ich hatte das Gefühl, in einen eleganten Käfig mit Schmetterlingen, Dohlen und Papageien zu kommen. Kellner jagten umher. Natascha kannte, wie immer, viele Leute.
»Ich glaube, du kennst halb New York«, sagte ich.
»Unsinn. Ich kenne nur Nichtstuer und Leute, die mit Mode zu tun haben. So wie ich. Damit du nicht neue Platzangst bekommst, essen wir das Sommer-Menü.«
»Sommer-Menü ist ein hübscher Name.«

Sie lachte. »Es ist ein anderer Name für Diät. Ganz Amerika ißt nach irgendeiner Diät.«
»Warum? Alle sehen hier ziemlich gesund aus.«
»Um nicht dick zu werden. Amerika hat den Jugendfimmel und den Schlankheitsfimmel. Jeder will jung und schlank bleiben. Alter ist hier nicht gefragt. Der ehrwürdige Rat, der im alten Griechenland hoch geehrt war, würde in Amerika in ein Altersheim gesteckt.« Natascha zündete sich eine Zigarette an und blinzelte mir zu. »Wir wollen jetzt nicht darüber reden, daß der größte Teil der Welt hungert. Das wolltest du doch, oder nicht?«
»Ich bin nicht ganz so schlimm, wie du denkst. Ich habe nicht daran gedacht.«
»Na, na!«
»Ich habe an Europa gedacht. Dort hungert man noch nicht zu sehr, aber man hat viel weniger zu essen.«
Sie sah mich mit halb geschlossenen Augen an. »Glaubst du nicht, daß es für dich ganz gut wäre, etwas weniger an Europa zu denken?« fragte sie.
Ich war überrascht, daß sie das bemerkt hatte. »Ich versuche, nicht daran zu denken.«
Sie lachte. »Da kommt die reiche alte Dame.«
Ich hatte eine korpulente Puffotter erwartet, ein Gegenstück zu Cooper. Statt dessen kam eine zierliche Person mit silbernen Löckchen und roten Bäckchen, von der man annehmen konnte, daß sie stets gehegt und gepflegt worden sei und nie aus ihrem Puppendasein herausgekommen war. Sie war etwa siebzig Jahre alt und sah ohne Mühe wie fünfzig aus. Selbst das Alter wirkte bei ihr wie ein leicht zerknittertes Seidenpapier, in das sie eingewickelt war. Man sah es nur am Hals und auf den Händen. Um den Hals trug sie deshalb auch eine Art Collier aus vier übereinanderliegenden Perlenreihen, die viel verdeckten und die Frau noch zierlicher und empirehafter machten.

Sie interessierte sich für Paris und fragte mich danach. Ich hütete mich, ihr etwas von meinem Leben dort zu erzählen, ich tat so, als wäre dort kein Krieg. Ich sah Natascha an und redete von der Seine, von der Insel St. Louis, dem Quai des Grands Augustins, von den Sommernachmittagen in Luxembourg und den Abenden auf den Champs-Élysées und im Bois. Es wurde mir nicht schwer, davon zu sprechen, während ich Natascha ansah und merkte, wie ihre Augen zärtlicher wurden.

Das Essen kam rasch, und in knapp einer Stunde verabschiedete sich Mrs. Whymper. »Wollen Sie mich morgen nachmittag um fünf Uhr abholen?« fragte sie mich. »Wir können dann zur Galerie Silvers gehen.«

»Gern«, sagte ich und wollte noch etwas erklären, aber Natascha stieß mich unter dem Tisch mit dem Fuß, und ich schwieg.

Natascha lachte. »Das war schmerzlos, wie? Du wolltest ihr natürlich erklären, daß du für Silvers nur Kisten aufmachst, nicht wahr? Nicht nötig. Es gibt hier viele Leute, die sich damit befassen, reiche, hilflose Leute zu beraten und sie zu den Kunsthändlern zu führen, mit denen sie liiert sind.«

»Schlepper!« sagte ich.

»Berater«, erwiderte Natascha. »Ehrenwerte Leute, die arme, hilflose Millionäre vor räuberischen Kunsthändlern schützen. Gehst du zu ihr?«

»Ja«, sagte ich.

»Bravo!«

»Aus Liebe zu dir.«

»Doppeltes Bravo.«

»Offen gestanden, ich würde auch sonst hingehen. Ich bin bestechlicher, als du glaubst.«

Sie klatschte leicht in die Hände. »Du wirst allmählich fast reizend.«

»Ein Mensch, wie? Und in deiner Klassifikation?«

»Noch nicht ganz. Aber ein Denkmal, das sich bereits bewegt.«
»Es ging alles so überraschend schnell. Mrs. Whymper weiß doch nichts von mir.«
»Du hast über Dinge gesprochen, die sie liebt: Paris, den Sommer im Bois, die Seine im Herbst, die Quais, die Buchläden dort ...«
»Aber kein Wort über Bilder.«
»Das hat ihr besonders gefallen. Es war klug von dir. Nichts vom Geschäft.«
Wir gingen ganz gemächlich die 54. Straße entlang. Ich fühlte mich froh und leicht. Wir blieben an einem Antiquitätenladen stehen, in dem ägyptische Halsketten ausgestellt waren. Sie leuchteten in Türkisblau, und neben ihnen stand ein großer Ibis. Aus dem Auktionslokal Savoy kamen Leute, die Teppiche wegtrugen. Es war schön, das Leben zu fühlen. Wie weit eine Nacht entfernt sein konnte!
»Sehe ich dich heute abend wieder?« fragte ich.
Sie nickte.
»Im Hotel?«
»Ja.«
Ich ging die Straße zurück. Die Sonne war staubig. Es roch nach Auspuffgasen, und die Luft war heiß. Ich blieb vor dem Savoy-Auktionshaus stehen und ging schließlich hinein. Der Raum war halb voll, und es herrschte eine schläfrige Stimmung. Der Auktionator stand auf einer Art Kanzel und rief die Angebote aus. Die Auktion der Teppiche war vorbei, es wurden jetzt Heiligenfiguren versteigert. Auf einer Bühne wurden sie hergetragen und aufgestellt, eine nach der anderen; es wirkte fast, als würden sie für ein neues Martyrium vorbereitet. Einige waren noch verschnürt und wurden auf der Bühne aufs neue ausgepackt. Alles war sehr billig, die bunten Figuren waren nicht sehr gesucht. In Kriegszeiten werden Heilige eher ins Gefängnis gesteckt. Ich ging wieder

hinaus und betrachtete die Schaufenster. Zwischen schweren Renaissance-Möbeln standen zwei chinesische Bronzen, eine war eine Ming-Kopie, das konnte man leicht sehen, die andere aber konnte echt sein. Die Patina war schlecht und vielleicht sogar überarbeitet, trotzdem war etwas daran, was echt aussah. Mir schien, daß jemand, der nicht genug verstanden hatte, die Bronze für eine Kopie gehalten und sie umzufälschen versucht hatte. Ich kehrte in das dämmerige Lokal zurück und ließ mir einen Katalog der kommenden Auktion geben. Die Bronzen wurden ohne Altersangabe aufgeführt. Unter Zinnkrügen, Messinggegenständen und anderen billigen Dingen. Sie würden aber nur wenig kosten, da keine größeren Händler auf einer so harmlosen Auktion zu erwarten waren.

Ich verließ die Auktion und ging die 54. Straße hinunter zur Zweiten Avenue. Von dort bog ich rechts ab und ging weiter, bis ich in die Gegend der Brüder Lowy kam. Ich dachte darüber nach, die Bronze selbst zu kaufen und sie dann an Lowy senior weiterzuverkaufen. Ich war sicher, daß er sie nicht bemerkt hatte zwischen den Zinnkrügen und den schweren Möbeln. Dann dachte ich an Natascha und den Abend, an dem sie mich im Rolls-Royce ins Hotel gebracht hatte. Ich hatte mich überstürzt verabschiedet und war auch den letzten Teil der Fahrt sehr schweigsam gewesen, weil ich nachgedacht hatte, wie ich aus dem Luxusgefährt entkommen könnte.

Der kindliche Grund war gewesen, daß ich dringend austreten mußte. Da das aber in New York unendlich viel schwieriger war als in Paris, hatte ich durchzuhalten versucht, hatte dafür aber keine Zeit zu großem Abschied mehr gehabt. Natascha hatte mir entrüstet nachgesehen, und ich hatte mich, nach der ersten Erleichterung, sehr über mich geärgert und geglaubt, wieder alles verpatzt zu haben. Dann allerdings, am nächsten Tag, war mir gerade die Tatsache, daß ich

lieber leiden und durchhalten wollte, anstatt den Chauffeur zum nächsten Hotel zu dirigieren und Natascha im Auto warten zu lassen, als ein umgekehrtes Zeichen von Romantik erschienen, und ich hatte das zwar für albern, aber doch auch für ein Zeichen der Zuneigung gehalten und deswegen eine unerwartete Zärtlichkeit empfunden. Ich dachte jetzt mit derselben Zärtlichkeit wieder daran, als ich vor Lowys Laden ankam. Ich sah Lowy junior zwischen zwei weißgemalten Louis-XVI.-Sesseln stehen und träumend auf die Straße starren, gab mir einen Ruck, verzichtete auf mein erstes selbständiges Geschäft und trat ein.
»Wie geht es, Herr Lowy?« fragte ich vorsichtig in neutralem Ton, um bei diesem Romantiker nicht gleich anzustoßen.
»Gut! Mein Bruder ist nicht da. Er ißt koscher, das wissen Sie ja! Ich nicht«, fügte er sanft funkelnd hinzu. »Ich esse amerikanisch.« Die Lowy-Zwillinge erinnerten mich an die berühmten original-siamesischen Zwillinge, von denen einer ein Abstinenzler und der andere ein Säufer war. Da sie denselben Blutkreislauf hatten, mußte der unglückliche Abstinenzler nicht nur die Räusche, sondern auch die darauffolgenden Kater seines versoffenen Bruders aushalten. Wie immer litt die Tugend. So war bei den Lowys der eine ein orthodoxer, der andere ein freidenkender Jude.
»Ich habe eine Bronze gefunden«, sagte ich. »Sie kommt auf eine billige Auktion.«
Lowy junior winkte ab. »Sagen Sie das meinem faschistischen Bruder, ich habe jetzt keinen Sinn fürs Geschäft. Bei mir geht es ums Leben.« Er wandte sich mit einem Entschluß mir zu: »Sagen Sie ehrlich, was raten Sie mir: Heiraten oder nicht heiraten?«
Das war eine Fangfrage, ich konnte mit Ja oder Nein nur verlieren. »Was sind Sie astrologisch?« fragte ich zurück.
»Was?«
»Wann sind Sie geboren?«

»Was hat das damit zu tun? Am 12. Juli.«

»Das dachte ich mir. Sie sind Krebs. Hochempfindlich, familienliebend, künstlerisch.«

»Soll ich heiraten?«

»Krebse kommen schwer los. Sie halten fest, bis man ihnen die Scheren abreißt.«

»Was für ein scheußliches Bild.«

»Das Bild ist nur symbolisch. In die Sprache der Psychoanalytiker übertragen heißt es nur soviel wie: bis man ihnen die Geschlechtsorgane ausreißt.«

»Nur?« zeterte Lowy. »Lassen wir das! Einfach und schlicht: Soll ich heiraten?«

»Im katholischen Italien würde ich Ihnen raten: Nein. In Amerika ist es einfacher: Sie können sich wieder scheiden lassen.«

»Wer spricht von Scheidenlassen? Ich spreche von Heiraten.« Mein billiger Scherz, daß das fast dasselbe sei, wurde mir erspart. Ebenso der billige Rat, daß, wer danach fragte, es lassen sollte. Man heiratete oder nicht. Lowy senior betrat, leuchtend vom schweren koscheren Essen, den Laden.

Der jüngere Bruder warf mir einen Schweigeblick zu. Ich nickte.

»Was macht der Parasit?« fragte Lowy senior leutselig.

»Silvers? Er hat mir soeben freiwillig eine Gehaltsaufbesserung gegeben.«

»Kann er auch. Wieviel? Einen Dollar im Monat?«

»Hundert.«

»Was?«

Die beiden Lowys starrten mich an. Der Ältere faßte sich zuerst. »Er hätte Ihnen zweihundert geben sollen«, sagte er dann.

Ich bewunderte ihn und wollte ihm nicht nachstehen. »Hat er getan«, erwiderte ich. »Aber ich habe es abgelehnt. Ich finde, ich bin soviel noch nicht wert. In einem Jahr vielleicht.«

»Mit Ihnen kann man nie vernünftig reden«, brummte Lowy senior.
»Doch«, sagte ich. »Wenn es um Bronzen geht.«
Ich berichtete ihm von meiner Entdeckung. »Sie werden sie für mich ersteigern können. Jeder wird sie für falsch halten.«
»Und wenn sie falsch ist?«
»Dann haben wir uns geirrt. Oder möchten Sie, daß ich Sie gegen den Verlust versichere?«
»Warum nicht?« grinste Lowy. »Bei Ihrem Einkommen!«
»Ich kann sie auch selber kaufen. Das ist einfacher«, sagte ich ernüchtert. Ich hatte etwas mehr Dankbarkeit für den Tip erwartet. Wie immer, ein Irrtum. »Wie war die Linsensuppe?« fragte ich.
»Linsensuppe? Woher wissen Sie, daß ich die gegessen habe?«
Ich wies auf den Aufschlag seines Jacketts, wo eine zerdrückte halbe Linse prangte. »Viel zu schwer um diese Jahreszeit, Herr Lowy. Sie riskieren einen Schlaganfall. Guten Tag, meine Herren!«
»Sie sind ein menschenfreundliches Biest, Herr Ross«, erwiderte Lowy senior sauersüß. »Sie verstehen einen Scherz! Wie hoch soll man gehen für die Bronze?«
»Ich sehe sie mir noch ein paarmal an.«
»Gut. Ich kann das nicht. Wenn ich sie mir zweimal angesehen habe, wittern die Brüder drüben bereits Unrat. Sie kennen mich. Sagen Sie mir noch Bescheid?«
»Selbstverständlich.«
Ich war schon unter der Tür, als Lowy senior mir nachrief: »Das mit Silvers stimmt doch nicht, wie?«
»Doch!« sagte ich. »Aber ich habe ein besseres Angebot von Rosenberg.«
Ich war noch keine zehn Schritte gegangen, als ich das bereute. Nicht aus moralischen Gründen, sondern aus Aberglauben. Ich hatte in meinem Leben schon sehr viele Schwindelgeschäfte mit dem lieben Gott gemacht, an den ich immer

zu glauben begann, wenn ich in einer gefährlichen Situation war – so ähnlich wie die Stierkämpfer vor dem Kampf in ihrer Unterkunft in der Arena eine Muttergottes-Statue aufstellen, sie mit Blumen schmücken, vor ihr beten und gewaltige Versprechungen machen, Kerzen, Messen, ein frommes Leben, keinen Tequila mehr und so weiter. Ist dann der Kampf vorbei, wird die Muttergottes achtlos in einen Koffer zu schmutzigen Lumpen geworfen, die Blumen werden verkauft, die Versprechungen vergessen und die Tequilaflasche hervorgeholt – bis zum nächsten Stierkampf, wo sich alles wiederholt. Meine Schwindelgeschäfte mit dem lieben Gott waren von gleichem Kaliber gewesen. Aber außerdem gab es manchmal noch einen subtileren Aberglauben, den ich lange nicht gehabt hatte, weil er nicht darauf beruhte, eine Gefahr zu bannen, sondern eher darauf, eine Erwartung nicht zu verscheuchen. Ich blieb stehen. Aus einem Geschäft für Angler blickten mich ausgestopfte Hechte an, um die im Kreise Angelschnüre gelegt waren. Um eine Erwartung nicht zu verscheuchen, mußte man sie erst einmal auch haben, dachte ich und wußte plötzlich, daß ich aus denselben Gründen den Lowys mein kleines Geschäft überlassen hatte. Ich wollte nicht nur Gott, der auf einmal wieder sein schläfriges Haupt über die Hausdächer emporreckte, sondern auch das Schicksal für mich günstig stimmen, weil etwas eingetreten war, an das ich nicht mehr geglaubt hatte: Daß ich etwas erwartete und auf etwas wartete, und daß es nicht etwas Vernünftiges, Faßbares war, sondern etwas, das man eher als Wärme bezeichnen konnte, und das mir das beglückende Gefühl gab, noch nicht ganz ein Automat zu sein. Alle alten Klischees von Herzschlag, Atemzug und Atemlosigkeit fielen mir ein, und sie waren in dieser Minute richtig und von unerwartetem, doppeltem Leben überglänzt, dem meinen und dem ohne Namen.

XV.

Als ich am nächsten Morgen Silvers Mrs. Whympers Wunsch mitteilte, reagierte er mit Geringschätzung. »Whymper, Whymper? Wann will sie kommen? Um 5 Uhr? Ich weiß nicht, ob ich da bin.« Ich wußte genau, daß dieses faule Krokodil nichts zu tun hatte als auf Kunden zu warten und Whisky zu trinken. »Gut«, sagte ich, »verschieben wir es, bis Sie einmal Zeit haben.«
»Ach, bringen Sie die Dame nur her«, erwiderte er nachlässig. »Es ist immer einfacher, so etwas gleich hinter sich zu bringen.«
Gut, dachte ich. Das gibt mir die Möglichkeit, die Bronze im Savoy am Nachmittag anzusehen, wenn nicht so viele Käufer herumschwirren wie in der Mittagspause.
»Hat Ihnen die Einrichtung bei Cooper gefallen?« fragte Silvers.
»Sehr. Er muß ausgezeichnete Berater haben.«
»Das stimmt. Er selbst versteht nichts.«
Ich dachte, daß auch Silvers nichts verstünde, abgesehen von dem schmalen Gebiet französischer Impressionisten. Er hatte keinen Grund, so maßlos stolz darauf zu sein, es war sein Geschäft, ebenso wie Waffen und Eisenschrott Coopers Geschäft waren. So betrachtet war Cooper sogar im Vorteil – er hatte außerdem noch herrliche Möbel, während Silvers nichts als Polstersofas, Polstersessel und geradlinige, nüchterne, moderne Massenmöbel hatte.
Er mußte meine Gedanken erraten haben. »Es wäre leicht, mein Haus mit Möbeln des späten 18. Jahrhunderts einzurichten«, sagte er. »Ich tue es der Bilder wegen nicht. Dieser ganze Barock- und Rokokokram lenkt nur ab. Schnick-

schnack aus abgelebten Zeiten! Was sollen moderne Menschen damit?«

»Bei Cooper ist das anders«, erwiderte ich. »Er braucht die Bilder nicht zu verkaufen. Er kann sie in der Umgebung einordnen.«

Silvers lachte. »Wenn er sie wirklich in seine eigene Umgebung einordnen wollte, müßte er Maschinengewehre und leichte Geschütze dazwischenstellen. Das wäre angemessener.«

Ich entdeckte wieder die leichte Gehässigkeit, die er gegen Cooper hegte. Ich hatte Ähnliches auch schon bei anderen Kunden gemerkt. Silvers' so offensichtlich zur Schau gestellte Bonhomie war nur eine dünne Schicht, die standhielt. Wie bei billig vergoldetem Kupfer kam durch etwas Reiben bald die Unterschicht heraus. Er glaubte, indem er seine Kunden verächtlich machte, sie zu verachten. Was herauskam, war eher, daß er sie beneidete. Er redete sich selbst ein, sein Zynismus erhalte ihm seine Freiheit, aber es war eine billige Freiheit und sie glich der Freiheit des Angestellten, auf seinen Chef zu schimpfen, wenn dieser es nicht hörte. Obschon er die Eigenschaft vieler einseitig gebildeter Leute hatte, sich über alles, was er nicht verstand, zu belustigen, schützte diese bequeme Eigenschaft ihn nicht ganz, wie sie auch nicht echt war. Überraschend lugte aus alldem manchmal ein wüster Neurotiker hervor. Das machte ihn für mich interessant. Seine anderen süßen Predigten waren nur so lange erträglich, als sie Neues enthielten, dann wurden sie langweilig. Praktische Lebenskunst konnte rasch zum Gähnen reizen.

Ich ging mittags zum Savoy-Auktionshaus und ließ mir die Bronze zeigen. Es waren wenige Leute da, weil an diesem Tag keine Auktion stattfand. Schläfrig dämmerte der große Raum, der vollgestellt war mit Möbeln und Gegenständen des 16. und 17. Jahrhunderts. An den Wänden waren neue Ladungen von Teppichen gestapelt, mit Waffen, Speeren, alten Säbeln und Harnischen dazwischen. Ich mußte an Silvers und seine Bemerkung über Cooper denken und dann an das, was ich selbst über Silvers gedacht hatte. Ebenso wie Silvers bei Cooper, so war ich bei Silvers aus der uninteressierten, objektiven Beobachterrolle herausgetreten in Kritik und Subjektivität. Ich war nicht mehr ein Zuschauer, dem im Grunde alles gleichgültig war. Ich nahm teil und hatte Abneigungen, die ich vorher nicht gespürt hatte. Ich begriff, daß es an Zuneigung lag, die ich ebenfalls früher nicht gespürt hatte. Ich fühlte mich wieder eingeschaltet in das Wechselspiel des Daseins, ich stand nicht mehr beiseite, nur damit beschäftigt, zu überleben, etwas Neues war fast unmerklich dazugekommen, etwas, das meine falsche Sicherheit wie ein sehr fernes Rollen nicht mehr ganz so sicher erscheinen ließ. Alles schwankte ein wenig. Ich war dabei, wieder Partei zu nehmen, und das kam, das spürte ich deutlich, nicht vom Gehirn her. Es war primitiver und hatte etwas mit der einfachen Abneigung des Mannes allen anderen Männern gegenüber zu tun, der Abneigung gegen die Konkurrenten um die Frau. Ich stand am Fenster des Auktionshauses, die Bronze in der Hand, hinter mir die gähnende Halle mit dem Plunder verstaubter Vergangenheit, aber ich beobachtete die Straße, auf der Natascha jeden Augenblick auftauchen konnte, und ich fühlte die schwache Erregung, die mich gegen Silvers ungerecht hatte werden lassen und die mich in weitere Ungerechtigkeiten treiben würde, ich spürte sie in meinen Händen, es hatte mit Natascha zu tun, und ich wußte plötzlich, daß ich wieder etwas wollte, das über das bloße Überleben hinausging und das an den Irrgarten der Emotionen streifte, über dem die Fata Morganas lautlos hingen und wo Recht eines der belanglosesten Prinzipien war.

Ich legte die Bronze zurück. »Sie ist nicht alt«, sagte ich zu dem Mann, der sie mir hereingeholt hatte, einem alten Wärter mit schweißigem Haar, der Gummi kaute und dem nichts gleichgültiger war als meine Ansicht. Die Bronze war alt, aber ich hatte, trotz meines neuen Zustandes, genug Geistesgegenwart, mich zu hüten, es auszuposaunen. Langsam ging ich die Straße hinauf, bis ich auf der gegenüberliegenden Seite zu dem Restaurant kam, in dem ich mit Natascha gesessen hatte. Ich ging nicht hinein, aber ich hatte das Gefühl, als phosphoreszierte der Eingang um eine Spur mehr als die anderen daneben, obschon der nächste sogar zu einem Schaufenster der Firma Bakkarat gehörte, das von Kristall und Gläsern nur so glänzte.

Ich holte Mrs. Whymper ab. Sie wohnte in einem Haus in der Fifth Avenue. Ich war pünktlich da, aber sie schien es nicht eilig zu haben. Ich sah keine anderen Bilder bei ihr als ein paar Romneys und einen Ruisdael. »Ist es zu früh für einen Martini?« fragte sie mich.
Ich sah, daß sie einen vor sich stehen hatte. Er sah aus wie Wodka. »Ist das ein Wodka-Martini?« fragte ich.
»Wodka-Martini? Was ist denn das? Dieser hier ist aus Gin und einem Hauch Wermut.«
Ich erklärte ihr, daß ich im Hotel Reuben gelernt habe, man könne statt des Gins auch Wodka nehmen.
»Das ist drollig. Wir müssen das einmal probieren.« Mrs. Whymper schüttelte ihre Löckchen und drückte auf eine Klingel. »John«, sagte sie zu dem eintretenden Diener. »Haben wir Wodka im Hause?«
»Jawohl, Madame.«
»Dann mischen Sie doch für Herrn Ross einen Martini damit. Wodka statt Gin.« Sie wandte sich mir zu. »Französischen Wermut oder italienischen? Mit oder ohne Olive?«
»Französischen Wermut. Und keine Olive. So habe ich ihn kennengelernt. Aber machen Sie sich meinetwegen keine Mühe. Ich trinke auch einen Gin-Martini.«
»Nein, nein! Man soll immer noch etwas lernen, wenn man

kann. Machen Sie auch einen für mich, John. Ich will ihn einmal probieren.«
Ich sah, daß die puppenhafte alte Dame eine Schnapsdrossel war und hoffte nur, daß sie nüchtern genug bei Silvers anlangen würde. John brachte die Gläser. »Chin-chin«, sagte Mrs. Whymper fröhlich und trank gierig.
Sie schaffte auf den ersten Schluck das halbe Glas. »Gut!« erklärte sie. »Wir müssen das hier einführen, John. Schmeckt herzhaft.«
»Sehr wohl, Madame.«
»Von wem haben Sie das Rezept?« fragte sie mich.
»Von jemandem, der nicht wollte, daß sein Atem nach Alkohol riecht. Er konnte sich das nicht erlauben und behauptete, bei Wodka röche man das nicht.«
»Wirklich nicht? Wie drollig! Haben Sie es probiert? Stimmt es?«
»Es kann sein. Für mich war es nie wichtig.«
»Nein? Haben Sie niemand, bei dem es wichtig ist?«
Ich lachte. »Die Leute, die ich kenne, trinken alle selbst gern.«
Mrs. Whymper sah mich schräg von unten an wie ein Vogel. »Es ist gut für das Herz«, sagte sie dann unvermittelt. »Und auch für den Kopf. Es macht klar. Wollen wir noch jeder ein halbes Glas nehmen? Als Steigbügeltrunk?«
»Gern«, sagte ich widerstrebend und sah eine lange Reihe halber Steigbügeltrunke voraus. Aber ich wurde überrascht. Mrs. Whymper stand auf, als wir den Steigbügeltrunk hinter uns hatten, und klingelte. »Ist der Wagen draußen, John?«
»Jawohl, Madame.«
»Gut. Dann wollen wir mal Herrn Silvers besuchen.«
Gemeinsam verließen wir das Haus.
Wir stiegen in einen großen schwarzen Cadillac. Ich hatte komischerweise nicht daran gedacht, daß Mrs. Whymper ihren eigenen Wagen nehmen würde, sondern mir schon den Kopf zerbrochen, wo in dieser Gegend der nächste Taxistand

sei. John kam aus dem Hause mit uns, um uns zu fahren. Ich fand, daß mein Fortschritt in Automobilen nicht schlecht sei – ein Rolls, ein Cadillac, beide mit Chauffeuren, in so kurzer Zeit, dagegen war nichts zu sagen. Ich sah auch einen kleinen Autoschrank, ähnlich wie im Rolls-Royce, und hätte mich nicht gewundert, wenn Mrs. Whymper einen neuen Steigbügeltrunk hervorgezaubert hätte, aber sie tat es nicht. Statt dessen unterhielt sie sich mit mir über Frankreich und Paris in einem ziemlich holperigen, amerikanischen Französisch, auf das ich sofort einging, da es mir ohne Mühe ein Übergewicht verschaffte, das ich glaubte bei Silvers brauchen zu können.
Ich erwartete, daß Silvers mich bald wegschicken würde, um seinen eigenen Charme spielen zu lassen. Aber Mrs. Whymper hielt mich noch einige Zeit fest. Schließlich erklärte ich, ein paar Wodka-Martinis machen zu wollen. Mrs. Whymper klatschte in die Hände. Silvers sah mich strafend an, er hatte allenfalls mit einem Scotch gerechnet und fand alles andere barbarisch. Ich erklärte ihm, daß der Arzt Mrs. Whymper Scotch-Whisky verboten habe, und machte mich auf den Weg zur Küche. Ich fand, mit Hilfe der Köchin, schließlich auch eine Flasche Wodka.
»So was trinken Sie nachmittags?« fragte die hagere Köchin.
»Nicht ich. Die Kunden.«
»Sie sollten sich schämen!«
Es war sonderbar, wie oft ich verantwortlich gemacht wurde für die Fehler anderer Leute. Ich blieb am Küchenfenster stehen und schickte die Köchin mit den Martinis und dem Scotch zu Silvers hinüber. Draußen hockten Tauben auf der Fensterbank. New York war, wie Venedig, so voll von ihnen, daß sie zahm waren und überall umherflogen und nisteten. Ich fühlte die Kühle der Fensterscheibe an meiner Stirn. Wo werde ich einmal enden? dachte ich. Die Köchin kam zurück. Ich begab mich wieder auf meinen Beobachtungsposten im

Bilderraum und sah, daß Silvers inzwischen ein paar kleine Renoirs herausgeholt hatte. Ich wunderte mich darüber, er liebte es sonst zu zeigen, daß er einen Gehilfen hatte.
Nach einiger Zeit kam er herein. »Sie haben ja Ihren Cocktail vergessen. Kommen Sie.«
Mrs. Whymper hatte ihr Glas ausgetrunken. »Da sind Sie ja«, sagte sie. »Schon untreu? Oder haben Sie Angst vor Ihren eigenen Martinis?«
Sie saß aufrecht und puppenhaft da, nur ihre Hände waren nicht weich und klein. Sie waren dünn, hart und knochig. »Was meinen Sie zu dem kleinen Renoir?« fragte sie.
Es war ein Blumenstilleben aus der Zeit von 1880. »Er ist wunderbar«, erwiderte ich. »Es wird schwer für uns sein, mit einem ähnlichen wiederzukommen, wenn er verkauft ist.«
Mrs. Whymper nickte. »Wollen wir noch einen sehr kleinen Steigbügeltrunk nehmen? An Tagen wie diesem macht mir meine Migräne immer sehr zu schaffen. Einseitig, Trigeminus, scheußlich. Der Arzt sagt, das einzige, was hilft, ist Alkohol. Erweitert die Blutgefäße. Was man nicht alles für seine Gesundheit tun muß.«
»Ich verstehe das«, sagte ich. »Ich habe auch ein paar Jahre Trigeminusneuralgie gehabt. Sehr schmerzhaft.«
Mrs. Whymper gab mir einen warmen Blick, als hätte ich ihr ein Kompliment gemacht. Ich ging in die Küche zurück. »Wo ist der Wodka?« fragte ich.
»Man könnte ins Kloster gehen«, erwiderte die Köchin. »Drüben steht er. Die haben wenigstens noch keine Diät.«
»Doch. Die Mönche waren die ersten. Sogar eine strenge.«
»Wovon sind sie dann so dick?«
»Weil sie das Falsche essen.«
»Sie sollten sich schämen, sich über eine einfache Frau in ihrer Verzweiflung lustig zu machen. Wozu habe ich kochen gelernt, wenn ich es dann nicht darf? Ich war Pastetenköchin im Jockeyklub in Wien, mein Herr! Und nun pfusche ich hier

Salate ohne Öl zusammen, und ein Stück Butter wird wie Zyankali behandelt! Von einer anständigen Sachertorte gar nicht zu reden! Das gilt hier als Landesverrat.«

Ich verschwand mit den beiden Martinis. Mrs. Whymper wartete schon darauf. »Sie haben sie zu groß gemacht«, sagte sie und trank ihr Glas in einem Zug aus. »Bis morgen dann. Um fünf. Herr Silvers sagte mir, Sie möchten das Bild selbst aufhängen bei mir.«

Wir geleiteten sie hinaus. Die Martinis waren ihr nicht anzumerken. Ich brachte sie zu ihrem Wagen. Der erste Hauch des frühen Abends lag in der heißen Luft. Die Wärme stand zwischen den Häusern wie ein Block unsichtbaren Gelees, aber die Blätter der Bäume begannen trocken zu rascheln, als wären es Palmen.

Ich ging zurück. »Mrs. Whymper«, sagte Silvers nachlässig. »Warum haben Sie mir das nicht gleich gesagt? Natürlich kenne ich sie.« Ich blieb stehen. »Ich habe es Ihnen gesagt«, erwiderte ich.

Er winkte ab. Whympers gibt es viele. »Sie haben mir nicht gesagt, daß es sich um Mrs. André Whymper handelt. Ich kenne sie seit langem. Nun, es macht ja nichts.«

Ich war verblüfft. »Hoffentlich nehmen Sie es mir nicht übel«, sagte ich sarkastisch.

»Warum soll ich es Ihnen übelnehmen?« erwiderte Silvers. »Immerhin, offensichtlich hat sie etwas gekauft.«

Silvers schien eine Mücke zu verscheuchen. »Das weiß man noch lange nicht. Diese alten Damen geben Bilder ein dutzendmal zurück, und zum Schluß sind die Rahmen ruiniert und sie kaufen gar nichts. Das Geschäft ist nicht so einfach, wie Sie denken.« Silvers gähnte. »Es ist Zeit, daß wir Schluß machen. Man wird müde in der Hitze. Auf morgen. Packen Sie noch die Bilder weg.«

Er ging. Ich starrte ihm nach. So ein Gauner, dachte ich. Er will mich wahrscheinlich um die Provision bringen und behaupten, ich habe ihm keinen neuen Kunden gebracht, sondern nur einen alten, den er schon lange kannte. Ich nahm die drei Renoirs, die er gezeigt hatte, und brachte sie in das Bilderzimmer.

»Der Rolls-Royce!« sagte ich, als ich um die Ecke kam. Da stand er mit dem Chauffeur, und ich war glücklich. Ich hatte darüber nachgedacht, wohin ich Natascha heute abend nehmen könnte, und keinen Rat gewußt. Überall war es zu warm. Der Rolls-Royce war die Lösung.
»Hochstapelei scheint mir zu folgen wie ein Schatten«, sagte ich.
»Hast du den Wagen wieder bis zum Theaterschluß?«
»Länger«, erklärte Natascha. »Bis Mitternacht. Um Mitternacht muß er vor El Morocco stehen.«
»Du auch?«
»Wir beide.«
»Mrs. Whymper hat einen Cadillac«, sagte ich. »Hat sie vielleicht auch einen Rolls-Royce? Oder hast du einen neuen Kunden für Silvers?«
»Das werden wir noch sehen. Wie ist es mit Mrs. Whymper gegangen?«
»Sehr leicht. Sie hat einen sehr hübschen Renoir gekauft. Er paßt in ihr Puppenheim.«
»Puppenheim«, sagte Natascha und lachte. »Diese Puppe, die aussieht, als könne sie nur die Augen aufklappen und hilflos in die Welt lächeln, ist Präsidentin von zwei großen Gesellschaften. Und dort ist sie keine Frühstücksdirektorin. Sie weiß Bescheid.«
»Wirklich?«
»Du wirst noch deine Wunder erleben mit den Frauen in Amerika.«
»Warum mit den Frauen in Amerika? Mir genügen die Wunder mit dir, Natascha.«

Sie wurde zu meinem Erstaunen rot bis in die Haarwurzeln. »Genügen dir die?« murmelte sie. »Ich glaube, ich muß dich öfter zu Frauen wie Mrs. Whymper schicken. Du kommst mit überraschenden Ergebnissen zurück.«

Ich schmunzelte.

»Fahren wir doch zum Hudson hinaus«, sagte Natascha. »Erst zu den Piers mit den Ozeandampfern und dann den Hudson entlang, bis zur George-Washington-Brücke und weiter, am Wasser entlang, bis wir an eine kleine Kneipe kommen, die uns gefällt. Mir ist heute nach kleinen Kneipen und Mondlicht und Flußdampfern zumute. Ich möchte eigentlich lieber mit dir nach Fontainebleau fahren, wenn der Krieg zu Ende wäre, aber dort würden mir als der Geliebten eines Deutschen die Haare geschoren, und du würdest als Staatsfeind an die Mauer gestellt werden. Bleiben wir also bei Hamburgern und Coca-Cola in diesem merkwürdigen Land.«

Sie lehnte sich an mich. Ich fühlte ihr Haar und ihre kühle Wärme. Sie wirkte immer, als würde sie nie schwitzen, selbst in diesen heißen Tagen. »Warst du ein guter Journalist?« fragte sie.

»Nein. Zweiten Ranges.«

»Und jetzt kannst du nicht mehr schreiben?«

»Für wen? Ich kann nicht genug Englisch. Ich habe schon lange nicht mehr schreiben können.«

»Dann bist du wie ein Klavierspieler ohne Klavier?«

»So kann man es nennen. Hat dein unbekannter Gönner dir etwas zu trinken hinterlassen?«

»Wir wollen einmal sehen. Du willst nicht gern über dich sprechen?«

»Nicht besonders.«

»Das kann ich verstehen. Auch nicht über deinen jetzigen Beruf?«

»Als Schlepper und Laufjunge?«

Natascha öffnete das Fach mit den Flaschen. »Du siehst, wir sind Schatten«, sagte sie. »Sonderbare Schatten von früher. Wird es je anders werden? Da ist polnischer Wodka! Wie er wohl dazu gekommen ist? Polen existiert doch gar nicht mehr.«

»Nein«, erwiderte ich bitter. »Polen existiert nicht mehr. Aber polnischer Wodka hat überlebt. Soll man darüber lachen oder weinen?«

»Man soll ihn trinken, Liebling.«

Sie holte zwei Gläser hervor und schenkte ein. Der Wodka war sehr gut und sogar kalt. In dem kleinen eingebauten Schrank war auch ein Kühlfach angebracht. »Zwei Schatten in einem Rolls-Royce«, sagte ich. »Mit kaltem polnischem Wodka. Salute, Natascha!«

»Könntest du Soldat werden?« fragte sie. »Wenn du wolltest.«

»Nein. Niemand will mich haben. Hier bin ich ein feindlicher Ausländer und muß froh sein, daß man mich nicht in ein Internierungslager steckt. Du hast recht, ich bin weder Fisch noch Fleisch, aber so ging es mir in Europa auch. Dies ist bereits ein Paradies. Ein Schattenparadies, wenn du willst, abgetrennt von allem, was andern wichtig ist und mir noch wichtiger. Ein Überwinterungsparadies meinetwegen. Das Paradies eines unfreiwilligen Zuschauers. Ach, Natascha! Reden wir von dem, was für uns übriggeblieben ist! Von der Nacht, den Sternen, dem Funken Leben, der in uns noch zittert, und nicht von der Erinnerung. Sieh den Mond an! Die Passagierschiffe der Luxuslinien sind Truppentransportdampfer geworden. Wir aber stehen hinter den eisernen Geländern dessen, was man Weltgeschichte nennt, und müssen hilflos und zwecklos warten und in den Zeitungen die Nachrichten über Siege und Verluste und zerbombte Länder lesen, und weiter warten und wieder jeden Morgen aufstehen und Kaffee trinken und warten, bei Silvers und Mrs. Whympers, während das Blut in der Welt steigt, jeden Tag einen Zentimeter höher. Ja, du hast recht, es ist eine armselige Schattenparade.«

Wir blickten über die Piers. Sie lagen fast leer im grünen Licht. Nur ein paar Schiffe waren vertäut, eisengrau, niedrig und ohne Licht. Wir stiegen wieder ein. »Da fliegen meine albernen und unzeitgemäßen Träume hin«, sagte Natascha. »Meine Sentimentalität auch. Verzeih mir.«

»Ich dir verzeihen? Was hast du nur für seltsame Gedanken! Du solltest mir verzeihen für die Plattitüden, die ich geredet habe. Schon daraus siehst du, was für ein schlechter Journalist ich war! Wie hell das Wasser ist. Vollmond!«

»Wohin möchten Sie jetzt fahren, Madame?« fragte der Chauffeur.

»Zur George-Washington-Brücke. Langsam.«

Wir schwiegen eine Zeitlang. Ich machte mir Vorwürfe wegen meiner idiotischen Schwerfälligkeit. Ich benehme mich wie ein Mann, den ich im Morocco bittere Tränen über das Schicksal Frankreichs weinen sah und der es sicher ehrlich meinte. Aber die Etikette der Trauer ist strenger als die der Freude. Es wirkte lächerlich. Ich grübelte vergeblich darüber nach, wie ich aus meiner Sackgasse herauskommen könnte. Natascha wandte sich plötzlich mir zu. Ihre Augen strahlten. »Wie schön das ist. Das Wasser und die kleinen Schleppboote und drüben die Brücke!«

Sie hatte längst vergessen, was vorher gewesen war. Ich hatte das schon ein paarmal bemerkt. Sie war rasch und vergaß auch rasch, es war sehr beglückend für einen Elefanten wie mich, mit dem zähen Gedächtnis für Mißgeschicke und dem schlechten für Freude. »Ich bete dich an«, sagte ich. »Hier, jetzt, unter diesem Mond und neben diesem Fluß, der ins Meer mündet und in dem sich hunderttausend zerbrochene Monde spiegeln. Ich bete dich an und wage sogar, furchtlos das uralte Klischee zu benützen und zu sagen, daß die Washington-Brücke wie ein Diadem über dem unruhigen Hudson hängt und daß ich wollte, es wäre wirklich ein Diadem und ich wäre Rockefeller oder Napoleon der Vierte oder der Besitzer von van Cleef und Arpels. Sehr kindisch, aber das war notwendig.«

»Wieso kindisch? Brauchst du immer eine Rückversicherung? Oder weißt du wirklich nicht, wieviel solche Kindlichkeiten Frauen leicht ertragen können?«

»Ich bin ein geborener Feigling, der sich immer aufs neue Mut machen muß.«

Ich küßte sie.

»Ich wollte, ich hätte Autofahren gelernt«, sagte ich.

»Das kannst du doch jeden Tag lernen.«

»Autofahren für einen Rolls-Royce. Dann könnten wir den Anstandswächter vor einer Bierkneipe absetzen. Ich komme mir vor, als wäre ich in Madrid; immer von einer Duenja begleitet.«

Sie lachte. »Er stört uns doch gar nicht. Er kann nicht Deutsch und kein Wort Französisch außer: Madame.«

»Er stört uns nicht?« fragte ich.

Sie schwieg einen Augenblick. »Darling, das ist doch das Unglück der Großstadt«, murmelte sie dann. »Man ist fast nie allein.«

»Wie bekommt man dann hier Kinder?«

»Weiß der Himmel!«

Ich klopfte an die Zwischenscheibe. »Würden Sie bitte drüben halten, wo der kleine Garten ist?« fragte ich den Chauffeur. Ich reichte ihm einen Fünfdollarschein durch das Fenster. »Gehen Sie dann bitte irgendwo zum Abendessen. Und holen Sie uns in einer Stunde wieder ab.«

»Sehr wohl, mein Herr.«

»Siehst du!« sagte Natascha.

Wir stiegen aus und sahen den Wagen in der Dunkelheit verschwinden. Im gleichen Augenblick brach aus dem offenen

Fenster hinter dem Garten der Lärm eines Musikautomaten. Der Garten, der sehr klein war, lag voll von Coca-Cola-Flaschen, Bierkannen und Eiscremeschachteln.
»Der Friede der Großstadt!« sagte Natascha. »Und der Chauffeur kommt erst in einer Stunde wieder!«
»Wir könnten spazierengehen, am Ufer.«
Sie wies auf die Menschenmenge, die in der Schwüle nach Kühlung schnappte.
»Spazieren? In diesen Schuhen?«
Ich machte plötzlich einen langen Schritt auf die Straße hinaus und winkte wie eine Windmühle. Ich hatte im Straßenlicht den eckigen Kühler eines Rolls-Royce erkannt. So viele gab es nicht am Hudson; es mußte der Chauffeur sein, der gewendet hatte.
Nataschas Augen glänzten vor unterdrücktem Gelächter. »Was jetzt?« sagte sie. »Wo können wir essen?«
»Draußen ist es überall schauderhaft«, sagte der Chauffeur. »Im Blue Ribbon ist es kühl. Der Sauerbraten ist erstklassig.«
»Sauerbraten«, sagte ich.
»Sauerbraten!« wiederholte er. »Erstklassig!«
»Ich will verdammt sein, wenn ich in New York Sauerbraten oder Sauerkraut esse«, sagte ich zu Natascha. »Es wäre wie Hitler hochleben zu lassen. Fahren wir zur Dritten Avenue, da gibt es viele Lokale.«
»Zum King of the Sea, mein Herr?« sagte er.
»Zum King of the Sea! Es hat auch Klimaanlage.«
»Sauerkraut«, erklärte Natascha, »ist, um es richtigzustellen in diesem nationalen Wettstreit, ein elsässisches Gericht!«
»Das Elsaß gehörte längere Zeit zu Deutschland.«
»Wir kommen von der Politik nicht los. Fahren Sie zur Dritten Avenue zurück. Der Ozean ist einstweilen noch neutral.«
Ich unterließ es, das zu bestreiten, es wäre zu einfach gewesen. Ich war schließlich selbst mit gelöschten Lichtern im

Zickzack, um Unterseebooten zu entgehen, herübergekommen. Was war schon neutral, wenn Gott selbst es nicht mehr war, sondern vor jeder Schlacht von einem Feldgottesdienst zum andern raste?«
Im King of the Sea trafen wir auf Kahn. Er war der letzte Esser dort und hockte einsam und selbstvergessen vor einer Schüssel voller riesiger Krabbenbeine. »Der Mann mit den vielen Hobbys«, sagte ich zu Natascha. »Er hat die Welt zu einer Hobbysammlung gemacht und bringt sich auf diese Weise durch.«
»Nicht schlecht.«
»Essen Sie nach den Krabben auch Eiscreme?« fragte ich Kahn.
»Das habe ich einmal versucht. Es ist mir schlecht bekommen. Man muß die Hobbys auseinanderhalten.«
»Sehr weise.«
Wir ließen uns nieder, als ob wir eine große Reise hinter uns hätten. Ich beschloß, Natascha nicht ins El Morocco zu führen. Ich wollte nicht noch mehr ihrer Freunde kennenlernen.

XVI.

Ich ging mittags zu Kahn. Er lud mich zum Essen ein. Wir gingen in ein chinesisches Restaurant. Kahn hatte eine große Vorliebe für chinesisches Essen. Er hatte das von Paris mitgebracht, aber Paris war dürftig gewesen gegen New York. Chinatown war ein ganzer Stadtteil von New York.

Wir fuhren mit dem Omnibus bis zur Mottstraße. Das Restaurant lag in einem Keller, zu dem man ein paar Stufen hinuntergehen mußte. »Es ist merkwürdig, wie wenig Chinesinnen man in New York sieht«, sagte Kahn. »Entweder sind sie versteckt in ihren Häusern, oder die Chinesen haben das Problem der Parthenogenese gelöst. Kinder sieht man genug, aber wenig Frauen. Dabei sind Chinesinnen die wunderbarsten Frauen der Welt.«

»In Romanen.«

»In China«, sagte Kahn.

»Waren Sie da?«

»Ja. 1930. Zwei Jahre.«

»Und Sie sind zurückgekommen? Warum?«

Kahn lachte, daß er sich schüttelte. »Heimweh!«

Wir bestellten in Öl gebratene Shrimps. »Wie geht es Carmen?« fragte ich. »Sie sieht aus wie eine Kreuzung zwischen einer Polynesierin und einer sehr hellen Chinesin. Sehr tropisch und tragisch.«

»Sie ist in Pommern geboren, in Rügenwalde. So etwas kommt vor. Zum Glück war sie Jüdin, das half ihr, diesen Komplex zu überwinden.«

»Sie sieht aus, als wäre sie aus Timbuktu, Hongkong oder Papeete.«

»Geistig ist sie aus Kötzschenbroda. Eine faszinierende Mischung. Ich kann mir ungefähr vorstellen, wie Sie in einer bestimmten Situation reagieren werden oder was Sie denken. Bei Carmen kann ich es nicht. Sie ist mir so außergewöhnlich fremd, daß ich nie weiß, was sie denkt oder wie sie reagiert. Sie ist nicht, wie Sie meinen, eine romantische Mischung aus Yokohama, Kanton und den Gewürzinseln – sie kommt von viel weiter her. Von den Kratern des Mondes, aus einer Urlandschaft reiner Dummheit, Einfalt oder Simplizität, zu der wir andern den Weg längst verloren haben. Sie ist immer neu wie am ersten Tag. Das Weib in seiner Vollendung. Sie gibt sich nicht die geringste Mühe; sie hat nie Zweifel; sie ist da und damit gut. Wollen Sie noch eine Portion Schmetterlingsshrimps bestellen? Sie sind herrlich.«

»Gut.«

»Dummheit ist ein kostbares Gut«, sagte Kahn. »Einmal verloren, nie wieder zu gewinnen! Sie schützt wie ein Zaubermantel. Man sieht die Gefahren gar nicht, an denen der Intellekt scheitert. Ich habe einen Kursus in künstlicher Dummheit gemacht. Ich habe mich darin trainiert, und ich habe gut gelernt, sonst wären mir ein paar meiner Streiche in Frankreich übel bekommen. Aber das alles ist natürlich nur ein erbärmlicher Ersatz für wirkliche, strahlende Dummheit, besonders wenn sie sich mit einem Gesicht paart, das für die Duse geschaffen sein könnte, und als drittes zu einer Jüdin gehört. Sehr dumme Juden sind so selten wie gescheckte Zebras.«

»Da irren Sie sich. Die Juden sind ein sentimentales, vertrauensseliges Volk mit künstlerischer und geschäftlicher Begabung, witzig, aber längst nicht immer klug.«

Kahn grinste. »Sehr dumme Juden, habe ich gesagt. Da, wo die Dummheit parzivalisch und fast heilig wird.«

Ich verschluckte mich. Carmen als Parzival oder Lohengrin, das paßte so wenig zusammen, daß etwas darin stimmte. Ich liebte abstruse Illusionen und hatte mir meine Zeit in Brüssel manchmal damit vertrieben, welche zu erfinden. Auch jetzt waren sie noch imstande, mich sofort in heitere Laune zu versetzen. Sie waren wie der heilige Ruck der Erleuchtung bei der Zen-Religion. Der unerwartete Vergleich reichte über die Logik ins Kosmische hinaus.

»Wie geht es Ihnen sonst?« fragte ich, »was machen die Geschäfte?«

»Ich langweile mich«, erwiderte Kahn und sah sich im Lokal um. Die Chinesen bedienten, außer den Kellnern waren keine da.

Dafür sah man die unbeholfenen Versuche kräftiger, schwitzender Geschäftsleute, mit Stäbchen zu essen. Die ausgezogenen Jacketts hingen dabei wie Seelengespenster über den Rücken der Stühle. Kahn aß elegant wie ein Mandarin der zweiten Stufe. »Ich langweile mich grenzenlos«, sagte er. »Das Geschäft geht gut. Ich könnte in einigen Jahren erster Verkäufer sein, dann in noch einigen Jahren einen Anteil kaufen, dann in noch einigen Jahren vielleicht sogar das Geschäft. Verführerisch, was?«

»In Frankreich wäre es eine verführerische Idee gewesen.«

»Eine Idee. Da war Sicherheit das große Abenteuer, weil es sie nicht gab. Aber zwischen einer Idee und ihrer Wirklichkeit ist ein riesiger Unterschied. Es sind oft sogar Kontraste. In der Sicherheit wird Sicherheit wieder das, was sie eigentlich ist: Langeweile. Wissen Sie, was ich glaube? Daß unser jahrelanges Zigeunerdasein uns für die bürgerlichen Ideale verdorben hat.«

Ich lachte. »Nicht uns alle. Die meisten nicht. Für viele war es ein zu überlebendes Zigeunerdasein, als wenn Reisende in Mehl und Hühnerfutter auf dem Trapez arbeiten müßten. Sobald sie herunterklettern können, sind sie wieder beim Mehl und beim Hühnerfutter.«

Kahn wiegte den Kopf. »Nicht alle. Sie sind tiefer aufgerührt worden, als Sie glauben.«

»Dann werden sie gestörte Mehlhändler und Körnerreisende.«
»Und die Künstler? Die Schriftsteller, die Schauspieler, die nicht arbeiten können? Sie sind inzwischen zehn Jahre älter geworden. Wie alt werden sie werden, bevor sie zurückkönnen und wieder arbeiten?«
Ich dachte darüber nach. Was würde mir passieren?

Mrs. Whymper wartete schon, auch die Martinis waren schon da. Diesmal sogar in einer kleinen Karaffe. Der Chauffeur brauchte also nicht jeden einzelnen zu bringen. Mir wurde etwas schwül, ich schätzte, daß die Karaffe mindestens sechs bis acht große Martinis enthielt.
Ich versuchte einen forschen, geschäftlichen Ton, um rasch wieder loszukommen. »Wohin soll ich den Renoir hängen?« fragte ich. »Ich habe alles mitgebracht, es wird keine zwei Minuten dauern.«
»Das wollen wir erst einmal überlegen.« Mrs. Whymper, ganz in Rosa, deutete auf die Karaffe. »Ihre Mischung mit Wodka! Sehr gut! Erfrischen wir uns ein bißchen. Es ist ein so heißer Tag.«
»Sind Martinis nicht zu stark für das heiße Wetter?«
Sie lachte. »Ich finde nicht. Sie doch auch nicht, Sie sehen nicht so aus.«
Ich sah mich um. »Möchten Sie das Bild hier aufhängen? Drüben hinter dem Sofa ist ein guter Platz dafür.«
»Hier ist alles komplett. Wann waren Sie das letztemal in Paris?« Ich ergab mich in mein Schicksal. Nach dem zweiten Cocktail stand ich auf. »Nun muß ich mich an die Arbeit machen. Haben Sie inzwischen Ihre Entscheidung getroffen?«
»Ich weiß nicht recht. Was meinen Sie?«
Ich zeigte auf den Platz über dem Sofa. »Wie geschaffen für das Blumenbild. Es paßt großartig hierher und hat sehr gutes Licht.«

Mrs. Whymper stand auf und ging vor mir her, eine kleine, zierliche Gestalt mit blau-silbernen Haaren. Sie äugte eine Zeitlang umher und ging dann ins nächste Zimmer. Hier hing das Ölporträt eines Mannes, dessen halbes Gesicht aus einem vorspringenden Kinn bestand. »Mein Mann«, erklärte die puppenhafte Frau im Vorbeigehen. »1935 gestorben. Herzinfarkt. Zu viel gearbeitet. Er hatte nie Zeit. Jetzt hat er zuviel.« Sie lachte melodisch. »Die amerikanischen Männer, sie arbeiten, um zu sterben. Das ist anders als in Europa, wie?«
»Nicht im Augenblick. Da sterben mehr Männer als in Amerika.«
Sie drehte sich um. »Sie meinen im Krieg? Lassen wir doch den Krieg.«
Wir gingen durch zwei weitere Zimmer und dann eine Treppe hinauf. Auf der Treppe hingen ein paar Guys-Zeichnungen. Ich hatte den Renoir und den Hammer mitgenommen und suchte nach einem Platz. »Vielleicht in meinem Schlafzimmer«, sagte Mrs. Whymper nachlässig und ging voran.
Es war eine Affäre von Creme und Gold. Ein cremefarbenes Bett, Louis XVI., breit, mit einer Brokatdecke, und hübschen Sesseln, Stühlen und einer schwarzen Lackkommode aus der Zeit Louis XV. Die Kommode war mit goldenen Chinoiserien geschmückt und hatte bronzene Füße. Ich vergaß einen Augenblick die schwüle Ahnung, die ich hatte.
»Hier!« meinte ich. »Nur hier! Über diese Kommode.«
Mrs. Whymper sagte nichts. Sie blickte mich mit einem fast abwesenden, verschleierten Blick an. »Glauben Sie nicht auch?« fragte ich und hielt den kleinen Renoir über die Kommode. Sie blickte mich weiter an und lächelte. »Wenn ich einen Stuhl hätte, um daraufzusteigen«, sagte ich.
»Nehmen Sie doch einen«, sagte sie endlich.
»Von diesen Louis-XVI.-Stühlen?«
Sie lächelte weiter. »Warum nicht?«
Ich probierte einen der Stühle. Er war noch nicht wacklig.

Vorsichtig bestieg ich ihn und begann die Wand auszumessen. Hinter mir blieb es still. Ich bestimmte die Höhe des Bildes und setzte den Bildernagel an. Bevor ich hämmerte, blickte ich mich um. Mrs. Whymper stand da wie vorher, eine Zigarette in der Hand, mit einem sonderbaren Lächeln, und sah mir zu. Ich fühlte mich unbehaglich und schlug rasch zu. Der Haken hielt, und ich nahm das Bild, das ich auf die Platte der Kommode gelegt hatte, und hängte es auf. Dann kletterte ich vom Stuhl und stellte ihn wieder zur Seite. Mrs. Whymper hatte sich immer noch nicht gerührt. Sie betrachtete mich weiter.

»Gefällt es Ihnen so?« fragte ich und nahm meine Sachen an mich. Sie nickte und ging mir voraus zur Treppe. Ich atmete erleichtert auf und folgte ihr. Sie ging zum ersten Zimmer zurück und hob die Karaffe. »Einen Steigbügeltrunk?«

»Gerne«, sagte ich und nahm mir vor, beim zweiten Steigbügeltrunk zu erklären, daß ich zu einer Beerdigung müßte. Es war nicht nötig. Die sonderbare Stimmung hielt an. Mrs. Whymper sah mich an und schien mich nicht zu sehen. Sie lächelte ein wenig, und ich wußte nicht recht, ob sie belustigt war oder nicht. Als alter Masochist nahm ich an, daß sie sich über mich lustig machte. »Ich habe den Scheck noch nicht ausschreiben lassen«, sagte sie. »Kommen Sie doch in den nächsten Tagen und holen Sie ihn ab.«

»Gern. Ich werde vorher telefonieren.«

»Sie können ohne das kommen. Um fünf Uhr bin ich immer zu Hause. Und danke für das Rezept mit dem Wodka.«

Ich trat verwirrt auf die heiße Straße. Ich hatte das Gefühl, daß ich auf eine recht feine Weise zum Narren gehalten worden war, durch jemand, von dem ich schon geglaubt hatte, daß er sich etwas lächerlich gemacht hatte, und ich konnte mir denken, daß es mir das nächstemal nicht anders ergehen würde. Doch ich war dessen nicht so ganz sicher. Es könnte auch anders kommen, und ich hatte keine Lust, das zu erfahren. Auf jeden Fall war weiter keine Gefahr da. Den Scheck würde Silvers selbst abholen wollen. Er wollte sich von mir nicht in die Karten blicken lassen.

»Ohne Wagen?« fragte ich Natascha.
»Ohne Wagen, ohne Chauffeur, ohne Wodka und ohne Mut. Es ist zu heiß. Dieses Hotel sollte sich eine Klimaanlage einbauen lassen.«
»Der Besitzer wird das nie tun.«
»Sicher nicht, der Bandit.«
»Wir haben Eis für Moscow Mules«, sagte ich. »Ingwer-Bier und Limes und Wodka.«
Sie sah mich zärtlich an. »Hast du das alles besorgt?«
»Alles. Ich habe schon zwei Martinis hinter mir.«
Sie lachte. »Bei Mrs. Whymper?«
»Ja. Woher weißt du das?«
»Sie ist bekannt dafür.«
»Für was? Für ihre Martinis?«
»Für ihre Martinis auch.«
»Sie ist eine alte Schnapsdrossel. Mich wundert, daß alles so glattgegangen ist.«
»Hat sie schon bezahlt?«
»Noch nicht. Warum? Glaubst du, daß sie das Bild zurückgeben wird?« fragte ich alarmiert.
»Das nicht.«
»Hat sie so viel Geld, daß sie einfach so kaufen kann, ohne nachzudenken?«
»Das auch. Außerdem liebt sie junge Männer.«
»Was?«
»Du hast ihr gefallen.«
»Natascha«, sagte ich. »Meinst du das ernst? Du hast mich doch nicht an die alte Säuferin verkuppeln wollen.«
Sie lachte. »Komm«, erwiderte sie. »Gib mir einen Moscow Mule.«

»Keinen Tropfen. Antworte erst.«
»Hat sie dir gefallen?«
Ich starrte sie an. »Also!« sagte sie. »Sie liebt junge Männer. Und du hast ihr gefallen. Hat sie dich nicht zu einer ihrer Parties eingeladen?«
»Noch nicht. Vorerst nur dazu, den Scheck abzuholen«, erklärte ich grimmig. »Aber vielleicht kommt das noch!«
»Bestimmt.« Natascha beobachtete mich. »Sie wird dann auch mich dazu einladen.«
»Bist du so sicher? Hast du das schon öfter gemacht, weil du das so genau weißt? Hätte sie mich etwa anfallen sollen?«
»Nein«, erwiderte Natascha trocken. »Gib mir einen Wodka.«
»Warum nicht einen Wodka-Martini?«
»Weil ich keinen Martini trinke. Sonst noch Fragen?«
»Viele. Ich bin noch nicht gewohnt, als Gigolo verkauft zu werden.«
Ich hatte den Wodka im Gesicht, noch ehe ich gesehen hatte, daß sie ihn geschleudert hatte. Er tropfte an meinem Kinn herunter. Sie griff nach der Flasche, weiß im Gesicht, mit riesigen Augen. Ich war schneller, schnappte die Flasche, prüfte, ob der Korken fest saß, und warf sie in das nächste Plüschsofa, weg von Natascha. Sie stürzte sich darauf. Ich hielt sie fest, drängte sie weg in die Ecke, ergriff mit eiserner Hand ihre beiden Arme und zerrte an ihrem Kleid. »Rühr mich nicht an!« zischte sie. »Ich werde dich nicht nur anrühren, du Satan, sondern dich hier auf der Stelle vögeln, sofort, daß du ...« Sie spuckte mir ins Gesicht und trat nach mir. Ich umklammerte ihre Beine mit meinen Beinen und bog sie nach rückwärts. Sie versuchte sich freizumachen, stolperte und fiel. Ich stieß sie zurück auf das Sofa, stieß mein Knie zwischen ihre Beine und schob ihren Rock hoch. »Laß mich los, du Verrückter«, flüsterte sie plötzlich mit einer hohen, fremden Stimme, »laß mich los, oder ich schreie!« »Schrei dir

die Kehle aus«, knurrte ich. »Du wirst gefickt, du verdammter Satan!« »Es kommen Leute! Siehst du nicht, daß Leute kommen, laß mich los, du Untier, du Vieh, laß mich ...«
Sie lag jetzt ganz steif auf dem Sofa, mir entgegengewölbt, um nicht unter mir zu liegen. Ich spürte, wie sich ihr Körper spannte und ihre Beine sich dicht und hart an meine preßten, als umklammerte nicht ich sie, sondern sie mich, um zu verhüten, daß ich in sie eindringen könnte. Ich fühlte ihren Schoß und merkte, daß sie unter ihrem Rock nackt war. Ich preßte sie zurück und fühlte das Haar ihres Schoßes und riß mir die Hose auf. Ihr Gesicht war dicht vor mir, ihre Augen waren nervös und starrten mich an. »Laß mich los!« flüsterte sie. »Nicht hier, nicht hier, laß mich los, nicht hier, nicht hier ...« »Wo denn sonst, du verdammtes Luder«, knirschte ich. »Nimm die Hand weg oder ich reiße sie dir ab, du wirst hier ...« »Nicht hier, nicht hier«, flüsterte sie mit derselben hohen und fremden Stimme. »Wo denn sonst, du ...« »In deinem Zimmer, nicht hier, in deinem Zimmer.« »Damit du mir ausreißen und mich auslachen kannst!« »Ich werde dir nicht ausreißen, ich werde nicht ausreißen, aber nicht hier, ich verspreche dir, ich werde nicht ausreißen, Liebster, Liebster ...«
»Was?« sagte ich.
»Laß mich los, ich verspreche dir, ich reiße nicht aus, aber laß mich los, es kommen Leute.«
Ich lasse sie los. Ich stehe auf. Ich erwarte, daß sie mich zur Seite stößt und wegrennt. Sie läuft nicht weg. Sie zieht ihren Rock herunter und richtet sich auf. »Tu das weg«, flüstert sie. »Was?« »Das!« Sie zerrt an meiner Hose. Ich tue es weg. Sie steht auf. Ich beobachte sie. Sie steht jetzt so, daß sie an mir vorbei kann, aber ich kann sie immer noch halten. »Komm!« sagt sie. »Wohin?« »Dein Zimmer.« Ich folge ihr und gehe dann voran, eilig und plötzlich vorsichtig, über die quietschende Treppe, den grauen Läufer, vorbei an dem Zeichen:

Denke!, in den zweiten Stock, in dem mein Zimmer liegt. Ich bleibe an der Tür stehen. »Du kannst weggehen, wenn du willst«, sage ich. Sie drängt mich beiseite und stößt die Tür auf. »Komm«, sagt sie. Ich folge ihr und schließe die Tür. Ich riegele sie nicht zu, ich spüre, wie der jähe Rückstoß einsetzt, ich lehne mich an die Wand und habe das Gefühl, als sei ich in einem Aufzug, der in reißender Fahrt nach unten saust, während ich nach oben gedrückt werde, ich spüre die Dunkelheit wie einen überschwappenden Eimer Wasser in meinem Gehirn, es rauscht, und ich halte mich fest, beide Hände gegen die Wand gedrückt.

Ich sah Natascha auf dem Bett liegen. »Warum kommst du nicht?« sagte sie.

»Ich kann nicht.«

»Was?«

»Ich kann nicht.«

»Du kannst nicht?«

»Nein«, sagte ich. »Die verdammte Treppe!«

»Was ist mit der Treppe?«

»Ich weiß es nicht. Es ist wie ein verfluchter Coitus interruptus.«

»Was?«

»Ich kann nicht, das ist alles. Wirf mich 'raus, wenn du willst!«

»Aus deinem eigenen Zimmer?«

»Dann lache über mich, soviel du willst.«

»Warum soll ich lachen?«

»Das weiß ich nicht. Ich habe gehört, daß Männer ausgelacht werden, wenn ihnen das passiert.«

»Es ist mir noch nicht passiert.«

»Das ist ein Grund mehr zum Lachen.«

»Nein«, sagte Natascha.

»Warum gehst du nicht weg?«

»Soll ich weggehen?«

»Nein.«
Sie hatte sich nicht gerührt. Jetzt stützte sie sich auf den Arm und sah mich an.
»Ich fühle mich lausig«, sagte ich.
»Ich mich nicht«, erwiderte sie. »Was meinst du, woher es kommt?«
»Ich weiß es nicht. Das Wort ›Liebster‹ hat mich ermordet.«
»Ich dachte, es sei die Treppe?«
»Die auch. Und dann das andere. Daß du plötzlich wolltest.«
»Soll ich nicht wollen?«
Ich sah sie hilflos an. »Frag nicht so etwas. Es kam alles zusammen.«
Es war ein sonderbarer Dialog, ohne daß wir uns bewegten, monoton und ausdruckslos.
»Hast du ein Badezimmer?« fragte sie.
»Kein eigenes. Aber es gibt eines drei Türen weiter.«
Sie stand sehr langsam auf, strich sich über das Haar und ging zur Tür. Sie streifte mich, als sie vorbeiging. Sie sah mich nicht an. Ich spürte ihren Körper, ließ die Wand los und griff nach ihr. Sie wollte sich losmachen. Ich spürte ihren Körper, als wäre er nackt, jung und warm. Und geschmeidig wie eine Forelle. Im gleichen Augenblick war alles von vorher wieder da. Ich hielt sie fest. »Du willst mich ja nicht«, flüsterte sie, ihr Gesicht abgewandt, die Arme in den Ellbogen gewinkelt, dicht am Körper. Ich nahm sie hoch und trug sie zum Bett zurück. Sie war schwerer, als ich dachte. »Ich will dich!« sagte ich unterdrückt, »ich will dich und nichts als dich und nur dich, ich will dich mehr als mich selbst und in dich hinein, mich und alles in dich hinein!« Mein Gesicht war direkt über ihr, ihre Augen waren sehr glänzend und starr, ich spürte ihre Brüste und spürte, wie ich in sie hineindrang, ich spürte es im Nacken und in den Händen und im Geschlecht. »Dann nimm mich doch«, zischte sie und schloß die Augen nicht, »nimm mich und erdrücke mich und brich durch mich

hindurch, brich mich in Stücke, ja, ja, ja, tiefer in mich hinein, ja, nagle mich fest, fick mich, komm hinein in mich, ich komme dir entgegen, stürze dich in mich, ob der Brunnen da rauscht, meine Ohren sind voll von ihm, ich komme, ich zerreiße, die Regen, die Regen, es rauscht und rauscht und rauscht ...« Ihre Stimme wurde leiser, sie wurde zu Murmeln und einzelnen, unverständlichen Worten und zu Flüstern und dann schwieg sie ganz.

Sie öffnete die Augen, dehnte sich, murmelte, schloß sie und öffnete sie wieder. »Hat es geregnet?« fragte sie.

Ich lachte plötzlich.

»Noch nicht. Vielleicht heute nacht.«

»Es ist kühler geworden. Wo ist dein Badezimmer?«

»Drei Türen weiter.«

»Kann ich deinen Bademantel anziehen?«

Ich gab ihn ihr. Sie zog sich aus bis auf die Schuhe. Sie tat es langsam und sah mich nicht an. Sie war nicht verlegen. Ich sah, daß sie nicht so schlank war, wie ich früher geglaubt hatte. Ich hatte das schon vorher gefühlt, jetzt sah ich es. »Du bist schön«, sagte ich.

Sie blickte auf. »Nicht zu dick?«

»Lieber Gott, nein.«

»Gut«, sagte sie. »Das gibt unserer Zukunft einen rosigen Aspekt, ich esse gern. Und ich habe mein Leben lang gehungert. Als Mannequin«, fügte sie hinzu. »Sonst nicht.«

»Wir werden nachher essen, soviel du willst, mit allen Vorspeisen und einem Dessert de luxe.«

»Ich passe schon auf, daß ich keine Kanone werde. Sonst wirft man mich hinaus. Du brauchst also keine Sorge zu haben.«

»Ich habe keine, Natascha.«

Sie nahm meine Seife und ihre Handtasche, salutierte an der Tür und ging hinaus. Ich blieb liegen und dachte an nichts. Auch ich hatte das Gefühl, daß es geregnet hatte. Ich wußte, daß es nicht so war, aber trotzdem ging ich zum Fenster und sah hinaus. Die Schwüle des eingemauerten Hinterhofs mit dem Geruch der Abfalltonnen stieg draußen hoch. Es hatte nur in unserem Zimmer geregnet, dachte ich und ging zurück. Ich legte mich wieder auf das Bett und starrte in die ungeschützte Birne, die von der Decke herabhing. Nach einiger Zeit kam Natascha wieder herein. »Ich habe dein Zimmer verwechselt«, sagte sie. »Ich dachte, es wäre eine Tür weiter.«

»War jemand in dem andern?«

»Nein. Es war dunkel. Schließen die Leute hier ihre Zimmer nicht ab?«

»Manche nicht. Sie haben nichts zum Stehlen drin.«

Sie roch nach Seife und Kölnisch Wasser. Woher sie das Kölnisch Wasser hatte, war mir ein Rätsel. Aber vielleicht hatte sie es in ihrer Handtasche gehabt. Es konnte auch sein, daß jemand seins im Badezimmer gelassen und daß sie es benützt hatte.

»Mrs. Whymper«, sagte sie, »hat junge Männer gern, aber weiter geht es nicht bei ihr. Sie unterhält sich gern mit ihnen, das ist alles. Könntest du dir das in deinen Schädel einhämmern?«

»Ja«, sagte ich, nicht sehr überzeugt.

Natascha bürstete sich im grellen Licht des kahlen Raums vor dem armseligen Spiegel über der Waschtoilette ihr Haar. »Ihr Mann ist an Syphilis gestorben, und es ist nicht ausgeschlossen, daß sie sich angesteckt hat«, fügte sie hinzu.

»Außerdem hat sie Krebs, Schweißfüße und wäscht sich im Sommer nur mit Wodka-Martinis«, erwiderte ich.

Sie lachte. »Du glaubst mir nicht? Warum solltest du auch?«

Ich stand auf, nahm die Bürste aus ihrer Hand und küßte sie.

»Bedeutet es dir irgendwas, wenn ich dir verrate, daß ich bebe, sooft ich dich nur anrühre?« sagte ich.

»Es sah nicht immer so aus«, erwiderte sie.

»Aber jetzt ist es so.«
Sie lehnte sich an mich. »Ich würde dich umbringen, wenn es nicht so wäre«, murmelte sie.
Ich zog ihr den Bademantel aus und ließ ihn zu Boden fallen. »Du hast die längsten Beine, die ich kenne«, sagte ich und schaltete das Licht ab. Ich hielt sie im Arm und tastete in Richtung des Bettes. Ich sah im Dunkel nur ihre blasse Haut und die schwarzen Höhlen von Mund und Augen. »Langsam«, flüsterte sie. »Ich will ganz langsam kommen.«
Wir lagen dicht beieinander und fühlten die dunklere Woge im Dunkeln heranrollen, über uns hinweg, und dann lagen wir noch lange so da und atmeten und fühlten die viel kleineren Wellen, die in uns verliefen, und dann nur noch eine sanfte Bewegung in uns, bis wir sie nicht mehr unterscheiden konnten von unserem Atem.
Natascha rührte sich. »Hast du eine Zigarette?«
»Ja.« Ich gab sie ihr und sah ihr Gesicht im Schein des Streichholzes. Es war sehr gelassen und unschuldig. »Möchtest du etwas zu trinken?« fragte ich.
Sie nickte im Dunkeln. Ich sah es an der Bewegung ihrer glühenden Zigarette. »Aber keinen Wodka.«
»Ich habe keinen Eisschrank, und nichts ist kalt. Aber ich kann etwas von unten holen.«
»Kann es nicht jemand bringen?«
»Da ist nur noch Melikow unten.«
Ich hörte Nataschas Lachen im Dunkeln. »Er sieht uns ohnehin, wenn wir herauskommen«, sagte sie.
Ich antwortete nicht. Ich mußte mich erst an den Gedanken gewöhnen. Natascha küßte mich. »Mach Licht«, sagte sie. »Wir wollen dein Gefühl für Etikette schonen. Außerdem bin ich hungrig. Gehen wir doch zum King of the Sea.«
»Schon wieder. Möchtest du nicht woandershin?«
»Hast du schon deine Provision für Mrs. Whymper?«
»Noch nicht.«

»Dann gehen wir zum King of the Sea.«
Natascha sprang aus dem Bett und drehte das Licht an. Sie ging nackt durch das Zimmer und holte den Bademantel.
Ich stand auf und zog mich an. Dann setzte ich mich wieder auf das Bett und wartete, daß sie zurückkam.

XVII.

»Ich bin eigentlich ein Wohltäter der Menschheit«, erklärte Silvers. Er zündete sich eine Zigarre an und betrachtete mich behaglich.

Wir waren dabei, den Besuch des Millionärs Fred Lasky vorzubereiten. Diesmal handelte es sich nicht darum, ein Bild im Schlafzimmer von Frau Silvers aufzuhängen und es dann als ihr Privateigentum auszugeben, von dem sie sich nur nach einem erbitterten Kampf zu trennen bereit war, wenn sie von ihrem Mann einen Nerz und zwei Kleider von Mainbocher versprochen bekam. Sie trennte sich jedesmal, aber der Nerz ließ warten. Kein Wunder im Sommer. Diesmal ging es um die Erziehung eines Millionär-Proleten zum Mitglied der besseren Gesellschaft.

»Der Krieg ist ein Pflug«, dozierte Silvers. »Er wühlt die Erde auf und schichtet die Vermögen um. Alte verschwinden, und zahllose neue entstehen.«

»Kriegsschieber, Händler, Lieferanten – kurz: Kriegsgewinnler«, warf ich ein.

»Nicht nur Waffenlieferanten«, fuhr Silvers unerschüttert fort.

»Auch Uniformlieferanten, Schiffslieferanten, Nahrungsmittellieferanten, Autolieferanten – alle Welt verdient am Krieg!«

»Abgesehen von den Soldaten!«

»Wer spricht von denen?«

Silvers legte seine Zigarre beiseite und sah auf die Uhr. »Er kommt in einer Viertelstunde. Sie bringen die ersten zwei Bilder heraus, und ich frage nach dem Sisley. Sie bringen ihn, stellen ihn verkehrt zur Wand, so daß man das Bild nicht sieht, und flüstern mir etwas zu. Ich verstehe Sie nicht und

frage ungeduldig, was los sei. Sie sagen lauter, daß der Sisley für Herrn Rockefeller reserviert sei. In Ordnung?«
»In Ordnung«, sagte ich.
Nach einer Viertelstunde kam der Besuch.
Es klappte. Der Sisley, eine Landschaft, wurde hereingebracht. Ich flüsterte und wurde von Silvers angeschnauzt, lauter zu reden, hier gebe es keine Geheimnisse. »Was?« fragte Silvers überrascht. »War das nicht der Monet? Sie irren sich, es ist der Monet, den er reserviert hat.«
»Verzeihen Sie, Herr Silvers, aber ich fürchte, Sie irren sich. Ich habe es genau notiert. Hier ...« Ich zückte ein Notizbuch aus Wachsleder und zeigte es ihm.
»Es stimmt«, sagte Silvers. »Da kann man nichts machen, Herr Lasky. Reserviert ist reserviert.«
Ich blickte auf Herrn Lasky. Er war schmächtig, blaß, trug einen blauen Anzug und braune Schuhe und hatte eine Glatze, über die er seine Seitenhaare nach hinten in langen Strähnen förmlich festgeklebt hatte. Er wirkte wie ein Männchen, das in Gefahr ist, von seiner kräftigen Gattin aufgefressen zu werden. Frau Lasky war einen Kopf größer als er und zweimal so breit. Sie war mit Saphiren behängt.
Ich blieb eine Weile unschlüssig stehen, das Bild in einer Hand, so daß man ein Stück davon, umgekehrt, erblicken konnte. Als ich mich umwandte, biß Frau Lasky an. »Anschauen wird man es doch wohl können«, sagte sie mit einer heiseren Quetschstimme. »Oder ist auch das reserviert?«
Silvers verwandelte sich. »Aber selbstverständlich. Bitte, verzeihen Sie, gnädige Frau! Herr Ross, warum stellen Sie das Bild nicht auf«, sagte er unmutig zu mir in einem grauenhaften Französisch. »Allez vite, vite!«
Ich markierte Betroffenheit und hob das Bild auf eine der Staffeleien. Dann verschwand ich in meiner Bilderkammer, die mich immer an Brüssel erinnerte. Ich las eine Monographie über Delacroix und horchte ab und zu auf das Gespräch ne-

benan. Ich vertraute auf Frau Lasky. Sie sah aus wie ein Mensch, der immer glaubt, angegriffen zu werden, und dessen Verteidigung in Aggressivität und nicht in Leiden besteht. Ich konnte mir gut vorstellen, daß sie in ständigem Kampf mit ihren eigenen Vorstellungen von der Mayflower-Gesellschaft von Boston und Philadelphia lag, gegen die sie sich durchsetzen wollte, um endlich dort akzeptiert zu werden und sich dann ebenso bissig gegen andere Neuankömmlinge zu wenden. Ich klappte das Buch zu und holte mir ein sehr kleines Blumenbild von Manet hervor, eine Päonie in einem Wasserglas. Meine Gedanken gingen zurück zu der Zeit, als ich in Brüssel eine Taschenlampe bekam, damit ich in meinem Verlies nachts lesen konnte. Ich hatte versprochen, die Lampe nur nachts zu benützen und nur in meinem Verlies, das keine Fenster hatte. Mein Zimmer war monatelang in dichter Dunkelheit gelegen, und das einzige Licht, das ich kannte, war das bleiche Grau der Nächte gewesen, wenn ich die Kammer verlassen konnte, um vorsichtig in den Galerien umherzugespenstern. Die Taschenlampe, die man mir endlich anvertraut hatte, hatte mich zurückgeführt aus einem schattenhaften Lemurendasein in die Welt der Farbe. Ich hatte mich in den Nächten in meine Kammer gekauert, die ich zum erstenmal im warmen Licht sah. Ich entdeckte die Seligkeit der Farbe wieder, wie jemand, der vollkommen farbenblind gewesen ist, oder ein Tier, dem der Bau seiner Augen die Welt nur in Nuancen von Grau zeigt. Ich erinnerte mich, daß ich den Tränen nahe gewesen war, als ich die erste bunte Offsetreproduktion eines Cézanne-Aquarells vom Mont St. Victoire sah, dessen Original ich in der Galerie des Museums nur in dem trügerischen Helldunkel des Mondes gesehen hatte.
Ich hörte von nebenan Zeichen des Aufbruchs. Vorsichtig stellte ich das winzige und wunderbare Stück Welt von Manet zwischen die Holzgestelle an der Wand. Der heiße Nachmittag, der vorher von den gemalten Tautropfen auf der

weißen Päonie und dem schimmernden Wasser des gemalten Glases zurückgewichen war, hauchte wieder in das schmale hohe Fenster meines Gelasses. Eine tiefe Freude schoß plötzlich in mir hoch wie ein heißer Geiser, die frühere Zeit vermengte sich für einen Augenblick mit dem Jetzt, die Kammer in Brüssel mit der Kammer bei Silvers. Und wie Vogelflug war von allem nur das Gefühl übriggeblieben, daß ich noch lebte und da war, und die Verpflichtungen, die dieses Leben wie eine Mauer umschlossen, fielen für eine Sekunde wie die Mauern von Jericho vor den Trompeten des auserwählten Volkes, und Freiheit war da, eine wilde, falkenhafte Freiheit, die mich atemlos machte, als eröffnete sie mit Wind, Sonne und den vom Wind gepeitschten Wolken ein Leben, von dem ich noch nichts geahnt hatte. Silvers kam herein, umweht vom Duft seiner Partagas. »Wollen Sie auch eine Zigarre?« fragte er aufgeräumt.
Ich lehnte ab. Wenn einer mir Geld schuldete, waren mir derartige Angebote verdächtig. Ich hatte erlebt, daß jemand glaubte, mit einer geschenkten Zigarre alles abgegolten zu haben. Von Silvers erwartete ich noch die Provision für Mrs. Whymper. Wenn ich schon im Zweifel über meine Jungfräulichkeit geschwebt hatte, so wollte ich zumindest dafür eine Vergütung, um im Gigolojargon zu bleiben. Die Balance dazu wollte ich herstellen, indem ich Natascha abends zum Essen in ein Lokal mit Klimaanlage führte. Ich war bei Silvers auf der Hut; er hatte mir bereits vorgeschwindelt, daß Mrs. Whymper eine Bekannte von ihm sei, um meine Ansprüche abzuschwächen. Ich glaubte, daß er imstande wäre zu erklären, die Sache mit Mrs. Whymper sei in meinem Gehalt inbegriffen, ähnlich wie ehrenwerte Firmen, die alle Patentansprüche von Erfindern, die bei ihnen arbeiten, automatisch für sich buchen und sie höchstens mit einem freiwilligen Bonus belohnen. »Die Familie Lasky fliegt auf den Sisley«, erklärte der Wohltäter der Menschheit. »Wie geplant war. Ich

habe erklärt, daß Rockefeller eine Option von einer Woche habe, daß ich aber annähme, er erwarte nicht, daß das Bild schon am nächsten Tage verkauft werden könnte, und so würde er die Option sicher verfallen lassen. Frau Lasky war ganz Feuer und Flamme dafür, einem Rockefeller das Bild wegzuschnappen.«

»Bauernfänger-Tricks«, sagte ich beiläufig. »Was mich immer wieder erstaunt, ist, daß sie wirken!«

»Warum nicht?«

»Weil man sich nicht vorstellen kann, daß diese ruppigen Räuber, die ihr Vermögen sicher nicht durch philanthropische Taten gemacht haben, auf so etwas reinfallen.«

»Das ist einfach. In ihrer eigenen Profession würden diese Piraten einem gewiß mit Hohngelächter begegnen. Aber hier sind sie in einer kuriosen Weise wie Haifische in Süßwasser, sind sie außerhalb des gewohnten Elements. Hier sind sie nicht zu Hause. Sie sind unsicher, und je raffinierter sie sonst sind, desto schneller fallen sie hier auf die primitivsten Tricks herein. Nicht zu vergessen den Einfluß der Frauen natürlich!«

»Ich muß zum Fotografen«, sagte Natascha. »Komm mit! Es dauert nicht lange.«

»Wie lange?«

»Eine Stunde. Nicht viel mehr. Warum? Langweilt es dich?«

»Gar nicht. Ich wollte nur wissen, ob wir vorher oder nachher essen sollen.«

»Nachher. Dann haben wir Zeit dazu. Jetzt muß ich in einer halben Stunde da sein. Ist das Essen so wichtig? Oder hast du bereits deine Provision für Mrs. Whymper bekommen?«

»Noch nicht. Dafür aber zehn Dollar von den Brüdern Lowy für einen Tip. Sie haben eine chinesische Bronze für zwanzig Dollar gekauft. Ich brenne darauf, sie mit dir durchzubringen.«

Sie sah mich zärtlich an. »Wir werden sie durchbringen. Heute abend noch.«
Beim Fotografen war es kühl, die Fenster waren geschlossen, und die Klimaanlage lief. Ich hatte sofort wieder das Gefühl, in einem Unterseeboot zu sitzen. Die übrigen schienen nichts zu merken; ich war es noch nicht gewöhnt. »Es wird noch heißer im August«, sagte der Fotograf Nicky als Trost und schlenkerte sein Armband.
Die Scheinwerfer wurden eingeschaltet. Außer Natascha war noch das dunkle Mannequin da, das ich schon beim letztenmal gesehen hatte. Auch der bleiche, schwarze Fachmann für Seiden aus Lyon war da. Er erinnerte sich an mich. »Es geht vorwärts mit dem Krieg«, sagte er melancholisch und müde. »Noch ein Jahr, und er ist vorbei!«
»Glauben Sie?«
»Ich habe Nachrichten von drüben.«
»Wirklich?«
In dem unrealistischen weißen Scheinwerferlicht, das alle Beziehungen aufhob und alle Proportionen schärfer machte, erfüllte mich diese harmlose Prophezeiung plötzlich mit einer Art Glauben – als wisse der Mann wirklich mehr als alle andern. Ich atmete sehr tief. Ich wußte, daß der Krieg schlecht für die Deutschen stand, aber an ein Ende konnte ich ebensowenig denken, wie ich mir den Tod vorstellen konnte. Man redete von ihm und wußte, daß er kommen würde, aber man glaubte nicht daran, weil er jenseits der Vorstellung lag, die zum Leben gehört, und weil er durch das Leben bedingt ist und man ihn deshalb nicht begreifen kann.
»Wirklich!« sagte der bleiche Mann. »Glauben Sie mir! Im nächsten Jahr können wir wieder Seide aus Lyon importieren.«
Ich war seltsam bewegt. Der Begriff des zeitlosen Vakuums, in dem das Emigrantendasein zu schweben schien, schwankte auf einmal. Selbst die sinnlose Beziehung auf

Lyoner Seide paßte hinein, Uhren begannen zu ticken und Glocken zu schlagen. Ein Film, der stillgestanden hatte, fing wieder an, sich zu drehen, rascher und rascher, rückwärts und vorwärts in einer verrückten Sequenz, als liefe eine Spule ohne Kontrolle. Ich begriff, daß ich trotz aller Nachrichten in den Zeitungen niemals ernsthaft geglaubt hatte, daß der Krieg jemals zu Ende gehen könne. Wenn es wirklich so wäre, würde etwas anderes, noch Schrecklicheres automatisch folgen. Ich war es zu sehr gewohnt, so denken zu müssen. Dieser kleine bleiche Mann, für den das Ende des Krieges bedeutete, daß man wieder Seide aus Lyon importieren könne, nicht mehr und nicht weniger, überzeugte mich gerade wegen seines Kretinismus mehr als zwei Feldmarschälle und ein Präsident. Seide aus Lyon – Wärme des Lebens, das sich nicht mehr zu ängstigen braucht!
Natascha kam heraus. Sie trug ein enggewickeltes weißes Abendkleid, dessen eine Schulter frei war, lange weiße Handschuhe und das Diadem der Königin Eugenie von van Cleef und Arpels. Es gab mir förmlich einen Schlag aufs Herz. Alles kam zusammen: die Nacht vorher und der Kontrast dieser scharfbeleuchteten, unrealistischen Erscheinung mit den kühlen Schultern in diesem künstlich kühlen Raum; der Aufruhr, in den mich der Gedanke an das Ende des Krieges versetzt hatte, und sogar das Diadem in Nataschas Haaren, das schimmerte, als gehöre es auf einmal symbolisch zur Statue der Freiheit im Hafen von New York – »Seide aus Lyon«, sagte der bleiche Mann neben mir. »Unser letzter Ballen.«
»Wirklich?«
Ich sah Natascha an. Sie stand jetzt still und sehr gesammelt in dem weißen Licht, und mir war, als wäre sie eine schmale und liebliche Kopie der Riesenstatue aus Erz, die vor dem Meer ihr Licht in die Stürme des Atlantiks hinaushielt, unerschrocken und nicht so wie das gewaltige Vorbild – eine Mischung von Brünhilde und einem resoluten französischen

Marktweib –, sondern eher wie eine Diana, die aus den Wäldern getreten war, bereit zu kämpfen und anzugreifen. Aber auch sie gefährlich in aller Anmut und bereit, ihre Freiheit zu verteidigen.
»Wie gefällt Ihnen der Rolls?« fragte jemand, der sich auf einen Stuhl neben mich gesetzt hatte.
Ich sah mich um. »Sind Sie der Besitzer?«
Der Mann nickte. Er war groß, dunkel und jünger, als ich ihn mir vorgestellt hatte. »Fraser«, sagte er. »Natascha wollte Sie vor einigen Tagen schon einmal mitbringen.«
»Ich hatte keine Zeit«, sagte ich. »Vielen Dank für die Einladung.«
»Wir können das heute nachholen«, erwiderte er. »Ich habe schon mit Natascha gesprochen. Wir gehen zu Luchows. Kennen Sie das?«
»Nein«, sagte ich überrascht. Ich hatte mit dem King of the Sea gerechnet und war keineswegs entzückt, nicht allein mit ihr zu sein, aber ich wußte nicht, wie ich mich retten konnte. Wenn Natascha zugesagt hatte, konnte ich nicht nein sagen, ohne albern zu sein. Ich war nicht ganz sicher, ob sie es getan hatte oder nicht, ich hielt es nicht für ausgeschlossen, daß sie einen Mr. Whymper heranbringen wollte, aber ich wollte verdammt sein, wenn ich mich mit diesem Mann auf so etwas einließe. Er sollte sich seine Silvers' selber beschaffen.
»Also gut, dann bis nachher.«
Fraser schien Autorität gewohnt zu sein. Vor allem hatte ich freilich etwas dagegen, von ihm und Natascha eingeladen zu werden. Er hatte das zwar nicht gesagt, aber es ging aus seiner ziemlich bestimmten Art hervor, die höflich war, aber Widerspruch schwierig machte.
Ich traf Natascha, als sie ihr Köfferchen packte. »Nimmst du das Diadem mit?« fragte ich.
»So weit traut man meiner Zuverlässigkeit nicht. Es ist schon abgegeben. Ein Mann von van Cleef bringt es zurück.«

»Und wir gehen zu Luchows?«
»Ja. Das wolltest du doch.«
»Ich?« sagte ich. »Ich wollte mit dir im King of the Sea zehn Dollar verjubeln. Aber du hast eine Einladung von dem Rolls-Royce-Besitzer angenommen.«
»Ich? Er kam zu mir und sagte, daß er mit dir gesprochen habe.«
»Er hat mit mir gesprochen, aber doch erst nach dir.«
Sie lachte. »So ein Filou!«
Ich starrte sie an. Ich wußte nicht genau, ob ich ihr glauben sollte oder nicht. Wenn sie recht hatte, war ich auf den ältesten Trick hereingefallen, etwas, das mir als Schüler von Silvers nicht mehr hätte passieren dürfen. Aber ich konnte mir nicht vorstellen, daß Fraser so etwas machen würde, er machte nicht den Eindruck.
»Also gehen wir schon«, sagte Natascha. »Wir werden deine zehn Dollar dann morgen verjubeln.«
Der Rolls-Royce wartete vor einem Eisengeschäft gegenüber. Ich bestieg ihn mit zwiespältigen Gefühlen, über die ich mich ärgerte, weil sie kindisch waren. Fraser kam mit uns über die Straße. Die abendliche Hitze nach dem kühlen Atelier war fast betäubend schwül. »Nächstes Jahr lasse ich in den Wagen eine Klimaanlage einbauen«, sagte Fraser. »Es gibt so etwas schon, wird nur noch nicht angefertigt. Der Krieg geht vor.«
»Der Krieg ist nächsten Sommer zu Ende«, sagte ich.
»Meinen Sie?« erwiderte Fraser. »Dann wissen Sie mehr als Eisenhower. Einen Wodka?« Er öffnete das wohlbekannte Schränkchen.
»Danke vielmals«, erwiderte ich verdrossen. »Es ist zu heiß dafür.«
Zum Glück war es nicht zu weit zu Luchows. Ich bereitete mich darauf vor, auf dem Rost gebraten zu werden, sowohl von Natascha als auch von Fraser, dem ich plötzlich alles

zutraute. Zu meinem Erstaunen war Luchows ein deutsches Restaurant. Ich glaubte anfangs, aus Versehen wieder in das deutsche Viertel in Yorkville geraten zu sein. Es hätte mich nicht gewundert; der Rolls war ein Unglückswagen für mich.

»Wie wäre es mit Rehbraten und Kronsbeeren?« fragte Fraser. »Dazu kleine Kartoffelpfannkuchen.«

»Gibt es in Amerika Kronsbeeren?«

»So etwas Ähnliches. Cranberries. Aber Luchows hat noch eingemachte deutsche Kronsbeeren. Preißelbeeren nennen sie sie drüben, stimmt's?« fragte Fraser mich freundlich und hinterhältig.

»Ich glaube«, erwiderte ich. »Ich war lange nicht da. Man hat da inzwischen vieles geändert. Vielleicht auch den Namen für Preißelbeeren, wenn er nicht arisch genug war.«

»Preißelbeeren? Warum? Es klingt doch fast wie Preußenbeeren.« Fraser lachte.

»Was trinken wir, Jack?« fragte Natascha.

»Was du willst. Vielleicht möchte Herr Ross ein Bier? Oder einen Rheinwein? Hier gibt es noch einen Vorrat davon.«

»Ein Bier wäre nicht schlecht. Es paßt zur Stimmung hier«, sagte ich.

Fraser unterhielt sich mit dem Kellner. Ich sah mich um. Das Lokal war eine Mischung von bayrischer Schnaderhüpferlbeize und einfacher rheinischer Weinstube mit einem Schuß von Haus Vaterland dazwischen. Es war gerammelt voll. Eine Kapelle spielte Salonmusik und Volkslieder. Ich hatte das Gefühl, daß Fraser das Luchows nicht umsonst gewählt hatte. Ich sollte auf dem Emigranten-Grill geröstet werden und sah mich bereits gezwungen, um halbwegs zu bestehen, mein verabscheutes Vaterland in seinen belanglosen Eigenschaften gegen diesen Amerikaner kunstvoll zu verteidigen – eine ziemliche Niedertracht, da sie mich auf die subtilste Weise als sehr entfernten Verwandten dieser Räuberrasse

bloßstellte. So versucht man nur einen Rivalen zu schlachten, dachte ich mir.
»Wie wäre es mit einem Matjeshering als Vorspeise«, erkundigte sich Fraser. »Er ist hier besonders gut. Mit einem Schluck heimatlichen Steinhägers, den es hier auch noch gibt?«
»Prachtvoll«, erwiderte ich. »Mir leider vom Arzt verboten.«
Natascha fiel mir, wie erwartet, prompt in die Flanke und verlangte Hering mit roten Beten, eine weitere deutsche Spezialität. Die Kapelle spielte die schmalzigsten und idiotischsten Rheinlieder, die ich je gehört hatte. Es war eine typische Kleinstadt-Touristenatmosphäre, die auf mich so sonderbar wirkte, weil ein Teil der Gäste sie ernst nahm und für poetisch hielt. Ich wunderte mich über die Toleranz der Amerikaner.
Der Wein machte mich friedlich, und ich begann, Fraser mit leichtem Sarkasmus zu bewundern. Er erkundigte sich nämlich danach,ob er mir vielleicht helfen könnte, und legte mich auf diese Weise wieder auf den Emigranten-Grill, während er sich selbst als einen bescheidenen Gott Vater aus Washington präsentierte, der gern irgendwelche Schwierigkeiten für mich glätten würde, wenn es nötig wäre. Ich antwortete mit einer begeisterten Ode auf Amerika und erklärte, daß alles in Ordnung sei, vielen herzlichen Dank. Mir war nicht sehr wohl zumute dabei, ich legte keinen Wert darauf, daß Fraser sich zu sehr für meine Papiere interessierte, zumal ich nicht wußte, ob er wirklich Einfluß hatte oder nur so tat.
Der Rehbraten war sehr gut, ebenso die Kartoffelpuffer. Ich begriff, warum das Lokal so voll war; es war wahrscheinlich das einzige seiner Art in New York. Ich haßte mich selbst, weil ich nicht genug Humor für die Situation aufbrachte. Natascha schien nichts zu merken. Sie verlangte rote Grütze. Ich hätte mich nicht gewundert, wenn sie hinterher Kaffee und Kuchen im Café Hindenburg verlangt hätte. Ich konnte mir

vorstellen, daß sie ärgerlich auf mich war, weil sie dachte, ich hätte sie mit meiner Stupidität in diese Lage gebracht. Immerhin, sie war nicht das erstemal mit Fraser aus, und der tat alles, um mir das auch klarzumachen. Ich aber wußte, daß ich das letztemal mit ihm zusammen war. Ich hatte keine Lust, von einzelnen Amerikanern unter die Nase gerieben zu bekommen, daß ich ihnen, jedem von ihnen, eigentlich dankbar sein müßte, im Lande bleiben zu dürfen. Ich war der Regierung dankbar, aber nicht Fraser, der nichts für mich getan hatte.
»Wie wäre es mit einem Nachttrunk im Morocco?«
Das hatte mir noch gefehlt! Ich hatte mich lange genug als geduldeter Emigrant gefühlt. Ich wäre nicht überrascht gewesen, wenn Natascha zugesagt hätte. Sie liebte El Morocco. Aber sie lehnte ab. »Ich bin müde, Jack«, sagte sie. »Ich hatte einen anstrengenden Tag. Bring mich nach Hause.«
Wir traten in die schwüle Nacht. »Wollen wir zu Fuß gehen?« fragte ich Natascha.
»Aber ich bringe sie doch heim«, sagte Fraser.
Das war, was ich erwartet hatte. Er wollte mich absetzen und dann Natascha bereden, mit ihm weiterzufahren. Ins Morocco oder zu sich nach Hause. Wer wußte das? Und was ging es mich an? Hatte ich irgendwelche Rechte auf Natascha? Was war das überhaupt für ein Wort: Rechte? Wenn etwas dieser Art existierte, hatte dann nicht er welche? Und ich war der Eindringling? Der Eindringling, der außerdem noch beleidigt war. »Soll ich Sie auch mitnehmen?« fragte Fraser nicht allzu freundlich.
»Ich wohne nicht weit. Ich kann gehen«, erwiderte ich widerwillig.
Mir blieb nichts anderes übrig, glaubte ich, wenn ich mich nicht als zähes Anhängsel noch weiter erniedrigen wollte.
»Unsinn«, sagte Natascha. »Bei der Hitze laufen! Setz uns bei meinem Haus ab, Jack. Er hat von da nur noch ein paar Schritte.«

»Gut.«
Wir stiegen ein. Jack konnte nun noch versuchen, mich zuerst abzusetzen, aber er verzichtete darauf. Er war klug genug zu wissen, daß Natascha protestieren würde. Er stieg vor Nataschas Haus aus und verabschiedete sich harmlos.
»Es war sehr nett! Machen wir das doch wieder einmal.«
»Vielen Dank. Sehr gerne.«
Nie, dachte ich und sah zu, wie Fraser Natascha auf die Wange küßte. »Gute Nacht, Jack«, sagte sie. »Es tut mir leid, daß ich nicht mitgehen kann, aber ich bin zu müde.«
»Ein andermal. Gute Nacht, Darling.«
Das war sein letzter Schuß. Darling, dachte ich, das hieß in Amerika gar nichts und viel. Man nannte eine Telefonistin, die man nicht kannte, Darling. Und man nannte die Frau, ohne die man nicht leben konnte, Darling. Fraser hatte eine raffinierte Mine mit Zeitzünder gelegt.
Wir standen uns gegenüber. Ich wußte, daß alles verloren wäre, wenn ich jetzt ärgerlich sein würde. »Ein sehr reizender Mann«, sagte ich. »Bist du wirklich so müde, Natascha?«
Sie nickte. »Wirklich. Es war langweilig, und Fraser ist ein Ekel.«
»Das fand ich nicht. Es war charmant, daß er meinetwegen glaubte, uns in ein deutsches Lokal führen zu müssen. So viel Einfühlungsvermögen findet man nicht leicht.«
Natascha sah mich an. »Darling«, sagte sie, und der Ausdruck durchzuckte mich wie ein plötzliches Zahnweh. »Du brauchst kein Gentleman zu sein. Ich bin erstaunlich oft von Gentlemen gelangweilt worden.«
»Heute abend auch?«
»Heute abend auch. Was hast du dir nur dabei gedacht, diese dumme Einladung anzunehmen.«
»Ich?«
»Ja, du! Sag noch, daß ich schuld bin.«
Ich war drauf und dran, das zu sagen. Zum Glück erinnerte

ich mich an eine Lehre meines Vaters, die er mir an meinem siebzehnten Geburtstag gegeben hatte: Du kommst jetzt in das Zeitalter der Frauen. Merke dir: Nur hoffnungslose Idioten wollen recht haben oder logisch mit Frauen sein.
»Ich bin schuld«, sagte ich wutentbrannt. »Kannst du einem solchen Idioten wie mir verzeihen?«
Sie musterte mich argwöhnisch. »Meinst du das wirklich? Oder ist es eine deiner Niederträchtigkeiten?«
»Es ist beides, Natascha.«
»Beides?«
»Wie könnte es anders sein? Ich bin durcheinander und idiotisch, weil ich dich anbete.«
»Davon habe ich nicht viel gemerkt.«
»Das ist auch nicht nötig. Unverhohlene Anbetung ist wie eine Dogge, die sabbert. Meine Anbetung äußert sich in Verstörtheit, grundlosem Haß und klarer Sturheit. Du bringst mich durcheinander. Mehr, als ich will.«
Ihr Gesicht veränderte sich. »Du armes Geschöpf«, sagte sie. »Ich kann dich nicht mit zu mir hinaufnehmen. Meine Nachbarin würde in Ohnmacht fallen. Gleich darauf würde sie an der Tür lauschen. Es ist unmöglich.«
Ich hätte alles darum gegeben, mit ihr zusammenzusein; trotzdem war ich plötzlich glücklich, daß es nicht möglich war. Es war damit auch für andere unmöglich. Ich nahm sie um die Schultern. »Wir haben doch so viel Zeit«, erwiderte sie. »Endlos viel Zeit, morgen, übermorgen, Wochen und Monate, und trotzdem glaubt man, hier, jetzt, mit diesem einen etwas mißglückten Abend ein ganzes Leben verloren zu haben.«
»Für mich hast du immer noch das Diadem von van Cleef auf dem Kopf. Jetzt wieder, meine ich. Bei Luchows weniger. Da war es mehr ein falscher Blechreifen aus dem 19. Jahrhundert.«
Sie lachte. »Hast du mich da nicht ausstehen können?«

»Nein.«
»Ich dich auch nicht. Wir wollen so etwas nicht wieder machen. Wir sind noch zu dicht beim Haß.«
»Ist man das nicht immer?«
»Gott sei Dank. Welch ein süßliches Geschlabber wäre es denn sonst!«
Ich dachte, die Welt könnte ein wenig von solchem Sirup ganz gut gebrauchen. Ich sagte es nicht. Es war eine meiner verdammten Eigenschaften, daß ich zu billigen Verallgemeinerungen neigte. »Honig ist besser«, sagte ich. »Du riechst nach Honig. Und du warst heute viele Dinge auf einmal. Vergiß nicht, daß ich in Modesachen ein Anfänger bin; ich nehme sie noch ernst und glaube sie. Auch wenn du geborgte Diademe trägst.«
Sie zog mich in den Eingang. »Küß mich!« murmelte sie. »Und liebe mich! Ich brauche viel Liebe. Und nun geh! Geh! Oder ich reiß mir mein Kleid vom Leib.«
»Reiß es herunter. Niemand sieht uns.«
Sie stieß mich hinaus. »Geh! Alles war deine Schuld! Geh!« Sie schloß die Tür hinter mir. Ich ging langsam durch die heiße, nasse Nacht zurück zur Untergrundstation. Der Gestank der verbrannten Luft kam mir wie der Rauch von einem unterirdisch schwelenden Kohlenmeiler entgegen. Der Bahnhof war schwach erleuchtet. Der Zug kam aus der Finsternis herangerast und hielt klappernd. Der Wagen war fast leer. Eine ältere Frau saß in einer Ecke. Ihr schräg gegenüber ein Mann. Ich war von den beiden durch den ganzen Wagen getrennt. Wir rasten unter der Erde dieser fremden Stadt dahin. Es war einer der Augenblicke, in denen die menschliche Bezeichnung, die wir den Dingen geborgt haben, abfällt, und in dem sie einen plötzlich mit der ganzen Feindseligkeit und der entsetzlichen Ur-Fremdheit anstarren, die meistens durch Illusionen verhüllt ist. Alles zerfiel. Kein Name paßte mehr. Eine drohende Welt ohne Namen und deshalb voll

namenloser Angst, die ohne Zusammenhang lauerte. Sie sprang nicht los, sie schlug nicht zu, sie griff nicht an, aber sie war gefährlicher: sie lauerte lautlos. Ich blickte durch das Fenster, an dem die fremde Dunkelheit vorbeiraste, und starrte dann in den trübe beleuchteten Zug, in dem ein paar Begriffe wie Gespensterfledermäuse flatterten, fremd schon, eine Silhouette, ein geneigter Kopf, Wärme, eine Schulter, und dieses bißchen geballten Feuers aus der Zeit ohne Namen, das wie eine Voltasche Säule die Halluzination einer Brücke ins Chaos vortäuschte, ohne je hinüberführen zu können aus dieser hoffnungslosen Einsamkeit der grenzenlosen Fremdheit – nicht die der harmlosen Sentimentalität, sondern die letzte unmenschliche Einsamkeit, die, in der man der letzte und erste und verlassenste Funke Leben ist.

XVIII.

Kahn hatte mich gebeten mitzukommen. »Es handelt sich um einen Raubzug«, sagte er, »gegen einen Mann, der Hirsch heißt. Für den Doktor Gräfenheim.«

»Den Hirsch, der Gräfenheim betrogen hat?«

»Genau den«, sagte Kahn grimmig.

»Aber ist das nicht der, der behauptet, nie etwas von Gräfenheim bekommen zu haben? Und der, von dem Gräfenheim nichts Schriftliches in Händen hat?«

»Genau der! Deshalb ist es ein Raubzug. Hätte Gräfenheim so etwas wie eine Quittung oder nur einen Brief, so wäre das eine Sache für einen Anwalt. Aber er hat nichts. Nur Hunger und ein anständiges Gehirn. Außerdem kann er nicht weiterstudieren; er hat kein Geld mehr. Er hat einmal an Hirsch geschrieben und keine Antwort bekommen. Vorher war er einmal persönlich da. Hirsch hat ihn ungeduldig und höflich hinausgeworfen und ihm gedroht, ihn wegen Erpressung zu verklagen, wenn er wiederkäme. Daraufhin hat Gräfenheim die alte panische Emigrantenangst bekommen, ausgewiesen zu werden. Ich weiß das alles von Betty.«

»Weiß Gräfenheim von Ihrem Plan?«

Kahn zeigte die Zähne. »Nein«, sagte er lachend. »Er läge bereits vor Hirschs Tür, um uns abzuhalten. Die alte Angst.«

»Weiß Hirsch, daß wir kommen?«

Kahn nickte. »Ich habe ihn vorbereitet. Zwei Telefonanrufe.«

»Er wird uns rausschmeißen. Oder nicht zu Hause sein!«

Kahn zeigte wieder die Zähne. Es war eine Art Lachen, aber ich hätte nicht gerne sein Gegner sein mögen. Er ging auch anders als früher – schneller, mit größeren Schritten, und sein

Gesicht schien gestraffter als sonst. Ich dachte mir, daß er so in Frankreich ausgesehen haben mußte.
»Er wird zu Hause sein!«
»Mit seinem Anwalt, um auch uns mit Erpressung zu drohen.«
»Ich glaube nicht«, sagte Kahn und blieb stehen. »Hier wohnt der Aasgeier. Sehr hübsch, was?«
Es war ein Haus an der 54. Straße. Rote Läufer, Stahlstiche an den Wänden, ein Mann, der den Aufzug bediente, ein Spiegel im getäfelten Aufzug, der Mann in Phantasieuniform. Gemäßigter Wohlstand. »Zur fünfzehnten Etage«, sagte Kahn. »Hirsch!«
Wir schossen hoch. »Ich glaube nicht, daß er einen Anwalt bei sich hat«, erklärte Kahn. »Ich habe ihm mit neuem Material gedroht. Da er ein Gauner ist, wird er es sehen wollen; da er noch kein Amerikaner geworden ist, wird in ihm auch noch ein bißchen von der alten guten Angst stecken, und er wird vorziehen, erst zu wissen, was los ist, ehe er seinen Anwalt ins Vertrauen zieht.«
Er klingelte. Ein Mädchen öffnete. Sie führte uns in ein Zimmer, in dem Kopien von Louis-xv.-Möbeln standen, einige in Gold. »Herr Hirsch kommt gleich.«
Herr Hirsch war ein runder, mittelgroßer Mann von etwa fünfzig Jahren. Mit ihm kam ein Schäferhund in die goldene Pracht. Kahn lächelte, als er ihn sah. »Das letztemal habe ich diese Rasse bei der Gestapo gesehen, Herr Hirsch«, sagte er. »Man hält sie dort zur Menschenjagd.«
»Ruhig, Harro!« Hirsch tätschelte den Hund. »Sie wollten mich sprechen. Sie sagten mir nicht, daß Sie zu zweit kämen. Ich habe sehr wenig Zeit.«
»Dies ist Herr Ross. Ich will Sie nicht lange aufhalten, Herr Hirsch. Wir kommen für Doktor Gräfenheim. Er ist krank, hat kein Geld und muß sein Studium aufgeben. Sie kennen ihn, nicht wahr?«

Hirsch antwortete nicht. Er tätschelte den Hund, der leise knurrte. »Sie kennen ihn also«, sagte Kahn. »Ich weiß nicht, ob Sie mich kennen. Es gibt viele Kahns, ebenso wie es viele Hirschs gibt. Ich bin der Gestapo-Kahn. Es mag sein, daß Sie von mir gehört haben. Ich habe in Frankreich einige Zeit damit verbracht, die Gestapo zu düpieren. Dabei ging es nicht immer sehr nobel zu; von beiden Seiten nicht, Herr Hirsch. Auch von meiner Seite nicht. Ich meine damit, daß der Schutz durch Schäferhunde mich, wie heute, zum Lachen gebracht hätte. Bevor Ihr Tier mich auch nur angerührt hätte, Herr Hirsch, wäre es tot. Und Sie vermutlich mit ihm. Daran liegt mir aber nichts. Wir sind hier, um für Doktor Gräfenheim Geld zu sammeln. Ich nehme an, daß Sie ihm helfen wollen. Mit wieviel Geld wollen Sie ihm helfen?«
Hirsch starrte Kahn an. »Und warum sollte ich das tun?«
»Dafür gibt es viele Gründe. Einer heißt Barmherzigkeit.«
Hirsch schien eine Zeitlang zu kauen. Er beobachtete Kahn ununterbrochen. Dann zog er aus einer Rocktasche eine Brieftasche aus braunem Krokodilleder hervor, öffnete sie und holte aus einer Seite zwei Scheine hervor, indem er einen Finger befeuchtete und sie abzählte. »Hier sind zwanzig Dollar. Mehr kann ich nicht geben. Es kommen zu viele in ähnlichen Situationen zu mir. Wenn alle Emigranten Ihnen ähnliche Beträge zukommen lassen, werden Sie bald die Kosten für Doktor Gräfenheims Studium beisammen haben.«
Ich dachte, Kahn würde ihm das Geld auf den Tisch werfen; aber er nahm es und steckte es in die Tasche. »Gut, Herr Hirsch«, sagte er. »Wir bekommen dann noch 980 Dollar. So viel braucht Doktor Gräfenheim, wenn er sehr bescheiden lebt, nicht raucht und nicht trinkt.«
»Sie machen Scherze, wie? Ich habe dafür keine Zeit mehr...«
»Doch, Sie haben dafür Zeit, Herr Hirsch. Erzählen Sie mir auch bitte nicht, daß Ihr Anwalt im Nebenzimmer sitzt. Er

sitzt nicht da. Ich will Ihnen dafür etwas erzählen, das Sie interessieren wird. Sie sind noch kein Amerikaner und hoffen, es nächstes Jahr zu werden. Sie können keine üble Nachrede gebrauchen, die Vereinigten Staaten sind darin ziemlich penibel. Mein Freund Ross, ein bekannter Journalist, und ich möchten Sie davor bewahren.«

»Haben Sie etwas dagegen, wenn ich die Polizei informiere?« fragte Hirsch, der offensichtlich einen Entschluß gefaßt hatte.

»Nicht das geringste. Wir können den Leuten dann gleich unser Material übergeben.«

»Material! Erpressung wird in Amerika ziemlich hoch bestraft. Verschwinden Sie!«

Kahn setzte sich auf einen der goldenen Stühle. »Sie glauben, Hirsch«, sagte er in verändertem Ton, »daß Sie schlau gewesen sind. Sie waren es nicht. Sie hätten Gräfenheim sein Geld wiedergeben sollen. Hier, in meiner Tasche, ist eine Petition an die Einwanderungsbehörde, Ihnen das amerikanische Bürgerrecht zu verweigern. Von hundert Emigranten unterschrieben. Hier ist eine weitere Petition, Ihnen die Einbürgerung wegen Ihrer Umtriebe mit der Gestapo in Deutschland nicht zu geben, von sechs Personen unterschrieben, dazu eine genaue Schilderung, warum Sie mehr Geld aus Deutschland herausbekommen haben als andere, dabei steht der Name des Nazis, der es für Sie in die Schweiz gebracht hat. Dann habe ich hier den Zeitungsausschnitt aus Lyon über den Juden Hirsch, der bei einem Verhör durch die Gestapo den Aufenthalt von zwei Flüchtlingen verraten hat, die beide daraufhin erschossen worden sind. Protestieren Sie nicht, Herr Hirsch. Es mag sein, daß Sie das nicht waren, aber ich werde behaupten, daß Sie es waren.«

»Was?«

»Ich werde bezeugen, daß Sie es waren. Man weiß hier, was ich in Frankreich getan habe. Man glaubt mir mehr als Ihnen.«

Hirsch starrte Kahn an. »Sie wollen also falsch aussagen.«
»Falsch nur im Sinne primitiver Rechtsauffassung; nicht in der von Auge um Auge und Zahn um Zahn. In der alttestamentarischen, Hirsch. Sie haben Gräfenheim zugrunde gerichtet, wir richten Sie zugrunde. Es ist uns dabei egal, was wahr ist und was nicht. Ich habe Ihnen schon gesagt, daß ich etwas von meiner Zeit unter den Nazis gelernt habe.«
»Und Sie sind Jude?«
»So wie Sie, leider!«
»Und Sie verfolgen einen Juden?«
Kahn war einen Augenblick verblüfft. »Ja«, sagte er dann, »ich sagte Ihnen ja schon, daß ich von der Gestapo gelernt habe. Dazu von der Technik der amerikanischen Gangster. Und, wenn Sie wollen, Herr Hirsch, habe ich auch noch etwas von jüdischer Intelligenz.«
»Die Polizei in Amerika ...«
»Auch von der Polizei in Amerika haben wir gelernt«, unterbrach Kahn. »Sogar einiges! Und wir brauchen sie nicht einmal. Um Sie zu erledigen, genügen die Papiere in meiner Tasche. Ich lege keinen Wert darauf, daß Sie ins Gefängnis kommen. Es genügt, wenn Sie in ein Internierungslager eingewiesen werden.«
Hirsch hob die Hand. »Dazu gehört jemand anders als Sie, Herr Kahn. Und dazu gehören andere Beweise als Ihre falschen Anschuldigungen.«
»Meinen Sie?« erwiderte Kahn. »Im Krieg? Für einen in Deutschland geborenen angeblichen Emigranten? Was geschieht Ihnen denn schon in einem Internierungslager? Sie werden human eingesperrt. Dazu braucht man nicht allzu viele Gründe. Und selbst wenn Sie am Lager vorbeikämen, wie stände es mit Ihrer Einbürgerung? Zweifel und Klatsch können da schon ausschlaggebend sein.«
Hirschs Hand krampfte sich um das Halsband des Hundes. »Und bei Ihnen?« sagte er leise. »Wie würde es bei Ihnen

sein, wenn das herauskäme? Was würde mit Ihnen geschehen? Erpressung, falsche Aussagen ...«
»Ich weiß genau, was darauf steht«, erwiderte Kahn. »Es ist mir gleichgültig. Ich pfeife darauf. Ich pfeife auf all das! Auf das, was Ihnen wichtig ist, Sie Gauner mit Zukunftsträumen. Mir ist alles egal, aber das können Sie nicht verstehen, Sie bürgerlicher Ohrenwurm! Es war mir schon in Frankreich egal. Glauben Sie, ich hätte das alles sonst gemacht? Ich bin kein verblasener Menschenfreund! Es ist mir auch egal, was passiert! Sollten Sie irgend etwas unternehmen, was gegen mich geht, so laufe ich nicht zum Richter, Hirsch! Ich erledige Sie selbst. Und das wäre nicht das erstemal. Was wissen Sie denn von reiner Verzweiflung? Haben Sie immer noch nicht gelernt, für wie wenig heute getötet wird?« Kahn machte eine Gebärde des Ekels. »Wozu brauchen wir all das? Es geht Ihnen nicht an die Nieren. Sie zahlen einen kleinen Teil des Geldes zurück, das Sie schulden, sonst nichts.«
Hirsch sah wieder aus, als kaute er lautlos. »Ich habe kein Geld zu Hause«, sagte er schließlich.
»Sie können mir einen Scheck geben.«
Hirsch ließ den Hund plötzlich los. »Kusch, Harro!« Er öffnete eine Tür. Der Hund verschwand. Hirsch schloß die Tür wieder.
»Endlich«, sagte Kahn.
»Ich werde Ihnen keinen Scheck geben«, erklärte Hirsch. »Sie verstehen das doch?«
Ich sah ihn interessiert an. Ich hatte nicht geglaubt, daß er so rasch nachgeben würde. Vielleicht hatte Kahn recht, die anonyme Platzangst hatte sich mit dem wirklichen Schuldgefühl gemischt und Hirsch unsicher gemacht. Er schien rasch zu denken und ebenso rasch zu handeln – wenn er nicht eine Finte schlagen wollte.
»Ich komme morgen wieder«, sagte Kahn.
»Und die Papiere?«

»Ich vernichte sie morgen vor Ihren Augen.«
»Ich gebe das Geld nur gegen die Papiere.«
Kahn schüttelte den Kopf. »Damit Sie erfahren, wer alles bereit ist, gegen Sie auszusagen? Ausgeschlossen!«
»Wer sagt mir dann, daß es die wirklichen Papiere sind?«
»Ich«, erwiderte Kahn. »Das muß Ihnen genügen.«
Hirsch kaute wieder lautlos. »Gut«, sagte er dann sehr leise.
»Morgen um dieselbe Zeit.« Kahn stand von seinem goldenen Stuhl auf.
Hirsch nickte. Er war plötzlich naß vor Schweiß. »Mein Sohn ist krank«, flüsterte er. »Mein einziger Sohn! Und Sie – Sie sollten sich schämen!« sagte er plötzlich. »Man ist verzweifelt – und Sie!«
»Ich hoffe, daß Ihr Sohn wieder gesund wird«, erwiderte Kahn ruhig. »Doktor Gräfenheim wird Ihnen sicher sagen können, wer der beste Arzt ist.«
Hirsch erwiderte nichts. Sein Gesicht zeigte eine sonderbare Mischung von Haß und Schmerz; der Haß war in den Augen. Er kam mir auch gebeugter vor als am Anfang, aber ich hatte oft gesehen, daß der Schmerz ums Geld genauso wirklich sein kann wie der um wirkliches Leiden. Es konnte darum auch sein, daß für Hirsch eine geheimnisvolle Verstrickung bestand zwischen dem Leiden seines Sohnes und seinem Betrug an dem Arzt Gräfenheim und daß er deshalb so rasch nachgegeben hatte und daß diese Ohnmacht den Haß noch verstärkte. Er tat mir merkwürdigerweise fast leid.

»Ich bin nicht einmal sicher, ob der Sohn wirklich krank ist.«
»Das glaube ich schon. Ein Jude macht keine makabren Witze auf Kosten seiner Familie.«
Kahn sah mich amüsiert an. »Ich bin nicht einmal sicher, ob er überhaupt einen Sohn hat«, erklärte er.

Wir traten in die Waschküchenschwüle der Straße. »Glauben Sie, daß Hirsch morgen Schwierigkeiten machen wird?« fragte ich.
»Ich glaube nicht. Er hat Angst um seine Einbürgerung.«
»Weshalb haben Sie mich eigentlich mitgenommen? Ich war doch eher ein Hindernis. Für Sie auch, da Hirsch vor Zeugen vorsichtig sein mußte. Ohne mich hätten Sie es vielleicht leichter gehabt.«
Kahn lachte. »Kann sein, aber nicht viel. Dafür hat Ihr Äußeres sehr geholfen.«
»Warum?«
»Weil Sie aussehen wie ein Gewittergott. Wissen Sie, was das ist? Das, was sich die Krüppel und Schwarzhaarigen der Regierung drüben als Arier vorstellen! Ein Jude und ein Jude – die verstehen sich und nehmen sich niemals ganz ernst. Aber wenn man einen solchen Knallarier wie Sie dabei hat, das ist etwas ganz anderes. Ich nehme an, daß es Hirsch ganz hübsch erschreckt hat.«
Ich erinnerte mich daran, daß ich vor kurzem, ohne daß ich es wollte, Deutschland gegen Fraser in Schutz nehmen mußte, jetzt wurde ich wie ein Nazi als Schreckmittel verwendet. Es war sonderbar, in was für Situationen man geraten konnte. Ich wußte, daß ich nicht viel Sinn für Humor hatte, für solche Angelegenheiten hatte ich aber wirklich gar keinen. Ich kam mir plötzlich vor, als hätte man mir einen Pißpott über den Kopf gegossen.
Kahn merkte nichts. Er schritt federnd durch die gläserne Brühe des Mittags, wie ein Jäger, der Wild gesichtet hat. »Endlich eine Unterbrechung der Langeweile«, sagte er. »Es war ja schon zum Auswachsen! Ich bin diese Sicherheit nicht gewöhnt. Vielleicht bin ich auch für immer dafür verdorben.«
»Warum melden Sie sich nicht in den Krieg?« fragte ich trocken.
»Habe ich getan. Sie wissen doch, daß man uns nicht nimmt.

Wir sind ›Feindliche Ausländer‹. Schauen Sie sich Ihren Ausweis an!«
»Ich habe keinen. Ich bin noch eine Stufe darunter. Aber bei Ihnen ist das doch anders. Sicher weiß man in Washington, was Sie in Frankreich getan haben.«
»Man weiß es, und deshalb traut man mir noch weniger. Man vermutet Doppelspiel. Wer so freche Sachen verüben konnte, mußte auch besondere Beziehungen haben, denkt man in den Büros. Ich wäre nicht überrascht, wenn man mich noch einsperrte. Wir leben in einer Spiegelexistenz von Ironien.«
Kahn lachte. »Leider sind Ironien etwas für Schriftsteller, nicht für Leute wie mich.«
»Hatten Sie Unterschriften von Emigranten gegen Hirsch?«
»Nein. Natürlich nicht. Deshalb habe ich ja auch nur tausend Dollar verlangt statt des ganzen Betrags. Hirsch kann so glauben, noch gut weggekommen zu sein.«
»Sie meinen, er kann so glauben, daß er ein Geschäft gemacht hat?« Kahn sah mich an. »Ja, mein armer Ross«, sagte er mitleidig. »So ist die Welt nun einmal.«

»Ich wollte, wir könnten irgendwohin fahren, wo es still ist«, sagte ich zu Natascha. »In irgendein europäisches Dorf oder an einen See. Irgendwohin, wo man nicht sofort schwitzt.«
»Ich habe keinen Wagen. Soll ich Fraser anrufen?«
»Auf keinen Fall!«
»Er braucht nicht mitzufahren. Er kann uns seinen Wagen leihen.«
»Auch das nicht. Lieber die U-Bahn oder einen Omnibus!«
»Wohin?«
»Ja, wohin? Diese Stadt scheint im Sommer doppelt so viele Menschen zu haben als sonst!«
»Und es ist überall heiß. Armer Ross!«
Ich wandte mich ihr irritiert zu. Es war das zweitemal, daß ich heute armer Ross genannt wurde. »Kann man nicht zu

den Cloisters fahren? Dort sind die Einhornteppiche. Ich habe sie noch nie gesehen. Du?«
»Ja. Aber die Museen sind abends geschlossen. Auch für Emigranten.«
»Ich habe manchmal wirklich genug davon, ein Emigrant zu sein«, sagte ich noch irritierter. »Ich war den ganzen Tag Emigrant. Erst mit Silvers und dann mit Kahn. Wie wäre es, wenn wir einfache Menschen wären?«
Sie lachte. »Sobald man über die Sorge für Essen und Unterkunft hinaus ist, ist man kein einfacher Mensch mehr, mein lieber Walden, Rousseau und Thoreau. Schon bei der Liebe fangen die Katastrophen an.«
»Nicht, wenn man sie nimmt wie wir.«
»Wie nehmen wir sie?«
»Generell. Nicht individuell.«
»Guter Gott«, sagte Natascha.
»So wie das Meer. Nicht wie eine einzelne Welle. Das meinst du doch, oder nicht?«
»Ich?« fragte Natascha erstaunt.
»Ja, du. Mit deinen vielen Freunden.«
»Glaubst du, daß ein Wodka mich töten würde?« fragte sie nach einem Augenblick.
»Das glaube ich nicht. Nicht einmal in der alten Bude hier.«
Ohne Grund erbittert holte ich die Flasche und zwei Gläser von Melikow, der Portiersdienst hatte. »Wodka?« fragte er. »Bei dieser Hitze? Es gibt ein Gewitter. Verfluchte Schwüle. Ich wollte, wir hätten wenigstens den Schatten einer Klimaanlage hier. Diese verdammten Ventilatoren rühren nur in der Luft herum wie in einem Kuchenteig.«
Ich ging zurück. »Bevor wir uns streiten, Natascha«, sagte ich, »denken wir doch darüber nach, wohin wir gehen können. Wir wollen lieber im Kühlen streiten als in der Hitze. Ich gebe das europäische Dorf und den See auf. Außerdem habe ich Geld. Silvers hat mir eine Prämie gezahlt.«

»Wieviel?«
»Zweihundertfünfzig Dollar.«
»Schäbig!« sagte sie. »Fünfhundert wären angemessen gewesen.«
»Unsinn. Er hat mir erklärt, er schulde mir eigentlich gar nichts, er kenne Mrs. Whymper schon seit langem. Das hat mich geärgert. Nicht die Summe. Die fand ich nicht schlecht. Ich kann es nur nicht leiden, wenn sie mir wie ein Geschenk überreicht wird.«
Natascha setzte ihr Glas nieder. »Konntest du das immer nicht leiden?« fragte sie.
»Das weiß ich nicht«, erwiderte ich überrascht. »Wahrscheinlich nicht. Warum?«
Sie sah mich aufmerksam an. »Ich glaube, vor ein paar Wochen wäre es dir noch gleichgültig gewesen.«
»Meinst du? Vielleicht. Ich habe keinen Humor, sicher liegt es daran.«
»Du hast durchaus Humor. Es ist möglich, daß du heute keinen hast.«
»Wer hat schon bei solch einer Schwüle Humor?«
»Fraser«, sagte Natascha. »Er sprudelt nur so über bei diesem Wetter.«
Ich dachte an viele Dinge zur selben Zeit und sagte nichts von dem, was ich sagen wollte. »Er hat mir sehr gut gefallen«, erklärte ich statt dessen ruhig. »Ich glaube schon, daß er sprudelt. Er war auch neulich sehr amüsant.«
»Gib mir noch einen halben Wodka«, sagte Natascha lachend und beobachtete mich.
Schweigend goß ich ihr Glas halbvoll.
Sie stand auf und streifte mich. »Wohin willst du gehen?« fragte ich.
»Wohin willst du gehen?« fragte sie.
»Ich kann dich nicht auf mein Zimmer schleppen. Zu viele Leute.«

»Schlepp mich in ein kühles Restaurant.«
»Gut. Nicht zu den Fischen im King of the Sea. In ein kleines französisches Restaurant in der Dritten Avenue. Das Bistro.«
»Teuer?«
»Nicht für einen Mann, der zweihundertfünfzig Dollar besitzt. Geschenkt oder nicht geschenkt. Er hat sie.«
Ihre Augen wurden zärtlich. »So ist es recht, Darling«, sagte sie. »Zum Teufel mit der Moral!«
Ich nickte und hatte das Gefühl, verschiedenen Gefahren nur knapp entkommen zu sein.

Es blitzte, als wir aus dem Restaurant kamen. Windstöße wirbelten Staub und Papierfetzen auf. »Es geht los!« sagte ich. »Wir müssen sehen, daß wir ein Taxi schnappen!«
»Wozu? Die Taxis riechen nach Schweiß. Laß uns gehen.«
»Es wird regnen. Du hast keinen Regenmantel und keinen Schirm. Es wird ein Wolkenbruch.«
»Um so besser. Ich wollte meine Haare ohnehin heute abend waschen.«
»Du wirst klatschnaß werden, Natascha.«
»Dies ist ein Nylonkleid. Man braucht es nicht einmal aufzubügeln. Das Restaurant war zu kühl. Laß uns gehen! Wenn es schlimmer wird, können wir uns in einen Hausflur stellen. Der Wind! Wie er stößt! Er regt mich auf!«
Wir gingen dicht an den Häusern entlang. Es blitzte plötzlich überall, die Wolkenkratzer hinauf, als kämen die Blitze aus dem Röhrengewirr und dem Kabelnetz unter dem Asphalt. Gleich darauf begann es zu regnen, große dunkle Flecken, über den Asphalt gestreut, die man sah, bevor man sie auf der Haut fühlte.
Natascha hielt ihr Gesicht in den Regen. Ihr Mund war halb offen, ihre Augen waren geschlossen. »Halt mich fest«, sagte sie.

Der Sturm wurde stärker. Die Trottoirs waren auf einmal leergefegt. In den Häusereingängen drängten sich die Menschen, hier und da huschten ein paar Gestalten gebückt und flüchtend an den Häusern entlang, die plötzlich naß glänzten im silbrigen Licht des prasselnden Regens, der den Asphalt in einen aufschäumenden, flachen, dunklen See verwandelte, auf den durchsichtige Lanzen und Pfeile herniederprasselten.
»Mein Gott!« sagte Natascha plötzlich. »Du hast ja deinen neuen Anzug an!«
»Zu spät!« erwiderte ich.
»Ich habe nur an mich gedacht! Ich habe nichts an.« Sie hob ihr Kleid bis zur Hüfte. Sie trug ein kleines weißes Höschen und keine Strümpfe, und ihre Schuhe waren hochhackige weiße Lacksandalen, um die der Regen sprühte. »Aber du! Dein noch unbezahlter blauer Anzug!«
»Zu spät!« erwiderte ich. »Außerdem kann ich ihn trocknen und plätten. Er ist übrigens bezahlt. Wir können also weiter den Elementen panisch zujubeln! Zum Teufel mit dem blauen Anzug des Bürgers! Laß uns im Brunnen vor dem Plaza-Hotel baden.«
Sie lachte und riß mich in einen Hauseingang. »So retten wir das Futter und das Roßhaar! Die kann man nicht aufbügeln. Gewitter kommen öfter als Anzüge. Und panisch kann man sich auch in einem geschützten Hauseingang fühlen. Wie das blitzt! Und wie kühl es geworden ist! Das macht der Wind!«
Wie praktisch sie war, ohne das hinreißende Gefühl zu verlieren, dachte ich und küßte ihr warmes, kleines Gesicht. Wir standen zwischen den Schaufenstern von zwei Geschäften. Auf der einen Seite waren Korsetts für ältere, füllige Damen ausgestellt, über die die Blitze zuckten; auf der anderen befand sich ein Aquariengeschäft mit einer Tierhandlung. Eine ganze Wand stand voll mit Regalen beleuchteter Aquarien mit ihrem grünen, seidigen Licht und den bunten Fischen. Ich hatte selbst in meiner Jugend Fische gezüchtet und

erkannte einige wieder. Es war ein sonderbares Gefühl, so überraschend ein Stück Kindheit vor mir aufschimmern zu sehen, still und wie aus einer Welt jenseits aller Horizonte, die ich noch kannte, lautlos aufgetaucht, umlodert von Blitzen und völlig unberührt von ihnen, so geblieben, wie es war, durch eine sanfte Magie, nicht gealtert, nicht verschmiert mit Blut und unzerstört. Ich hielt Natascha im Arm und spürte ihre Wärme, und gleichzeitig war ein Teil von mir weit entfernt über einen vergessenen Brunnen gebeugt, der längst nicht mehr rauschte, und horchte auf eine Vergangenheit, die mir fremd geworden und deshalb um so hinreißender war. Tage an Bächen, in Wäldern, an einem kleinen See, über dem Libellen zitternd im Fluge innehielten. Abende in Gärten, über deren Mauern der Flieder hing, das alles wehte lautlos wie ein eiliger stummer Film vorüber.

»Was würdest du sagen, wenn ich einen solchen Hintern hätte?« fragte Natascha. Ich drehte mich um. Sie sah nach der anderen Seite in das Korsettgeschäft. Dort war ein Panzer für eine Walküre über eine schwarze Probierpuppe gespannt, wie sie Schneiderinnen brauchen. »Du hast einen herrlichen Hintern«, sagte ich. »Und du brauchst nie ein Korsett, wenn du auch keine so magere Giraffe bist, wie sie jetzt herumlaufen.«

»Gut. Es hat aufgehört zu regnen. Nur noch ein paar Tropfen. Laß uns hier weggehen.« Es ist deprimierend zu sehen, was ich einmal gewesen bin, dachte ich und streifte die Aquarien mit einem letzten Blick. »Sieh nur, die Affen!« sagte Natascha und deutete in den Hintergrund des Ladens. In einem großen Käfig mit einem Baumstamm darin turnten zwei aufgeregte Affen mit langen Schwänzen. »Das sind echte Emigranten! Im Käfig! So weit seid ihr noch nicht gekommen.«

»Nein?« sagte ich.

Natascha sah mich an. »Ich weiß ja nichts von dir«, erwiderte sie. »Ich will auch gar nichts wissen. Ich finde es langweilig, sich gegenseitig seine Probleme und seine Lebensgeschichte vorzubeten. Wie bald fängt man da an zu gähnen.« Sie schaute noch einmal auf das Brünhilden-Korsett. »Wie rasch das Leben verfliegt! Bald werde ich auch so sein und in den Küraß hineinpassen und einem Frauenklub angehören! Manchmal wache ich auf mit einer schrecklichen Angst. Du auch?«

»Ich auch.«

»Wirklich? Du siehst nicht so aus.«

»Du auch nicht, Natascha.«

»Laß uns alles herausholen, was wir können!«

»Wir tun es schon.«

»Mehr!« Sie preßte sich an mich, so daß ich sie von den Beinen bis zur Schulter fühlte. Ihr Kleid war wie ein Badeanzug. Das Haar hing in Strähnen herunter, und ihr Gesicht war sehr bleich. »In wenigen Tagen habe ich eine andere Wohnung«, murmelte sie. »Dann kannst du zu mir heraufkommen, und wir brauchen nicht mehr in Hotels und Kneipen zu sitzen.« Sie lachte. »Und sie ist luftgekühlt.«

»Ziehst du um?«

»Nein. Es ist die Wohnung von Freunden.«

»Fraser?« fragte ich voll böser Ahnung.

»Nein, nicht von Fraser.« Sie lachte wieder. »Ich werde dich nicht mehr zum Gigolo machen, als für unseren Komfort unbedingt nötig ist, Robert.«

»Ich bin es ohnehin schon«, sagte ich. »Ich tanze mit Bleischuhen auf dem Seil der Moral und falle oft herunter. Ein anständiger Emigrant zu sein, ist ein sehr schwieriger Beruf.«

»Sei ein unanständiger«, sagte sie und schritt mir voran auf die Straße. Es war kühl geworden, und zwischen den Wolken standen schon wieder einige Sterne. Der Asphalt glänzte in den Reflexen der Autolichter, als führen sie über schwarzes Eis.

»Du siehst zauberhaft aus«, sagte ich zu Natascha. »Ich komme mir vor wie an einem Badestrand der Zukunft mit einem Marsmädchen. Warum erfindet die Mode nicht Kleider, die ebenso am Körper kleben wie deins?«
»Sie hat sie schon erfunden«, erwiderte sie. »Du hast sie nur noch nicht gesehen. Warte, bis du in die Ballsäle der Café-Society gerätst!«
»Ich bin mitten drin«, sagte ich und zerrte sie in einen dunklen Hauseingang. Sie roch nach Regen, Wein und Knoblauch.
Der Regen hatte völlig aufgehört, als ich sie nach Hause brachte. Ich ging die ganze Strecke zurück zu Fuß. Alle Augenblicke hielten Taxis, um mich einsteigen zu lassen. Noch vor einer Stunde waren sie nirgendwo zu finden gewesen. Ich atmete die kühle Luft, als wäre sie Wein, und dachte über den Tag nach. Ich spürte irgendwo eine Gefahr, aber nicht eine, die mir drohte, sondern eine, die in mir war. Es war mir, als hätte ich eine geheimnisvolle Grenze überschritten, ohne es gemerkt zu haben, und als wäre ich in ein Gebiet geraten, das von Kräften beherrscht wurde, die ich nicht kontrollieren konnte. Es gab noch kaum einen Grund für Alarm, aber ich selbst hatte mich wieder eingeschaltet in ein Netzwerk, in dem andere Werte galten als die, die vorher für mich maßgebend gewesen waren. Vieles, das mir noch vor kurzem egal gewesen wäre, war es nun nicht mehr. Ich war vorher ein Außenseiter gewesen, jetzt war ich es nicht mehr ganz. Was ist mit mir geschehen? dachte ich. Ich bin doch nicht verliebt! Aber ich wußte, daß der Außenseiter sich auch verlieben konnte, ohne ein sehr geeignetes Objekt zur Liebe zu finden, nur weil er die Liebe selbst so notwendig brauchte, daß es nicht so wichtig war, auf wen sie fiel. Und ich wußte auch, daß da die Gefahr lag, plötzlich gefangen zu werden und alle Übersicht zu verlieren.

XIX.

»Betty soll morgen operiert werden«, sagte Kahn am Telefon. »Sie hat große Angst. Wollen Sie sie nicht besuchen?«

»Selbstverständlich. Was hat sie?«

»Man weiß es nicht genau. Gräfenheim und Ravic haben sie untersucht. Die Operation wird zeigen, ob die Geschwulst gutartig ist oder nicht.«

»Mein Gott!« sagte ich.

»Ravic wird auf sie achtgeben. Er ist Assistent im Mount-Sinai-Hospital geworden.«

»Wird er sie operieren?«

»Er wird dabei sein. Ich weiß nicht, ob er schon selbständig operieren darf. Wann gehen Sie hin?«

»Um sechs, wenn ich hier fertig bin. Haben Sie von Hirsch gehört?«

»Ich war da. Alles in Ordnung. Gräfenheim hat das Geld bereits. Es ihm auszuhändigen war schwieriger, als es von Hirsch zu bekommen. Anständige Menschen können manchmal eine große Plage sein, bei Gaunern weiß man immer gleich, woran man ist.«

»Kommen Sie auch zu Betty?«

»Ich war gerade da. Vorher habe ich eine Stunde mit Gräfenheim gekämpft. Ich glaube, er hätte das Geld an Hirsch zurückgegeben, wenn ich ihm nicht gedroht hätte, es an ›Kraft durch Freude‹ in Berlin zu senden. Er wollte sein eigenes Geld nicht von einem Lumpen annehmen. Dabei hat er kaum etwas zu essen. Gehen Sie zu Betty. Ich kann nicht noch einmal gehen. Sie hat Angst. Außerdem würde sie mißtrauisch werden, wenn ich zweimal käme. Sie bekäme noch mehr Angst. Gehen Sie zu ihr, und sprechen Sie deutsch mit ihr. Wenn man krank ist, braucht man nicht auch noch englisch zu sprechen, meint sie.«

Ich ging hin. Es war warm und grau, und der Himmel hatte die Farbe weißer Asche. Betty lag im Bett in einem chinesischen lachsroten Mantel, den der Hersteller in Brooklyn wahrscheinlich als Mandarinrock gedacht hatte.

»Sie kommen gerade recht zu meiner Henkersmahlzeit«, rief Betty. »Morgen geht's auf die Guillotine.«

»Aber Betty«, sagte Gräfenheim. »Morgen machen wir eine kleine Routine-Untersuchung. Nur zur Vorsicht.«

»Guillotine ist Guillotine«, erwiderte Betty mit falscher, zu lauter Fröhlichkeit. »Ob einem darunter die Fußnägel abgeschnitten werden oder der Kopf.«

Ich sah mich um. Es waren ungefähr zehn Leute da. Die meisten kannte ich. Auch Ravic war da. Er saß am Fenster und starrte auf die Straße. Es war sehr heiß im Zimmer, dennoch waren die Fenster geschlossen. Betty fürchtete, es würde noch heißer werden, wenn man sie öffnete. Ein Ventilator summte auf einem Vertiko wie eine müde, große Fliege. Die Tür zum Nebenzimmer war offen. Die Koller-Zwillinge brachten Kaffee und Apfelstrudel herein, ich erkannte sie zuerst nicht wieder. Sie waren blond geworden. Ihr Gezwitscher flog durch den Raum, als wären sie helle Schwalben. Sie waren gut gelaunt, flink wie Wiesel und trugen enge, kurze Röcke und baumwollene, quergestreifte Sweater mit kurzen Ärmeln.

»Sehr appetitlich, wie?« fragte Tannenbaum.

Ich wußte nicht gleich, wen er meinte, den Apfelstrudel oder die Mädchen. Er meinte die Mädchen.

»Sehr«, sagte ich. »Ein verwirrender Gedanke, mit Zwillingen ein Verhältnis anzufangen, besonders wenn sie sich so gleichen wie die beiden hier.«

»Doppelte Sicherheit«, erwiderte Tannenbaum und zerteilte ein Stück Strudel. »Wenn eine stirbt, kann man die andere heiraten. Wo findet man das sonst?«

»Ein etwas makabrer Gedanke.« Ich sah zu Betty hinüber, aber sie hörte nichts. Sie hatte sich von den Koller-Mädchen die Kupferstiche von Berlin bringen lassen, die sonst im Vorzimmer hingen, und stellte sie auf die beiden Nachttische neben ihrem Bett.

»Ich dachte nicht daran, daß man die Zwillinge nacheinander heiraten könnte«, sagte ich, »ich dachte auch nicht gleich ans Sterben.« Tannenbaum wiegte die von schwarzen Haaren umflatterte Glatze, die aussah wie die glänzende Rückseite eines Pavians. »Woran denkt man sonst? Wenn man jemand liebt, denkt man doch: Einer von uns muß vor dem anderen sterben, und einer wird allein bleiben. Wenn man das nicht denkt, liebt man nicht wirklich. Es ist die große Urangst, modifiziert, das gebe ich zu. Aus der primitiven Angst, daß man selbst sterben muß, wird durch die Liebe die Angst um den andern. Eine Sublimation, die diese Liebe zu einer fast noch größeren Tortur macht, denn sie liegt bei dem, der übrigbleibt.«

Tannenbaum leckte sich den Streuzucker von den Fingern. »Da man deswegen nicht angstvoll allein durchs Dasein wandern kann – denn auch das Alleinsein ist eine Tortur –, sind Zwillinge der gescheiteste Ausweg. Besonders, wenn sie so hübsch sind wie die beiden Kollers.«

»Würden Sie wahllos eine heiraten?« fragte ich. »Sie können sie doch nicht unterscheiden. Oder würden Sie mit sich selbst darum würfeln?«

Er sah mich über seinen Kneifer hinweg unter buschigen Augenbrauen an. »Machen Sie sich nur lustig über einen Menschen, der arm, krank, glatzköpfig und jüdisch ist. Sie arisches Scheusal, das wie ein weißer Rabe unter Leuten sitzt, die ihre höchste Kultur schon erreicht hatten, als Ihre Vorfahren noch auf den Bäumen zu beiden Seiten des Rheins saßen und in ihre Felle schissen.«

»Ein schönes Bild«, erwiderte ich. »Bleiben wir bei unseren

Zwillingen. Warum springen Sie nicht über Ihre Minderwertigkeitskomplexe hinweg und blasen zum Angriff?«
Tannenbaum sah mich eine Weile kummervoll an. »Das sind Mädchen für Filmproduzenten«, sagte er dann. »Hollywoodfutter.«
»Sind Sie nicht Schauspieler?«
»Ich spiele Nazis, kleinere Nazis. Ich habe keinen Glamour.«
»Mich interessiert es, mit Zwillingen zu leben, und es interessiert mich nicht wie Sie, mit Zwillingen zu sterben. Wenn man mit der einen Krach hätte, könnte man zur andern gehen. Wenn die eine einem durchginge, bliebe immer noch die andre. Es gibt da sicher reizvolle Möglichkeiten.«
Tannenbaum betrachtete mich angeekelt. »Haben Sie das fürchterliche letzte Jahrzehnt durchgemacht, um mit solchen Frivolitäten zu enden? Wissen Sie nicht, daß der größte Weltkrieg aller Zeiten tobt? Ist das alles, was Sie daraus gelernt haben?«
»Tannenbaum«, sagte ich. »Sie waren es, der angefangen hat, von appetitlichen Ärschen zu reden. Nicht ich!«
»Ich habe es im metaphysischen Sinne gemeint. Tragisch, um dem Weltdilemma zu entkommen. Nicht vulgär, wie Sie, Sie späte Blüte am Mispelbaum der Edda«, meinte Tannenbaum traurig.
Eines der Koller-Mädchen kam mit einer neuen Platte Apfelstrudel zu uns herüber. Tannenbaum lebte auf, starrte mich an, als habe er eine Erleuchtung, deutete auf ein Stück Strudel, und als der Zwilling es ihm auf den Teller legte und somit beide Hände voll hatte, tatschte er ihm zaghaft auf den runden Hintern. »Aber, Herr Tannenbaum«, flüsterte der Zwilling und lachte. »Aber doch nicht hier!« Er schwänzelte davon.
»Nun, Sie Metaphysiker«, sagte ich. »Sie späte Blüte am trockenen Kaktus des Talmuds!«
»Sie haben mich dazu gebracht«, erklärte Tannenbaum verwirrt und aufgeregt.

»Natürlich! Immer der andere, Sie deutscher Nußknacker! Nur keine Verantwortung übernehmen.«
»Ich meine, das danke ich Ihnen! Sie hat es nicht übelgenommen, wie? Glauben Sie nicht auch?«
Tannenbaum begann zu erblühen. Er reckte den Hals und bekam eine rostrote Farbe, die an Eisen erinnerte, das lange im Regen gelegen hat. »Sie haben einen Fehler gemacht, Herr Tannenbaum«, sagte ich. »Sie hätten auf dem Rock ein kleines Kreidezeichen hinterlassen sollen, damit Sie wissen, welcher der Zwillinge Ihre vulgäre Annäherung geduldet hat. Es könnte nämlich sein, daß der andere gar keinen Sinn dafür hat und Ihnen, wenn sie es wiederholen, die Platte Apfelstrudel einschließlich des Kaffees über den Schädel stülpt! Wie Sie sehen, tragen beide Zwillinge im Augenblick neue Platten mit Apfelstrudel herein. Wissen Sie, welches Mädchen es war? Ich weiß es nicht mehr.«
»Ich ... es war ... nein ...« Tannenbaum warf mir einen haßerfüllten Blick zu. Wie geblendet starrte er auf die Zwillinge. Dann rang er sich mit übermenschlicher Kraft ein süßliches Lächeln ab. Wahrscheinlich glaubte er, der gekniffene Zwilling würde zurücklächeln. Statt dessen lächelten beide zurück. Tannenbaum stieß einen dumpfen Fluch aus. Ich verließ ihn und ging wieder zu Betty hinüber.
Ich wollte gehen. Ich konnte solche Situationen schlecht ertragen, die angefüllt sind mit einer Mischung aus süßlicher Sentimentalität und echter, großer Angst. Sie reizten mich zum Erbrechen. Ich haßte diese unausrottbare Sehnsucht, dieses falsche Heimweh, die, selbst wenn sie in Haß und Abscheu umschlugen, stets nach einer Entschuldigung suchten, um wieder aufzutauchen. Zu viele Gespräche hatte ich schon angehört, die damit begonnen hatten, »daß die Deutschen nicht alle so wären«, eine Phrase, von der jeder wußte, daß sie stimmte, und die dann hinüberleitete zu dem üblichen Gewäsch von den schönen Zeiten in Deutschland, bevor die

Nazis kamen. Ich verstand Betty bis in ihr gutes naives Herz, ich liebte sie deswegen und konnte es trotzdem nicht anhören. Die schwimmenden Augen, die Bilder von Berlin und die Sprache ihrer Heimat, an die sie sich in ihrer großen Angst vor morgen klammerte, rührten mich zu Tränen. Ich glaubte selbst den Geruch der Resignation zu spüren, der ohnmächtigen Rebellion, die schon weiß, daß sie ohnmächtig ist, bevor sie sich entfaltet, und die deshalb, obschon ehrlich gemeint, den hohlen Klang bloßer Gesten bekommt. Ich glaubte, das alles wieder zu spüren, diese Gefangenschaft ohne Stacheldraht, dieses Hausen in der toten Luft der Erinnerung, diesen schattenhaften Haß, der ins Leere greift. Ich sah mich um, ich kam mir wie ein Deserteur vor, weil ich gehen, weil ich nicht in dieser Atmosphäre leben wollte, obschon ich doch wußte, daß sie auch gesättigt war mit schwerem Leid und mit Verlusten, die kaum zu tragen waren; Verlusten an Angehörigen, die lautlos verschwunden waren; Verlusten, die zu groß waren, um fruchtlos darüber zu brüten und selbst dadurch zerstört zu werden. Ich wußte plötzlich, warum ich gehen wollte. Ich wollte nicht selbst in diese ohnmächtige Schattenrebellion und Resignation hineingeraten, denn das eine führte zum andern. Ich war ohnehin immerfort gefährlich nahe daran, aber ich wollte nicht eines Tages nach den Jahren des Wartens aufstehen und feststellen, daß ich vom Warten und nutzlosen Schattenboxen mürbe und morsch geworden war, ich wollte selbst meine Vergeltung und meine Rache suchen, nicht mit Klagen und Protesten, sondern mit meinen eigenen Händen, und um das zu tun, mußte ich der Klagemauer und dem Lamento an den Wassern von Babylon so fern bleiben wie möglich.
Ich sah mich um, als hätte man mich ertappt. »Ross«, sagte Betty. »Wie schön, daß Sie gekommen sind. Es ist wunderbar, daß man so viele Freunde hat.«
»Sie sind die Mutter der Emigranten, Betty. Ohne Sie wären wir nichts als Treibgut.«

»Wie geht es Ihnen bei dem Bilderhändler?«
»Sehr gut, Betty. Ich werde an Vriesländer bald etwas zurückzahlen können.«
Sie hob ihren heißen Kopf und blinzelte mit einem Auge. »Damit lassen Sie sich nur Zeit. Vriesländer ist ein reicher Mann. Er braucht das Geld nicht. Sie können es ihm auch noch zurückzahlen, wenn alles vorbei ist.« Sie lachte. »Ich bin froh, daß es Ihnen gutgeht, Ross! Es geht so wenigen von uns gut. Ich darf nicht lange krank bleiben. Die anderen brauchen mich. Finden Sie nicht auch?« Ich ging mit Ravic hinaus. An der Tür sah ich Tannenbaum stehen. Er blickte unschlüssig von einem Zwilling zum andern. Seine Glatze blinkte. Er haßte mich bereits wieder. »Hatten Sie Streit mit ihm?« fragte Ravic.
»Nur ein frivoles Geplänkel, um mich abzulenken. Ich bin kein Krankenbesucher. Es macht mich ungeduldig und ärgerlich. Ich kann mich deshalb nicht ausstehen, aber so ist es nun einmal.«
»Das geht fast jedem so. Man fühlt sich schuldig, weil man selbst gesund ist.«
»Ich fühle mich schuldig, weil der andere krank ist.« Ravic blieb auf der Treppe stehen. »Sie sind doch nicht auch schon angeknackt?«
»Ist das nicht jeder?«
Er lächelte. »Es kommt auf den Grad der Verdrängung an. Die, die am besten verdrängen, sind die gefährdetsten. Wer alles ausspuckt, hat wenig zu fürchten.«
»Ich werde mir das merken«, sagte ich. »Was ist mit Betty?«
»Wir müssen sie aufmachen. Vorher kann man wenig sagen.«
»Haben Sie Ihre Examen alle hinter sich?«
»Ja.«
»Operieren Sie Betty?«
»Ja.«
»Auf Wiedersehen, Ravic.«

»Ich heiße jetzt Fresenburg. Mein wirklicher Name.«
»Und ich immer noch Ross. Nicht mein wirklicher Name.«
Er lachte und ging rasch davon.

»Du siehst dich um, als hätte ich irgendwo ein totes Kind versteckt«, sagte Natascha.
»Das ist eine alte Gewohnheit. Man wird sie so schnell nicht los.«
»Mußtest du dich oft verstecken?«
Ich sah sie überrascht an. Es war eine blödsinnige Frage – so, als ob sie gefragt hätte, ob ich atmen müßte. Dann fiel mir ein, daß sie ja nichts von dem Leben wußte, das ich geführt hatte, und das gab mir merkwürdigerweise ein warmes Gefühl der Freude. Gottlob, dachte ich, daß sie nichts davon weiß.
Sie stand in einem niedrigen Zimmer vor einem breiten Fenster. Sie stand da, dunkel vor dem starken Licht, und ich brauchte ihr keine Erklärungen zu geben und mich nicht als Flüchtling zu fühlen. Ich nahm sie in die Arme und küßte sie. »Wie warm deine Schultern von der Sonne sind«, sagte ich.
»Ich bin gestern hier eingezogen. Der Eisschrank ist voll. Wir brauchen den ganzen Tag nicht auf die Straße zu gehen. Es ist Sonntag heute, das hast du vielleicht vergessen.«
»Ich habe es nicht vergessen. Ist im Eisschrank auch etwas zu trinken?«
»Zwei Flaschen Wodka. Und zwei Flaschen Magermilch.«
»Kannst du kochen?«
»Soso. Aber ich kann Steaks auf dem Grill braten und Konserven aufmachen. Außerdem haben wir Mengen von Obst und Salat und ein Radio. Wir können ein bürgerliches Leben beginnen.«
Sie lachte. Ich hielt sie im Arm und lachte nicht. Mich traf das alles wie ein Dutzend weicher Pfeile; jene Art, die Gummipfropfen trägt und die Kinder für ihre Luftpistolen brauchen.

Sie schmerzen nicht, aber man spürt sie doch. »Das ist nichts für dich, wie?« fragte Natascha. »Zu philisterhaft.«
»Es ist das größte Abenteuer, das es gibt in unserer Zeit«, erwiderte ich und atmete den Geruch ihres Haares ein, das nach Zeder roch. »Jeder Buchhalter hat heute so viele Abenteuer wie früher König Artus. Ich könnte Wochen vorm Radio sitzen, Bier trinken und die Kleinbürgerlichkeit wie einen Purpurmantel um meine Schultern fühlen.«
»Hast du schon einmal Television gesehen?«
»Wenig.«
»Das dachte ich mir. Du würdest bald fluchend aufhören. Dein Purpurmantel würde bald unerträglich jucken.«
»Mir ist heute alles gleich. Weißt du, daß es der erste Tag ist, an dem wir nicht in einer Kneipe oder im Hotel herumlungern müssen?«
Sie nickte. »Das habe ich dir schon früher gesagt. Du aber hast Fraser verdächtigt.«
»Ich verdächtige ihn auch jetzt noch. Aber es ist mir egal.«
»Du wirst schon besser. Beruhige dich. Du hast keinen Grund.«
Ich sah mich um. Es war ein kleines Appartement im fünfzehnten Stock, das ein Wohnzimmer, ein Schlafzimmer, eine Küche und ein Bad hatte. Es war nicht elegant genug für Fraser. Das Wohnzimmer und das Schlafzimmer hatten große Fenster, die eine weite Aussicht über New York zeigten; man konnte von der 57. Straße bis Wallstreet sehen, vorbei an den Wolkenkratzern und hinweg über die vielen Reihen der niedrigeren Häuser. »Wie findest du es?« fragte Natascha.
»So, wie man in New York leben sollte. Mit so viel Licht und Weite und diesem Blick. Du hast recht, wir wären verrückt, wenn wir uns heute von hier fortbewegten!«
»Hol uns die Sonntagszeitungen! Der Kiosk ist gleich an der Ecke. Dann haben wir alles, was wir brauchen. Ich werde inzwischen versuchen, Kaffee zu machen.«

Ich ging zum Aufzug hinüber.
Ich kaufte die Sonntagsausgaben der New York Times und der Herald Tribune, jede einige hundert Seiten stark. Ich dachte darüber nach, ob die Leute zur Zeit Goethes glücklicher waren, als nur die reichen und gebildeten Leute Zeitungen lasen. Ich kam zu dem Ergebnis, daß das, was man nicht weiß, einen nicht unglücklich machen kann – ein ziemlich bescheidenes Resultat.
Ich starrte in den frischen Himmel, in dem ein Flugzeug kreiste, und schüttelte meine Gedanken ab wie Flöhe. Ich ging ein Stück die Zweite Avenue entlang. Links war ein bayerischer Metzger, daneben der Delikatessenladen der drei Brüder Stern.
Ich bog wieder in die 57. Straße ein und fuhr zum fünfzehnten Stock empor mit einem Schwulen, der sich als Jasper vorstellte, rothaarig war und ein kariertes Sportjackett trug. Sein Pudel war weiß und hieß René. Jasper lud mich zum Frühstück ein. Ich entkam, um vieles heiterer, und klingelte.
Natascha empfing mich, einen Turban um den Kopf gebunden, ein Badetuch um die Hüften und nahezu nackt. »Großartig!« sagte ich und warf die Zeitungen auf einen Stuhl im Vorzimmer. »Das paßt zur Beschreibung dieser Etage!«
»Was für eine Beschreibung?«
»Die Nick, der Zeitungsverkäufer an der Ecke, gegeben hat. Er behauptet, daß hier früher einmal ein Puff gewesen sei.«
»Ich habe ein Bad genommen«, sagte Natascha. »Ein zweites. Diesmal kalt. Du kamst nicht wieder. Hast du am Times Square die Zeitungen geholt?«
»Ich war in einer fremden Welt. Bei den Homos. Weißt du, daß es hier davon wimmelt?«
Sie nickte und warf ihr Badetuch weg. »Ich weiß es. Diese Wohnung gehört auch einem, der anders ist, damit du es endlich weißt.«

»Hast du mich deshalb in diesem Aufzug empfangen?«
»Darüber habe ich nicht nachgedacht. Aber ich meinte, es könnte dir nicht schaden.«

Wir lagen auf dem Bett. Nach dem Kaffee tranken wir Bier. Dazu hatten wir uns von der Sonntagsvertretung der Brüder Stern Pastrami, Salami, Butter, Käse und dunkles Brot herüberschicken lassen. Man braucht in Amerika ja nur zu telefonieren, um alles zu erhalten. Auch am Sonntag. Es wurde einem sogar herübergebracht, man brauchte nur die Tür einen Spalt zu öffnen und es entgegenzunehmen. Ein herrliches Land, wenn man Empfänger dieser überraschenden Segnungen war.
»Ich bete dich an, Natascha«, sagte ich. Ich hatte mich gerade geweigert, einen rotseidenen Pyjama des anonymen Wohnungsbesitzers anzuziehen, den sie mir zugeworfen hatte. »Ich bete dich an, wie Gott mich geschaffen hat. Dieses Ding ziehe ich nicht an.«
»Aber Robert. Es ist doch gewaschen und gebügelt, und Jerry ist ein sehr sauberer Mensch.«
»Wer?«
»Jerry. Du schläfst doch auch in deinem Hotel in Bettüchern, in denen weiß wer vorher geschlafen hat!«
»Richtig. Ich denke trotzdem nicht gern daran. Außerdem ist es anonym. Ich kenne die Leute nicht.«
»Jerry kennst du doch auch nicht.«
»Ich kenne ihn durch dich. Es ist ein ähnlicher Unterschied, wie wenn man ein Huhn ißt, das man nicht kennt, oder eines, das man aufgezogen hat und das man beim Namen ruft.«
»Schade! Ich hätte dich gern in einem roten Pyjama gesehen. Aber jetzt bin ich schläfrig. Läßt du mich eine Stunde schlafen? Ich bin warm von Pastrami, Bier und Liebe. Du kannst die Zeitungen lesen.«
»Ich denke nicht daran. Ich bleibe neben dir liegen.«

»Glaubst du, daß ich dann schlafen kann? Ich glaube es nicht.«
»Wir können es versuchen. Vielleicht schlafe ich auch ein.«
Sie war nach einigen Minuten fest eingeschlafen. Ich betrachtete sie eine Zeitlang, ohne sie richtig zu sehen. Die Klimaanlage summte fast unhörbar, und von unten kam gedämpftes Klavierspiel. Jemand übte dort, der schlecht spielte, aber gerade daß er so schlecht spielte, gab mir plötzlich die Illusion meiner Kindheit zurück und die heißen Sommertage, wenn zögerndes, langsames Klavierspiel aus einer anderen Etage durch die Wohnung tropfte und die Kastanien vor dem Fenster träge im Wind raschelten.
Ich schreckte auf. Ich hatte auch geschlafen. Vorsichtig stand ich auf und ging ins Nebenzimmer, um mich anzuziehen. Meine Sachen lagen dort herum. Ich suchte sie zusammen, stand dann am Fenster und schaute auf die fremde Stadt, die nichts von Erinnerungen und Tradition an sich hatte. Nichts von Erinnerungen. Sie war neu und voll ungestümer Zukunft. Ich stand lange und dachte über vieles nach. Das Klavierspiel setzte wieder ein, aber es war eine Sonate von Clementi und keine Etüde von Czerny, die da geübt wurde. Jemand spielte einen Blues, einen langsamen Tanz. Ich ging zur Mitte des Zimmers, von wo ich Natascha sehen konnte. Sie schlief nackt auf der Decke, eine Hand in ihrem Haar, den Kopf auf der Seite. Ich liebte sie sehr. Ich liebte ihre Bedenkenlosigkeit. Sie war immer ganz da, aber sie fiel einem nie zur Last, und sie war fort, ehe man es sich versah. Ich ging wieder zurück zum Fenster und blickte wieder in die fast orientalisch wirkende weiße Steinlandschaft, diese Mischung aus Algier und dem Mond. Ich horchte auf das ununterbrochene Raunen des Verkehrs und betrachtete die lange Reihe der Verkehrsampeln an der Zweiten Avenue, wie sie automatisch von Grün auf Rot und wieder zurück auf Grün wechselten. Die Regelmäßigkeit hatte etwas Beruhigendes und

gleichzeitig Unmenschliches an sich, als würde die Stadt bereits von Robotern regiert. Dies schien nichts Erschreckendes an sich zu haben. Ich ging in die Mitte des Zimmers zurück und entdeckte, daß ich, wenn ich mich umwandte, Natascha auch in einem gegenüberliegenden Spiegel im Schlafzimmer sehen konnte. Es war ein sonderbares Wechselspiel, das mir nach einiger Zeit unheimlich wurde – als wäre keiner von uns beiden wirklich und ich wäre in einem Turm zwischen zwei Spiegeln aufgehängt, die sich gegenseitig ihre Bilder zuwarfen, bis sie sich ins Unendliche verloren.
Natascha regte sich. Sie seufzte und wandte sich um. Ich überlegte, ob ich das Tablett mit Bierbüchsen und Papieren, mit Pastrami und Brot in die Küche tragen sollte. Aber ich ließ es sein. Es lag mir nichts daran, mit hausfraulichen Tugenden zu glänzen. Ich stellte nicht einmal die Flasche mit Wodka in den Eisschrank; ich wußte allerdings, daß noch eine zweite kalt drinnen stand. Ich dachte darüber nach, wie sonderbar mich diese eigentlich doch alltägliche Situation angerührt hatte – nach Hause kommen und jemand finden, der auf mich wartet und der jetzt nebenan voll Vertrauen und ohne Furcht schläft. Es war lange her, daß mir etwas Ähnliches widerfahren war, und damals war es eine trügerische Situation gewesen, an die ich nicht zurückdenken wollte, bevor ich nicht wieder drüben war. Denn ich wußte, daß diese Gedanken sehr gefährlich waren, daß ich auf einem schmalen Weg ohne Geländer dahinschritt, der zu beiden Seiten in die Tiefe ging und auf dem weder Platz für Ironie noch für Reflexion war, sondern nur für Weitergehen ohne Besinnen. Wenn ich wollte, konnte ich auf diesem Wege tanzen; aber ein falscher Schritt war ebenso gefährlich wie bei einem Seiltänzer.
Ich blickte zu Natascha hinüber. Ich liebte sie sehr, aber ich spürte, daß keine Sentimentalität dabei war. Solange sich daran nichts änderte, wußte ich, daß ich einigermaßen sicher

war. Ich konnte abbrechen, ohne verletzt zu werden. Ich sah auf die schönen Schultern und den faszinierenden Arm und machte lautlose, beschwörende Zeichen mit den Händen: Bleib da, du herrliches fremdes Stück Welt! Verlaß mich nicht, bevor ich dich verlasse! Sei gegrüßt, du Stück wilder Frieden!

»Was machst du da nur?« sagte Natascha.

Ich ließ die Hände sinken. »Wieso kannst du mich sehen?« fragte ich. »Du liegst doch auf dem Bauch!«

Sie deutete auf einen kleinen Spiegel, der neben dem Radio auf dem Nachttisch stand. »Versuchst du mich zu verhexen?« fragte sie. »Oder hast du schon genug vom Leben am häuslichen Herd?«

»Keines von beiden. Und wir rühren uns nicht aus dieser Burg zwischen der schon fast entwichenen Puffmagik und der so nahen Homosexualität! Höchstens nachmittags machen wir wie ordentliche Amerikaner, die schon mit der ›Mayflower‹ herüberkamen, einen Spaziergang über die Fifth Avenue. Doch dann gleich zurück zu Radio, Steak am elektrischen Grill und Liebe.«

Wir gingen nicht einmal nachmittags auf die Straße. Wir öffneten statt dessen die Fenster für eine Stunde und ließen die heiße Luft herein, dann stellten wir die Klimaanlage wieder auf volle Fahrt, damit wir nicht schwitzten, während wir uns liebten. Ich hatte am Ende dieses Tages das Gefühl, als hätten wir fast ein Jahr im gewichtslosen Frieden eines Vakuums gelebt.

XX.

»Ich gebe ein kleines Fest«, erklärte Silvers. »Sie sind auch eingeladen.«
»Danke«, sagte ich ohne Begeisterung. »Ich muß leider absagen. Ich habe keinen Smoking.«
»Sie brauchen keinen. Dies ist eine Sommerparty. Jeder kann kommen, wie er will.«
Ich sah keinen Ausweg. »Gut«, sagte ich.
»Könnten Sie nicht Mrs. Whymper mitbringen?«
»Haben Sie sie eingeladen?«
»Noch nicht. Aber sie ist ja eine Bekannte von Ihnen.«
Ich sah den verschlagenen Burschen an. »Ich glaube nicht, daß sie sich ohne weiteres mitbringen läßt. Außerdem ist sie ja schon viel länger eine Bekannte von Ihnen, wie Sie mir gesagt haben.«
»Nun, ich meinte nur so. Es kommen sehr interessante Leute.«
Ich konnte mir die interessanten Leute gut vorstellen. Für den Teil der Menschheit, der vom Handel lebt, ist angewandte Psychologie sehr einfach. Der, an dem man Geld verdient, ist ein interessanter Mann, der Rest gliedert sich in nette und gleichgültige Leute. Der, an den man Geld verliert, ist natürlich ein Schweinehund. Silvers befolgte diese Regeln fanatisch, er ging sogar noch weiter.
Die Rockefellers, Fords und Mellons, von denen Silvers mir so viel erzählt hatte, daß ich glauben mußte, sie wären seine besten Freunde und müßten deswegen unbedingt dabeisein, fehlten. Dafür waren andere Millionäre da – wahrscheinlich sogar solche aus der ersten Generation, nicht aus der zweiten oder gar dritten. Sie waren laut, herzlich und bewegten sich auf der faszinierenden Ebene zwischen großer Sicherheit im

Geldverdienen und leichter Unsicherheit in der Kenntnis der Bilder, die sie gekauft hatten. Alle fühlten sich als Sammler, nicht als Leute, die einfach ein paar Bilder erworben hatten, um sie in ihre Häuser zu hängen. Es war Silvers' großer Trick: Er machte sie zu Sammlern, er sorgte dafür, daß gelegentlich ein Museum eines ihrer Bilder für eine Ausstellung auslieh, das dann mit dem Vermerk ›Aus der Sammlung von Mr. und Mrs. X‹ im Katalog aufgeführt wurde und somit auf der heißbegehrten gesellschaftlichen Stufenleiter wieder einen Schritt weiter führte.

Ich sah mich plötzlich Mrs. Whymper gegenüber. Sie winkte mich zu sich. »Was machen wir unter diesen Haifischen hier?« fragte sie. »Haben Sie mich deshalb eingeladen? Schreckliche Leute! Wollen wir gehen?«

»Wohin?«

»Irgendwohin. Ins Morocco. Oder zu mir nach Hause.«

»Gerne«, sagte ich. »Aber ich kann hier nicht weggehen. Ich bin hier halb im Dienst.«

»Halb! Und ich? Haben Sie nicht Verpflichtungen gegen mich? Sie müssen mich doch hier wegschaffen. Sie haben mich ja einladen lassen.«

Ich fand ihre Beweisführung nicht übel. »Sind Sie vielleicht Russin?« fragte ich.

»Nein. Warum?«

»Ich habe bei Russinnen diese prachtvolle Logik, falsche Prämissen und falsche Konklusionen zu einem unanfechtbaren richtigen Anspruch aufzubauen, häufig gefunden. Sehr reizvoll, sehr weiblich und sehr irritierend.«

Sie lachte plötzlich. »Kennen Sie so viele Russinnen?«

»Einige. Allerdings alles Weißrussinnen. Emigranten. Ich habe bemerkt, daß sie Genie darin haben, Männer immerfort ohne Grund falsch zu beschuldigen. Sie finden, es halte die Liebe wach.«

»Was Sie alles wissen!« sagte Mrs. Whymper mit einem langen, verhängten Blick. »Wann gehen wir? Ich habe keine Lust, den falschen Predigten dieses Rotkäppchens weiter zuzuhören.«

»Wieso Rotkäppchen?«

»Ein Wolf im Schafskleid.«

»Das war nicht das Märchen von Rotkäppchen. Es ist ein Zitat aus der Bibel, Mrs. Whymper.«

»Danke, Professor, aber bei beiden kommt ein Wolf vor. Wird Ihnen nicht schlecht, wenn Sie diese Herde kleiner und großer Hyänen und Wölfe sehen, die mit ihren Renoirs in den Mäulern herumschleichen?«

»Noch nicht. Ich bin anders als Sie. Ich habe es gern, wenn jemand ernsthaft über etwas redet, von dem er nichts versteht. Es ist so erfrischend kindlich. Fachleute sind immer langweilig.«

»Und Ihr Oberpapst, der mit Tränen in den Augen über seine Bilder gerade wie über seine Kinder redet und sie trotzdem gern und mit Profit verkauft, dieser Kinderhändler?«

Ich mußte lachen. Sie hatte einen guten Begriff vom Karussell gewonnen. »Was machen wir hier?« sagte sie. »Bringen Sie mich nach Hause.«

»Ich kann Sie nach Hause fahren, aber dann muß ich wieder hierher zurück.«

»Gut.« Ich hätte wissen sollen, daß sie ihren Chauffeur mit ihrem Wagen vor dem Hause stehen hatte, doch ich hatte es nicht angenommen. Sie sah mein Erstaunen. »Nun, bringen Sie mich schon nach Hause, ich beiße Sie nicht«, sagte sie. »Der Chauffeur kann Sie dann wieder zurückfahren. Ich hasse es, allein zu Hause anzukommen. Sie haben keine Ahnung, wie leer eine Wohnung sein kann.«

»Doch«, erwiderte ich. »Ich weiß es.«

Der Chauffeur hielt und öffnete die Tür. Sie stieg aus und wartete nicht auf mich. Sie ging mir voraus zu ihrer Haustür. Ich folgte ihr ärgerlich. »Es tut mir leid, daß ich wieder

zurückfahren muß«, sagte ich. »Sie verstehen sicher, daß es nicht anders geht.«
»Doch, es geht anders«, erwiderte sie. »Aber davon wiederum verstehen Sie nichts. Gute Nacht. John, fahren Sie Herrn ... wie war doch Ihr Name?«
Ich starrte sie an. »Martin«, sagte ich ohne Zögern.
Sie verzog keine Miene. »... Martin zurück.«
Ich überlegte einen Augenblick, ob ich das ablehnen sollte. Dann stieg ich ein. »Fahren Sie mich zum nächsten Taxi«, sagte ich zu dem Chauffeur.
Er fuhr an. »Halten Sie hier«, sagte ich zwei Straßen weiter. »Da ist ein Taxi.«
Der Chauffeur drehte sich um. »Warum wollen Sie aussteigen? Es macht mir gar nichts aus, Sie zurückzufahren.«
»Doch. Für uns schon.«
Er grinste. »Lieber Gott, haben Sie Sorgen!«
Er hielt. Ich gab ihm ein Trinkgeld. Er schüttelte den Kopf, aber er nahm es. Ich fuhr im Taxi zu Silvers zurück. Dann schüttelte auch ich den Kopf. Was für ein Idiot ich bin, dachte ich. »Bitte fahren Sie mich zur 57. Straße, Ecke Zweite Avenue«, sagte ich zum Taxichauffeur. »Nicht zur 62.«
»Wie Sie wollen, Chef. Schöne Nacht, wie?«
»Heiß.«
Ich hielt bei den Stern Brothers. Das Delikatessengeschäft war noch offen. Ein paar Homos wählten sich genießerisch kalten Aufschnitt als Abendessen aus. Ich rief Natascha an. Sie erwartete mich erst in zwei bis drei Stunden. Ich zog deshalb vor, sie anzurufen, bevor ich zu ihrer Wohnung ging. Der Tag war überraschend gewesen, und ich wollte weitere Überraschungen verhüten.
Sie war zu Hause. »Wo bist du?« fragte sie. »Hast du Atempause bei den Sammlern?«
»Nicht bei den Sammlern und nicht bei Mrs. Whymper. Im Laden der Brüder Stern, zwischen Krafft-Käse und Salami.«

»Bring ein halbes Pfund Salami und dunkles Brot.«
»Butter auch?«
»Butter haben wir. Aber Edamer können wir brauchen.«
Ich war plötzlich sehr glücklich. Drei Pudel tummelten sich im Laden, als ich aus dem Telefonkasten heraustrat. Ich erkannte René und seinen Herrn, den rothaarigen Jasper. Jasper begrüßte mich mit der schlenkrigen Leichtigkeit, die Tucken oft haben. »Wie geht's, Fremdling? Lange nicht gesehen!«
Ich ließ mir die Salami, den Käse und einen Schokoladenkuchen in einer runden Aluminiumfolie geben. »Nun?« fragte Jasper. »Einkäufe für ein spätes Abendessen?«
Ich sah ihn schweigend an. Zu seinem Glück hat er nicht gefragt, ob es für ein Abendessen mit meiner Freundin sei, ich hätte ihm sonst den Schokoladenkuchen mit dem Aluminium wie eine Krone auf die roten Locken gesetzt.
Er fragte nicht. Er folgte mir aber auf die Straße. »Auch ein bißchen bummeln?« fragte er und fiel in meinen Schritt. Ich sah mich um. Die Zweite Avenue war sehr belebt. Es mußte die Stunde der Abendpromenade sein, die Straße wimmelte förmlich von Tucken, mit und ohne Pudel. Auch eine Anzahl von Zwergdachshunden war dabei, von denen viele unter dem Arm getragen wurden. Die Atmosphäre war festlich. Man begrüßte sich, rief sich Witze zu, ließ die Hunde am Rande des Trottoirs ihre Bedürfnisse verrichten, beobachtete sich und warf sich Blicke zu. Ich merkte, daß ich Aufmerksamkeit erregte. Jasper schritt stolz winkend neben mir dahin, als hätte er mich bereits gekauft. Ich wurde diskutiert als seine neueste Eroberung. Mir wurde der Kragen eng. Ich drehte mich brüsk um. »Warum haben Sie es so eilig?« fragte Jasper.
»Ich gehe jeden Morgen in die Kirche kommunizieren und muß mich vorbereiten. Guten Tag!«
Jasper hatte einen Augenblick keine Worte. Dann schallte sein Lachen hinter mir her, ein Lachen, das mich schlagartig an Mrs. Whymper erinnerte. Ich blieb am Zeitungskiosk stehen

und kaufte das Journal und die News. »Der Auftrieb ist heute abend nicht schlecht, wie?« fragte Nick und spuckte aus.
»Ist das immer so?«
»Jeden Abend. Die rosa Promenade. Wenn das so weitergeht, gibt es in Amerika Geburtenrückgang.«
Ich fuhr zu Nataschas Wohnung hinauf. In unserem Verhältnis hatte sich etwas geändert, seit sie dort wohnte. Früher hatten wir uns gelegentlich getroffen, jetzt war ich jeden Abend bei ihr.
»Ich muß ein Bad nehmen«, sagte ich. »Ich bete dich an, aber ich muß ein Bad nehmen. Ich komme mir ziemlich beschmiert vor.«
»Immer los! Man soll Leute nie vom Baden abhalten! Willst du auch Badeöl haben? Nelken von Mary Chess?«
»Lieber nicht.« Ich dachte an Jasper und was geschehen würde, wenn ich ihm im Aufzug begegnete und nach Nelken röche.
»Wie kommt es, daß du so früh wieder hier bist?«
»Ich habe Mrs. Whymper nach Hause gebracht. Silvers hatte sie eingeladen, ohne daß ich etwas davon wußte.«
»Und sie hat dich so rasch wieder laufenlassen? Bravo!«
Ich richtete mich in dem heißen Wasser halb auf. »Sie wollte mich nicht laufenlassen. Woher weißt du, daß das nicht einfach ist?«
Sie lachte. »Jeder weiß das.«
»Wer ist jeder?«
»Jeder, der sie kennt. Sie fühlt sich einsam, interessiert sich nicht für Männer ihres Alters, trinkt gerne Martinis und ist harmlos. Armer Robert! Hast du dich gefürchtet?«
Ich ergriff sie an ihrem bunten Batikkleid, um sie in die Badewanne zu ziehen. Sie schrie auf. »Laß mich los! Das ist ein Modellkleid, es gehört mir nicht!«
Ich ließ sie los. »Was gehört uns eigentlich? Die Wohnung nicht, die Kleider nicht, der Schmuck nicht ...«

»Wunderbar, wie? Überhaupt keine Verantwortung! War es nicht das, was du wolltest?«

»Ich habe heute einen schlechten Tag«, sagte ich. »Hab Erbarmen.«

Sie stand auf. »Und du willst mir Vorwürfe wegen Elisa Whymper machen. Du mit deinem berühmten Pakt.«

»Was für einem Pakt?«

»Daß wir uns nicht weh tun wollen. Daß wir zusammen sind, um uns gegenseitig zu helfen, von alten Geschichten loszukommen! Gott, wie du das alles erklärt hast! Zitternd wie Schafe nach einem Gewitter sind wir in eine moderierte Liebe geflohen, um die Wunden zu heilen, die andere uns geschlagen haben!«

Sie tanzte im Badezimmer umher. Ich sah sie überrascht an. Woher hatte sie nur auf einmal all diese halb vergessenen, blödsinnigen Gespräche, mit denen etwas Emotionelles immer beginnt? Ich war überzeugt, daß ich das nicht so gesagt hatte, so dumm konnte ich nicht gewesen sein. Es war eher ihre eigene Reaktion – und wahrscheinlich der Grund, weshalb sie mit mir angefangen hatte. Ich begann sehr schnell zu denken: Ich wußte, daß es teilweise stimmte; auch wenn ich es nicht zugeben wollte. Was mich überraschte, war nur, daß sie es so genau wußte.

»Gib mir noch einen Wodka«, sagte ich vorsichtig und beschloß, zum Angriff überzugehen. Es war, wenn man ein schlechtes Gewissen hatte, das einfachste.

»Was wir uns so vorgeschwindelt haben, wie?« fragte sie.

»Tut das nicht jeder?« sagte ich, glücklich, einen Ausweg zu sehen.

»Das weiß ich nicht. Ich vergesse es immer wieder.«

»Immer wieder? Passiert es so oft?«

»Auch das weiß ich nicht mehr. Man ist doch keine Rechenmaschine. Du vielleicht, ich nicht.«

»Ich liege in der Badewanne, Natascha. Das ist eine unglückliche Position. Laß uns Frieden schließen.«

»Frieden«, erwiderte sie spöttisch. »Wer will schon Frieden?« Ich griff nach einem Badetuch und stand auf. Hätte ich gewußt, was mir passieren würde, hätte ich die Badewanne gemieden wie die Cholera. Natascha hatte sich in eine gefährliche Mischung von Scherz und Ernst hineingesteigert, ich merkte das an ihren Augen, ihren raschen Bewegungen und ihrer mit einemmal helleren Stimme. Ich mußte aufpassen. Vor allem, weil sie recht hatte. Ich hatte gedacht, in der Offensive zu sein mit Mrs. Whymper, und nun spürte ich plötzlich, daß sich alles gedreht hatte.
»Das ist ein herrliches Kleid«, sagte ich. »Und ich wollte dich damit in die Badewanne werfen!«
»Warum hast du es nicht getan?«
»Das Wasser war zu heiß und die Wanne zu eng.«
»Warum ziehst du dich wieder an?« fragte Natascha.
»Es ist mir hier zu kalt.«
»Wir können die Luftzufuhr abstellen.«
»Es geht schon. Sonst wird es dir zu heiß.«
Sie sah mich argwöhnisch an. »Willst du ausreißen, du Feigling?« fragte sie.
»Wozu? Ich werde doch Salami und Edamer nicht im Stich lassen.« Sie wurde überraschend wütend. »Geh zum Teufel!« schrie sie. »Verschwinde in deinem verdammten Hotelloch! Dahin gehörst du!«
Sie bebte vor Zorn. Ich hob eine Hand, um Aschenbecher abzufangen, wenn sie werfen sollte. Ich war sicher, daß sie erstklassig treffen würde. Sie sah großartig aus. Wut verzerrte sie nicht, sie machte sie noch schöner. Sie bebte nicht nur vor Zorn, sie bebte vor Leben. Ich wollte sie nehmen, aber etwas in mir warnte: Tu es nicht! Ich hatte einen lichten Augenblick, in dem ich sah, daß es nichts genützt hätte. Die Probleme wären nur verschoben, aber nicht gelöst worden, und ich hätte ein wichtiges emotionelles Argument für später verloren. Die Flucht war das Vernünftigste. Dies war mein

letzter günstiger Moment. »Wie du willst«, sagte ich, ging rasch auf die Tür zu und verschwand.
Ich mußte auf den Lift warten und horchte. Ich hörte nichts. Vielleicht erwartete sie, ich käme zurück.

Bei den Lowy Brothers bestrahlte das Schaufensterlicht französische Messingleuchter mit weißen Porzellanblumen aus dem frühen 19. Jahrhundert. Ich blieb hier abermals stehen und betrachtete die Auslagen. Ich wanderte weiter an trostlos hellen, leeren ›Hamburger-Buden‹ vorbei, in denen man an einer langen Bar gebratenes Gehacktes oder Würstchen mit Coca-Cola oder Orangensaft serviert bekam, etwas, an das ich mich nicht gewöhnen konnte.
Zum Glück war Melikow an diesem Abend Nachtportier.
»Cafard?« fragte er.
Ich nickte. »Sieht man mir das an?«
»Auf eine Meile. Willst du etwas trinken?«
Ich schüttelte den Kopf. »Ich bin noch im ersten Stadium, da macht Alkohol es nur noch schlimmer.«
»Was ist das erste Stadium?«
»Daß man glaubt, sich schlecht, humorlos und dumm benommen zu haben.«
»Ich dachte, du wärst darüber hinaus.«
»Anscheinend nicht.«
»Wann kommt das zweite Stadium?«
»Wenn ich annehme, daß alles für mich zu Ende ist. Durch meine Schuld.«
»Wie wäre es wenigstens mit einem Glas Bier? Setz dich in den Plüschsessel und fechte es aus.«
»Gut.«
Ich versank in exzessive Träumerei, während Melikow Mineralwasserflaschen und später auch Whiskys im Hotel herumschleppte. »Guten Abend«, sagte eine Stimme hinter mir.

Lachmann! Ich wollte aufstehen und flüchten. »Du hast mir gerade noch gefehlt«, sagte ich.
Er drückte mich beschwörend in meinen Sessel zurück. »Ich will dir nichts vorjammern«, flüsterte er. »Mein Unglück ist zu Ende. Ich will jubeln!«
»Hast du sie erwischt, du Leichenfledderer?«
»Wen?«
Ich hob den Kopf. »Wen? Das ganze Hotel hast du mit deinen Liebesklagen erschüttert, daß die Lampen gezittert haben, und jetzt hast du die Dreistigkeit zu fragen: Wen?«
»Ich habe es hinter mir«, erklärte Lachmann. »Ich vergesse schnell.«
Ich sah ihn interessiert an. »So, du vergißt schnell? Hast du deshalb monatelang gejammert?«
»Natürlich! Man vergißt nur schnell, wenn man alles herausräumt.«
»Wie ein Kanalräumer?«
»Es kommt auf die Bezeichnung nicht an. Ich habe nichts erreicht. Man hat mich betrogen, der Mexikaner und die Donna von Puerto Rico.«
»Niemand hat dich betrogen. Du hast nur nicht erreicht, was du erreichen wolltest. Das ist ein Unterschied.«
»Nach zehn Uhr abends mache ich solche Unterschiede nicht mehr.«
»Du bist sehr munter«, sagte ich mit etwas Neid. »Bei dir scheint es wirklich schnell zu gehen.«
»Ich habe ein Juwel entdeckt«, wisperte Lachmann. »Ich will noch nicht darüber reden. Ein Juwel ohne Mexikaner.«
Melikow winkte von der Theke her. »Telefon, Robert.«
»Wer?«
»Natascha.«
Ich hob den Hörer ab. »Wo bist du?« fragte Natascha.
»Auf Silvers' Party.«
»Unsinn! Du trinkst mit Melikow Wodka!«

»Ich liege vor einem Plüschsessel auf den Knien, bete dich an und verfluche mein Schicksal. Ich bin zerschmettert.«
Sie lachte. »Komm zurück, Robert.«
»Mit Waffen?«
»Ohne Waffen, du Dummkopf! Du darfst mich nicht allein lassen, das ist alles.«
Ich trat auf die Straße. Sie lag schimmernd im späten Nachtlicht da, sehr friedlich, der Gegensatz zu allen Taifunen, und war voll von Wind, von Träumen und stiller Atemlosigkeit. Sie war mir nie schön vorgekommen, jetzt war sie es beinahe.
»Ich bleibe heute nacht hier«, sagte ich zu Natascha. »Ich gehe nicht ins Hotel zurück. Ich will neben dir schlafen und mit dir zusammen aufwachen. Ich werde Brot und Milch und Eier von den Stern Brothers holen. Es wird das erstemal sein, daß wir zusammen aufwachen. Ich glaube, unsere Mißverständnisse kommen nur davon, daß wir nicht genug beisammen sind. Wir müssen uns erst wieder aneinander gewöhnen.«
Sie streckte sich. »Ich habe immer geglaubt, das Leben sei zu lang, um fortwährend beisammen zu sein.«
Ich mußte lachen. »Da ist sicher etwas dran«, sagte ich. »Ich bin nie in die Verlegenheit gekommen, das auszuprobieren. Das Dasein, wie ich es kenne, sorgte stets dafür, daß es zu kurz war.«
»Ich habe ein Gefühl, als seien wir in einem Luftballon«, sagte ich. »Nicht in einem Flugzeug, sondern in einem stillen Luftballon, einer Montgolfiere des frühen 19. Jahrhunderts, gerade hoch genug, um nichts mehr zu hören, aber alles noch zu sehen, die Straßen, die Spielautos und die Lichtschnüre der Stadt. Gesegnet der unbekannte Wohltäter, der dieses breite Bett hier heraufschaffen ließ, dieses Bett und gegenüber an der Wand den Spiegel, in dem du dich magisch verdoppelst, wenn du durch das Zimmer gehst – ein Zwillingspaar, von dem die eine Hälfte stumm ist.«
»Die stumme ist bequemer, wie?«

»Nein.«
Sie warf sich herum. »Das war die richtige Antwort.«
»Du bist sehr schön«, sagte ich. »Gewöhnlich schaue ich einer Frau immer erst auf die Beine, dann auf den Hintern und zum Schluß ins Gesicht. Bei dir ist es mir umgekehrt ergangen. Bei dir war es erst das Gesicht, dann die Beine, und erst, als ich schon verliebt war, begann ich über den Hintern nachzudenken. Du warst schlank, und es konnte sein, daß du ein abgehungertes, knochiges Mannequin warst mit einem flachen Sattelarsch. Ich war besorgt.«
»Wann hast du gemerkt, daß es nicht so war?«
»Nicht zu spät. Es gibt einfache Mittel, das herauszufinden. Das Sonderbare war, daß es so lange dauerte, bis es mich interessierte.«
»Erzähl mir mehr.«
Sie lag schnurrend wie eine große Katze faul auf der Decke und lackierte sich mit einem kleinen Pinsel die Zehennägel. »Du kannst mich jetzt nicht vergewaltigen«, sagte sie. »Dieser Firnis muß erst trocknen, sonst bleiben wir überall kleben. Sprich weiter.«
»Ich habe immer angenommen, ich flöge auf sonnenverbrannte Frauen«, sagte ich. »Wesen, die im Sommer tagelang im Wasser planschen und in der Sonne liegen. Du bist die erste, die so weiß ist, als käme sie nie an die Sonne. Du hast viel vom Mond, auch in den durchsichtigen, grauen Augen, abgesehen natürlich von deinem zornigen Temperament. Du bist eine Nymphe, und ich habe mich selten so geirrt wie in dir. Raketen steigen auf, wo du bist, Feuerwerk und Kanonenschläge, und das Merkwürdige ist, sie sind lautlos.«
»Erzähle mir mehr. Willst du etwas trinken?«
Ich schüttelte den Kopf. »Ich bin oft in meinem Leben ein bißchen seitab von meinen Emotionen gestanden. Ich nahm sie nicht en face, sondern von der Seite. Sie trafen mich nicht voll. Sie glitten von mir ab. Ich wußte nicht, warum. Viel-

leicht war es Angst, vielleicht ein Komplex. Bei dir ist das anders. Ich habe gar keine Bedenken bei dir. Alles ist offen wie der Wind. Es ist schön, dich zu lieben, und es ist ebenso schön, mit dir nach der Liebe zusammenzusein, so wie jetzt. Mit vielen Frauen kann man das nicht; man will es auch nicht. Bei dir weiß man nie, was schöner ist. Wenn man dich liebt, denkt man, es gäbe nichts Volleres, und wenn man dann nachher mit dir ganz entspannt auf dem Bett liegt, glaubt man, man liebe dich noch mehr.«

»Meine Nägel sind schon fast trocken«, sagte Natascha. »Erzähl mir mehr.«

Ich sah in das halbdunkle Wohnzimmer. »Es ist schön, mit dir zusammenzusein und zu glauben, daß man unsterblich ist«, sagte ich. »Man glaubt es einen Augenblick so stark, als könne es Wirklichkeit werden, und deshalb schreien wir uns Worte zu, um es noch tiefer zu spüren, näher heranzurücken; primitive, gemeine, vulgäre Worte, um uns noch intensiver ineinander zu bohren, um auch die millimeterschmale Distanz, die uns noch trennt, zu überwinden, Worte, wie sie Lastwagenchauffeure haben oder Schlächter, Worte wie Peitschen, nur um näher, tiefer ineinander zu kommen.«

Natascha streckte einen Fuß aus und betrachtete ihn. Dann lehnte sie sich zurück. »Liebling, mit einer frisierten Schnauze kann man nicht lieben.«

Ich lachte. »Wer weiß das besser als wir Romantiker! Ach, über das Federwolkengeschiebe schwindelhafter Worte! Nicht mit dir. Mit dir braucht man nicht zu lügen.«

»Du lügst schon ganz schön«, sagte Natascha schläfrig. »Du reißt nicht aus, heute nacht?«

»Nur mit dir zusammen.«

»Gut.«

Sie war ein paar Minuten später eingeschlafen. Sie konnte das. Ich deckte sie zu. Ich lag lange wach und horchte auf Nataschas Atem und dachte über viele Dinge nach.

XXI.

Betty Stein war zurück. »Niemand sagt mir die Wahrheit«, klagte sie. »Weder meine Freunde noch meine Feinde.«
»Sie haben keine Feinde, Betty.«
»Sie sind ein Schatz. Aber warum sagt man mir nicht die Wahrheit? Ich kann sie ertragen. Es ist schrecklicher, nicht zu wissen, was mit mir los ist.«
Ich sah zu Gräfenheim hinüber, der hinter ihr saß. »Man hat Ihnen die Wahrheit gesagt, Betty. Warum glauben Sie mit Gewalt, daß die Wahrheit nur das Schlimmste ist? Sind Sie so dramatisch?«
Sie lächelte wie ein Kind. »Ich kann mich dann anders einstellen. Wenn wirklich jetzt alles in Ordnung mit mir ist, lasse ich mich weiter gehen, ich kenne mich. Wenn ich aber weiß, daß es um Tod oder Leben geht, werde ich kämpfen. Ich werde wie eine Verrückte um die Zeit kämpfen, die ich noch habe. Und wenn ich kämpfe, kann ich die Zeit vielleicht noch verlängern. Sonst aber verliere ich sie. Verstehen Sie das nicht? Sie müssen das doch verstehen!«
»Ich verstehe es. Aber wenn Doktor Gräfenheim Ihnen sagt, alles sei in Ordnung, so sollten Sie es doch glauben. Warum soll er Sie belügen?«
»Weil man das immer tut. Kein Arzt sagt einem die Wahrheit.«
»Auch nicht, wenn er ein alter Freund ist?«
»Dann erst recht nicht.«
Sie war seit drei Tagen zurück und marterte sich und ihre Freunde mit diesen Fragen. Die großen, eindrucksvollen und unruhigen Augen in dem weichen Gesicht, das trotz des Alters immer noch die Unreife eines jungen Mädchens zeigte,

irrten von einem zum andern. Es kam vor, daß jemand es fertigbrachte, sie für kurze Zeit zu beruhigen, dann war sie kindlich dankbar, aber ein paar Stunden später begannen die Zweifel und die Fragen wieder. Sie saß in einem alten Ohrenstuhl, den sie bei den Brüdern Lowy gekauft hatte, weil er sie an Europa erinnerte, und hatte die Kupferstiche von Berlin um sich. Sie hatte sie vom Korridor in ihr Schlafzimmer gehängt und zwei kleine, die Stutzen zum Aufstellen hatten, immer neben sich, wohin sie auch ging. Es störte sie nur vorübergehend, wenn sie in den Zeitungen las, daß Berlin fast jeden Tag bombardiert wurde. Sie nahm es nur für Stunden zur Kenntnis, dann allerdings so sehr, daß Gräfenheim ihr im Krankenhaus die Nachrichten vorenthalten mußte. Es hatte nichts genützt. Am nächsten Tag hatte er sie weinend vor einem Radio gefunden. Sie war heftigen Kontrasten ausgesetzt, die sie in einem ständigen Schock hielten. Dazu kam, daß ihre Trauer um Berlin mit dem Haß gegen die Mörder, die einen Teil ihrer Familie ausgerottet hatten, in Widerstreit lag. Als drittes kam schließlich hinzu, daß sie ihre Trauer nicht offen zeigen konnte, sondern wie etwas Unanständiges vor all den anderen Emigranten verbergen mußte. Betty hatte mit ihrem Heimweh nach dem Kurfürstendamm schon oft Verachtung gefunden als eine sentimentale Sarah, die die Füße ihrer Mörder küssen wollte. Jetzt aber, wo die Nerven der Vertriebenen ohnehin mit Hoffnung, Abscheu und Furcht zum Zerreißen gespannt waren – wozu auch der Zwiespalt zählte, daß jede Bombe, die auf die ehemalige Heimat fiel, ihren früheren Besitz verwüstete und daher gleichzeitig ersehnt und verflucht wurde –, jetzt hielten Hoffnung und Angst eine ungleiche Waage, jeder mußte damit für sich selbst fertig werden, und am einfachsten wären die daran, bei denen der Haß so groß war, daß er alle schwächeren Stimmen, die des Mitleids mit den Unschuldigen, die der allgemeinen Barmherzigkeit und die der Menschlichkeit übertönte. Trotzdem waren viele da, die sich nicht mit der Verdammung eines ganzen Volkes zufriedengeben konnten. Es reichte ihnen nicht aus zu sagen, das Volk habe dieses Unglück über sich selbst gebracht durch seine schauerlichen Schandtaten oder zumindest durch die Trägheit des Herzens, das unzerstörbare deutsche gute Gewissen und die fürchterliche Rechthaberei, die Hand in Hand geht mit dem deutschen Trauma, daß Befehl Recht sei und von jeder Verantwortung entbinde. Es war freilich eine der liebenswertesten jüdischen Eigenschaften, Verständnis nur für den anderen zu haben, eine Eigenschaft, die mich schon oft zu zorniger Verzweiflung gebracht hatte. Wo man Haß erwartete und ihn auch fand, tauchte nach kurzer Zeit schon wieder das Verstehen auf. Mit dem Verstehen schon die scheuen Entschuldigungen. Während den Mördern noch die blutigen Mäuler trieften, kamen schon die Entlastungszeugen. Es war eine Nation von Verteidigern, nicht von Anklägern. Eine Nation von Leidenden, nicht von Rächern. Die Makkabäer waren selten.

Betty Stein schleppte ihr leidenschaftliches, sentimentales Gemüt unglücklich in diesem Wirrwarr hin und her. Sie entschuldigte sich, klagte an, entschuldigte sich wieder und wurde plötzlich von dem fahlsten aller Gespenster gehetzt: der Furcht vor dem Tode.

»Wie geht es denn Ihnen, Ross?« fragte sie.

»Gut, Betty. Sehr gut.«

»Das ist erfreulich!« Ich sah, wie selbst das die Hoffnung in ihr wieder auflodern ließ. Wenn es jemand gutging, war das schon ein Grund zu hoffen, daß es auch ihr gutginge. »Das freut mich«, sagte sie. »Sehr gut, sagten Sie?«

»Sehr gut, Betty.«

Sie nickte befriedigt. »Sie haben in Berlin den Olivaer Platz bombardiert«, flüsterte sie. »Wissen Sie das?«

»Sie bombardieren ganz Berlin, nicht nur den Olivaer Platz.«

»Ich weiß. Aber der Olivaer Platz! Wir wohnten da.« Sie sah

sich scheu um. »Die anderen ärgern sich, wenn ich darüber rede. Unser schönes, altes Berlin.«
»Es war eine ziemlich scheußliche Stadt«, erwiderte ich vorsichtig. »Verglichen mit Paris oder Rom. Ich meine baulich, Betty.«
»Glauben Sie, daß ich lange genug leben werde, um zurückzugehen?«
»Natürlich. Warum nicht?«
»Es wäre doch schrecklich, wo ich so lange gewartet habe.«
»Es wird etwas anders sein, als wir es in Erinnerung haben«, sagte ich.
Sie dachte darüber nach. »Etwas wird stehengeblieben sein. Und nicht alle waren Nazis.«
»Nein«, sagte ich und erhob mich. Diese Art von Konversation konnte ich nicht lange ertragen. »Darüber können wir viel später noch einmal nachdenken, Betty.«
Ich ging in das andere Zimmer hinüber. Tannenbaum saß dort und hatte ein Papier in der Hand, aus dem er vorlas. Gräfenheim und Ravic waren bei ihm. Kahn trat gerade ein.
»Die Blutliste«, erklärte Tannenbaum.
»Was ist denn das?«
»Ich habe hier eine Liste der Leute in Deutschland zusammengestellt, die erschossen werden müssen.« Tannenbaum nahm ein Stück Apfelstrudel.
Kahn überflog die Liste. »Gut«, sagte er.
»Sie wird natürlich noch erweitert«, erklärte Tannenbaum.
»Auch gut«, erwiderte Kahn.
»Von wem?«
»Jeder kann Vorschläge machen.«
»Und wer wird die Erschießungen ausführen?«
»Ein Komitee. Man muß es bilden. Das ist einfach.«
»Werden Sie der Leiter des Komitees sein?«
Tannenbaum schluckte kurz. »Ich stelle mich zur Verfügung.«
»Wir können das einfacher haben«, sagte Kahn. »Machen

wir einen Pakt. Sie erschießen den ersten auf der Liste, ich alle andern. Einverstanden?«
Tannenbaum schluckte wieder. Gräfenheim und Ravic sahen ihn an. »Ich meine damit«, sagte Kahn scharf, »Sie erschießen den ersten mit eigener Hand. Nicht durch ein Komitee, hinter dem man sich verstecken kann. Einverstanden?«
Tannenbaum antwortete nicht. »Es ist Ihr Glück, daß Sie schweigen«, erklärte Kahn. »Hätten Sie geantwortet: Einverstanden, hätte ich Ihnen eine heruntergehauen. Sie können sich nicht vorstellen, wie ich dieses blutrünstige Salongeschwätz hasse. Bleiben Sie bei der Schauspielerei. Etwas anderes wird ohnehin nie daraus.«
Er ging zu Betty in das Schlafzimmer. »Manieren wie ein Nazi«, murmelte Tannenbaum hinter ihm her.

Ich ging mit Gräfenheim fort. Er wohnte jetzt in New York, war in einem Hospital als Assistenzarzt angestellt, der nicht praktizieren durfte, und bezog sechzig Dollar im Monat mit Unterkunft im Hospital und freier Kost. »Kommen Sie noch einen Sprung zu mir«, sagte er.
Ich ging mit. Der Abend war laut und nicht so heiß wie sonst. »Was ist mit Betty?« fragte ich. »Oder dürfen Sie das nicht sagen?«
»Fragen Sie Ravic.«
»Der wird mir raten, Sie zu fragen.«
Er zögerte eine Weile. »Man hat sie aufgemacht und wieder zugenäht, nicht wahr?« fragte ich.
Er sagte nichts.
»Ist sie früher schon einmal operiert worden?«
»Ja«, erwiderte er.
Ich fragte nicht weiter. »Arme Betty«, sagte ich. »Wie lange kann es noch dauern?«
»Das weiß man nicht. Es kann schnell gehen und langsam.«
Wir kamen im Hospital an. Gräfenheim führte mich auf sein

Zimmer. Es war klein, sehr einfach und enthielt ein großes, geheiztes Aquarium. »Eine Extravaganz«, sagte er. »Ich habe sie mir geleistet, als Kahn mir das Geld brachte. In Berlin hatte ich das ganze Wartezimmer voller Aquarien. Ich habe Zierfische gezüchtet.« Er sah mich mit seinen kurzsichtigen Augen entschuldigend an. »Ein jeder hat sein Steckenpferd.«
»Wenn der Krieg vorbei ist«, sagte ich, »möchten Sie nach Berlin zurückgehen?«
»Meine Frau ist noch da.«
»Haben Sie je wieder etwas von ihr gehört?«
»Wir haben abgemacht, uns nicht zu schreiben. Die Post wurde überwacht. Ich hoffe, sie ist aus Berlin herausgekommen. Glauben Sie, daß man sie noch eingesperrt hat?«
»Nein. Warum sollte man?«
»Glauben Sie, daß die so fragen?«
»Manche schon. Die Deutschen sind Bürokraten, auch im Unrechttun. Sie glauben, dadurch würde es Recht.«
»Es ist schwer, so lange zu warten«, sagte Gräfenheim. Er nahm einen gläsernen Apparat, mit dem man den Schlamm vom Grunde des Aquariums hochziehen konnte, ohne das Wasser zu trüben. »Meinen Sie, daß man sie aus Berlin herausgelassen hat? Irgendwohin, nach Mitteldeutschland?«
»Das ist möglich.«
Ich wurde mir der Ironie dieser Situation bewußt – Betty, die von Gräfenheim getäuscht wurde, und Gräfenheim, den ich täuschen mußte. »Daß man so gar nichts tun kann!« sagte Gräfenheim.
»Wir sind Zuschauer, das ist wahr«, erwiderte ich. »Verdammte Zuschauer, die beneidet werden könnten, weil man sie nicht mitmachen lassen will. Das ist es, was unser Dasein hier schattenhaft und fast obszön macht. Man kämpft – unter anderem – auch für uns, will uns aber nicht dabeihaben. Und wenn schon, dann nur selten und unter Vorsichtsmaßregeln und am Rande.«

»In Frankreich konnte man sich zur Fremdenlegion melden«, sagte Gräfenheim und legte den Schlammheber weg. »Haben Sie sich gemeldet?«
»Nein.«
»Sie wollten nicht auf Deutsche schießen, war es nicht das?«
»Ich wollte überhaupt nicht schießen.«
Ich hob die Schultern. »Manchmal bleibt einem keine Wahl. Man muß auf etwas schießen.«
»Nur auf sich selbst.«
»Unsinn! Aber es ist vielen so gegangen, daß sie nicht auf Deutsche schießen wollten. Sie wußten, daß die, auf die sie hätten schießen wollen, nicht an der Front waren. An der Front war das harmlose, brav gehorchende Kanonenfutter.«
Gräfenheim nickte. »Man traut uns nicht. Nicht unserer Entrüstung und unserem Haß. Es ist wie bei Tannenbaum, er macht die Listen, aber er würde niemals schießen. Ungefähr so, oder nicht?«
»Ungefähr so. Selbst Kahn wollten sie nicht haben. Ich glaube, sie haben recht.«
Ich ging durch die weißen Korridore mit den weißen Lampen hinaus. Ich ging zurück in die schattenhafte Existenz, als lebte ich auf einer magischen Insel im Sturm, die aber nur zwei Dimensionen hatte und keine drei. Es war anders als die Jahre in Europa, wo die dritte Dimension durch den Kampf gegen Bürokratie, Behörden, Gendarmen, den Kampf um Aufenthaltserlaubnisse, schwarze Arbeit, mit Zollbeamten und mit Polizisten, mit dem Kampf um die nackte Existenz gebildet worden war. Hier waren wir plötzlich in der Windstille, in einer Windstille von Zeitungsschlagzeilen, Radionachrichten und einem Krieg, der weitab, durch einen Ozean getrennt, auf einem anderen Kontinent geführt wurde, einem Nachrichtenkrieg, bei dem kein feindliches Flugzeug je am amerikanischen Himmel erschien, keine Bombe einschlug, kein Maschinengewehr bellte. Ich ging dahin, in der Tasche die

Nachricht, daß meine Aufenthaltserlaubnis auf weitere drei Monate verlängert worden war, ein ›Enemy alien‹, ein feindlicher Ausländer, der aber nicht so feindlich war, daß man ihn einsperrte; ich wanderte dahin durch den großen Wind der Stadt, ein Funke Leben, der nicht erlöschen wollte, ein Fremder, der tief atmete und vor sich hin pfiff, ein bißchen Dasein unter dem falschen Namen Ross.
»Eine Wohnung!« sagte ich. »Lampen! Möbel! Ein Bett! Eine Frau! Ein elektrischer Grill, auf dem man Fleischstücke brät! Ein Glas Wodka! Das unglückliche Leben, zu dem ich verdammt bin, hat aber auch eine helle Seite. Man gewöhnt sich an nichts, und das ist gut. Man genießt es, als wäre es immer das erste Mal! Man genießt es jedesmal vom Knochen her! Nicht von außen; vom Knochen, vom Rückenmark und dem, was vom Schädel umschlossen ist. Laß dich ansehen. Ich bete dich schon deswegen an, weil du da bist. Weil wir zur gleichen Zeit leben. Dann erst kommt das andere. Ich bin Robinson, der immer wieder aufs neue seinen Freitag findet! Spuren im Sand. Spuren von Füßen. Du bist der erste Mensch. Immer wieder. Das ist die helle Seite meines verfluchten Lebens.«
»Wieviel hast du getrunken?« fragte Natascha.
»Nichts. Kaffee und Traurigkeit. Nichts sonst.«
»Bist du traurig?«
»Man ist für eine kurze Zeit traurig, wenn man so lebt wie ich. Dann wirft man sich herum wie ein Schlafender nachts. Die Trauer wird der Hintergrund, vor dem das Leben deutlicher wird. Sie sinkt hinab wie ein Stein, und der Wasserstand des Lebens wird höher. Was ich dir hier sage, stimmt nicht ganz. Ich will nur, daß es so sei. Aber etwas daran stimmt trotzdem. Sonst verschleißt man sich selbst wie ein Stück Samt zwischen Rasiermessern.«
»Es ist gut, daß du nicht traurig bist«, sagte Natascha. »Auf die Gründe kann ich verzichten. Alles, was Gründe braucht, ist schon suspekt.«

»Ist es dir auch suspekt, daß ich dich anbete?«
Sie lachte. »Es ist etwas sinister. Wer so leicht so hoch empfindet, muß etwas zu verstecken haben.«
Ich sah sie betroffen an. »Wie kommst du darauf?«
»Nur so.«
»Glaubst du wirklich?«
»Warum nicht? Bist du nicht Robinson, der sich immer wieder überzeugen muß, daß er Spuren im Sand gesehen hat?«
Ich antwortete nicht. Was sie gesagt hatte, berührte mich tiefer, als ich erwartet hatte. War da, wo ich mir eingebildet hatte, schon wieder Boden unter den Füßen zu haben, nur Geröll, das beim ersten Schritt nachgeben würde? Übertrieb ich, um mich selbst glauben zu machen?
»Ich weiß es nicht, Natascha«, sagte ich und versuchte meine Gedanken abzuschütteln. »Was ich weiß, ist dies: daß Gewohnheit etwas ist, das mir bis jetzt versagt geblieben ist. Unglück, das man übersteht, soll sich in Abenteuer verwandeln. Ich bin auch dessen nicht sicher. Wessen ist man eigentlich sicher?«
»Was ist sicher?« fragte sie zurück.
Ich lachte. »Der Wodka hier im Glase, das Stück Fleisch am Grill und wir beide im Augenblick, hoffe ich. Ich bete dich trotzdem an, obschon es dir suspekt ist. Man kann gar nicht früh genug damit anfangen.«
»Das ist recht. Das brauchen wir doch nicht zu beweisen, wie? Die Hauptsache ist, daß wir es fühlen, oder nicht?«
»So ist es. Und auch damit kann man gar nicht weit genug unten anfangen.«
»Wo?«
»Bei diesem Zimmer! Diesen Lampen! Diesem Bett! Selbst wenn sie uns nicht gehören. Was gehört einem schon? Und für wie lange? Alles ist geliehen und gestohlen und wird immer wieder gestohlen.«

Sie drehte sich um. »Man wird sich auch selbst gestohlen?«
»Auch sich selbst.«
»Warum macht einen das nicht so besinnungslos traurig, daß man Selbstmord begeht?«
»Weil man das immer noch tun kann. Und auf eine viel subtilere Weise.«
»Ich kann mir denken, was du meinst.«
Sie kam um den Tisch herum. »Haben wir nicht etwas zu feiern?«
»Was?«
»Daß du drei Monate länger in Amerika bleiben kannst?«
»Das ist wahr.«
»Was hättest du getan, wenn die Aufenthaltsgenehmigung nicht verlängert worden wäre?«
»Ich hätte versucht, eine Einreisebewilligung nach Mexiko zu bekommen.«
»Warum nach Mexiko?«
»Weil die Regierung dort menschlich ist. Sie hat auch die Flüchtlinge aus Spanien aufgenommen.«
»Kommunisten?«
»Menschen. Mit dem Wort Kommunisten ist man heute überall so schnell bei der Hand wie Hitler. Für den ist jeder, der gegen ihn ist, ein Kommunist. Die Begriffe zu vereinfachen, ist die erste Tat aller Diktatoren.«
»Laß uns nicht über Politik reden. Hättest du aus Mexiko nach Amerika zurückkommen können?«
»Nur mit Papieren. Und auch dann nicht, wenn ich hier einmal ausgewiesen bin. Ist jetzt Schluß mit dem Verhör?«
»Noch nicht. Warum haben sie dich hiergelassen?«
Ich lachte. »Das ist eine verzwickte Sache. Stünde Amerika nicht mit Deutschland im Krieg, hätte man mich wahrscheinlich nicht hereingelassen oder mich wieder ausgewiesen. So profitiere ich von einer Antithese. Eine der vielen Ironien, die sich bei großen Unglücken ergeben. Wenn es die

nicht gäbe, wären viele Leute meiner Art nicht mehr am Leben.«
Sie setzte sich neben mich. »Du scheinst ein ziemlich schwer zu fassender Typ zu sein.«
»Leider.«
»Ich habe dabei das dunkle Gefühl, daß du es genießt.«
Ich schüttelte den Kopf. »Nein, Natascha. Ich mache mir das nur vor.«
»Du machst es dir ganz gut vor.«
»So wie Kahn, oder? Es gibt aktive und passive Emigranten. Kahn und ich wollen lieber aktiv sein. Wir waren es in Frankreich. Wir mußten es sein. Anstatt zu weinen über unser Los, versuchten wir, es, so oft wir konnten, ein Abenteuer zu nennen. Es war ein ziemlich verzweifeltes Abenteuer.«

Wir gingen spät abends noch einmal hinaus. Ich hatte eine Zeitlang am Fenster gesessen und nachgedacht. Der Himmel war voller Sterne, Wind flog über die niedrigen Dächer unter uns in der 55. und 56. Straße, und er schien gegen die Wolkenkratzer Sturm zu laufen, die wie Türme des Schweigens zwischen den grünen und roten Blinklichtern der Straße standen. Ich öffnete das Fenster und steckte den Kopf hinaus.
»Es ist kühler geworden, Natascha. Das erstemal in Wochen! Man kann atmen!«
Sie kam zu mir herüber. »Es wird Herbst«, sagte sie.
»Gott sei Dank!«
»Gott sei Dank? Wünsch die Zeit nicht fort!«
Ich lachte. »Du sprichst, als wärst du achtzig.«
»Man soll die Zeit nicht fortwünschen. Du tust es. Ich weiß, daß du es tust.«
»Jetzt nicht mehr«, erwiderte ich und wußte, daß ich log.
»Wo willst du schon hin? Zurück, ich weiß es.«
»Aber Natascha, ich bin ja noch nicht einmal richtig da. Wer denkt da an zurückgehen?«

»Du. Du denkst an nichts anderes.«
Ich schüttelte den Kopf. »Ich denke nicht weiter als bis morgen. Es wird Herbst werden und Winter und Sommer und wieder Herbst, und wir werden lachen und weiter zusammensein.«
Sie lehnte sich an mich. »Du darfst mich nicht verlassen! Ich kann nicht allein sein. Ich bin keine heroische Frau. Und ich habe keinen heroischen Charakter.«
»Frauen mit heroischen Charakteren habe ich unter den Teutonen zu Millionen gesehen. Es ist eine Nationaleigenschaft bei denen. Sie haben ihn statt Charme. Er ersetzt oft auch die Erotik. Zum Knochenkotzen. Laß uns ohne Klage in den ersten Spätsommerabend hinausgehen.«
»Gut.«
Wir fuhren hinunter. Der Aufzug war leer. Das rosa Ballett war vorbei. Auch die Stunde der Pudel. Der Wind schnoberte wie ein Jagdhund um die Ecke von Edward's Drugstore. »Der Sommer ist vorbei«, sagte Nick aus seinem Zeitungsstand heraus.
»Gott sei Dank«, erwiderte Natascha.
»Freu dich nicht zu früh«, sagte ich. »Er kommt wieder.«
»Nichts kommt wieder«, erklärte Nick. »Nur das Elend und jenes Schwein von einem Pudel, das René heißt und an meinem Kiosk die Titelbilder von Vogue und Esquire anpißt, wenn ich nicht aufpasse. Wollen Sie die News?«
»Wir nehmen sie nachher mit rauf.«
Mir gab dieses harmlose Getratsche immer wieder dieselbe Erregung. Es war die Erregung eines Menschen, der sich nicht mehr zu verstecken brauchte. Die sanfte Bürgerlichkeit des Abendspaziergangs wurde immer wieder zum Abenteuer der Sicherheit. Ich war schon fast ein Mensch, zwar nur geduldet, aber nicht mehr gejagt. Dazu kam, daß ich in meiner amerikanischen etwa zwei Drittel meiner europäischen Entwicklung erreicht hatte. Ich sprach kein gutes, aber

ein einigermaßen flüssiges, begrenztes Englisch. Mein Sprachschatz war zwar noch der eines Vierzehnjährigen, aber ich konnte mehr damit anfangen. Viele Amerikaner kamen mit nicht sehr viel mehr Wörtern aus. Sie blieben nur nicht stecken, so wie ich. »Möchtest du die große Tour absolvieren?« fragte ich.

Natascha nickte. »So viel Licht wie in dieser halbverdunkelten Stadt nur möglich ist! Die Tage werden kürzer.«

Wir gingen zur Fifth Avenue hinauf, am Hotel Sherry Netherland vorbei auf den Central Park zu. Vom Zoo hörte man das Brüllen der Löwen selbst durch den Straßenlärm. Wir blieben beim Vieille Russie stehen und betrachteten die Ikonen und die kunstvollen Ostereier, die Fabergé für die Zarenfamilie aus Onyx und Gold gemacht hatte. Die russischen Emigranten, diese Aristokratie unter den Flüchtlingen, verkauften sie immer noch hierher. Das hörte nie auf, so wie die Donkosaken nie aufhörten und weitere Konzerte gaben, als wären sie wie die Katzenjammer-Kids, die auch nie älter wurden.

»Da draußen fängt der Herbst an«, sagte Natascha und zeigte auf den Central Park hinunter. »Gehen wir doch zurück zu van Cleef und Arpels.«

Wir wanderten an den Schaufenstern entlang, in denen die Herbstmoden ausgestellt waren. »Ich habe das längst hinter mir«, sagte Natascha. »Wir haben sie im Juni fotografiert. Ich bin immer um eine Jahreszeit voraus. Morgen fotografieren wir Pelze. Vielleicht habe ich deshalb das Gefühl, daß das Leben schneller vorbeigeht. Wenn die andern noch den Sommer preisen, trage ich schon den Herbst im Blut.«

Ich blieb stehen und küßte sie. »Wie wir reden!« sagte ich. »Wie Figuren bei Turgenjew oder Flaubert. Neunzehntes Jahrhundert. Jetzt trägst du schon den Winter im Blut mit Schneestürmen, Pelzen und Kaminen, du Vorbotin der Jahreszeiten.«

»Und du?«
»Ich? Das weiß ich nicht. Die Erinnerung an Zerstörungen und Gewalttätigkeiten vielleicht. Vom Herbst und Winter in Amerika weiß ich nichts. Ich kenne dieses Land nur im Frühling und Sommer. Ich weiß nicht, wie Wolkenkratzer im Schnee aussehen.«
Wir gingen bis zur 42. Straße und dann über die Zweite Avenue zurück.
»Bleibst du heute nacht bei mir?« fragte Natascha.
»Kann ich das?«
»Du hast eine Zahnbürste hier und Wäsche. Einen Pyjama brauchst du nicht. Rasieren kannst du dich mit meinem Apparat. Ich möchte heute abend nicht alleine schlafen. Es wird mehr Wind geben. Wenn er mich aufweckt, will ich, daß du neben mir liegst und mich tröstest. Ich möchte hemmungslos sentimental sein und getröstet werden und mit dir wieder einschlafen und den Herbst spüren und vergessen und ihn wieder spüren.«
»Ich bleibe hier.«
»Gut. Wir wollen zu Bett gehen und uns fühlen. Wir werden im Spiegel gegenüber unsere Gesichter sehen und auf den Sturm lauschen. Unsere Augen werden manchmal erschreckt und etwas dunkler werden, wenn wir ihn hören. Dann wirst du mich näher an dich heranziehen und mir von Florenz und Paris und Venedig erzählen und all den Plätzen, wo wir nie zusammen sein werden.«
»Ich war nie in Venedig und Florenz.«
»Du kannst davon erzählen; das ist, als wärst du da gewesen. Ich werde vielleicht weinen und scheußlich aussehen. Ich bin in Tränen keine Schönheit. Du wirst es mir verzeihen und meine Sentimentalität auch.«
»Ja.«
»Dann komm und sag mir, daß du mich für immer liebst und daß wir nie älter werden.«

XXII.

»Ich habe eine interessante Neuigkeit für Sie«, sagte Silvers. »Wir werden uns aufmachen und Hollywood erobern. Was sagen Sie dazu?«

»Als Schauspieler?«

»Als Verkäufer von Bildern. Ich habe verschiedene Einladungen dorthin bekommen und mich entschlossen, die Gegend einmal fachmännisch zu bearbeiten.«

»Mit mir?«

»Mit Ihnen«, erklärte Silvers großzügig. »Sie haben sich gut eingearbeitet und können mir behilflich sein.«

»Wann?«

»In etwa vierzehn Tagen. Wir haben also Zeit zur Vorbereitung.«

»Für wie lange?« fragte ich.

»Vorläufig für vierzehn Tage. Vielleicht auch länger. Los Angeles ist jungfräulicher Boden. Mit Gold gepflastert.«

»Gold?«

»Mit Tausend-Dollar-Scheinen. Stellen Sie nicht so verbohrte Fragen. Jeder andere würde tanzen vor Freude. Oder wollen Sie nicht mit? Dann müßte ich mir einen anderen Begleiter suchen.«

»Und mich entlassen?«

Silvers wurde ärgerlich. »Was ist mit Ihnen los? Natürlich müßte ich das. Was sonst? Aber warum sollten Sie nicht mitwollen?«

Silvers sah mich neugierig an. »Glauben Sie, daß Sie nicht genug Garderobe haben? Ich kann Ihnen Vorschuß geben.«

»Für Garderobe in Ihren Diensten? Gewissermaßen Ge-

schäftsgarderobe? Die soll ich von Ihrem Vorschuß bezahlen? Ein trostloses Geschäft, Herr Silvers!«
Er lachte. Er war wieder auf vertrautem Gelände. »So meinen Sie das?«
Ich nickte. Ich wollte Zeit gewinnen. Es war mir nicht ganz gleichgültig, New York zu verlassen. Ich kannte niemand in Kalifornien, und Silvers als einzige Gesellschaft schien mir reichlich langweilig. Ich wußte bereits alles über ihn. Es war nicht schwer, wenn man kein besonderer Bewunderer der Schlauheit ist. Nichts war langweiliger als jemand, der sich außerdem immerfort etwas vormachte über sich selbst. Das war nur etwas für kurze Zeit. Ich sah mit Schaudern endlose Abende in einer Hotelhalle vor mir, Silvers ausgeliefert und ohne Privatleben.
»Wo wohnen wir?« fragte ich.
»Ich wohne im Beverly-Hills-Hotel. Sie im Garden of Allah.«
Ich blickte interessiert auf. »Ein hübscher Name. Klingt nach Rodolfo Valentino. Wir wohnen also nicht im selben Hotel?«
»Zu teuer. Ich habe gehört, der Garden of Allah sei sehr gut. Er ist nahe beim Beverly-Hills-Hotel.«
»Und wie machen wir es mit der Abrechnung? Die Hotel- und Tagesspesen?«
»Sie schreiben sie auf.«
»Sie meinen, ich solle alle Mahlzeiten im Hotel nehmen?«
Silvers wischte mit der Hand durch die Luft. »Sie sind schwierig! Sie können das machen, wie Sie wollen. Sonst noch Fragen?«
»Ja«, sagte ich. »Ich brauche eine Gehaltsaufbesserung, um einen Anzug zu kaufen.«
»Wieviel?«
»Hundert Dollar im Monat.«
Silvers sprang auf. »Ausgeschlossen! Wollen Sie zu Knize gehen und dort arbeiten lassen? In Amerika kauft man von der Stange. Was haben Sie gegen Ihren Anzug? Er ist doch gut.«

»Nicht gut genug für einen Angestellten von Ihnen! Vielleicht brauche ich sogar einen Smoking.«
»Wir gehen nicht nach Hollywood, um zu tanzen und Bälle zu besuchen.«
»Wer weiß! Es wäre vielleicht keine so schlechte Idee. In Nachtklubs werden Millionäre leichter weichherzig. Wir wollen sie doch einfangen mit dem bewährten Geschäftstrick, daß sie gesellschaftsfähig werden, wenn sie Bilder kaufen.«
Silvers sah ärgerlich auf. »Das sind Geschäftsgeheimnisse! Man redet nicht darüber. Und glauben Sie mir: Die Millionäre Hollywoods strotzen vor Selbstbewußtsein. Sie halten sich für Kulturträger. Also gut, ich gebe Ihnen zwanzig Dollar Zulage.«
»Hundert«, erwiderte ich.
»Vergessen Sie nicht, daß Sie hier schwarz arbeiten. Ich riskiere etwas Ihretwegen!«
»Nicht mehr!« Ich blickte auf einen Monet, der mir gegenüber hing. Es war eine Wiese mit Mohnblumen, auf der eine weißgekleidete Frau spazierenging; angeblich 1889 gemalt, aber sie wirkte, als läge so viel Frieden weitaus länger zurück.
»Ich habe meine Aufenthaltserlaubnis bekommen. Für drei weitere Monate, und dann wird sie automatisch wieder verlängert.«
Silvers biß sich auf die Lippen. »Und?« sagte er.
»Ich darf also arbeiten«, erwiderte ich. Es stimmte nicht, aber man nahm es im Augenblick nicht zu genau.
»Sie meinen, Sie könnten Ihre Stellung wechseln?«
»Natürlich nicht. Warum sollte ich? Bei Wildenstein müßte ich wahrscheinlich in der Galerie herumstehen. Es gefällt mir besser bei Ihnen.«
Ich sah, daß Silvers rechnete. Er rechnete sich aus, wieviel das, was ich von ihm wußte, wert war – für ihn und für Wildenstein. Wahrscheinlich bereute er für den Augenblick,

mich in so viele Kniffe eingeweiht zu haben. »Bedenken Sie, daß in den letzten Wochen auch meine Moral in den Beruf einbezogen worden ist«, sagte ich. »Ich habe allerhand schwindeln müssen. Erst vorgestern bei dem Millionär aus Texas trat ich als früherer Assistent des Louvre auf. Meine Sprachkenntnisse sind auch noch etwas wert.«
Wir einigten uns auf fünfundsiebzig Dollar. Ich hatte mit dreißig gerechnet. Ich erwähnte den Smoking nicht mehr, ich dachte nicht daran, mir jetzt einen zu kaufen. In Kalifornien könnte ich ihn benützen, um eine weitere einmalige Zulage von Silvers zu erpressen, wenn er verlangen sollte, daß ich ihn als Assistent des Louvre begleite.

Ich ging zu Vriesländer, um ihm die ersten hundert Dollar des Geldes zu bringen, das er mir für meinen Anwalt geliehen hatte. »Setzen Sie sich«, sagte er und steckte das Geld nachlässig in seine Brieftasche aus schwarzem Krokodilleder. »Haben Sie schon gegessen?«
»Nein«, erwiderte ich sofort. Das Essen bei Vriesländer war großartig.
»Dann bleiben Sie«, entschied er. »Es kommen nur noch vier, fünf Gäste. Ich weiß nicht, wer. Fragen Sie meine Frau. Wollen Sie einen Scotch?«
Vriesländer trank, seit er eingebürgert war, nur noch Whisky. Ich hätte eher das Gegenteil erwartet – daß er Whisky vorher getrunken hätte, um seinen guten Willen zu zeigen, ein echter Amerikaner zu werden, und daß er hinterher zu Barack und Kümmel zurückkehrte. Aber Vriesländer war ein besonderer Mensch. Dafür hatte er vor seiner Einbürgerung mit ungarischem Akzent englisch gestottert und darauf bestanden, daß auch seine Familie zu Hause englisch spräche, es gab sogar bösartige Geschichten, daß er sogar im Bett darauf bestanden habe. Doch niemand konnte das natürlich beweisen. Wenige Tage nach der Einbürgerung sprach man im Hause

Vriesländer wieder babylonisch: eine Mischung aus Deutsch, Englisch, Jiddisch und Ungarisch.

»Meine Frau hat den Barack unter Verwahrung«, erklärte Vriesländer. »Wir sparen ihn auf. Man kann ihn hier ja kaum bekommen. Und wir müssen ihn abschließen. Die Köchin säuft ihn sonst aus. Es ist ihre Art von Heimweh. Haben Sie auch Heimweh?«

»Wonach?«

»Nach Deutschland.«

»Nein. Ich bin ja kein Jude.«

Vriesländer lachte. »Da ist was dran.«

»Und wie viel«, sagte ich und dachte an Betty Stein. »Die Juden waren die sentimentalsten Patrioten.«

»Wissen Sie, warum. Weil sie es bis 1933 in Deutschland gut hatten. Der letzte Kaiser adelte sie. Er ließ sie sogar bei Hof verkehren. Er hatte jüdische Freunde, der Kronprinz jüdische Geliebte.«

»Unter Seiner Majestät wären Sie vielleicht auch noch Baron geworden«, sagte ich.

Vriesländer strich sich über den Kopf. »Tempi passati!«

Er blickte einen Augenblick versonnen in die Vergangenheit. Ich schämte mich meiner flegelhaften Bemerkung, aber er hatte sie gar nicht zur Kenntnis genommen. Das konservative Blut eines Mannes, der eine Villa an der Tiergartenstraße besessen, hatte ihn für einen besonnten Moment überwältigt.

»Damals waren Sie ja noch ein Kind«, sagte er. »Gut, lieber junger Freund! Gehen Sie zu den Damen.«

Die »Damen« bestanden aus Tannenbaum und, zu meinem Erstaunen, Ravic, dem Chirurgen. »Sind die Zwillinge schon gegangen?« fragte ich Tannenbaum. »Haben Sie die falsche Schwester in den Hintern gezwickt?«

»Dummes Zeug! Glauben Sie übrigens, daß sie nicht nur im Gesicht ähnlich sind, sondern auch ...«

»Natürlich.«

»Sie meinen im Temperament?«
»Da gibt es zwei Schulen.«
»Verflucht! Was meinen Sie dazu, Doktor Ravic?«
»Nichts.«
»Um das so zu beantworten, braucht man kein Doktor zu sein«, erwiderte Tannenbaum pikiert.
»Eben«, meinte Ravic ruhig.
Frau Vriesländer kam herein im Empirekleid, hoch gegürtet, eine behäbige Madame de Staël. Ein Saphirarmband mit nußgroßen Steinen rasselte an ihrem Arm. »Cocktails, meine Herren?«
Ravic und ich nahmen Wodka; Tannenbaum zu unserem Entsetzen Chartreuse, gelb. »Zu Matjeshering?« fragte Ravic erstaunt.
»Zu Zwillingen«, erwiderte Tannenbaum immer noch gekränkt. »Wer das eine nicht weiß, soll über das andere nicht reden!«
»Bravo, Tannenbaum«, sagte ich. »Ich wußte nicht, daß Sie Surrealist sind.«
Vriesländer erschien, mit ihm die Zwillinge, Carmen und einige andere Gäste. Die Zwillinge wie Quecksilber, Carmen in tragisches Dunkel gehüllt, an einem Stück Nußschokolade kauend. Ich war neugierig, ob sie nach der Schokolade auch die Matjesheringe nehmen würde. Sie tat es. Ihr Magen war ebenso unerschütterlich wie ihr Gehirn.
»In vierzehn Tagen gehe ich nach Hollywood«, verkündete Tannenbaum laut, während das Gulasch ausgeteilt wurde. Er blickte wie ein Pfau um sich – in die Richtung der Zwillinge.
»Als was?« fragte Vriesländer.
»Als Schauspieler, als was sonst?«
Ich horchte auf. Ich glaubte ihm nicht; er hatte das zu oft erwähnt. Aber er war schon einmal dagewesen für eine kleine Rolle als Flüchtling in einem Anti-Nazi-Film. »Was spielen Sie?« fragte ich. »Buffalo Bill?«

»Einen SS-Gruppenführer.«
»Was?«
»Sie als Jude?« fragte Frau Vriesländer.
»Warum nicht?«
»Mit dem Namen Tannenbaum?«
»Mein Künstlername ist Gordon T. Crow. T. steht für Tannenbaum.«
Alle sahen ihn zweifelnd an. Es war zwar öfter vorgekommen, daß Emigranten Nazis spielten, weil in der sehr pauschalen Überlegung Hollywoods beide Europäer waren und sich damit, Freund oder Feind, besser dafür eigneten als Stockamerikaner.
»SS-Gruppenführer?« sagte Vriesländer. »Das ist bei denen ja soviel wie ein General!«
Tannenbaum nickte.
»Meinen Sie nicht Sturmbannführer?« fragte ich.
»Gruppenführer! Warum nicht? In der amerikanischen Armee gibt es doch auch jüdische Generale. Es kann sogar sein, daß die Rolle noch angehoben wird. Zu einer Art Obergeneral.«
»Verstehen Sie denn was davon?«
»Was ist da zu verstehen? Ich habe meine Rolle. Natürlich ist der Mann ein Scheusal. Einen sympathischen Gruppenführer hätte ich natürlich abgelehnt.«
»Gruppenführer!« sagte Frau Vriesländer. »Ich hätte gedacht, ein so hohes Tier würde von Gary Cooper gespielt werden!«
»Die Amerikaner weigern sich, solche Rollen zu spielen«, erklärte der kleine Vesel, ein Rivale Tannenbaums. »Es schadet ihrer Reputation. Sie müssen sympathisch bleiben. Solche Rollen überlassen sie den Emigranten. Und die spielen sie, weil sie sonst verhungern würden.«
»Kunst ist Kunst«, erwiderte Tannenbaum hochmütig. »Würden Sie nicht Rasputin spielen oder Dschingis-Khan oder Iwan den Schrecklichen?«

»Ist es eine Hauptrolle?« fragte ich.
»Natürlich nicht«, erwiderte Vesel rasch. »Wie kann sie das sein? Die Hauptrolle spielt ein sympathischer Amerikaner mit einer tugendhaften Amerikanerin. Muß er ja!«
»Streitet euch nicht!« mahnte Vriesländer. »Helft euch lieber gegenseitig. Was gibt es zum Nachtisch?«
»Pflaumenkuchen und Sachertorte.«
Wie meistens, so wurden auch diesmal Schüsseln vorbereitet, um sie nach Hause mitzunehmen. Ravic lehnte ab. Tannenbaum und Vesel wollten Extraportionen der Sachertorte. Mir steckte die Köchin, der ich heimlich zwei Dollar gegeben hatte, eine bequem tragbare Henkelschüssel aus verzinntem Kupfer zu und eine verzierte Pappschachtel mit Kuchen. Die Zwillinge bekamen eine Zwillingsschüssel. Carmen lehnte ab, sie war zu faul zum Tragen.
Wir verabschiedeten uns wie die armen Verwandten. »Wie kriegt man nur diese Zwillinge auseinander?« fragte Gruppenführer Tannenbaum mich leise. »Sie essen zusammen, leben zusammen und schlafen zusammen!«
»Das scheint mir kein großes Problem zu sein«, erwiderte ich. »Ein Problem wäre es bei echten siamesischen Zwillingen.«

Natascha mußte an diesem Abend zum Fotografieren. Sie hatte mir den Schlüssel zur Wohnung gegeben, damit ich auf sie warten konnte. Ich schleppte das Gulasch und den Kuchen hinauf. Dann ging ich noch einmal zur Zweiten Avenue, um Bier zu holen.
Ich hatte ein merkwürdiges Gefühl, als ich mit dem Schlüssel die Tür öffnete und in die leere Wohnung trat. Ich konnte mich nicht daran erinnern, daß ich das je irgendwann getan hatte. Immer war ich entweder in ein Hotelzimmer gekommen oder zu Besuch in eine Wohnung. Jetzt hatte ich das Gefühl, in meine eigene Wohnung heimzukehren. Ein sanfter

Schauer rieselte mir über die Arme, als ich die Tür aufschloß. Etwas aus weiter Entfernung schien mich zu rufen, etwas, das mit meinem Elternhaus zu tun hatte und woran ich lange Zeit nicht gedacht hatte. Die Wohnung war kühl, und ich hörte das Summen der Klimaanlage im Fenster und des Eisschranks in der Küche. Diese Geräusche waren wie freundliche Geister, die die Wohnung bewachten. Ich drehte das Licht an, stellte das Bier kalt und das Gulasch auf den Gasherd mit kleiner Flamme, um es warm zu halten. Dann schaltete ich das Licht wieder ab und öffnete die Fenster. Die warme Luft kam wie ein Schwall herein, ungestüm und begierig. Die kleine blaue Flamme auf dem Herd verbreitete ein schwaches magisches Licht. Ich suchte mir im Radio die Station, die klassische Musik ohne Reklame brachte. Gespielt wurden die Préludes von Debussy. Ich setzte mich in einen Sessel am Fenster und sah auf die Stadt. Es war das erstemal, daß ich so auf Natascha wartete. Ich war sehr ruhig und entspannt und genoß es sehr. Ich hatte Natascha noch nichts davon gesagt, daß ich mit Silvers nach Kalifornien fahren sollte.

Sie kam ungefähr eine Stunde später. Ich hörte den Schlüssel in der Tür. Einen Augenblick dachte ich, der Besitzer der Wohnung könnte unvermutet zurückgekommen sein, dann hörte ich Nataschas Schritte. »Bist du da, Robert? Warum hast du kein Licht?«

Sie warf einen Koffer mit ihren Sachen in das Zimmer. »Ich bin schmutzig und sehr hungrig. Was soll ich zuerst tun?«

»Baden. Und während du badest, kann ich dir einen Teller Szegediner Gulasch reichen. Das Zeug steht heiß auf dem Gasherd. Dazu gibt es Dillgurken und nachher Sachertorte.«

»Warst du wieder bei der fabelhaften Köchin?«

»Ich war da und habe, wie eine Krähe für ihr Junges, reichlich für uns mitgeschleppt. Wir brauchen zwei bis drei Tage nichts einzukaufen.«

Natascha stieg bereits aus ihren Kleidern. Das Badezimmer

dampfte und roch nach Nelken von Mary Chess. Ich brachte das Gulasch. Es war wieder einmal für einen Augenblick Frieden in der Welt.

»Bist du heute als Kaiserin Eugénie mit dem Diadem von van Cleef und Arpels fotografiert worden?« fragte ich, während sie das Gulasch beschnupperte.

»Nein. Als Anna Karenina. Pelze bis zum Hals und auf dem Bahnhof von Petersburg oder Moskau wartend auf ihr Schicksal in Gestalt von Wronski. Ich war erschreckt, als ich auf die Straße kam, und kein Schnee war gefallen.«

»Du siehst aus wie Anna Karenina.«

»Immer noch?«

»Überhaupt.«

Sie lachte. »Jeder hat eine andere Anna Karenina. Ich fürchte, sie war bedeutend dicker als die Frauen von heute. Damals war das so Sitte. Das 19. Jahrhundert hatte ja noch Rubenssche Formate, lange Korsetts, gepanzert mit Fischbeinstäbchen und Kleider bis auf den Boden. Es kannte auch Badezimmer nur andeutungsweise. Was hast du alles hier gemacht? Zeitungen gelesen?«

»Das Gegenteil! Mich bemüht, einmal nicht an Schlagzeilen und Leitartikel zu denken.«

»Warum nicht?«

»Weil ich nichts dazu tun kann.«

»Das können die wenigsten. Abgesehen von den Soldaten.«

»Ja«, sagte ich. »Abgesehen von den Soldaten.«

Natascha gab mir den Teller zurück. »Möchtest du einer werden?«

»Nein. Es würde nichts ändern.«

Sie beobachtete mich eine Zeitlang. »Grämst du dich sehr, Robert?« fragte sie dann.

»Das würde ich nie zugeben. Was bedeutet es außerdem schon, sich zu grämen? Andere verlieren ihr Leben.«

Sie schüttelte den Kopf. »Was willst du eigentlich, Robert?«

Ich blickte sie überrascht an. »Was ich will?« wiederholte ich, um Zeit zu gewinnen. »Was meinst du damit?«
»Später. Was willst du tun? Wofür lebst du?«
»Komm«, sagte ich. »Das sind keine Badezimmergespräche! Heraus aus dem Wasser!«
Sie stand auf. »Wofür lebst du wirklich?« fragte sie.
»Wer weiß das von sich? Weißt du es von dir?«
»Ich brauche es nicht zu wissen. Ich bin ein Reflex. Aber du!«
»Du bist ein Reflex?«
»Weiche nicht aus. Was willst du? Wofür lebst du?«
»Ich höre die schweren Flügel der Bürgerlichkeit um meine Ohren schlagen. Wer weiß so etwas wirklich? Und wenn er es weiß, ist es dann auch schon nicht mehr wahr. Ich reise mit leichtem Gepäck, das ist alles, vorläufig.«
»Du weißt es nicht.«
»Ich weiß es nicht«, erwiderte ich. »Ich weiß es nicht, wie ein Bankier oder ein Priester es weiß. Ich werde es auch nie so wissen.« Ich küßte sie auf die feuchten Schultern. »Ich bin es auch gar nicht gewohnt, Natascha. Überleben war für so lange Zeit alles, und es war so schwierig, daß man nicht dazu kam, für etwas zu leben. Bist du nun zufrieden?«
»Das ist nicht richtig, und du weißt es auch. Aber du willst es mir nicht sagen. Vielleicht willst du es dir selbst nicht sagen. Ich habe dich schreien gehört!«
»Was?«
Sie nickte. »Während du schliefst.«
»Was habe ich denn geschrien?«
»Das weiß ich nicht mehr. Ich schlief ja und wachte davon auf.«
Ich atmete auf. »Jeder hat einmal schlechte Träume.«
Sie antwortete nichts. »Ich weiß eigentlich überhaupt nichts von dir«, sagte sie dann nachdenklich.
»Du weißt schon zuviel! Das schadet der Liebe.« Ich nahm sie und drängte sie aus dem Badezimmer. »Inspizieren wir,

was in dem Küchenpaket ist. Du hast die schönsten Knie der Welt.«

»Du willst mich ablenken.«

»Warum sollte ich dich ablenken? Wir haben ja sogar einen Pakt geschlossen. Du hast mich neulich noch daran erinnert.«

»Dieser Pakt! Das war doch nur ein Vorwand. Wir wollten beide etwas vergessen. Hast du es vergessen?«

Mir war, als hätte ich plötzlich einen kühlen Schlag aufs Herz bekommen. Nicht heftig, wie ich es erwartet hatte, sondern kühl, als hätte eine Schattenhand danach gegriffen. Es war nur ein Augenblick, aber die Kühle löste sich nicht auf. Sie blieb und wich erst zögernd. »Ich hatte nichts zu vergessen«, sagte ich. »Ich habe gelogen.«

»Ich sollte dich keine so törichten Dinge fragen«, sagte sie. »Ich weiß nicht, was über mich gekommen ist. Vielleicht kommt es daher, weil ich den ganzen Abend Anna Karenina war, mit Pelzen und dem Gefühl, in einer Troika zu sitzen im Schnee mit aller Sentimentalität und der Romantik einer Zeit, die wir nie gekannt haben. Vielleicht ist es der Herbst, der mir soviel nähergekommen ist als dir. Im Herbst lösen sich alle Pakte, und keiner ist mehr gültig. Man will – ja, was will man?«

»Liebe«, sagte ich und sah sie an. Sie hockte etwas verloren auf dem Bett, überhaucht von Zärtlichkeit und dem weichen Selbstmitleid eines Menschen, der damit nichts anzufangen weiß.

»Liebe, die bleibt.«

Ich nickte. »Liebe mit Kaminfeuern, Lampenglanz, Nachtwinden, fallenden Blättern und der Zuversicht, nichts verlieren zu können.« Natascha räkelte sich. »Ich bekomme bereits wieder Hunger. Ist noch Gulasch da?«

»Für eine kleinere Kompanie. Willst du tatsächlich nach der Sachertorte noch einmal Szegediner Gulasch essen?«

»Ich bin heute abend zu allem fähig. Bleibst du über Nacht hier?«
»Ja.«
»Gut. Dann will ich dich nicht weiter mit meinen unerfüllten Herbstillusionen quälen. Sie sind ohnehin verfrüht. Ich glaube, wir haben kein Bier mehr im Eisschrank, oder?«
»Doch. Ich habe welches geholt.«
»Können wir im Bett essen?«
»Natürlich. Gulasch macht keine Flecken.«
Sie lachte. »Ich werde mich in acht nehmen. Was möchtest du jetzt tun, wenn du die Wahl hättest?«

XXIII.

Der Traum kam erst mehr als eine Woche später. Ich hatte ihn früher erwartet und schon geglaubt, er würde nicht mehr kommen. Zögernd und vorsichtig hatte sich in mir eine Hoffnung geregt, daß es vielleicht sogar für immer damit vorbei sein könnte. Ich hatte getan, was ich konnte, um ihm zu entgehen, ich hatte mir fast überstürzt und hastig eingeredet, es seien nur noch Nachgewitter, wenn ich plötzlich diese jähen, atemlosen Augenblicke hatte, wie sie jemand während eines Erdbebens fühlen mußte, Gefühle, in denen es schien, als wäre alles lose.

Ich hatte mich getäuscht. Es war derselbe klebrige, zähe schwarze Traum gewesen wie früher, nicht schwächer, sondern eher noch drohender, und es war ebenso schwer für mich, mich von ihm zu befreien, wie sonst. Erst sehr langsam war das Bewußtsein klarer geworden, daß es keine Wirklichkeit war, sondern ein Traum. Er hatte begonnen mit dem Keller im Museum von Brüssel, mit der abgestandenen Dunkelheit darin und dem Gefühl, daß die Wände begannen, sich zu verschieben, von oben und von den Seiten auf mich zu, um mich zu erdrücken. Dann, während ich nach Luft keuchte und schreiend auffuhr, ohne zu erwachen, war der klebrige Schlamm gekommen, und später das Gefühl, gejagt zu werden, weil ich mich zurückgetraut hatte über die Grenze und nun im Schwarzwald die SS hinter mir her hatte mit Polizeihunden, angeführt von dem Mann, an dessen nacktes Gesicht ich mich nicht erinnern konnte, ohne zu zittern bis in die Eingeweide. Sie hatten mich erwischt, und ich war wieder in dem Raum, wo die Krematorienöfen standen, allein, ausgeliefert den Gesichtern, den Hals ohne

Atem, weil man mich eben bewußtlos von dem Haken an der Wand losgemacht hatte, an dem sie einen aufhängten, während die Opfer die Wände mit den Händen und den gebundenen Füßen zerkratzten und die Peiniger Wetten abschlossen, wer sich am längsten am Leben erhalten konnte. Dann hörte ich wieder den Lächler, der nach Parfüm roch und mir erklärte, wie er mich noch lange nicht, aber vielleicht später, wenn ich ihn auf den Knien darum bitten würde, lebendig verbrennen wolle, und was dabei mit meinen Augen geschähe. Der letzte Traum war wie jedesmal der gewesen, daß ich jemand in einem Garten vergraben und daß ich es schon fast vergessen hatte, bis die Polizei im Sumpf die Leiche fand und ich nicht begreifen konnte, warum ich sie nicht anderswo und besser versteckt hatte.
Es dauerte lange, bis ich begriff, daß ich in Amerika war und geträumt hatte.
Ich war so erschöpft, daß ich mich eine Zeitlang nicht erheben konnte. Ich blieb liegen und starrte in die rötliche Nacht. Schließlich stand ich auf und zog mich an. Ich wollte nicht riskieren, noch einmal in den Schlaf zu rutschen und dann aufs neue überwältigt zu werden. Das war mir auch schon passiert, und der zweite Traum war dann stets schlimmer als der erste. Nicht nur Traum und Wirklichkeit mischten sich auf eine unlösliche Weise miteinander, sondern auch die beiden Träume, wobei der erste die Rolle einer verstärkten Wirklichkeit übernahm und mich völlig in Verzweiflung stürzte.
Ich ging hinunter in die Hotelhalle, in der nur noch ein trübseliges Licht brannte. In der Ecke schnarchte der Mann, der Melikow dreimal in der Woche vertrat. Er sah mit dem gefurchten, von Seele entleerten Gesicht und dem offenen, stöhnenden Mund selbst wie ein Gefolterter aus, der soeben bewußtlos von einem Fleischerhaken losgemacht worden war.

Ich gehöre zu ihnen, dachte ich, ich gehöre zu dieser Horde von Mördern, es war mein Volk, ganz gleich, ob sie mich gejagt und verstoßen und ausgebürgert hatten, ich war unter ihnen geboren, und es war töricht, wenn ich mir vormachen wollte, daß ein treues, ehrliches, unwissendes Volk durch Legionen vom Mars überfallen und hypnotisiert worden sei. Diese Legionen waren unter ihm selbst aufgewachsen, sie hatten sich aus brüllenden Kasernenhofschindern und tobenden Demagogen entwickelt, es war der alte, von Oberlehrern angebetete *furor teutonicus* gewesen, der zwischen Gehorsamsknechten, Uniformvergötzern und viehischem Atavismus aufgeblüht war; mit der einzigen Einschränkung freilich, daß das Vieh niemals so viehisch war. Es war keine Einzelerscheinung! Die Wochenschauen mit ihren Zehntausenden von aufgerissenen, tobenden Mäulern zeigten nicht ein geduldiges, unwilliges Volk, dem befohlen worden war, es war das Urvolk selbst, das jauchzte, das die dünne Schicht der Zivilisation durchbrochen hatte und sich nun in seinem barbarischen Blut-Kot wälzte. *Furor teutonicus!* Heiliges Wort meines bebrillten Vollbart-Oberlehrers! Wie er es kostete! Wie selbst Thomas Mann es noch gekostet hatte zu Beginn des ersten Krieges, als er die ›Gedanken zum Kriege‹ schrieb und ›Friedrich und die Große Koalition‹. Thomas Mann, der Hort und Führer der Emigranten. Wie tief mußte die Barbarei sitzen, wenn sie selbst in diesem humanen und humanistischen Dichter nicht ganz ausgerottet war!
Ich trat auf die Straße. Die Nacht schlief noch zwischen den Mauern. Ich wandte mich zum Broadway, auf der Suche nach Licht. Ein paar Buden mit Hamburgers, die die ganze Nacht offen hatten, schütteten ihr sparsames Licht über die Straße. In einigen hockten Leute auf Barstühlen wie verdammte Geister. Licht ohne Menschen war gespensterhafter als Dunkel, es war zwecklos in unserem immer auf Zweck ausgerichteten Dasein und wirkte mondhaft, als

schiene es in Kratern, die in Häusern eingelassen und verlassen waren.
Ich blieb vor einem Delikatessengeschäft stehen. Im Fenster trauerten Mortadella-Würste und viele Käsesorten. Irwin Wolff hieß der Besitzer, der Europa wahrscheinlich zur rechten Zeit verlassen hatte. Ich starrte auf den Namen. Nicht einmal das hatte ich als Ausrede. Nicht einmal diese künstliche Unterscheidung konnte ich benutzen! Ich konnte nicht sagen, daß ich ein Jude wäre, ich konnte mich darauf nicht berufen, um klarzustellen, daß ich mit den Teutonen nichts zu tun habe; ich konnte sie nicht mit ihren eigenen falschen Waffen schlagen. Ich gehörte zu ihnen, ich war einer der Ihren, und wenn mir in diesem nebligen Morgengrauen Herr Irwin Wolff plötzlich gegenübergetreten und mit einem Messer nachgejagt wäre, als einem der Mörder seines Volkes, so hätte mich das in dieser Stunde nicht überrascht.
Ich ging weiter, über die nächtliche 20. Straße, ein Stück den Broadway hinauf, dann nach rechts zur Dritten Avenue. Ich überquerte sie, ging wieder zurück, den Broadway entlang, dessen Lichter blasser geworden waren, und dann hinauf, bis ich zur Fifth Avenue gelangte, die schweigend und fast menschenleer war. Nur die Verkehrslichter funktionierten, die ganze lange Straße wurde nach einem sinnlosen, entmenschten Willen rot und grün, so wie Völker ohne Grund plötzlich umgeschaltet wurden aus friedlichem Grün in die düsteren Fackeln kilometerweiten Rots. Über dieser unheimlichen Landschaft der Lautlosigkeit begann langsam der Himmel höher zu wachsen. Die Häuser wurden ebenfalls höher, sie schoben das Dunkel an sich empor wie Frauen, die sich entblößen, von Stockwerk zu Stockwerk, bis ganz oben die Kanten bleich sichtbar wurden und sich das gestaltlose Chaos mit einem fast fühlbaren Ruck von den Gebäuden löste, verschwamm und zerfloß. Ich ging und ging, ich wußte, daß Gehen und tiefes Atmen das einzige war, was mir immer

geholfen hatte, und unwillkürlich blieb ich auf der breiten Fifth Avenue, auf der die Läden im grauer werdenden Tag verwelkten, als wären ihre eingesperrten Lichtkuben von Krebs befallen. Ich hielt mich auf der Straße der billigen Zivilisation und der Luxusgeschäfte, als gäben sie mir Sicherheit und sogar Trost, als schritte ich diese Avenue nutzloser Bedürfnisse ab, und zu beiden Seiten, hinter den Steinmauern, fließe bereits klebrig schwarz das Chaos dahin, unterirdisch noch, aber bereit, auch hier aus den Kanälen hervorzubrechen und alles zu überschwemmen. Die Nacht erlosch, die haltlose Stunde vor der Frühe nebelte durch die Straßen, und über den Häuserblöcken erschien plötzlich zart, jungfräulich, in Rosa, grauem Silber und einem Zugvögelflug von Lämmerwolken der junge Tag und legte seine ersten Lichtpfeile auf die obersten Stockwerke der höchsten Gebäude, die in lichtem Pastell jetzt über dem dunkleren Gewoge der Straßen schwebten. Es war vorbei, dachte ich und blieb vor den Schaufenstern von Saks stehen, in denen verzauberte Mannequin-Puppen im Dornröschenschlaf erstarrt schienen. Pelze um den Hals, Stolen, Pelerinen und Nerzkragen darüber, ein Dutzend erfrorener Anna Kareninas auf der Schnepfenjagd in Rußland. Ich war auf einmal sehr hungrig und fiel in die nächste Frühstücksstube ein, die offen war.

Betty Stein war jetzt überzeugt, daß sie Krebs habe. Niemand hatte es ihr gesagt, jeder hatte sie beruhigt, trotzdem hatte sie sich, mit dem nie erlahmenden Scharfsinn mißtrauischer Kranker, aus den vielen kleinen Zeugnissen, die sie zusammentrug und nicht vergaß, allmählich ein größeres Bild gemacht. Sie glich in dieser Zeit einem General, der alle Detailmeldungen einer Schlacht zusammenträgt und auf einer großen Karte verzeichnet. Nichts wird vergessen, Widersprüche werden verglichen, berichtigt und verzeichnet, und langsam schält sich das Bild der Schlacht heraus – während alle andern noch Teilerfolge buchen und in Optimismus schwelgen, hat er allein bereits erkannt, daß die Schlacht verloren ist, und während rundherum noch Sieg geschrien wird, gruppiert er schon seine Truppen zum letzten Gefecht.

Betty hatte aus Winken, Blicken, zufälligen Bemerkungen und Büchern alles zusammengetragen, was ein Mensch nur finden kann, der um sein Leben kämpft. Die Periode, beruhigt zu werden, war der des Mißtrauens gewichen, diese der des Zweifels. Jetzt auf einmal fiel die wache Anspannung aller Sinne zusammen und gab Gewißheit. Aber anstatt nun aufzugeben und zu resignieren, begann bei Betty ein nahezu heroischer Kampf um jeden Tag. Sie wollte nicht sterben. Der Tod, der während der Periode des Zweifels neben ihrem Bett zu stehen schien, wurde von einer unerhörten Anstrengung ihres Willens verscheucht. Er mochte nach wie vor da sein, aber sie nahm ihn nicht mehr zur Kenntnis. Sie wollte leben und sie wollte zurück nach Berlin; sie wollte nicht in New York sterben. Sie wollte zum Olivaer Platz in Berlin. Sie war von dort gekommen, und dorthin wollte sie zurück.

Sie fing plötzlich an, fieberhaft die Zeitungen zu studieren. Sie kaufte sich Karten von Deutschland und befestigte sie in ihrem Schlafzimmer an der Wand, um den Vormarsch der Alliierten zu verfolgen. Sie besaß bunte Nadeln, die sie jeden Morgen ein Stück weiter steckte, wenn sie die militärischen Berichte gelesen hatte. Ihr eigener Tod und der Massentod in Deutschland liefen ein Rennen Kopf an Kopf. Betty war eisern entschlossen, länger auszuhalten.

Sie war früher eine Frau mit einem Herzen gewesen, das schmolz wie Butter in der Sonne. Sie blieb diese Frau für ihre Bekannten. Sie konnte keine Tränen sehen, ohne daß sie nicht versucht hätte, sie zu stillen. Aber sie verhärtete sich jetzt gegen den Untergang eines Volkes, er wurde keine menschliche, sondern eher eine mathematische Katastrophe. Sie konnte nicht verstehen, warum dieses Volk nicht aufgab. Kahn behauptete, daß sie das allmählich als eine schwere persönliche Beleidigung auffaßte. Es war vielen Emigranten unverständlich, am meisten denen, die immer noch an ein verführtes Deutschland glaubten. Auch sie begriffen nicht, weshalb man drüben nicht aufgab. Sie waren bereit, dem einfachen Mann zuzugestehen, daß er nicht anders konnte, er war ja eingeklemmt zwischen Gehorsam und Pflicht. Weshalb aber der Generalstab weitermachte, obschon er klar voraussah, daß alles verloren war, begriff niemand. Man wußte, daß ein Generalstab, der einen verlorenen Krieg nicht beendete, sich aus fragwürdigen Helden in eine Bande von Massenmördern verwandelte, und blickte voll Abscheu und Entsetzen auf Deutschland, wo Feigheit, Angst und mißverstandenes Großmannstum diese Verwandlung gestatteten. Das Attentat auf Hitler machte es nur deutlicher – den wenigen Mutigen stand die überwältigende Masse egoistischer und mörderischer Generäle gegenüber, die sich mit Durchhalteparolen, die ihnen selbst nicht gefährlich werden konnten, vor ihrer Schande retteten.

Für Betty Stein war das alles zur persönlichen Sache geworden. Der Krieg ging nur noch darum, ob sie den Olivaer Platz erreichen würde oder nicht. Der Begriff des Blutes hatte sich in Vormarschziffern aufgelöst. Betty marschierte mit. Wenn sie nachher aufwachte, grübelte sie darüber nach, wo die Amerikaner inzwischen sein könnten; Deutschland hatte sich für sie verkleinert, es bestand nur noch aus Berlin. Von Berlin hatte sie nach langem Suchen eine Spezialkarte gefunden. Hier wurde der Krieg wieder zu Blut und Grauen für sie. Sie litt ihn mit, wenn sie die Bombardements markierte. Sie weinte, sie wütete, weil selbst Kinder dort in Uniformen gesteckt wurden und kämpften. Wie eine traurige Eule starrte sie aus großen, verschreckten Augen auf uns und begriff nicht mehr, daß ihr Berlin und ihre Berliner nicht aufgeben wollten und die Parasiten, die ihnen im Nacken saßen und sein Blut saugten, nicht verjagten.

»Für wie lange gehen Sie fort, Ross?« fragte sie mich.

»Ich weiß es nicht genau. Für zwei Wochen. Vielleicht auch für länger.«

»Ich werde Sie vermissen.«

»Ich Sie auch, Betty. Sie sind mein Schutzengel.«

»Ein Schutzengel, dem der Krebs im Bauche frißt.«

»Sie haben keinen Krebs, Betty.«

»Ich spüre ihn«, flüsterte sie. »Ich spüre, wie er nachts frißt. Ich höre ihn. Wie eine Seidenraupe, die Maulbeerlaub frißt. Ich muß dagegen anessen, sonst frißt er mich zu rasch auf. Ich esse fünfmal am Tage. Ich darf nicht dünner werden. Ich muß etwas zuzusetzen haben. Wie sehe ich aus?«

»Glänzend, Betty. Gesund.«

»Glauben Sie, daß ich es schaffen werde?«

»Was, Betty? Daß Sie zurückkommen nach Deutschland? Warum nicht?«

Betty sah mich mit ihren dunkel umrandeten, hungrigen Augen an. »Werden Sie uns reinlassen?«

»Die Deutschen?«

Betty nickte. »Es ist mir heute nacht eingefallen. Vielleicht nehmen sie uns an der Grenze gefangen und stecken uns in ein Konzentrationslager.«

»Das ist unmöglich. Dann sind sie doch besiegt und haben nichts mehr zu befehlen und anzuordnen. Die Amerikaner und Engländer und Russen sind dann da und befehlen.«

»Die Russen? Haben die nicht auch Konzentrationslager? Die werden dann doch in Berlin sein! Werden sie uns nicht in ihre Bergwerke in Sibirien schicken? Oder in Arbeitslager? So heißen doch die Lager, in denen man stirbt.«

Ihre Lippen zitterten. »Ich würde darüber jetzt nicht nachdenken, Betty«, sagte ich. »Warten Sie erst einmal, bis der

Krieg zu Ende ist. Dann werden wir sehen, was passiert. Vielleicht etwas ganz anderes, als wir heute denken.«

»Was?« fragte Betty ängstlich. »Meinen Sie, daß der Krieg weitergehen wird, wenn Berlin eingenommen ist? In den Alpen? In Berchtesgaden?«

Sie dachte nur an den Krieg im Verhältnis zu ihrem eigenen, rasch ablaufenden Leben. Ich merkte, wie sie mich beobachtete, und nahm mich zusammen; Kranke waren scharfsichtiger als Gesunde. »Sie denken, was Kahn denkt«, sagte sie klagend. »Daß die andern sich um Siege und Niederlagen sorgen und ich nur an den Olivaer Platz denke.«

»Warum sollen Sie das nicht, Betty? Sie haben genug mitgemacht. Sie können Ihre Gedanken jetzt ruhig auf den Olivaer Platz beschränken.«

»Ich weiß. Aber ...«

»Hören Sie nicht auf die andern, die Sie kritisieren. Emigranten sind jetzt weit vom Schuß, und viele verfallen in die Fehler der Gefangenenpsychosen. So brutal das klingt, es hat Ähnlichkeit mit Stammtisch-Politikern. Jeder weiß alles und alles noch besser. Bleiben Sie, wie Sie sind, Betty. Wir haben bereits den General Tannenbaum mit seiner Blutliste. Wir brauchen keine zwei von der Sorte.«

Regen klatschte an die Scheiben. Es wurde dunkel im Zimmer.

Betty kicherte plötzlich. »Dieser Tannenbaum! Er sagt, wenn er jemals Hitler im Film spielen müßte, würde er ihn wie einen schäbigen Heiratsschwindler spielen. So sähe er nämlich aus, mit der falschen Napoleonslocke und der Bürste unter der Nase. Ein Heiratsschwindler für ältere Damen!«

Ich nickte. Ich war dieser billigen Emigrantenwitze müde. Man tut etwas nicht mit Witzen ab, das eine Weltkatastrophe ausgelöst hat. »Tannenbaum ist unverwüstlich«, sagte ich. »Ein Mann von goldenem Humor!«

Ich stand auf. »Auf Wiedersehen, Betty. Ich bin bald wieder

da. Dann werden Sie den ganzen Spuk, den Ihnen Ihre reiche Phantasie jetzt vormacht, vergessen haben und wieder wie früher sein. Sie hätten Schriftstellerin werden sollen. Ich wollte, ich hätte die Hälfte Ihrer Phantasie!«

Sie nahm es als das, was es sein sollte, als ein Kompliment. Die armen, fragenden Augen belebten sich. »Das ist ein guter Gedanke, Ross! Aber worüber sollte ich wohl schreiben? Ich habe ja gar nichts erlebt.«

»Über Ihr Leben, Betty. Ihr volles Leben für uns alle.«

»Wissen Sie was, Ross? Das könnte ich wirklich einmal versuchen.«

»Tun Sie es.«

»Aber wer wird es lesen? Und wer wird es drucken? Das war es ja mit Moller! Er war verzweifelt, daß niemand in Amerika etwas von ihm drucken wollte. Deshalb hat er sich erhängt.«

»Das glaube ich nicht, Betty. Ich denke eher deshalb, weil er hier nicht schreiben konnte«, sagte ich rasch. »Das ist etwas ganz anderes als bei Ihnen! Moller konnte hier nicht schreiben, es fiel ihm nichts mehr ein. Im ersten Jahr noch, da war er noch voll Empörung und Protest. Aber dann wurde er still. Die Gefahr war vorüber, die Empörung wiederholte sich ohne neue persönliche Erfahrung, sie wurde zu einer rebellischen Langeweile und von da zu machtloser Resignation. Daß er sein Leben gerettet fand, genügte ihm nicht, wie den meisten von uns. Er wollte mehr, und daran zerbrach er.«

Betty hatte aufmerksam zugehört. Ihre Augen flatterten nicht mehr. »So wie Kahn?« fragte sie.

»Kahn? Was hat das mit Kahn zu tun?«

»Ich weiß nicht. Es fiel mir nur so ein.«

»Kahn ist kein Schriftsteller. Er ist das Gegenteil, ein Mann der Tat.«

»Eben«, erwiderte Betty zaghaft. »Aber vielleicht irre ich mich.«

»Sicher, Betty.«

Ich war nicht so sicher, als ich die dunklen Treppen hinabstieg. Im Flur begegnete ich Gräfenheim. »Wie ist sie?« fragte er.
»Schwierig«, sagte ich. »Geben Sie ihr Mittel?«
»Noch nicht. Sie wird sie früh genug brauchen.«
Ich ging die regennasse Straße entlang. In der Nähe von Kahns Laden bog ich ab. Ich hatte zur 57. Straße weitergehen wollen, aber jetzt wollte ich nachsehen, was er machte.
Ich fand ihn in seinem Laden. »Wann fahren Sie nach Hollywood?«
»In zwei Tagen.«
»Es kann sein, daß Sie Carmen dort auftauchen sehen.«
»Carmen?«
Kahn lachte. »Irgendein kleiner Assistent hat ihr einen Anfängerkontrakt gegeben. Für drei Monate. Hundert Dollar die Woche. Sie wird bald wieder hier sein. Sie ist ein Antitalent.«
»Wollte sie?«
»Nein. Sie ist zu bequem. Ich habe ihr zureden müssen.«
»Warum?«
»Damit sie nicht glaubt, etwas versäumt zu haben. Sie könnte es mir sonst ewig vorwerfen. So weiß sie es nach drei Monaten selbst. Stimmt's?«
Ich antwortete nicht. Er war nervös. »Stimmt es nicht?« fragte er noch einmal.
»Ich hoffe es. Sie ist sehr schön. Ich hätte es nicht riskiert.«
Er lachte wieder, etwas hektisch. »Warum nicht? In Hollywood gibt es Tausende wie sie. Und solche mit mehr Talent. Sie kann ja nicht einmal Englisch! Kümmern Sie sich etwas um sie, wenn sie ankommt.«
»Natürlich, Kahn. Soweit man sich um ein hübsches Mädchen kümmern kann.«
»Bei Carmen ist das einfach. Sie schläft meistens.«
»Ich werde es gern tun. Aber ich kenne ja selbst niemand. Vielleicht Tannenbaum, sonst niemand.«

»Dann essen Sie ab und zu mit Carmen. Und reden Sie ihr zu, nach New York zurückzufahren, wenn es soweit ist.«
»Gut. Was machen Sie, wenn sie weg ist?«
»Dasselbe wie immer.«
»Was?«
»Nichts. Ich verkaufe Radioapparate. Was kann ich sonst machen? Der Enthusiasmus, am Leben zu sein, ist wie Champagner. Wenn man ihn geöffnet hat, wird er bald abgestanden. Gut, daß fast niemand lange darüber nachdenkt. Viel Glück, Ross! Werden Sie kein Schauspieler! Sie sind schon einer!«

»Wenn du zurückkommst, wird dieses Wolkenkuckucksnest wieder das Heim eines melancholischen Homosexuellen sein«, sagte Natascha. »Er kommt in einer Woche. Ein Brief auf grauem Bütten, nach Jockeyklub duftend, hat es mir heute morgen angekündigt.«
»Von wo?«
»Interessiert dich das plötzlich?«
»Nein. Es war eine idiotische Frage, um meine Verwirrung zu verbergen.«
»Aus Mexiko. Auch dort ist eine große Liebe zu Ende gegangen.«
»Wieso auch dort?«
»Ist das wieder eine Frage, um deine Verwirrung zu verbergen?«
»Nein. Es ist eine Frage aus allgemeinem Interesse an menschlichen Entwicklungen.«
Sie stützte einen Arm auf und blickte in den Spiegel, so daß unsere Augen sich trafen. »Wie kommt es, daß wir viel mehr Interesse an Unglück haben als an Glück? Sind wir neidische Biester?«
»Das sicher. Aber außerdem ist Glück langweilig, Unglück nicht.«

Sie lachte. »Da ist was dran. Über Glück kann man höchstens fünf Minuten reden. Da ist nichts zu sagen, als daß man glücklich ist. Über Unglück kann man nächtelang sprechen. Stimmt das?«

»Es stimmt bei kleinerem Unglück«, sagte ich zögernd. »Nicht bei wirklichem.«

Sie sah mich immer noch an. Das Licht vom Wohnzimmer fiel schräg in ihre Augen und machte sie seltsam hell und durchsichtig. »Bist du sehr unglücklich, Robert?« fragte sie, und ihre Augen ließen mich nicht los.

»Nein«, erwiderte ich nach einer Weile.

»Gut, daß du nicht gesagt hast, du wärst glücklich. Meistens habe ich nichts gegen Lügen. Ich lüge selbst nicht schlecht. Aber manchmal kann ich es nicht ertragen.«

»Ich wünschte gerade sehr, daß ich glücklich wäre«, sagte ich.

»Du bist es nicht. Nicht so, wie andere Menschen glücklich sind.«

Wir sahen uns immer noch an. Es schien leichter, im Spiegel zu antworten, als wenn man sich direkt ansah. »Du hast mich neulich schon einmal so gefragt«, erwiderte ich.

»Damals hast du gelogen. Du dachtest, ich wollte dir eine Szene machen, und dem wolltest du aus dem Wege gehen. Ich wollte dir keine Szene machen.«

»Ich habe auch damals nicht gelogen«, sagte ich fast automatisch und bereute es gleich danach. Leider hatte ich im Leben einige Eigenschaften angenommen, die für meine Existenz wichtig waren, aber nicht für mein Privatleben – dazu gehörte es auch, nie eine Lüge einzugestehen. Es war ein gutes Prinzip im Kampf mit Behörden, aber nicht immer eines beim Umgang mit Geliebten, obschon es auch da mehr Vorteile als Nachteile hatte.

»Ich habe nicht gelogen«, sagte ich. »Ich habe mich nur ungeschickt ausgedrückt. Wir haben aus einem romantischeren

Jahrhundert eine Anzahl Begriffe übernommen, die viel differenzierter geworden sind. Dazu gehört auch wohl der Begriff Glück. Wie leicht war man früher glücklich! Und mit Glück meinte man das ganze Glück! Ich denke nicht an die Schriftsteller und Falschmünzer, die mit ihren geschickten Lügen ganze Epochen durcheinandergebracht haben – selbst sehr große waren wie hypnotisiert von der leuchtenden, unwirklichen Kugel, die mit Flittergold überzogen war: Glück, diese Panazee, dieses Allheilmittel für alle. Wer liebte, war glücklich, und wer glücklich war, der war rundum glücklich.«

Natascha ließ meine Augen los und streckte sich lang aus. »Ja, Professor«, murmelte sie. »Das ist sicher sehr gescheit, aber glaubst du nicht auch, das andere war einfacher?«

»Das war es wahrscheinlich.«

»Es kommt doch nur darauf an, was man glaubt. Was ist schon wahr? Was man fühlt, hat doch mit Wahrheit nichts zu tun.«

Ich lachte. »Natürlich nicht.«

»Ihr bringt alles durcheinander. Wie schön war das früher, als man zu einer Unwahrheit nicht Lüge sagte, sondern Phantasie, und als Gefühl nur nach Intensität beurteilt wurde und nicht nach moralischen Grundsätzen. Ich bin neugierig, wie du aus dem Schwindelnest Hollywood zurückkommst! Dort wird man dir die volltönenden Klischees nur so vor den Augen schwenken, als wären sie ein geplatztes Bett mit Federn.«

»Woher weißt du das? Warst du dort?«

»Ja«, sagte Natascha. »Zum Glück war ich nicht fotogen.«

»Du nicht fotogen?«

»Nein, was immer das heißt.«

»Wärst du sonst dort geblieben?«

Sie küßte mich. »Natürlich, mein deutscher Hamlet. Jede Frau, die etwas anderes sagt, lügt. Glaubst du, mein Beruf sei

etwas so Erhabenes, daß ich ihn nicht aufgeben könnte? Ach, diese fetten reichen Frauen, denen man vorschwindeln muß, Kleider für schlanke Personen paßten auch ihnen! Und diese dünnen Bestien, die sich nicht trauen, einen Geliebten zu haben, und die auch keinen finden können und dafür ihre Wut an Menschen auslassen, die sich nicht wehren können!«
»Ich wollte, du könntest mitkommen«, sagte ich.
»Das geht nicht. Die Wintersaison geht an. Und wir haben kein Geld.«
»Wirst du mich betrügen?«
»Natürlich«, sagte sie.
»Ist das natürlich?«
»Ich betrüge dich nicht, wenn du da bist.«
Ich sah sie an. Ich wußte nicht, ob sie meinte, was sie sagte.
»Wenn jemand nicht da ist, ist das, als käme er nie wieder«, sagte sie. »Nicht sofort, aber sehr bald.«
»Wie bald?«
»Wie soll ich das wissen? Laß mich nicht allein, und du brauchst mich nie zu fragen.«
»Das ist bequem«, sagte ich.
»Es ist einfacher«, erwiderte sie. »Wenn jemand da ist, braucht man keinen andern. Wenn er nicht da ist, ist man allein, und wer kann schon allein sein? Ich nicht.«
»Geht das so schnell?« fragte ich, nun doch etwas beunruhigt. »Man tauscht einfach einen gegen den andern aus?«
Sie lachte. »Natürlich nicht. So ist das nicht. Es ist nicht einer gegen den andern – es ist Nichtalleinsein gegen Alleinsein. Männer können vielleicht allein sein, Frauen nicht.«
»Du kannst nicht allein sein?«
»Nicht gut, Robert. Ich bin ein Efeu. Allein krieche ich auf dem Boden herum und verfaule.«
»Auch in zwei Wochen schon?«
»Wer weiß, wie lange du wegbleibst. Ich glaube nie an Daten. Besonders nicht an Daten von Rückkehr.«

»Das sind ja schöne Aussichten!«
Sie warf sich herum und küßte mich. »Möchtest du lieber eine Tränenliese, die ins Kloster geht?«
»Zum Hierbleiben nicht, zum Weggehen schon.«
»Man kann nicht alles haben.«
»Das ist der traurigste Satz, den es gibt.«
»Nicht der traurigste. Der weiseste.«
Ich wußte, daß wir spielten, doch es war ein Spiel, in dem die Pfeile nicht stumpf waren. Die Worte drangen weiter als nur unter die Haut. »Ich würde hierbleiben, wenn ich könnte«, sagte ich. »In dieser Zeit nach Hollywood zu gehen, scheint mir genau das Verkehrte. Aber ich würde in einer Woche nichts mehr zu essen haben, wenn ich nicht mitginge. Silvers würde einen anderen Assistenten engagieren.«
Ich haßte mich, weil ich das sagte. Ich hatte mich nicht auf Erklärungen einlassen wollen, ich wollte nicht in eine Situation solcher Abhängigkeit geraten, in der ich Erklärungen abgeben mußte wie ein Schlappschwanz von Ehemann. Sie war schlau, dachte ich erbittert, sie hatte den Schauplatz verlegt. Ich kämpfte nicht mehr auf ihrem Grunde, sondern auf meinem, und das bedeutete Gefahr. Ich hatte das einmal von einem Stierkämpfer gelernt. »Ich werde mich damit abfinden müssen«, sagte ich und lachte.
Es gefiel ihr nicht, aber sie antwortete nicht darauf. »Es ist Herbst«, sagte sie in dem schnellen Wechsel von Stimmungen, den ich an ihr kannte, »und im Herbst sollte man nicht mehr allein sein. Es ist ohnehin schwer genug, ihn zu bestehen.«
»Du hast bereits Winter, Natascha. Du bist immer eine Jahreszeit voraus, hast du mir erklärt, die Wintermode ist mit Schneestürmen in vollem Gange.«
»Du weißt auf alles eine Antwort«, erklärte sie feindselig. »Immer weißt du einen Ausweg.«
»Für etwas weiß ich keinen Ausweg«, sagte ich. »Für dich!«

Ihr Gesicht veränderte sich. »Ich wollte, du würdest nicht lügen.«
»Ich lüge nicht. Ich weiß wirklich keinen. Warum sollte ich auch?«
»Du bist immer voller Pläne. Du läßt dich nicht überraschen. Ich mich immer. Warum tust du es nicht?«
»Es ist mir immer schlecht bekommen. Nur bei dir nicht. Du bist eine Überraschung, die nie zur Gewohnheit wird.«
»Bleibst du heute nacht hier?«
»Ich bleibe hier, bis ich zum Bahnhof rennen muß.«
»Das brauchst du nicht. Du kannst ein Taxi nehmen.«
Wir schliefen wenig in dieser Nacht. Wir erwachten und liebten uns und schliefen ein, dicht aneinandergepreßt, und wachten auf und sprachen und liebten uns wieder oder fühlten nur unsere Wärme und das Geheimnis der Haut, die vereinigt und doch auf immer trennt. Wir ermatteten im Versuch, sie zu besiegen, wir stießen Rufe aus, wie man sie Pferden zuruft, um sie zu größerer Anstrengung anzufeuern, sinnlos, aus unterbewußten Quellen plötzlich aufspringend, wir haßten uns und liebten uns, wir schrien wie die Fuhrknechte miteinander, um tiefer in uns hineinzudringen, um unser Gehirn auszuleeren von allen künstlich aufgerichteten Grenzen, um näher heranzukommen an das Geheimnis des Windes, des Meeres und der Tiere, wir überschütteten uns mit dem Jargon der Huren und den Zärtlichkeiten der Liebenden, wir ermüdeten und wurden stiller, wir warteten auf die tiefe, braune und goldene Stille der letzten Entspanntheit, wenn selbst Worte zuviel der Mühe sind und man sie ohnehin nicht braucht – sie liegen fern, verstreut wie Steine nach einem starken Regen –, wir warteten, und sie kam und sie war bei uns und wir fühlten sie: diese Stille, in der man nur noch Atem ist, nicht heftiger Atem, sondern leisester, der die Lungen kaum noch bewegt. Wir warteten darauf, wir sanken hinein, und Natascha sank hindurch in den Schlaf. Ich aber

sah sie an, und es dauerte lange, bis auch ich schlief. Ich sah sie an mit der geheimen Neugierde, die ich immer schon bei Schlafenden hatte, als wüßte sie etwas, was mir für immer verborgen war. Ich sah ihr gelöstes Gesicht mit den langen Wimpern, das mir durch die Schattenmagie des Schlafes entrückt war und nichts mehr von mir wußte, für das alle Schwüre, Schreie, Entzückungen der Stunde vorher nicht mehr existierten, für das auch ich nicht mehr da war, neben dem ich sterben konnte, ohne daß es etwas von mir wußte, ich sah es gierig und voll eines leisen Grauens an, diesen fremden Menschen neben mir, der nun schon das Nächste war, das ich hatte, und ich begriff plötzlich, daß man nur die Toten ganz hat, weil sie nie entfliehen können. Alles andere pulsierte und wechselte und trennte sich und verschob sich und war schon nicht mehr das gleiche, wenn es auftauchte. Die Toten allein waren treu. Das war ihre Macht.
Ich horchte auf den Wind, der in dieser Höhe fast immer um die Häuser strich. Ich fürchtete mich einzuschlafen, ich scheuchte die Vergangenheit weg und betrachtete das Gesicht Nataschas, das jetzt zwischen den Brauen eine schmale Falte zeigte. Ich betrachtete es, und mir schien eine kurze Zeit, daß ich nahe daran war, etwas zu entdecken, das wie ein unbekannter und sanft beglänzter Raum war, von dem ich nichts geahnt hatte. Ich fühlte ein sehr ruhiges ekstatisches Entzükken, dessen stärkste Empfindung Weite war. Ich näherte mich vorsichtig und atemlos, und in dem Augenblick, in dem ich die letzte Bewegung machte, wußte ich es nicht mehr und war eingeschlafen.

XXIV.

Der Garden of Allah hatte ein Schwimmbassin und eine Anzahl kleiner Häuschen, die man mieten konnte. Man hauste darin allein oder zu zweien oder mehreren. Ich wurde in eines einquartiert, das ein Schauspieler bewohnte. Jeder von uns hatte sein Zimmer, und wir besaßen zusammen ein Badezimmer. Das Ganze hatte etwas von einem bequemen Zigeunerlager an sich. Ich war überrascht und fühlte mich sofort wohl. Der Schauspieler lud mich am ersten Abend zu sich ein. Es gab Whisky und kalifornischen Wein, und nach und nach kamen Bekannte des Schauspielers dazu. Es war ziemlich ungezwungen, und wer Lust hatte zu baden, der sprang in das grünblau erleuchtete Schwimmbassin und kühlte sich ab. Ich trat auf in meiner Rolle als früherer Assistent im Louvre. Da ich nicht wußte, wie weit geklatscht werden konnte, hielt ich es für besser, auch privat dabei zu bleiben, schließlich hatte mich ja Silvers deswegen engagiert.

Ich hatte in den ersten Tagen nichts zu tun. Die Bilder, die Silvers von New York geschickt hatte, waren noch nicht angekommen. Ich trieb mich im Garden of Allah herum, fuhr mit John Scott, dem Schauspieler, ans Meer und ließ mich von ihm über das Leben in Hollywood belehren. Ich hatte schon in New York wieder und wieder das Gefühl von Unwirklichkeit gehabt, weil dieses riesige Land einen Krieg führte, von dem es nichts sah und der eine halbe Welt von ihm entfernt vor sich ging – hier in Hollywood wurde er ganz und gar literarisch. Es gab hier Obersten und Kapitäne in Massen, die in Uniform umherstolzierten, aber nichts von Krieg wußten. Es waren Film-Obersten, Film-Hauptleute, Film-Regisseure und Film-Produzenten, die von einem Tag zum anderen zu Obersten ernannt worden waren für irgend etwas, das irgendwie mit Kriegsfilmen zu tun hatte, und die vom Militärwesen nicht viel mehr wußten, als daß man die Mütze nicht abnahm, wenn man grüßte. Der Krieg hatte sich hier zu einer Art Wildwest umgewandelt, und man hatte das Gefühl, daß die Komparsen eines Films ihre Uniformen auch abends trugen. Wirklichkeit und Schein vermischten sich hier so vollkommen, daß sie zu einer neuen Substanz wurden – so wie Kupfer und Zink zu Messing, das aussah wie Gold. Es hatte nichts damit zu tun, daß Hollywood voll war von großen Musikern, Dichtern und Philosophen, ebenso war es voll von Schwärmern, von Sektierern und Schwindlern. Alle nahm es auf, und wer sich nicht beizeiten rettete, verlor seine Identität, er mochte es glauben oder nicht. Das abgegriffene Wort vom Verkauf der Seele an den Teufel galt hier wirklich. Aber es war immer nur Kupfer und Zink, was hier zu Messing wurde und worüber stimmungsvolle Klagen angestimmt wurden.

Wir saßen im Sand am Strand von Santa Monica. Vor uns rollten die graugrünen Wellen des Stillen Ozeans. Neben uns schrien Kinder. Hinter uns wurden in einer Holzbude Hummer gekocht. Angehende Filmkomparsen stolzierten vorüber und hofften auf Entdeckung durch einen Talentscout oder einen kommenden Regieassistenten. Die Kellnerinnen in den Lokalen warteten alle auf ihren großen Augenblick: sie verbrauchten Schminke, Lippenstifte und enge Hosen oder kurze Röcke ohne Zahl. Über allem hing wie über einem Lotteriesaal die Erwartung des großen Treffers: für den Film entdeckt zu werden.

»Tannenbaum?« sagte ich zweifelnd und starrte auf ein Wesen in einer großkarierten Jacke, das dunkel vor der Sonne auftauchte und den Horizont unterbrach.

»Persönlich«, erwiderte der Darsteller der Nazi-Rollen würdig. »Sie wohnen im Garden of Allah, wie?«
»Woher wissen Sie das?«
»Es ist die Heimat der Emigranten-Schauspieler.«
»Verdammt! Ich dachte, ich würde endlich einmal entkommen. Wohnen Sie auch da?«
»Ich bin heute mittag eingezogen.«
»Heute mittag! Also vor zwei Stunden. Und jetzt tummeln Sie sich bereits ohne Krawatte, in einem schreiendroten seidenen Halstuch, orangefarbenen Haaren und gelbkarierter Sportjacke am Stillen Ozean? Alle Achtung!«
»Man muß schnell sein. Ich sehe, Sie sind mit Scott hier.«
»Sie kennen Scott bereits?«
»Natürlich. Ich war schon zweimal hier. Einmal als Scharführer, das andere Mal als Sturmscharführer.«
»Ihre Karriere geht steil aufwärts. Jetzt sind Sie Sturmbannführer?«
»Gruppenführer.«
»Drehen Sie schon?« fragte Scott.
»Noch nicht. Wir fangen nächste Woche an. Jetzt haben wir Kostümproben.«
Kostümproben, dachte ich. Das, woran ich nicht zu denken wagte und was ich aus meinen Träumen zu verbannen suchte, war hier bereits Spiel geworden. Ich starrte Tannenbaum an und hatte plötzlich einen Augenblick ungeheurer Befreiung. Ich sah die Unruhe des silbergrauen Ozeans, das Gewoge aus Quecksilber und Blei, das den Horizont bedrängte, und den lächerlichen Mann davor, für den sich die Katastrophe der Welt bereits zu Kostümproben, Schminke und in ein Libretto verwandelt hatte, und mir war, als zerrisse eine schwere Wolkendecke über mir. Vielleicht, dachte ich, vielleicht gibt es das, daß man es nicht mehr ernst nimmt! Selbst wenn es nicht zur Kostümprobe und zum Film reicht, aber vielleicht kann es so werden, daß es nicht mehr wie ein

riesiger Gletscher über einem hängt, darauf wartend, einen in seinem Eis zu begraben!
»Wann sind Sie drüben weggegangen, Tannenbaum?« fragte ich.
»Vierunddreißig.«
Ich wollte weiterfragen, aber ich besann mich. Ich wollte wissen, ob er Verluste erlitten hatte, Verwandte, die nicht mehr herausgekommen oder die ermordet waren – es war wahrscheinlich, aber man konnte nicht danach fragen. Ich hätte es auch nur hören wollen, um festzustellen, ob das bereits so weit hinter ihm lag, daß er ohne Krisis Leute darstellen konnte, die diese Mörder gewesen waren. Es war nicht notwendig. Die Tatsache, daß er sie darstellte, war Antwort genug.
»Es war schön, Sie zu treffen, Tannenbaum«, sagte ich.
Er schielte mich argwöhnisch an. »Unser Verhältnis war nicht gerade so, daß wir uns Komplimente machen müssen«, sagte er.
»Ich meine es wirklich so«, erklärte ich.

Silvers entfaltete eine geheimnisvolle Tätigkeit, die zu nichts führte. Nach einigen Tagen gab er es auf und schritt zum direkten Angriff. Er rief Produzenten und Regisseure an, die er durch andere Käufer irgendwann einmal kennengelernt hatte, und lud sie ein, seine Bilder anzusehen. Aber das übliche passierte: Leute, die ihn in New York nahezu mit Tränen in den Augen gebeten hatten, sie zu besuchen, wenn er einmal in Los Angeles sei, hatten plötzlich Mühe, sich seiner zu erinnern, und wenn er sie bat, seine Bilder anzusehen, hatten sie keine Zeit.
»Der Teufel soll diese Barbaren holen«, knurrte er nach der ersten Woche. »Wenn es nicht anders wird, fahren wir nach New York zurück. Welche Leute wohnen im Garden of Allah?«

»Keine Kunden«, erwiderte ich. »Höchstens für kleinere Zeichnungen oder Lithographien.«
»In der Not frißt der Satan Fliegen. Wir haben doch zwei kleine Degas-Zeichnungen hier und zwei Kohlezeichnungen von Picasso. Nehmen Sie die Bilder mit, und hängen Sie sie in Ihr Zimmer. Geben Sie eine Cocktailparty.«
»Privat oder auf Spesenkonto?«
»Natürlich auf Spesen. Haben Sie nichts im Kopf als Geld?«
»Ich habe es nicht in den Taschen, deshalb habe ich es oft im Kopf.«
Silvers winkte ab. Ihm war nicht nach Bonmots zumute. »Versuchen Sie es mal dort. Vielleicht fangen Sie einen Schellfisch, wenn schon keine Hechte zu haben sind.«
Ich lud Scott, Tannenbaum und ein paar Bekannte von ihnen ein. Der Garden of Allah war berühmt für seine Cocktailpartys. Scott erzählte mir, daß sie manchmal bis zum Morgen dauerten. Zur Vorsicht und aus Ironie lud ich Silvers auch ein. Er sagte befremdet und hochfahrend ab. Dergleichen war für kleine Leute und unter seiner Würde.
Die Party begann verheißungsvoll, es kamen zehn Leute mehr, als eingeladen waren, um zehn Uhr abends waren es mindestens zwanzig mehr. Mein Alkohol war zu Ende, und wir zogen um in einen der Bungalows. Ein weißhaariger, rotgesichtiger Mann, der Eddy genannt wurde, bestellte Butterbrote, Hamburger und Berge von Würstchen. Um elf Uhr war ich mit einem Dutzend fremder Leute so weit, daß wir uns beim Vornamen nannten – dafür war es eigentlich schon reichlich spät. Im allgemeinen passierte das auf den Partys viel früher. Um Mitternacht fielen einige Leute in das Schwimmbassin, andere wurden hineingestoßen. Das galt als ein anspruchsvoller Scherz. Einige Mädchen schwammen in Büstenhalter und Höschen in dem blaugrün erleuchteten Bassin umher. Sie waren sehr jung und hübsch, und das Ganze wirkte eher unschuldig. Über all dem Lärm lag eine sonder-

bare Sterilität. Zu einer Stunde, in der man in Europa längst in den Betten gelegen hätte, stand man hier um ein Klavier herum und sang sentimentale Cowboylieder.
Ich verlor langsam die Übersicht. Die Welt um mich begann zu taumeln, und ich ließ es geschehen. Ich wollte nicht nüchtern bleiben. Ich haßte die Nächte, in denen man allein aufwachte und nicht wußte, wo man war; sie lagen zu dicht bei den Träumen, die nicht abzuschütteln waren. Langsam versank ich in eine schwere, nicht unangenehme Trunkenheit, aus der hier und da braune und goldene Lichter blitzten. Ich wußte am anderen Morgen nicht mehr, wie ich auf mein Zimmer gekommen war.
Scott klärte mich auf. »Sie haben die beiden Zeichnungen, die hier hingen, verkauft, Robert«, sagte er. »Gehörten die Ihnen?«
Ich sah mich um. Mein Kopf dröhnte. Die beiden Degas-Zeichnungen waren fort. »An wen habe ich sie verkauft?« fragte ich.
»An Holt, glaube ich. Den Regisseur, der Tannenbaums Film macht.«
»Holt? Ich habe keine Ahnung. Gott, muß ich betrunken gewesen sein!«
»Wir hatten alle zuviel. Es war eine herrliche Party! Sie waren großartig, Robert!«
Ich blickte mißtrauisch auf. »Habe ich mich wie ein blöder Affe aufgeführt?«
»Nein, das war Jimmy. Er heult immer, wenn er trinkt. Sie waren in Ordnung. Waren Sie denn schon blau, als Sie die Zeichnungen verkauften? Man hat es Ihnen nicht angesehen.«
»Ich muß es gewesen sein. Ich weiß nichts mehr davon.«
»Auch nicht von dem Scheck?«
»Was für einen Scheck?«
»Holt hat Ihnen doch gleich einen Scheck gegeben.«

Ich stand auf und suchte in meinen Taschen nach. Ich fand tatsächlich den zusammengefalteten Scheck. Ich starrte darauf. »Holt war ganz hin«, sagte Scott. »Sie haben fabelhaft über Kunst gesprochen. Er hat die Bilder gleich mitgenommen, so angetan war er.« Ich hielt den Scheck gegen das Licht. Dann lachte ich. Ich hatte die beiden Zeichnungen fünfhundert Dollar höher verkauft, als Silvers sie ausgezeichnet hatte. »So was!« sagte ich zu Scott. »Ich habe die Bilder zu billig verkauft.«

»Wirklich? Das ist eine verfluchte Geschichte. Ich glaube nicht, daß Holt sie wieder herausgibt.«

»Macht nichts«, sagte ich. »Geschieht mir recht.«

»Ist das unangenehm für Sie?«

»Nicht sehr. Strafe muß sein. Habe ich auch die beiden Picassos verkauft?«

»Was?«

»Die beiden anderen Zeichnungen.«

»Davon weiß ich nichts. Wie wäre es mit einem Sprung in das Schwimmbassin? Sehr gut gegen Kater.«

»Ich habe keine Badehose.«

Scott brachte vier aus seinem Zimmer. »Suchen Sie sich eine aus. Wollen Sie frühstücken oder zu Mittag essen? Es ist ein Uhr.«

Ich stand auf. Ein Bild des Friedens empfing mich draußen. Das Wasser leuchtete; einige Mädchen schwammen im Swimming-pool herum, bequem gekleidete Männer saßen in Lehnstühlen, lasen die Zeitungen, tranken Orangensaft oder Whisky und unterhielten sich lässig. Ich erkannte den weißhaarigen Mann, bei dem ich abends gewesen war. Er winkte mir zu. Drei andere, an die ich mich nicht erinnerte, winkten ebenfalls. Ich hatte plötzlich eine Schar von gutartigen Freunden, ohne sie zu kennen. Alkohol war ein einfacherer Vermittler als Geist, und das Leben schien keine Probleme zu haben, der Himmel war ohne Wolken, und dieser Fleck war ein Paradies, herausgehoben aus störenden Beziehungen und der schwarzen Gewitternacht Europas. Es war eine Illusion des ersten Eindrucks. Ohne Zweifel herrschten auch hier die Schlangen und nicht die Schmetterlinge. Aber schon eine Illusion war etwas so Unerhörtes, als wäre man plötzlich nach Tahiti in ein Südsee-Idyll versetzt, und alles, was man zu tun brauchte, wäre, die Vergangenheit und sein eigenes, angewachsenes, mörderisches Selbst zu vergessen und zu seinem Ur-Selbst zurückzufinden, jenseits der Erfahrung und dem Unrat der Jahre. Vielleicht, dachte ich, als ich in das blaugrüne Wasser sprang, folgte einem diesmal wirklich nichts nach, und man konnte neu beginnen, statt die Verpflichtungen zur Rache weiter wie einen Tornister voll mit Blei mit sich zu schleppen.

Silvers' Ärger verflog, als ich ihm den Scheck überreichte. »Sie hätten tausend Dollar mehr verlangen sollen«, erklärte er.
»Ich habe fünfhundert Dollar mehr verlangt, als Sie angegeben haben. Wenn Sie wollen, kann ich den Scheck zurückgeben und Ihnen die Zeichnungen wieder bringen.«
»Das tut ein Silvers nicht. Verkauft ist verkauft! Auch mit Schaden.«
Er räkelte sich in einem hellblauen Ledersofa unter einem Fenster, von dem man in den Swimming-pool des Hotels hinuntersah. »Ich hatte Angebote für die Picasso-Zeichnungen«, erwiderte ich. »Aber es schien besser zu sein, Sie verkaufen sie selbst. Ich möchte Sie nicht dadurch bankrott machen, daß ich Ihre Ziffern falsch interpretiere.«
Er lächelte plötzlich. »Sie haben keinen Sinn für Humor, lieber Ross. Verkaufen Sie die Zeichnungen nur. Verstehen Sie nicht, daß da etwas professionelle Eifersucht mitspielt? Sie haben hier schon etwas verkauft, und ich noch nicht«
Ich betrachtete ihn. Er war bereits kalifornischer gekleidet als

Tannenbaum, und das wollte etwas heißen. Silvers trug natürlich ein englisches Sportjackett, während Tannenbaum eines von der Stange anhatte. Dafür waren Silvers' Schuhe zu gelb und sein seidenes Halstuch zu üppig und von einer falschen Art von Zinnoberrot. Ich wußte, worauf das Gespräch hinausging – er wollte mir keine Provision zahlen für den Verkauf. Ich hatte auch keine erwartet. Es wunderte mich deshalb auch nicht, als er mir empfahl, ihm die Rechnung für die Cocktailparty bald einzureichen.

Nachmittags kam Tannenbaum, um mich abzuholen. »Sie haben Holt versprochen, heute ins Studio zu kommen«, sagte er.

»Keine Ahnung«, erwiderte ich. »Was habe ich nur alles geredet?«

»Sie waren in glänzender Laune. Außerdem haben Sie Holt zwei Bilder verkauft. Sie wollten ihm sagen, wie er sie rahmen muß.«

»Sie sind doch gerahmt.«

»Sie haben ihm gesagt, die Rahmen wären Geschäftsrahmen. Er solle statt derer alte aus dem 18. Jahrhundert kaufen, das mache die Bilder dreimal so wertvoll. Kommen Sie mit. Schauen Sie sich doch einmal ein Studio an.«

»Gut.«

Mein Kopf war immer noch ziemlich wüst. Ich ging mit, ohne viel zu denken. Tannenbaum fuhr einen alten Chevrolet. »Wo haben Sie fahren gelernt?« fragte ich.

»In Kalifornien. Hier braucht man einen Wagen. Die Entfernungen sind zu groß. Sie können einen gebrauchten für wenige Dollar kaufen.«

»Wenige hundert Dollar meinen Sie, wie?«

Tannenbaum nickte. Wir fuhren durch ein spanisches Tor, vor dem Polizisten standen. »Ist das hier ein Gefängnis?« fragte ich, als der Wagen angehalten wurde.

»Unsinn. Das ist die Studio-Polizei. Sie ist hier, damit die

Ateliers nicht von Neugierigen und Stellungssuchern überschwemmt werden.«

Wir fuhren an einem Goldgräberdorf vorbei. Dann an einer Straße mit Wildwestkneipen. Ihnen folgte eine Tanzhalle. Es war sonderbar, alle diese Attrappen vor dem blauen Himmel zu sehen. Sie wirkten, da die meisten nur aus den Fassaden der Häuser bestanden, als wären sie in einem sehr ordentlichen und methodischen Krieg sauber zerschossen und ausgebombt worden.

»Das sind die Plätze für die Außenaufnahmen«, erklärte Tannenbaum. »Hier werden Hunderte von Cowboy- und Wildwestfilmen gedreht, immer mit derselben Handlung. Manchmal wechseln nicht einmal die Schauspieler. Niemand merkt es.«

Wir hielten an einer riesigen Halle. ›Studio 5‹ war mit schwarzen Lettern überall darauf gepinselt. Über der Tür brannte eine rote Lampe.

»Wir müssen einen Augenblick warten«, sagte Tannenbaum. »Es wird gerade gedreht. Wie gefällt Ihnen dies alles?«

»Gut«, erwiderte ich. »Es erinnert etwas an Zirkus und Zigeuner.« Ich sah vor Studio 4 ein paar Cowboys herumstehen und Männer und Frauen in der Tracht der Puritanerzeit, mit langen Kleidern, Gehröcken, Bärten und Schlapphüten. Sie waren fast alle geschminkt, was sich im Sonnenlicht merkwürdig ausnahm. Es gab auch Pferde und einen Sheriff, der Coca-Cola trank.

Das rote Licht über Studio 5 erlosch, und wir traten ein. Im ersten Augenblick konnte ich nach der Helligkeit draußen nichts erkennen. Dann erstarrte ich. Etwa zwanzig SS-Leute kamen auf mich zu. Ohne nachzudenken machte ich kehrt, um zu fliehen, und stieß gegen Tannenbaum, der hinter mir herkam. »Film«, sagte Tannenbaum. »Ziemlich echt, wie?«

»Was?«

»Gut gemacht, meine ich.«
»Ja«, erwiderte ich mühsam und wußte einen Moment lang nicht, ob ich ihm ins Gesicht schlagen sollte oder nicht. Über die Köpfe der SS-Leute hinweg sah ich im Hintergrund einen Wachtturm und daneben einen Stacheldrahtzaun. Ich merkte, daß ich hoch pfeifend atmete.
»Was ist los?« fragte Tannenbaum. »Hat es Sie erschreckt? Aber Sie wußten doch. daß ich in einem Antinazifilm auftrete.«
Ich nickte und versuchte mich zu beruhigen. »Ich hatte es vergessen«, sagte ich. »Nach gestern abend. Mein Kopf ist noch nicht ganz klar. Da kann so was passieren.«
»Natürlich, natürlich! Ich hätte Sie erinnern sollen.«
»Wozu?« sagte ich, immer noch stockend. »Wir sind ja in Kalifornien. Es war nur der erste Augenblick.«
»Klar, klar. Würde mir auch so gehen. Ist mir das erstemal sogar auch passiert. Inzwischen habe ich mich natürlich daran gewöhnt.«
»Was?«
»Man gewöhnt sich daran, meine ich«, sagte Tannenbaum.
»Wirklich?« fragte ich.
»O ja!«
Ich drehte mich wieder um und betrachtete die verhaßten Uniformen. Ich merkte, daß ich mich fast erbrechen mußte. Eine sinnlose Wut erfüllte mich, die ins Leere ging. Da war nichts, um sie irgendwie auszulassen. Diese SS-Männer sprachen englisch, merkte ich jetzt. Trotzdem blieb der Schock. Die Wut zerplatzte, die hochgeschossene Angst zerflatterte, aber sie verließen mich, als hätte ich einen schweren Krampf überstanden. Alle meine Muskeln schmerzten noch.
»Da ist Holt«, rief Tannenbaum.
»Ja«, sagte ich und starrte auf den Drahtzaun des Konzentrationslagers.
»Hallo, Robert.« Holt trug eine Jägermütze und Gamaschen.

Ich hätte mich nicht gewundert, wenn er ein Hakenkreuz auf der Brust getragen hätte. Oder einen gelben Davidstern.
»Ich wußte nicht, daß Sie schon angefangen haben zu drehen«, sagte Tannenbaum.
»Nur zwei Stunden, seit heute mittag. Wir sind jetzt fertig. Wie wäre es mit einem Scotch, Robert?«
Ich hob die Hand. »Noch nicht, nach gestern.«
»Gerade deshalb. Man muß den Teufel mit Beelzebub erschlagen, das ist das beste.«
»Wirklich?« fragte ich wie abwesend.
»Ein altes Rezept!« Holt schlug mir auf die Schulter.
»Vielleicht«, sagte ich. »Gut sogar!«
»So ist es recht.«
Wir gingen hinaus, an ein paar schwatzenden SS-Leuten vorbei. Kostümierte Schauspieler, dachte ich und begriff es immer noch nicht ganz. Ich gab mir einen Ruck. »Der Mann dort trägt eine falsche Mütze«, sagte ich und zeigte auf einen Scharführer.
»Wirklich?« fragte Holt erregt. »Sind Sie sicher?«
»Ja, ich bin sicher. Leider.«
»Das müssen wir sofort kontrollieren«, sagte Holt zu einem jungen Mann mit grünen Brillengläsern. »Wo ist der Kostümberater?«
»Ich werde ihn suchen.«
Kostümberater, dachte ich. Drüben morden sie noch, hier sind sie bereits Komparsen geworden. Aber war es nicht immer, in all den elf, zwölf blutigen Jahren, ein Aufstand der Komparsen gewesen, die sich endlich einmal als Helden gebärden wollten und nichts weiter wurden als eine Bande vulgärer Schlächter? »Wen haben Sie als Berater?« fragte ich. »Einen echten Nazi?«
»Das weiß ich nicht genau«, erwiderte Holt. »Auf jeden Fall ist er ein Fachmann. Verdammt, wenn wir wegen einer lausigen Mütze die ganze Szene noch einmal drehen müssen!«

Wir gingen in die Kantine. Holt bestellte Whisky und Soda. Ich wunderte mich nicht darüber, wie hübsch und gepflegt die Kellnerinnen waren. Wahrscheinlich lauerten sie alle darauf, entdeckt zu werden. »Ich muß Sie noch etwas fragen wegen der Degas-Zeichnungen«, sagte Holt nach einer Weile. »Sie sind doch echt, nicht wahr? Nehmen Sie es nicht übel, aber man hat mir gesagt, es gäbe einen Haufen falsche.«
»Da ist nichts übelzunehmen, Joe. Sie haben das Recht, das genau zu wissen. Die Zeichnungen tragen keine eigenhändige Unterschrift, sondern einen roten Stempel mit dem Namen Degas. Das ist es doch, was Sie stört, wie?«
Holt nickte. »Der Stempel ist der Atelierstempel. Die Zeichnungen stammen aus dem Nachlaß von Degas und sind nach seinem Tode gestempelt worden. Es gibt Bücher mit Abbildungen darüber. Herr Silvers, der mit mir hier ist, hat sie bei sich und wird sie Ihnen gerne zeigen. Warum besuchen Sie ihn nicht? Sind Sie hier fertig?«
»In einer Stunde. Aber ich glaube Ihnen, Robert.«
»Ich glaube mir selbst oft nicht, Joe. Wollen wir uns um sechs im Beverly-Hills-Hotel treffen? Dann können Sie sich selbst überzeugen. Silvers wird Ihnen außerdem eine Kaufbestätigung mit Garantie geben. Das gehört sich ja so.«
»Gut.«

Silvers empfing uns auf seinem hellblauen Sofa. Es war ihm nicht anzumerken, daß sein Besuch in Hollywood bis jetzt eine große Pleite gewesen war. Er zeigte sich sehr überlegen und ließ mich eine Bestätigung der Nachlaßauktion ausfertigen, eine Garantie und eine Fotografie der beiden Zeichnungen fügte er bei. »Sie haben die beiden Stücke fast geschenkt bekommen«, erklärte er großspurig. »Herr Ross, mein Assistent vom Louvre, hat mit dem Verkauf eigentlich nichts zu tun. Er hat deshalb von mir meine Einkaufspreise genannt bekommen. Dadurch ist ein Versehen passiert. Er hat nicht gewußt, daß das nicht die Verkaufspreise waren, sondern hat Ihnen die Bilder zu dem Preis verkauft, den sie mich selbst vor einem Jahr gekostet haben. Wenn ich sie heute wieder kaufen wollte, müßte ich mindestens fünfzig Prozent mehr bezahlen.«

»Wollen Sie den Kauf rückgängig machen?« fragte Holt.

Silvers winkte ab. »Verkauft ist verkauft. Ich wollte Ihnen nur gratulieren. Sie haben glänzend gekauft.«

Silvers wurde freundlicher und bestellte Kaffee und Kognak. »Ich mache Ihnen einen Vorschlag«, sagte er. »Ich kaufe Ihnen die beiden Zeichnungen mit zwanzig Prozent Nutzen wieder ab, wenn Sie wollen. Sofort.« Er griff an seine Jackett-Tasche, als wolle er einen Scheck hervorholen.

Ich wartete gespannt, wie Holt auf diesen Bauernfängertrick reagieren würde. Er reagierte richtig. Er erklärte, die Bilder gekauft zu haben, weil sie ihm gefielen. Er wolle sie behalten. Im Gegenteil, er wolle die Option, die ich ihm nachts auf die beiden Picassos gegeben hatte, ausführen und sie ebenfalls kaufen.

Ich blickte ihn erstaunt an; ich erinnerte mich an keine Option und glaubte, das Glitzern der Geschäftsgier in Holts Augen zu entdecken. Er hatte schnell geschaltet.

»Eine Option?« fragte Silvers mich. »Haben Sie eine gegeben?«

Ich schaltete ebenfalls schnell. Ich wußte nichts davon. Holt schwindelte wahrscheinlich. Hoffentlich wußte er die Preise nicht mehr allzu genau. »Es stimmt«, sagte ich. »Eine Option. Bis heute abend.«

»Für wieviel?«

»Sechstausend Dollar.«

»Für eine?« fragte Silvers.

»Für beide«, antwortete Holt.

»Stimmt das?« fragte Silvers scharf.

Ich ließ den Kopf hängen. Es waren zweitausend Dollar

mehr, als Silvers für beide Zeichnungen angesetzt hatte. »Es stimmt«, sagte ich.
»Sie ruinieren mich, Herr Ross«, sagte Silvers überraschend milde.
»Wir haben sehr viel getrunken«, erklärte ich. »Ich bin das nicht so gewohnt.«
Holt lachte. »Ich habe beim Trinken einmal zwölftausend Dollar im Backgammon verloren«, erklärte er. »War eine gute Lehre.«
Silvers' Augen hatten bei den Worten »Zwölftausend Dollar« ein ähnliches kurzes Leuchten bekommen wie die von Holt. »Lassen Sie es sich auch eine Lehre sein, Ross«, sagte er. »Sie sind nun einmal ein Gelehrter und kein Geschäftsmann. Ihr Reich sind die Museen!«
Ich zuckte einen Moment zusammen. »Mag sein«, sagte ich dann und blickte in den Abend, in dessen weitem Blau sich die letzten weißen Tennisspieler tummelten. Der Swimming-pool war leer, dafür tranken Leute an kleinen runden Tischen Erfrischungsgetränke, und aus der Bar nebenan kam gedämpfte Musik. Ich hatte plötzlich eine so zerstörerische Sehnsucht nach Natascha, meiner Kindheit, nach längst vergessenen Jugendträumen und nach meinem verlorenen Leben, daß ich glaubte, es nicht mehr ertragen zu können. Verzweifelt erkannte ich, daß ich mich nie mehr befreien konnte und den finstern Rest nach den finstern Gesetzen der Sinnlosigkeit weiter zerstören mußte. Es gab keine Rettung, fühlte ich, und alles, was ich erhoffen konnte, war diese Oase der Windstille, die sich mir geöffnet hatte, während draußen der Bergrutsch der Katastrophe weiterging. Ich wollte sie schmerzlich genießen und spüren, mit allen Sinnen, denn sie war ein kurzes Geschenk, und mit grausamer Ironie würde sie zu Ende sein, wenn die Welt anfangen sollte, aufzuatmen und sich zur Siegesfeier des Friedens zu rüsten. Dann würde mein eigener einsamer Feldzug

beginnen, der nur ins Verderben führen und dem ich nicht entgehen konnte.

»Also gut, Herr Holt«, sagte Silvers und steckte den zweiten Scheck achtlos ein. »Lassen Sie sich noch einmal gratulieren! Sie haben einen hübschen Anfang zu einer feinen Sammlung gemacht. Vier Zeichnungen von zwei großen Meistern! Gelegentlich zeige ich Ihnen einmal einige Pastelle von Picasso. Jetzt habe ich keine Zeit mehr. Ich bin zum Essen eingeladen. Es hat sich schon herumgesprochen, daß ich angekommen bin. Oder, wenn wir hier nicht dazu kommen, dann vielleicht einmal in New York.«

Ich klatschte ihm lautlos Beifall, ohne meine Hände zu rühren. Ich wußte, daß er keine Verabredung zum Essen hatte. Aber ich wußte auch, daß Holt erwartete, Silvers würde jetzt versuchen, ihm ein größeres Bild anzudrehen. Auch Silvers wußte das, und darum verzichtete er darauf. Das wiederum überzeugte Holt davon, ein gutes Geschäft gemacht zu haben. Er war, nach Silvers' Ausdruck, jetzt reif.

»Kopf hoch, Robert«, tröstete mich Joe. »Ich hole die Bilder morgen abend ab.«

»Gut, Joe.«

XXV.

Eine Woche später kam Tannenbaum zu mir. »Wir kontrollierten den Berater, den wir für unseren Film engagiert haben, Robert. Er ist nicht glaubwürdig. Er weiß einiges, aber Holt traut ihm nicht mehr. Er traut auch dem Verfasser des Drehbuchs nicht mehr; der Mann war nie in Deutschland. Eine schöne Scheiße. Und das alles Ihretwegen«, jammerte Tannenbaum erbittert. »Sie sind es doch, der das alles angerichtet hat! Sie mit Ihrer Bemerkung über die Mütze des Scharführers. Ohne Sie hätte Holt kein Mißtrauen gefaßt!«

»Gut. Vergessen Sie, was ich gesagt habe.«

»Wie kann ich das? Unser Berater ist rausgeschmissen worden.«

»Engagieren Sie einen anderen.«

»Deshalb bin ich hier! Holt schickt mich. Er will mit Ihnen sprechen.«

»Unsinn. Ich bin kein Berater für Antinazifilme.«

»Sie sind es! Wer denn sonst? Wer ist sonst hier, der ein Konzentrationslager kennt?«

Ich blickte auf. »Was soll das heißen?«

»Nicht mehr, als was jeder weiß. Jeder in New York, meine ich. Jeder in unseren Kreisen, heißt das. Ihre Bekannten, um exakt zu sein.«

»Und?«

»Robert, Holt braucht Hilfe. Er möchte Sie als Berater haben.«

Ich lachte. »Sie sind verrückt Tannenbaum.«

»Er zahlt anständig. Und schließlich macht er einen Antinazifilm. Daran haben doch auch Sie Interesse.«

Ich sah, daß ich mich Tannenbaum nur dann halbwegs verständlich machen konnte, wenn ich versuchte, ihm etwas über meine Person zu erklären. Dazu hatte ich nicht die mindeste Lust. Er hätte es nicht begriffen. Er hatte andere Ideen als ich. Er wartete darauf, daß Frieden käme, damit er wieder friedlich in Deutschland oder Amerika leben könne; ich wartete darauf, daß Frieden käme, um Rache zu nehmen.
»Ich will mit Filmen über Nazis nichts zu tun haben«, sagte ich grob. »Für mich sind das keine Leute, über die man Libretti schreibt. Für mich sind das Leute, die man umbringt. Und nun lassen Sie mich in Ruhe. Haben Sie Carmen schon gesehen?«
»Carmen? Sie meinen Kahns Freundin?«
»Ich meine Carmen.«
»Was geht mich Carmen an? Ich denke an unsern Film! Wollen Sie Holt nicht wenigstens einmal treffen?«
»Nein«, sagte ich.

Abends erhielt ich einen Brief von Kahn. »Lieber Robert«, schrieb er. »Das Unerfreuliche zuerst: Gräfenheim lebt nicht mehr. Eine sehr große Dosis Schlaftabletten. Er hatte über die Schweiz erfahren, daß seine Frau in Berlin umgekommen ist. Amerikanischer Fliegerangriff. Es hat ihn umgeworfen. Daß es ein amerikanischer Bombenangriff war, hat er nicht mehr als einen zwangsläufigen Zufall auffassen können, sondern nur noch als tödliche Ironie. Er hat seinem Leben bescheiden und schweigsam ein Ende gemacht. Sie erinnern sich vielleicht an unser letztes Gespräch über den freiwilligen Tod. Gräfenheim vertrat den Standpunkt, daß kein Tier den Selbstmord kenne, weil es zur totalen Verzweiflung nicht fähig sei. Er war auch der Meinung, die Möglichkeit des freiwilligen Todes sei eines der größten Geschenke, weil es die Hölle, dieses christliche Folterwerkzeug des Geistes, beenden könne. Er hat es getan. Es ist nichts mehr dazu zu

sagen. Er hat es hinter sich. Wir leben noch, wir haben es noch vor uns, ganz gleich, ob wir es Altern, Sterben oder Selbstmord nennen.
Von Carmen höre ich nichts. Sie ist zu faul zum Schreiben. Ich schicke Ihnen hiermit ihre Adresse. Erklären Sie ihr, daß es am besten sei, zurückzukommen.
Adieu, Robert.
Kommen Sie so bald wie möglich zurück. Unsere schwierige Zeit kommt erst! Dann, wenn wir ins Nichts starren und wenn selbst die Illusionen der Rache zusammenfallen. Bereiten Sie sich langsam darauf vor, damit der Schock nicht zu groß wird. Wir sind nicht mehr sehr schockfest. Besonders nicht gegen Schocks, die aus einer gänzlich anderen als der erwarteten Richtung kommen. Nicht nur Glück ist eine Sache von Graden, auch Sterben. Manchmal denke ich an Tannenbaum, den Gruppenführer auf der Leinwand. Vielleicht ist dieser Esel der Weiseste von uns allen. Salute, Robert.«
Ich fuhr zu der Adresse, die Kahn mir gegeben hatte. Es war ein kleiner, schäbiger Bungalow in Westwood. Vor der Tür standen ein paar Orangenbäume, hinter dem Haus in einem Garten gackerten Hühner. Carmen schlief in einem Liegestuhl. Sie trug einen knappen Badeanzug, und ich begriff nicht, daß Kahn glaubte, sie würde in Hollywood keinen Erfolg haben. Sie war das schönste Mädchen, das ich kannte. Keine fade Blondine, sondern eine tragische Erscheinung, bei der einem das Herz bebte.
»Sieh da, Robert«, sagte sie, nachdem ich sie vorsichtig geweckt hatte, ohne erstaunt zu sein. »Was machen Sie hier?«
»Bilder verkaufen. Und Sie?«
»Ein Idiot hat mir einen Vertrag gegeben. Ich tue nichts. Sehr bequem.«
Ich schlug ihr vor, mit mir zu essen. Sie hatte keine Lust; sie behauptete, ihre Wirtin koche gut. Ich betrachtete zweifelnd

die etwas schlampige rothaarige Wirtin. Sie sah nach Hamburgern, Wiener Würstchen und Dosengemüse aus. »Die Eier sind frisch«, erklärte Carmen und deutete auf die Hühner. »Herrliche Omeletts!«
Es gelang mir, sie zu überreden, im Brown Derby mit mir zu essen. »Es soll dort von Filmstars wimmeln«, sagte ich, um sie anzureizen.
»Die können auch nicht mehr als eine Mahlzeit zur selben Zeit essen.«
Ich wartete, bis Carmen sich angezogen hatte. Sie besaß einen Gang, als hätte sie ihr Leben lang Körbe auf dem Kopf getragen, biblisch und gelassen. Ich begriff Kahn nicht, ich begriff nicht, daß er sie nicht längst geheiratet und mit ihr zu den Eskimos als Reisender für Radios gezogen war – Eskimos, hatte ich gelesen, liebten einen anderen Typ.
Als das Taxi vor dem Brown Derby hielt, bekam ich Gewissensbisse. Ich sah, daß Leute in rohseidenen Anzügen erstarrten, als sie Carmen erblickten. »Einen Augenblick«, sagte ich. »Ich will sehen, ob wir Platz finden.«
Carmen blieb draußen stehen. Das Brown Derby war voll von Verführern, aber es hatte noch ein paar leere Tische. »Alles besetzt«, sagte ich, als ich wieder herauskam. »Leider. Haben Sie etwas dagegen, wenn wir uns ein kleineres Lokal suchen?«
»Nicht das geringste. Es ist mir sogar lieber.«
Wir gingen in ein Restaurant, das klein, dunkel und leer war. »Wie finden Sie es in Hollywood, Carmen?« fragte ich. »Ist es hier nicht viel langweiliger als in New York?«
Sie hob die wunderbaren Augen auf. »Darüber habe ich noch nicht nachgedacht.«
»Ich finde es scheußlich und langweilig«, log ich. »Ich freue mich darauf, zurückzufahren.«
»Das kommt darauf an, wie man sich fühlt. In New York hatte ich niemanden, mit dem ich richtig befreundet war.

Hier habe ich meine Wirtin. Wir verstehen uns großartig. Wir reden über alles. Und dann habe ich Hühner gern. Die sind gar nicht so dumm, wie die meisten Menschen glauben. In New York habe ich nie ein lebendes Huhn gesehen. Hier kenne ich sie schon beim Namen, und sie kommen, wenn ich sie rufe. Und die Orangen! Ist das nicht wunderbar, daß man sie einfach von den Bäumen pflücken und sie wirklich essen kann?«

Ich verstand plözlich, was Kahn an ihr fesselte. Es war nicht nur ihre Simplizität und der Reiz, den die unvorstellbaren Wege reiner Stupidität auf einen so aktiven Intellektuellen wie Kahn ausübten, bei dem Aktion und Intellekt unlösbar verbunden waren; eine der seltensten Mischungen, die ich je beobachtet hatte. Es war außerdem – ihm wahrscheinlich nicht bewußt – die wilde Unschuld und der wilde Friede von Carmens harmloser Welt, die freilich deshalb nicht so harmlos sein konnte, weil sie in einem solchen Körper einfach nicht harmlos vorstellbar war. Man konnte sich wohl eine idyllische Wiese mit Gänseblümchen und Primeln am Abhang eines nicht aktiven Vulkans vorstellen, aber nicht den reinen Frieden unter hymnensingenden Kaffeesachsen in einem Dorf bei Kötzschenbroda.

»Wie haben Sie meine Adresse gefunden?« fragte Carmen, während sie an einem Hühnerbein nagte.

»Kahn hat mir geschrieben. Ihnen nicht?«

»Doch«, sagte Carmen kauend. »Ich weiß nie, was ich ihm schreiben soll. Er ist so kompliziert.«

»Schreiben Sie ihm etwas über Ihre Hühner.«

»Das versteht er nicht.«

»Ich würde das ruhig einmal versuchen. Oder schreiben Sie ihm sonst etwas. Er freut sich bestimmt, wenn er etwas von Ihnen hört.«

Sie schüttelte den Kopf. »Mit meiner Wirtin ginge das viel besser. Kahn ist so schwierig. Ich verstehe ihn nie.«

»Wie geht es mit dem Film hier, Carmen?«
»Wunderbar. Ich bekomme mein Gehalt und brauche nichts zu tun. Hundert Dollar in der Woche! Wo kriegt man das? Bei Vriesländer bekam ich sechzig und mußte den ganzen Tag arbeiten. Außerdem schrie er mich in einem fort an, wenn ich was vergessen hatte, der nervöse Satan. Und Frau Vriesländer haßte mich. Nein, mir gefällt es hier gut.«
»Und Kahn?« sagte ich nach kurzem Überlegen, obschon ich bereits wußte, daß es vergeblich war.
»Kahn? Der braucht mich nicht.«
»Vielleicht doch.«
»Wozu? Um Eiscreme zu essen und auf die Straße zu starren? Man weiß nie, was man mit ihm reden soll.«
»Trotzdem könnte er Sie brauchen, Carmen. Wollen Sie nicht zurückgehen?«
Sie sah mich mit ihren tragischen Augen an. »Zurück zu Vriesländer? Der hat doch ohnehin schon eine neue Sekretärin, die er drangsalieren kann. Ich wäre ja verrückt! Nein, nein, ich bleibe hier, solange ein Studio so dumm ist, mich für nichts zu bezahlen.«
Ich sah sie an. »Wie heißt Ihr Regisseur eigentlich?« fragte ich behutsam.
»Der? Silvio Coleman. Ich habe ihn erst einmal hier gesehen, für fünf Minuten. Komisch, was?«
»Ich höre, daß so etwas ziemlich oft passiert«, sagte ich beruhigt. »Es ist sogar die Regel.«

Ich dachte über Kahns Brief nach. Er beunruhigte mich. Ich schlief schlecht und erwartete einen der scheußlichen Träume. Ich hatte ihn schon in der Nacht erwartet, nachdem ich die Film-SS gesehen hatte, aber er war zu meinem Erstaunen ausgeblieben, und ich hatte die Nacht ruhig geschlafen. Jetzt grübelte ich darüber nach, ob dies darauf zurückzuführen war, daß der heftige Schock, den ich am Anfang gespürt, sich in die lächerliche Film-Kostümprobe aufgelöst hatte, von der zum Schluß nur noch die Beschämung übriggeblieben war, so hysterisch reagiert zu haben. Ich dachte über den Schock nach, von dem Kahn geschrieben hatte. Mir schien in dieser Nacht, daß ich weniger heftig reagieren sollte, um die Kraft zu behalten, die ich später noch brauchte, wenn die Wirklichkeit über mich hereinbrechen würde. Vielleicht war das in Hollywood hier ein Weg dazu, mich daran zu gewöhnen. Ich könnte mich vielleicht sogar so sehr daran gewöhnen, daß die kleineren, falschen Schocks, die noch kämen, eine Antiwirkung hervorriefen, eben weil sie sofort in Lächerlichkeit zerflattern würden. Ich mußte mich in acht nehmen, kein hysterisches Wrack zu werden, das beim bloßen Anblick einer Uniform schon das Zittern bekam. Dies schien mir frühmorgens, als ich unter den raschelnden Palmen und dem hohen, fremden Himmel den Swimming-pool im Pyjama umwanderte, eine eigenartige und sonderbare, aber vielleicht wirksame Lösung.

Tannenbaum kam mittags. »Was haben Sie eigentlich gefühlt, als Sie das erstemal einen Film machten, in dem Nazis vorkamen?« fragte ich.

»Ich habe nachts nicht schlafen können. Aber dann habe ich mich daran gewöhnt. Es ist das einfachste.«

»Ja«, sagte ich. »Das ist es.«

»Etwas anderes wäre es, wenn ich einen Pronazifilm machte. Das ist natürlich ausgeschlossen. Ich glaube, so etwas kann auch nicht mehr vorkommen. Nach dem, was über diese Schweine bekannt geworden ist.« Tannenbaum zupfte ein rotgerändertes Taschentuch in seinem Sportjackett zurecht. »Holt hat heute morgen mit Silvers gesprochen. Silvers hat nichts dagegen, wenn Sie vormittags bei uns als Berater tätig sind. Er sagt, er brauche Sie hauptsächlich nachmittags und abends.«

»Hat Holt mich bereits von ihm gekauft?« fragte ich. »Es soll so etwas Ähnliches mit Stars in Hollywood geschehen.«
»Natürlich nicht. Er hat nur angefragt, weil er Sie dringend braucht. Wir haben keinen Mann in Hollywood, der im KZ war, nur Sie.«
Ich zuckte zusammen. »Hat Silvers ihm für die Erlaubnis ein Ölbild verkauft?«
»Das weiß ich nicht. Holt hat sich gestern Silvers' Bilder angesehen. Sie haben ihm sehr gefallen.«
Im Mittagsglast sah ich Holt in grünen Slacks bereits den Swimming-pool umkreisen. Er trug dazu ein buntes Hawaiihemd, das mit einer Südseelandschaft bedruckt war. Schon von weitem wedelte er mit beiden Pfoten.
»Hallo, Robert.«
»Hallo, Herr Holt.«
Er klopfte mir auf die Schulter – eine Geste, die ich verabscheue. »Immer noch böse wegen der paar kleinen Zeichnungen? Das bringen wir schon wieder in Ordnung.«
Ich ließ ihn eine Weile reden. Dann kam er endlich zur Sache. Er wollte, daß ich das Manuskript auf Fehler durchsehe und daß ich außerdem als eine Art von Kostüm- und Aktionsberater tätig sei, damit nichts falsch gemacht würde. »Das sind zwei verschiedene Aufgaben«, sagte ich. »Was geschieht, wenn das Manuskript unmöglich ist?«
»Dann schreiben wir es um. Aber sehen Sie es sich erst einmal an.« Holt schwitzte leicht. »Es muß nur rasch sein. Wir wollen morgen anfangen, die wichtigeren Szenen zu drehen. Können Sie das Manuskript heute flüchtig durchsehen?«
Ich antwortete nicht. Holt zog ein Paket aus seiner Aktentasche. »Hundertdreißig Seiten«, sagte er. »Zwei, drei Stunden Arbeit.«
Ich sah das gelbe Buch an. Ich war wirklich unschlüssig, gab mir aber dann einen Ruck. »Fünfhundert Dollar«, sagte Holt. »Für eine Stellungnahme von einigen Seiten.«

»Das ist sehr fair«, drängte Tannenbaum.
»Zweitausend«, erwiderte ich. Wenn ich mich schon verkaufte, wollte ich alle meine Schulden davon bezahlen können und noch etwas beiseite legen.
Holt brach fast in Tränen aus. »Ausgeschlossen«, erklärte er.
»Gut«, sagte ich. »Ist mir auch lieber. Ich erinnere mich verdammt ungern an diese Zeit, das können Sie mir glauben.«
»Tausend«, erwiderte Holt. »Weil Sie es sind.«
»Zweitausend. Was ist das schon für einen Mann, der eine Impressionisten-Sammlung hat!«
»Das war unfair«, sagte Holt. »Nicht ich zahle, das Studio zahlt.«
»Um so besser.«
»Fünfzehnhundert«, erklärte Holt zähneknirschend. »Und dreihundert Dollar pro Woche als Berater.«
»Gut«, sagte ich. »Und ein Auto, solange ich als Berater tätig bin. Bedingung ist außerdem, daß ich nachmittags frei habe.«
»Welch ein Vertrag!« rief Tannenbaum. »Wie für einen Star.«
Holt wischte das hinweg. Er wußte, daß mir inzwischen bekannt war, was Stars verdienen. »Gut, Robert«, sagte er mannhaft. »Ich lasse das Manuskript hier. Fangen Sie sofort an: Es eilt.«
»Ich fange an, wenn ich eine Anzahlung von tausend Dollar in der Hand habe, Joe«, erwiderte ich herzlich.

»Wenn Sie nur halbtags zur Verfügung stehen, muß ich Ihnen natürlich Ihr Gehalt kürzen«, sagte Silvers. »Sagen wir auf die Hälfte. Das ist fair, finden Sie nicht auch?«
»Den Ausdruck ›fair‹ habe ich heute einige Male gehört«, erwiderte ich. »Immer, wenn er nicht zutraf.«
Silvers zog die Füße auf das hellblaue Sofa. »Ich finde mein Angebot nicht nur fair, sondern generös. Ich gebe Ihnen die Möglichkeit, in einem anderen Beruf viel Geld zu verdienen. Anstatt Sie zu entlassen, gebe ich mich damit zufrieden, daß

Sie nur noch gelegentlich bei mir arbeiten. Sie sollten mir dankbar sein.«
»Das bin ich leider nicht«, erklärte ich. »Entlassen Sie mich lieber. Wenn Sie wollen, können wir einen gleitenden Vertrag auf folgender Basis machen: Niedrigeres Gehalt und dafür Beteiligung.«
Silvers betrachtete mich wie ein seltenes Insekt. »Haben Sie eine Ahnung vom Verkauf!« erklärte er geringschätzig. »Sie würden auf einer Bonusbasis verhungern.«
Es irritierte ihn jedesmal, wenn man nicht glaubte, daß Bilderverkaufen eine gottähnliche Genialität erfordere. »Ich setze mich für Sie ein, damit Sie irgendwo beim Film angenommen werden, und Sie ...«
»Herr Silvers«, unterbrach ich ihn ruhig. »Schenken wir uns das. Sie wollen doch nicht mir verkaufen, sondern meinem Kunden Holt. Ich bin dafür, daß Sie Holt die Sache als großes Entgegenkommen darstellen, und ich bin sicher, daß er dankbar weiter kaufen wird. Ich möchte nur selbst nicht zur Dankbarkeit gezwungen werden, wo es doch eher an Ihnen läge, dankbar zu sein. Es ist hübsch, daß Sie mir beigebracht haben, das schönste Ziel eines tüchtigen Händlers bestehe darin, dem Kunden nicht nur das Fell abzuziehen, sondern ihn dafür auch noch dankbar zu stimmen. Sie sind ein großer Meister darin, aber verschonen Sie mich damit.«
Silvers' Gesicht wirkte auf einmal etwas zerknittert. Von einer Sekunde zur anderen wirkte er zwanzig Jahre älter. »So«, sagte er leise, »ich soll Sie verschonen. Und was habe ich vom Leben? Sie feiern Cocktailpartys für mein Geld, Sie sind fünfundzwanzig Jahre jünger als ich, ich hocke hier in diesem Hotel und warte auf Kunden wie eine alte Spinne. Ich erziehe Sie wie einen Sohn, und Sie werden schon ärgerlich, wenn ich meine müden Klauen an Ihnen schärfe! Soll ich denn überhaupt keinen Spaß mehr haben?«

Ich sah ihn scharf an. Ich kannte seinen Trick mit dem Sterben, dem Kranksein und der Tatsache, daß niemand auch nur das kleinste Bild mit ins Jenseits nehmen könne. Da sei es dann doch besser, an sympathische Kunden hier auf Erden zu verkaufen, selbst unter Verlust, solange man noch da sei – es sei ja nicht mehr lange. Ich selbst hatte die Medizinflaschen arrangiert, als sich Silvers müde und blaß, von seiner treuen Frau vorsichtig bleich geschminkt, im blauen Schlafrock ins Bett legte, um einen scheußlichen Schinken, einen riesigen toten Jockey mit seinem Pferd, »mit Verlust« an einen Ölmillionär aus Texas zu verkaufen. Ich war daraufgekommen, Silvers' gewohnten roten Schlafrock gegen einen blauen auszutauschen, weil in Blau die Krankenblässe noch stärker hervortrat. Ich hatte die Verhandlungen zweimal mit Medizin unterbrochen, die Silvers einnehmen mußte und die aus Wodka bestand – auch das eine Nuance von mir, statt Whisky, wie Silvers geplant hatte, Wodka zu reichen – Wodka roch nicht, aber Whisky war für gute Texanernasen schon zwanzig Meter weit zu schnuppern. Silvers hatte mir schließlich mit ersterbender Stimme den Kaufvertrag diktiert, an dem er zwanzigtausend Dollar verdiente. Ich hatte, als ich die Summe hörte, die üblichen weiten Augen stummen Protestes bekommen und dann ergeben leicht den Kopf geschüttelt. Ich kannte alle diese Tricks von Silvers, in denen er unerschöpflich war und die er sein »künstlerisches Dampfablassen« nannte, aber diese neue verdrießliche Note kannte ich noch nicht, auch nicht das echte Zeichen von Erschöpfung in seinem Gesicht.

»Bekommt Ihnen das Klima nicht?« fragte ich.

»Klima! Ich komme vor Langeweile um! Stellen Sie sich vor«, sagte er, »aus Langeweile lade ich so ein Mädchen, das ich am Swimming-pool kennengelernt habe – übrigens ein blondes, hübsches, nichtssagendes Ding von neunzehn Jahren, man muß hier mit dem Alter ja sehr vorsichtig sein, die

Küken behaupten, sie seien keine Minderjährigen mehr, und vor der Tür lauert schon die Mutter, um einen zu erpressen –, also ich lade sie ein, mit mir zu essen, und sie kommt. Wir nehmen etwas Champagner, Shrimps mit Thousand-Islands-Sauce, Sirloinsteak, alles in der hübschen Küche mit Eßzimmer hier oben serviert. Wir werden fröhlich, ich vergesse mein trostloses Leben, wir gehen ins Schlafzimmer, und was passiert?«
»Sie schreit aus dem Fenster heraus, sie werde vergewaltigt. Polizei, Polizei!«
Silvers überlegte einen Augenblick erstaunt. »Kommt das vor?«
»Mein Nachbar Scott hat mir erklärt, es sei hier einer der einfachsten Tricks, zu Geld zu kommen.«
»So, so! Nein, das war es nicht. Leider nicht. Es war eigentlich schlimmer.«
»Sie verlangte sicherlich Geld. So etwas ist immer deprimierend für Leute, die gewohnt sind, ihrer selbst wegen geliebt zu werden«, sagte ich boshaft. »Hundert Dollar.«
»Schlimmer.«
»Tausend. Das ist allerdings eine Frechheit.«
Silvers winkte ab. »Sie verlangte etwas, aber das war es nicht.« Er erhob sich von seinem hellblauen Sofa und imitierte, zähnefletschend, den Bart gesträubt, mit hoher Kinderstimme: »Was schenkst du mir denn, wenn ich ins Bettchen klettere …« und dann explodierend: »Daddy!«
Ich hatte seiner Vorstellung bewundernd gelauscht, sie war durch das gleichzeitige Zähnefletschen akrobatisch. »Daddy«, sagte ich. »Also wie wir in Europa Papa sagen. Ein schwerer Schlag, wenn man über fünfzig ist. Aber das bedeutet hier nicht viel. Man nennt hier Dreißigjährige aus Zuneigung Daddy, so wie man neunzigjährige Greisinnen Darling und Girl nennt. Amerika betet als junges Land die Jugend an.«
Silvers hatte mir zugehört wie ein Mann mit einem Bauch-

schuß, der nach Wasser ruft. Jetzt schüttelte er den Kopf. »Leider war es anders. Ich könnte mich ohrfeigen, daß ich den Schnabel nicht gehalten habe, aber wann schweigt ein Händler schon? In meiner Verstörtheit fragte ich, was sie meine. Verstehen Sie, ich wollte selbstverständlich zahlen, reichlich sogar, ich bin bekannt dafür, ich war nur verstört über das Wort Daddy. Es klang für mich wie Großvater. Sie aber glaubte, ich wollte Schwierigkeiten machen wegen des Geldes, und sie erklärte mir mit einer blechernen Puppenstimme, wenn sie mit einem so alten Mann in die Heia ginge – das war ihr Ausdruck –, müsse doch natürlich auch etwas herausspringen. Sie habe bei Bullocks Wilshire einen echten Kamelhaarmantel gesehen, und es werde doch ...«

Silvers' Stimme versagte.

»Was haben Sie getan?« fragte ich interessiert.

»Was ein Gentleman in einer solchen Situation tut! Bezahlt und rausgeschmissen.«

»Den vollen Preis?«

»Was mir in die Hand kam.«

»Schmerzlich, aber verständlich.«

»Sie verstehen mich überhaupt nicht«, sagte Silvers gereizt. »Es ist der psychologische Schock, nicht der finanzielle. Der Schock, von einer kleinen Hure als alter Bock bezeichnet zu werden. Aber wie könnten Sie das auch verstehen? Sie sind eine der gefühllosesten Kreaturen, die ich kenne.«

»Das stimmt. Es gibt außerdem Dinge, die nur Gleichaltrige verstehen – zum Beispiel das Alter. Und je älter man wird, um so größer sollen da die Unterschiede werden. Achtzigjährige halten die Achtundsiebzigjährigen für Grünschnäbel und Lausebengels. Ein sonderbares Phänomen!«

»Ein sonderbares Phänomen! Ist das alles, was Sie dazu zu sagen haben?«

»Natürlich«, erklärte ich behutsam. »Sie erwarten doch nicht, daß ich diesen Unsinn ernst nehme, Herr Silvers.«

Er wollte auffahren, dann glomm der Funke Hoffnung in seinen Kunsthändleraugen auf, so, als hätte Professor Max Friedländer einen zweifelhaften Pieter de Hooch in seinem Besitz für echt erklärt.

»Lächerlich für einen Mann wie Sie«, fuhr ich fort.

Er überlegte das. »Aber was passiert, wenn es mir beim nächstenmal wieder einfällt? Impotenz wäre die natürliche Folge. Schon dieses Mal war mir, als hätte man mir einen Kübel Eiswasser ...« Er stockte.

»... über den Kopf geschüttet«, erklärte ich.

»Über das Glied geschüttet«, ergänzte er verschämt. »Was soll man machen, mit dieser Furcht im Nacken?«

»Da gibt es zwei Schulen«, sagte ich nach einer Weile. »Die eine ist: sich besaufen und dann wie ein Husar drauf los – sie hat nur den Nachteil, daß viele Leute durch das Saufen selbst schon für die Zeit bis zum Kater impotent werden, ein doppeltes Wagnis also. Die zweite ist die alte Rennfahrertaktik nach einem Unfall – sofort auf einen anderen Wagen und weiterfahren, so daß kein Schock aufkommt.«

»Ich habe schon einen Schock gehabt!«

»Das bilden Sie sich ein, Herr Silvers. Ihre Phantasie hat nur mit dem Gedanken eines vielleicht möglichen Schocks gespielt, das ist alles.«

Etwas wie Dankbarkeit umflatterte seinen Bart. »Meinen Sie?«

»Ganz bestimmt.«

Er erholte sich sichtlich. »Sonderbar«, meinte er nach einer Weile, »wie plötzlich alles gegenstandslos werden kann, Erfolg, Stellung, Geld, vor so einem einfachen, dummen Wort eines kleinen Mädchens! Als wäre die ganze Welt im geheimen kommunistisch.«

»Was?«

»Ich meine, als wären im letzten Sinne alle Menschen gleich – keiner entkommt.«

»Ach, so meinen Sie das!« sagte ich. »Die Zeit ist kommunistisch; sie fragt nicht nach Geld und Stellung, sondern addiert einfach jeden Tag einen Tag und jedes Jahr ein Jahr, ganz gleich, ob man ein Heiliger oder ein Schweinehund ist. Ein schöner Gedanke, Herr Silvers, wenn auch nicht mehr ganz neu.«

»Ganz neue Gedanken zu haben ist für einen Antiquar unzulässig.« Silvers grinste. Er war wieder auf dem Posten. »Ich nehme an, kein Mensch glaubt, daß er alt wird. Er weiß es, aber er glaubt es nicht.«

»Glauben Sie es jetzt? Wie ist es mit meiner Entlassung?«

»Wir können es lassen, wie es war. Sie brauchen auch nur abends zur Verfügung sein.«

»Zum Überstundentarif nach sieben Uhr.«

»Für Ihr normales Gehalt. Nicht für Überstunden! Sie verdienen im Augenblick mehr als ich.«

»Ihr Schock ist vorbei, Herr Silvers! Vollständig!«

XXVI.

Ich studierte das Manuskript einige Stunden lang. Ein Drittel der Situationen war unmöglich; vom Rest konnte man die Hälfte gebrauchen. Ich machte Korrekturen bis ein Uhr nachts. Ein Teil der Szenen war nach dem bewährten Cowboy- und Wildwestschema angefertigt worden, nach dem vulgärsten und grausamsten, dessen war ich sicher. Aber sie wirkten, verglichen mit dem, was in Deutschland wirklich passierte, wie Zuckerzeug und harmloses Feuerwerk gegen Flammenwerfer und bürokratischen Mord. Die traditionellen Situationen der Wildwestfilme, bei denen beide Gegner nur zugleich nach der Waffe greifen dürfen, um zu schießen, waren hier modernisiert zu einer Art Gangster-Moral. Ich sah, daß selbst die versierten Schriftsteller der Schreckensfilme nicht genug Phantasie hatten für die tatsächlichen Vorgänge im Dritten Reich. Sonderbarerweise deprimierte mich das nicht so sehr, wie ich befürchtet hatte; die Simplizität erweckte im Gegenteil in mir einen Funken Galgenhumor. Zum Glück hatte Scott eine der Cocktailpartys laufen, die kein Ende nehmen. Ich ging hinunter zum Swimming-pool, wo sie gerade stattfand. »Fertig, Robert?« fragte Scott.

»Ja, für heute. Jetzt brauche ich etwas zu trinken.«

»Wir haben echten russischen Wodka und alle Arten von Whisky.«

»Whisky«, sagte ich. »Ich möchte mich nicht betrinken und noch nicht schlafen gehen.«

Ich streckte mich auf einem Liegestuhl aus und stellte das Glas neben mir auf den Boden. Ich schloß die Augen und horchte auf die Musik des kleinen Radios, das jemand mitgebracht hatte. Es war eine hübsche Melodie, sie hieß ›Sunrise

Serenade‹. Ich öffnete die Augen wieder und sah in den kalifornischen Himmel. Einen Augenblick hatte ich das Gefühl zu schwimmen, in einem weichen, gläsernen Meer ohne Horizonte und ohne Oben und Unten. Dann hörte ich die Stimme Holts neben mir. »Ist es schon acht Uhr morgens?« fragte ich.
»Noch nicht. Ich bin nur rübergekommen, um zu sehen, was Sie machen«, sagte er.
»Ich trinke Whisky. Sonst noch Fragen? Unser Kontrakt fängt erst morgen an.«
»Haben Sie das Script gelesen?«
Ich drehte mich um und betrachtete sein besorgtes, zerknittertes Gesicht. Ich wollte nicht darüber reden; ich wollte vergessen, was ich gelesen hatte. »Morgen«, sagte ich. »Morgen bekommen Sie alles. Auch meine Anmerkungen.«
»Warum nicht jetzt? Dann kann ich schon für morgen alles vorbereiten, was wir brauchen. Wir sparen so einen halben Tag. Es eilt, Robert.«
Ich merkte, daß ich ihn nicht loswerden konnte. Warum wirklich nicht jetzt? dachte ich schließlich. Warum nicht hier, zwischen Schnaps und Wasser und Mädchen, dem gelassenen Nachthimmel dieser verdrehten Welt? Warum soll ich es nicht hier zerkauen, anstatt mit einem Bauch voll Erinnerungen Schlaftabletten zu nehmen? »Gut, Joe. Setzen wir uns etwas abseits.«

Eine Stunde später hatte ich Holt die Fehler seines Scripts erklärt. »Kleinigkeiten wie falsche Mützen, Stiefel, Uniformen und Rangabzeichen sind rasch beseitigt«, sagte ich. »Wesentlicher ist die Atmosphäre. Sie sollte nicht melodramatisch sein wie ein Wildwestfilm. Dessen Melodrama ist harmlos gegen das, was drüben wirklich passiert.«
Holt druckste eine Weile herum. »Der Film muß ein Geschäft bleiben«, sagte er schließlich.

»Was?«
»Das Studio investiert fast eine Million Dollar. Das heißt, daß wir mehr als zwei Millionen einnehmen müssen, um den ersten Dollar zu verdienen. Die Leute müssen hineingehen.«
»Und?«
»Das, was Sie vorschlagen, Robert, glaubt uns kein Mensch! Ist es wirklich so?«
»Schlimmer. Viel schlimmer.«
Holt spuckte in das Wasser. »Niemand wird es uns glauben.«
Ich stand auf. Der Schädel tat mir weh. Ich hatte jetzt wirklich genug. »Dann lassen Sie es, Joe. Hört denn die verdammte Ironie nie auf? Amerika führt Krieg mit Deutschland, und Sie erklären mir, daß niemand glauben wird, wie sich die Deutschen aufführen.«
Holt rang die Hände. »Ich glaube es ja, Robert. Das Studio wird es nicht glauben und das Publikum nicht. Niemand wird in einen solchen Film, wie Sie ihn vorschlagen, reingehen! Das Thema ist ohnehin schon riskant genug. Ich will es ja, Robert. Aber ich muß die Studio-Bonzen überzeugen! Ich möchte am liebsten einen Dokumentarfilm machen; er würde eine Pleite werden. Das Studio will einen melodramatischen Film haben.«
»Mit entführten Mädchen, gefolterten Stars und einer Ehe am Schluß?«
»Das nicht gerade. Aber mit Flucht, Kampf und Aufregung.«
Scott kam herübergeschlendert. »Es hört sich an, als fehlte hier Alkohol .«
Er stellte eine Flasche Whisky, eine Flasche Wasser und zwei Gläser auf den Rand des Schwimmbassins. »Wir verlegen jetzt die Gesellschaft in meine Bude. Wenn ihr Futter haben wollt, kommt. Es gibt Butterbrote und kaltes Huhn.«
Holt griff nach meinem Jackett. »Noch zehn Minuten, Robert. Nur zehn Minuten über das Praktische. Den Rest besprechen wir morgen.«

Aus den zehn Minuten wurde eine Stunde. Holt bot ein für Hollywood typisches Bild: den Mann, der etwas Gutes machen möchte, aber bereit ist, sich mit dem Schlechteren zufriedenzugeben, und das für ein tiefes künstlerisches Problem hält, anstatt für einen jämmerlichen Kompromiß. »Sie müssen mir helfen, Robert«, erklärte er. »Wir müssen unsere Ideen Schritt für Schritt weiterbringen. Nicht auf einen Schlag. Petit à petit!«

Diese falsche französische Phrase war alles, was mir noch fehlte. Ich verließ Holt hastig und ging auf mein Zimmer. Eine Zeitlang lag ich auf dem Bett und haderte mit mir selbst. Dann beschloß ich, am nächsten Tag Kahn anzurufen, ich hatte ja jetzt Geld. Ich beschloß, auch Natascha anzurufen; bis jetzt hatte ich ihr nur zwei kurze Briefe geschrieben, und auch die waren mir schwergefallen. Sie war keine jener Personen, denen man lange Briefe schreibt, fand ich. Sie war eine Frau für Telefone und Telegramme. Wenn sie nicht da war, war wenig zu sagen. Da war Gefühl, aber da waren wenige Worte. Wenn sie da war, war alles richtig und voll und aufregend; wenn sie nicht da war, hing es wie ein Nordlicht am Himmel, prächtig, aber so weit weg, als gehörte es nicht zu einem. Das war überhaupt das stärkste Gefühl bei ihr: das Da-Sein, das fast erlosch, wenn sie abwesend war. Es war mir schon in New York aufgefallen, und es hatte mich merkwürdig beruhigt. Alles war da, wenn sie in die Tür trat oder wenn ich nur ihre Stimme hörte.

Während ich darüber nachdachte, fiel mir ein, daß ich sie anrufen könnte. Es bestand ein Zeitunterschied von drei Stunden zu New York. Ich meldete das Gespräch an, und plötzlich merkte ich, daß ich voll Erwartung war.

Sie meldete sich. Ihre Stimme war sehr weit weg. »Natascha«, sagte ich, »hier ist Robert.«

»Wer?«

»Robert.«

»Robert? Wo bist du? In New York?«
»Ich bin in Hollywood.«
»In Hollywood?«
»Ja, Natascha. Hast du das vergessen? Was ist los?«
»Ich habe geschlafen.«
»Geschlafen? Jetzt schon?«
»Aber es ist doch mitten in der Nacht. Du hast mich aufgeweckt. Was ist? Kommst du?«
Verdammt, dachte ich. Der alte Fehler. Ich hatte die Richtung des Zeitunterschiedes verwechselt. »Schlaf weiter, Natascha. Ich rufe morgen wieder an.«
»Gut. Kommst du?«
»Noch nicht. Ich werde dir das morgen erklären. Schlaf weiter.«
»Gut.«
Ich hatte einen schlechten Tag, dachte ich. Ich hätte nicht anrufen sollen. Ich hätte vieles nicht machen sollen. Ich ärgerte mich über mich selbst. Auf was hatte ich mich eingelassen? Was ging mich Holt an? Aber was konnte mir schon passieren? Ich wartete noch eine Zeitlang, dann rief ich Kahn an. Diesmal beging ich keinen Irrtum. Kahn hatte einen leichten Schlaf.
Er meldete sich sofort. »Was ist los, Robert? Weshalb rufen Sie an?«
Wir hatten uns alle noch nicht daran gewöhnt, wie Amerikaner zu telefonieren, ein Telefonat über weite Strecken war immer noch gleichbedeutend mit einer Krisis oder einem Unglücksfall. »Ist etwas passiert mit Carmen?« fragte er.
»Nein. Ich habe sie gesehen. Es scheint, als möchte sie hierbleiben.« Er wartete einen Augenblick. »Vielleicht überlegt sie es sich noch. Sie ist ja noch nicht lange da. Hat sie jemand dort?«
»Ich glaube nicht. Höchstens die Wirtin, bei der sie wohnt. Sonst kennt sie, glaube ich, kaum jemand.«

Er lachte.
»Und Sie? Wann kommen Sie zurück?«
»Es kann noch etwas dauern.«
Ich erzählte ihm die Sache mit Holt. »Was halten Sie davon?« fragte ich.
»Tun Sie es. Sie haben doch keine moralischen Skrupel? Das wäre lächerlich. Oder etwa gar solche aus Vaterlandsliebe?«
»Nein.« Ich wußte plötzlich nicht mehr, weshalb ich ihn angerufen hatte. »Ich habe an Ihren Brief gedacht.«
»Durchkommen ist alles«, sagte er. »Wie Sie es machen, ist allein Ihre Sache. Ich finde es nicht schlecht, daß Sie sich mit diesem Komplex beschäftigen – gewissermaßen ins Unreine und ohne viel Gefahr –, irgendwann müssen wir es ja später alle einmal, und dann im Ernst. Das ist die große Gefahr, die noch vor uns liegt. Fassen Sie dies als Training auf. Sie können ja immer aufhören, wenn es Ihnen zu sehr an die Nieren geht. Hier geht es noch – später, drüben, können Sie nicht. Betrachten Sie das als eine Art erste Abhärtung, wenn Sie wollen. Stimmt das?«
»Es war genau das, was ich hören wollte.«
»Gut.« Er lachte. »Lassen Sie sich durch Hollywood nicht verwirren, Robert. In New York hätten Sie mich das nicht gefragt. Da wäre es selbstverständlich gewesen. Hollywood erfindet alberne ethische Maßstäbe, weil es selbst korrupt ist. Fallen Sie nicht darauf rein. Es ist schon schwer genug, in New York sachlich zu bleiben. Sie haben es bei Gräfenheim gesehen. Sein Selbstmord war überflüssig, eine Schwäche. Er hätte mit seiner Frau nie wieder zusammenleben können.«
»Wie geht es Betty?«
»Betty kämpft. Sie will den Krieg überleben. Kein Arzt hätte ihr etwas Besseres verschreiben können. Sind Sie Millionär geworden, daß Sie transkontinentale Telefongespräche führen?«
»Noch nicht.«

Ich wartete noch eine Zeitlang in meinem Zimmer. Die Tür war offen, und ich sah ein Stück Nacht, ein Stück des beleuchteten Pools und den oberen Teil einer Palme, die im Nachtwind einsam raschelte und vor sich hinschwätzte. Ich dachte nach über Natascha und Kahn und das, was Kahn gesagt hatte: daß der schwierigste Teil unseres Zigeunerdaseins erst komme, wenn wir lernten, daß wir in Wirklichkeit nirgendwo hingehörten. Jetzt hielt uns noch die Illusion, daß alles sich ändern würde, wenn der Krieg vorbei sei, wie ein magnetisches Feld in einer einzigen Richtung. Es würde zerspringen, wenn es erst wirklich soweit wäre. Erst dann würde die richtige Wanderschaft beginnen.

Es war eine merkwürdige Nacht. Scott kam noch herein und wollte die Renoir-Rötelzeichnung sehen, die ich von Silvers mitgebracht hatte. Wenn er viel getrunken hatte, merkte man es nur daran, daß er hartnäckig darauf bestand, seinen Willen durchzusetzen. »Ich hätte nie daran gedacht, einen Renoir zu besitzen«, gestand er. »Bis vor zwei Jahren hatte ich zu wenig Geld. Jetzt sitzt mir der Gedanke wie eine Biene im Schädel. Ein eigener Renoir! Ich muß ihn haben. Heute nacht noch!«

Ich nahm die Zeichnung von der Wand und überreichte sie ihm. »Da ist er, Scott.«

Er nahm das Bild wie eine Monstranz. »Das hat er selbst gezeichnet«, sagte er. »Mit der eigenen Hand. Und ich besitze es nun! Ein armer Junge aus Iowa City, aus dem Armenviertel. Darauf müssen wir einen trinken. Bei mir, Robert. Mit dem Bild an der Wand. Ich hänge es sofort auf.«

Sein Zimmer sah aus wie ein Schlachtfeld; voll von Gläsern, Flaschen und Tellern, auf denen die Sandwichs sich hochgebogen hatten und die ausgetrockneten Schinkenscheiben sich konvex krümmten. Scott nahm eine Fotografie von der Wand, die Rodolfo Valentino als Scheich zeigte. »Wie sieht der Renoir dort aus? Wie eine Reklame für Whisky?«

»Es sieht besser hier aus als bei manchem Millionär. Bei denen ist er nur eine Reklame für ihre Eitelkeit.«
Ich blieb eine Stunde und hörte mir Scotts Lebenslauf so lange an, bis er schläfrig wurde. Er glaubte, er hätte eine schreckliche Jugend gehabt, weil er sehr arm gewesen war und sich über Zeitungsverkaufen, Tellerwaschen und kleinere Demütigungen hatte hocharbeiten müssen. Ich hörte ihm ohne Sarkasmus zu und verglich sein Leben aber nicht mit dem meinen. Er wurde schließlich schläfrig und schrieb mir einen Scheck aus. »Daß ich einmal einen Scheck für einen Renoir ausschreiben könnte!« murmelte er. »Macht einen direkt ängstlich, wie?«
Ich ging in mein Zimmer zurück. Ein Insekt mit durchsichtigen, grünen Flügeln flog um die elektrische Lampe. Ich betrachtete es eine Zeitlang; es war wie von einem Goldschmied aus Filigran gemacht, ein unbegreifliches Kunstwerk aus Zierlichkeit und bebendem Leben; dabei, sich rücksichtslos wie eine indische Witwe zu verbrennen. Ich nahm es und trug es hinaus in die kühle Nacht, um es zu retten. Eine Minute später war es wieder da. Ich sah ein, daß ich entweder schlafen oder ein winziges Leben zerstören müsse. Ich versuchte ohne Erfolg einzuschlafen. Als ich die Augen wieder öffnete, sah ich eine Gestalt in der Tür stehen. Ich griff nach der Lampe, um mich mit ihr zu verteidigen. Ein junges Mädchen in einem etwas zerdrückten Kleid stand in der Tür.
»Oh, Verzeihung«, sagte es mit einem harten Akzent. »Kann ich reinkommen?«
Sie machte einen Schritt in das Zimmer. »Sind Sie sicher, daß Sie im richtigen Zimmer sind?« fragte ich.
Sie lächelte. »Um diese Zeit ist das doch fast egal, wie? Ich bin draußen eingeschlafen. Ich war sehr müde.«
»Waren Sie auf Scotts Party?«
»Ich weiß den Namen nicht. Jemand hat mich mitgenommen. Aber jetzt sind alle fort. Ich muß warten, bis es Morgen

wird. Ich sah eben noch Licht bei Ihnen. Vielleicht kann ich hier auf einem Stuhl sitzen. Draußen ist es feucht von Tau.«
»Sie sind keine Amerikanerin?« fragte ich idiotisch.
»Mexikanerin. Von Guadalajara. Wenn ich nur hierbleiben kann, bis ein Bus fährt.«
»Ich kann Ihnen einen Pyjama von mir geben«, sagte ich. »Und eine Decke. Das Sofa ist groß genug für Sie. Drüben ist das Badezimmer. Sie können sich dort umziehen. Ihr Kleid ist naß. Hängen Sie es über einen Stuhl zum Trocknen.«
Sie warf mir einen Blick zu. »Sie kennen Frauen, wie?«
»Nein. Ich bin nur praktisch. Sie können auch ein heißes Bad nehmen, wenn Ihnen kalt ist. Sie stören hier niemand.«
»Danke vielmals. Ich werde sehr leise sein.«
Sie ging durch das Zimmer. Sie war sehr zierlich, mit schwarzen Haaren und schmalen Füßen, und sie erinnerte mich unwillkürlich an das Insekt mit den durchsichtigen Flügeln. Ich sah nach, ob es zurückgekommen war, aber ich konnte es nicht entdecken. Dafür war mir ein anderes zugeflogen, ohne viele Worte, als wäre es das Selbstverständlichste von der Welt. Vielleicht war es das auch. Ich hörte das Rauschen des Badewassers mit einer merkwürdigen Rührung. Alles Selbstverständliche gab mir dieses Gefühl. Ich war das Außergewöhnliche so sehr und schreckhaft gewohnt, daß die Stille des Selbstverständlichen zu einem Abenteuer wurde. Trotzdem, oder auch deshalb, versteckte ich den Barscheck, den Scott mir gegeben hatte und den ich Silvers am Nachmittag übergeben wollte, zwischen zwei Büchern. Man soll das Schicksal nicht zu sehr herausfordern.

Ich erwachte ziemlich spät. Das Mädchen war nicht mehr da. Auf einer Serviette fand ich den Lippenstiftabdruck ihres Mundes. Sie hatte ihn wahrscheinlich als einen stummen Gruß zurückgelassen. Ich suchte nach dem Scheck. Er war noch da. Nichts fehlte. Ich wußte nicht einmal genau, ob ich mit dem Mädchen geschlafen hatte. Ich erinnerte mich nur daran, daß sie irgendwann vor meinem Bett gestanden hatte, und ich glaubte, ihren nackten Körper kühl und glatt gefühlt zu haben; aber ich war nicht sicher, ob es zu mehr gekommen war.

Ich fuhr zum Studio. Es war schon zehn Uhr, aber ich fand, daß ich am Abend ja bereits zwei Stunden mit Holt verbracht hatte, die ich abziehen konnte. Holt begann sofort mit mir die Szene zu diskutieren, die er gerade drehte. Ich hatte schon von draußen das Horst-Wessel-Lied gehört. Holt wollte wissen, ob er es englisch oder deutsch singen lassen sollte. Ich schlug deutsch vor. Er meinte, dann würde der folgende englische Text sonderbar wirken. Wir probierten beides. Ich stellte fest, daß die englisch sprechenden SS-Leute eine eigentümliche Wirkung auf mich hatten. Sie lenkten den Schock, der sich regte, ab. Es war keine Wirklichkeit mehr, die imitiert wurde, es war in dem Augenblick Theater, in dem die fremde Sprache dazukam.

Ich brachte Silvers nachmittags Scotts Scheck. »Die zweite Zeichnung haben Sie nicht verkauft?« fragte er.

»Das sehen Sie doch«, erwiderte ich ärgerlich. »Der Scheck wäre sonst doppelt so hoch.«

»Sie hätten lieber die andere verkaufen sollen. Die Rötelzeichnung war wertvoller. Ein Anreiz, beide zusammen zu verkaufen.«

Ich antwortete nicht. Ich sah ihn nur an. Ich fragte mich, ob er jemals in seinem Leben gerade denken könnte, ohne einen Trick zu gebrauchen. Wahrscheinlich würde er selbst vor seinem Tode noch irgendeinen Haken schlagen, selbst wenn er wüßte, daß es ihm nichts mehr nützte.

»Wir sind abends eingeladen«, sagte er schließlich. »Gegen zehn Uhr.«

»Zum Essen?«

»Nach dem Essen. Das Essen habe ich abgelehnt. Wir gehen zur Villa Weller.«
»Als was?« fragte ich. »Als Assistent vom Louvre oder als belgischer Kunsthistoriker?«
»Als Assistent vom Louvre. Sie müssen vorher den Gauguin hinbringen. Am besten gleich. Hängen Sie ihn schon auf, wenn Sie können. Er wirkt so besser. Ich verlasse mich darauf, daß Sie das fertigbringen. Bilder an der Wand verkaufen sich zweimal so leicht, als wenn sie auf dem Boden oder einem Stuhl stehen. Sie können ein Taxi nehmen.«
»Das brauche ich nicht«, erklärte ich hochmütig. »Ich habe einen Wagen.«
»Was?«
»Vom Studio gestellt.« Ich verschwieg, daß es sich um einen alten Ford handelte. Es gab mir vorübergehend eine Überlegenheit über Silvers. Aber um halb zehn Uhr schlug er vor, meinen Wagen zu benützen, um zur Villa Weller zu fahren, und als er ihn sah, sprang er zurück und wollte nach einem Cadillac telefonieren. Ich redete ihm zu, im Ford vorzufahren, für einen ersten Verkauf sei das besser. Es wirke seriöser. Von Cadillacs und Rolls-Royces wimmelte es ohnehin. Jeder kleine Filmstar besäße einen: Ein Ford würde in diesem Staate, in dem jeder als Angeber aufträte, eine Sensation im guten Sinne sein. »Genau das mache ich«, erklärte Silvers, der die Gewohnheit aller unsicheren Leute hatte, immer recht haben zu müssen. »Ich wollte einen sehr alten, gebrauchten Cadillac mieten, aber ein Ford ist ja schließlich fast dasselbe.«
Wir gerieten in eine private Filmvorführung. Das war so üblich in Hollywood nach dem Essen. Es wurden jeweils die Filme gezeigt, bei deren Chefs man gerade zu Gast war. Ich amüsierte mich über Silvers, der ein schönes Bild von Ungeduld und Verbindlichkeit darstellte. Er trug einen seidenen Smoking und Pumps, ich meinen blauen Anzug. Es waren

mehr blaue Anzüge als Smokings da. Silvers fühlte sich ›overdressed‹. Er wäre am liebsten zurückgefahren und hätte sich umgezogen. Natürlich machte er mich verantwortlich dafür, ihn nicht informiert zu haben: Dabei hatte ich nachmittags nur einen Diener und die alte Mutter Wellers gesehen.

Es dauerte fast zwei Stunden, bis die Lichter wieder angingen. Zu meiner Überraschung entdeckte ich unter den Gästen Holt und Tannenbaum. »Wie kommt es, daß wir alle auf derselben Party sind?« fragte ich. »Ist das immer so in Hollywood?«

»Aber Robert«, sagte Holt vorwurfsvoll. »Weller ist doch unser Chef! Sein Studio macht ja unseren Film. Wußten Sie das nicht?«

»Nein. Woher?«

»Sie glücklicher Mensch. Ich werde ihm gleich sagen, daß Sie hier sind. Er wird sicher mit Ihnen sprechen wollen!«

»Ich bin mit Silvers hier. Für andere Zwecke.«

»Das kann ich mir denken. Ich habe den aufgeputzten Affen schon gesehen. Warum sind Sie nicht zum Essen gekommen? Es gab Truthahn mit Füllung. Eine Delikatesse. Man ißt das hier im späten Herbst. Eine Art Weihnachtsgans nach europäischen Begriffen.«

»Mein Chef hatte keine Zeit, zum Essen zu kommen.«

»Ihr Chef war nicht eingeladen zum Essen. Hätte Weller gewußt, daß Sie mit ihm kommen, hätte er Sie sicher eingeladen. Er weiß, wer Sie sind. Ich habe es ihm mitgeteilt.«

Ich genoß einen Augenblick den Gedanken, daß Silvers durch mich bei Weller eingeführt wurde, und überlegte, wie er sich da wohl winden würde, um mir trotzdem seine Überlegenheit zu zeigen. Dann vergaß ich es und sah nur die Gäste an. Mir fielen sofort die vielen jungen, gutaussehenden Menschen auf. Ich sah ein halbes Dutzend Filmhelden, die ich aus Wildwest- und Abenteuerfilmen kannte.

»Ich weiß, was Sie fragen wollen«, sagte Holt. »Warum sind die nicht im Krieg? Einige sind nicht gesund, sie haben beim Fußballspielen oder beim Tennis Unfälle gehabt, andere bei der Arbeit, noch andere finden, daß sie hier unentbehrlich sind. Aber es gibt viele, die wirklich im Krieg sind, oft solche, von denen man es nicht geglaubt hätte. Sie wollten das doch fragen, nicht wahr?«
»Nein. Ich wollte fragen, ob hier ein Obristentreffen veranstaltet worden ist. Es wimmelt ja hier von Obristen!«
Holt lachte. »Das sind unsere Hollywood-Obristen. Sie sind alle gleich Majore, Oberstleutnants, Vizeadmiräle, Kapitäne und Obristen geworden, ohne gedient zu haben. Der Kapitän, den Sie dort sehen, ist nie weiter als bis Santa Monica geschwommen, der Admiral ist in Washington Besitzer eines herrlichen Polstersessels. Die Obristen sind Filmproduzenten, Regisseure und Agenten, die in der Abteilung ›Film‹ der Armee untergekommen sind. Unter Major gibt es hier nichts.«
»Sie sind Major?«
»Ich habe einen Herzfehler und drehe Antinazifilme. Zum Lachen, was?«
»Überhaupt nicht. Das ist überall in der Welt dasselbe. Ich nehme an, sogar in Deutschland. Die Kämpfer sieht man nicht. Man sieht die Nichtkämpfer. Die Etappenhengste und die Heimatkrieger. Das trifft nicht Sie, Holt. Wieviel schöne Menschen hier sind! So, glaubt man immer, müßte ein Fest aussehen.«
Er lachte. »Sie sind in Hollywood. Wo sonst sollten Sie schöne Menschen finden? Da, wo jeder sein Aussehen hoch verkaufen kann. Die Regisseure und Produzenten natürlich ausgenommen. Da ist unser Chef Weller!«
Ein kleiner Mann in der Uniform eines Oberst trat auf uns zu. Er hatte Lachfalten und wirkte völlig unmilitärisch. Er zog mich sofort beiseite, als er hörte, daß ich bei Holt beschäftigt sei. Silvers machte große Augen; er hockte ziemlich verein-

samt in einem Sessel, von dem aus er den Gauguin sehen konnte, um den sich sonst niemand kümmerte. Der Gauguin leuchtete wie ein Fleck südlicher Sonne über dem Flügel, um den sich, fürchtete ich, bald die üblichen Chorsänger sammeln würden.

Ich machte mich mit Mühe frei. Plötzlich war ich etwas geworden, was ich nie erwartet hätte, eine Art Salonlöwe des Grauens. Weller produzierte mich stolz lächelnd als einen Mann, der im KZ gesessen hatte, und einige Filmhelden und mehrere Mädchen mit der Haut reifer Pfirsiche begannen sich für mich zu interessieren. Ich begann vor Unbehagen zu schwitzen und schoß ärgerliche Blicke auf Holt, obwohl er ziemlich unschuldig an der Situation war. Tannenbaum rettete mich nach einiger Zeit. Wie eine Katze um einen Teller mit Gulasch, so war er den ganzen Abend um mich herumgestrichen und benutzte die erste Gelegenheit, mit mir einen Whisky zu trinken, da er mir ein Geheimnis anvertrauen wollte.

»Die Zwillinge sind angekommen«, flüsterte er mir zu.

Ich wußte, daß er den Zwillingen zwei kleine Rollen in Holts Film verschafft hatte. »Gottlob!« sagte ich. »Dann ist ja für Ihren Bedarf an eingebildeten Leiden gesorgt.«

Er schüttelte den Kopf. »Im Gegenteil, voller Erfolg!«

»Was? Bei beiden? Gratuliere.«

»Das ist unmöglich. Die Zwillinge sind katholisch. Bei einem!«

»Bravo! Ich hätte es nie geglaubt. Bei Ihrer zarten und komplizierten Veranlagung!«

»Ich auch nicht!« erklärte Tannenbaum glücklich. »Der Film hat es getan!«

»Ich verstehe. Weil Sie den beiden die Rollen besorgt haben.«

»Das war es nicht. Das habe ich schon zweimal getan. Zwillinge kann man im Film immer in Nebenrollen gebrauchen. Es hat nie vorher genützt. Aber jetzt!«

»Gratuliere nochmals.«
»Meine Rolle als Gruppenführer. Wie Sie vielleicht wissen, bin ich ein Schüler der Stanislawski-Methode. Ich muß meine Rolle ganz fühlen, um gut zu sein. Wenn ich einen Mörder darstellen soll, muß ich mich wie ein echter Mörder fühlen. Nun, und als Gruppenführer ...«
»Ich verstehe. Aber die Zwillinge sind doch nie einzeln zu treffen. Darin besteht doch ihre Macht.«
Tannenbaum lächelte. »Für Tannenbaum ja, aber nicht für einen Gruppenführer! Ich war in Uniform, als sie ankamen. Ich habe sie in meinem Bungalow sofort angeschnauzt, daß ihnen fast die Ohren abfielen, habe die eine eingeschüchtert zum Bekleidungsamt befohlen, um die Kostüme zu probieren, die andere dabehalten, habe sie – noch immer in Uniform – auf die Couch geworfen, die Tür abgeschlossen und bin dann wie ein Gruppenführer über sie hergefallen. Und denken Sie: Anstatt mir das Gesicht zu zerkratzen, war sie still wie eine Maus. So groß ist die Macht der Uniform. Ich hätte es nie geglaubt. Sie?«
Ich dachte an den ersten Nachmittag im Studio. »Doch«, sagte ich. »Aber was passiert, wenn Sie nicht mehr in Uniform sind, sondern in Ihrem aufregenden Sportjackett?«
»Schon probiert«, sagte Tannenbaum. »Die Aura bleibt. Vielleicht auch deshalb, weil es schon einmal geschehen ist. Auf jeden Fall: Die Aura ist da.«
Ich verneigte mich vor dem Gruppenführer im blauen Anzug. »Eine kleine Entschädigung für ein großes Unglück«, sagte ich. »Immerhin. Es heißt, daß auch nach dem letzten furchtbaren Ausbruch des Vesuvs Leute in der heißen Asche Eier gebraten haben.«
»So ist das Leben«, erklärte Tannenbaum. »Da ist nur ein Haar in der Suppe. Ich weiß nicht, ob ich den richtigen Zwilling erwischt habe.«
»Wieso? Die sind doch nicht zu unterscheiden.«

»Im Bett schon. Vesel hat mir erklärt, einer sei ein Vulkan. Meiner ist eher ruhig.«
»Vielleicht kommt das von Ihrer Aura.«
Tannenbaums Gesicht hellte sich auf. »Das ist möglich. Daran habe ich noch nicht gedacht. Aber was macht man da?«
»Warten Sie bis zum nächsten Film. Vielleicht spielen Sie da einen Piraten oder einen Scheich.«
»Einen Scheich«, sagte Tannenbaum. »Einen Scheich mit einem Harem. Nach der Stanislawski-Methode.«

Die Nacht war sehr ruhig, als ich in den Garden of Allah kam. Es war noch nicht sehr spät, aber alles schien zu schlafen. Ich setzte mich an den Swimming-pool und wurde auf einmal von einer grundlosen Schwermut wie von einer Wolke überschattet. Ich blieb still sitzen und wartete auf Gestalten, die hervorträten, Schatten der Erinnerung, von denen ich erfahren könnte, woher diese Depression kam, von der ich sofort wußte, daß sie nicht wie früher war. Es war nichts Niederdrückendes dabei, nicht einmal Qual. Ich kannte Todesangst, die ebenfalls anders ist als alle anderen Ängste und längst nicht immer die ängstlichste von allen. Diese merkwürdige Stimmung glich ihr, aber sie war viel stiller. Sie war das Stillste, was ich kannte, ohne Schmerz, eine Todestraurigkeit, die fast leuchtete, durchsichtig, aber so, als würde alles dahinter unsicher. Ich begriff, daß das Wort des Propheten, Gott käme nicht im Sturm, sondern in der Stille, auch auf den Tod Anwendung finden kann und daß es dann ein willenloses, sanftes Erlöschen gibt, namenlos und ohne Furcht. Ich blieb lange Zeit so sitzen, bis ich spürte, daß das Leben beinahe unmerklich zurückkehrte, wie eine allmählich sich belebende Flut nach einer lautlosen Ebbe. Schließlich erhob ich mich, ging zurück in mein Zimmer und streckte mich auf dem Bett aus. Ich hörte nur das leise Rascheln der Palmblätter und hatte das Gefühl, daß diese Stunde der größte Gegensatz zur Zeit meiner Träume war, und daß sie etwas wie eine metaphysische Balance in mein Leben gebracht hatte, von der ich wußte, daß sie vorübergehend war und ohne Hoffnung, aber doch voll eines seltsamen Trostes. Es wunderte mich nicht, als ich das durchsichtige Insekt mit den grünen Flügeln an meiner Lampe entdeckte.

XXVII.

Silvers reiste zwei Wochen später nach New York zurück. Es war eigentümlich: Hier, wo er geradezu hinzugehören schien, konnte er viel weniger verkaufen als in New York. Niemand gab hier viel auf Bilder als Statussymbol; Geld allein regierte hier durchaus nicht immer. Es war so selbstverständlich, es zu besitzen und gleichzeitig auch noch das, was man Ruhm nannte, daß eines ohne das andere fast nicht denkbar war. Man war berühmt und hatte dadurch Geld, in New York war man als Millionär nur in seinen eigenen Kreisen bekannt, und man mußte etwas Besonderes tun, um weiteren Kreisen bekannt zu werden. Und Silvers, mit seinen Tricks, besonders dem, daß er eigentlich nicht verkaufen wolle und selbst ein Sammler sei, erregte zum mindesten amüsierte Aufmerksamkeit unter den Haien, die in ihrem Wunsch, berühmte Sammler zu werden, ihm doch mehr glaubten, als sie zugeben wollten.

Er verkaufte schließlich mit Mühe den Gauguin an Weller, aber er brauchte dazu, zähneknirschend, meine Hilfe. Für Weller war ich viel wichtiger als er. Weller brauchte mich für seinen Film, Silvers brauchte er nicht. Silvers fuhr gekränkt nach New York zurück; seine Eitelkeit war noch größer als seine Geschäftsgier. »Bleiben Sie hier als eine Art Brückenkopf meiner Firma«, erklärte er. »Sie passen besser zu diesen lackierten Barbaren hier.« Er versuchte, meine Verkäufe, wenn ich welche machen sollte, auf mein Gehalt zu verrechnen. Ich lehnte das ab; ich könnte von Wellers Beraterhonorar leben. Erst am Tag der Abfahrt gab Silvers nach. Ich erhielt einen kleinen Prozentsatz dessen, was ich verkaufte, dafür kürzte er mein Gehalt auf die Hälfte. »Wie einen Sohn behandle ich Sie«, fauchte er. »Anderswo müßten Sie bezahlen für das, was Sie bei mir lernen! Ich bringe Sie auf die Universität des Handels! Alles, was Sie wollen, ist Geld, Geld, Geld! Welch eine Generation!«

Ich kam morgens zu Holt ins Studio. Meine Arbeit war ziemlich einfach. Ich hatte das, was der Verfasser des Drehbuches immer noch in ein etwas blumenhaftes Englisch der Gangster und Cowboys gekleidet hatte, in die primitive Bürokratie einer Mordmaschine des 20. Jahrhunderts zu übertragen, nüchtern, ohne jede Spur von Bravado, Schizophrenie oder deformierter Phantasie. In eine Mordmaschine von kleinen Bürgern mit gutem Gewissen. Holts Argument war immer dasselbe: »Niemand glaubt uns das! Es ist psychologisch nicht fundiert!«
Er hatte die alte romantische Vorstellung von Mördern und Folterknechten und suchte sie zu realisieren, um die Taten glaubhaft zu machen. Seine Romantik bestand darin, daß zu scheußlichen Taten auch entsprechend scheußliche Charaktere gehören müßten. Er war bereit zuzugeben, daß sie nicht fortgesetzt scheußlich zu sein brauchten, aber eine spontane Scheußlichkeit hatte immer wieder durchzubrechen, sonst würden die Figuren psychologisch unwahrscheinlich. Als alten Filmhasen reizte ihn der Gegensatz schon – er war bereit, einem Konzentrationslager-Kommandanten eine besondere Tierliebe zuzugestehen, am liebsten zu weißen Angorakaninchen, von denen er nie eines schlachten ließ –, das aber nur, um die Grausamkeit auf der anderen Seite in wirkungsvollen Kontrast zu bringen. Er fand das realistisch und wurde ärgerlich, wenn ich es romantisch nannte. Das wirkliche Grauen – der Kleinbürger, pflichtbewußt und schlau und mit gutem Gewissen bei der blutigen Arbeit, nicht anders als beim Holzsägen oder beim Fabrizieren von Kinderspielzeug –, das konnte ich ihm nicht begreiflich machen. Er streikte hier, es

war ihm nicht attraktiv genug, und es entsprach außerdem nicht dem, was er in fünfzehn Schreckens- und Mörderfilmen gelernt hatte. Er wollte mir nicht glauben, daß dies ganz normale Leute waren, die eifrig Juden töteten, so wie sie auch als Buchhalter eifrig gewesen wären; die, wenn das einmal alles vorbei wäre, wieder Krankenpfleger, Gastwirte und Ministerialbeamte werden würden, ohne eine Spur von Reue oder das Bewußtsein von Unrecht, und daß sie sich auch da wieder bemühen würden, gute Krankenpfleger und Gastwirte zu sein, so, als wäre das andere vorher nie dagewesen und völlig überdeckt worden von den Zauberworten Pflicht und Befehl. Es waren die ersten Automaten eines automatischen Zeitalters, die da auftraten und die Gesetze der Psychologie umwarfen, die immer noch etwas mit den Moralgesetzen verschwistert waren. Hier mordete man ohne Schuld, ohne schlechtes Gewissen, ohne Verantwortlichkeit, und die Mörder waren brave Staatsbürger, sie bekamen Extraschnaps, Extrawürste und Extraverdienstkreuze, nicht weil sie Mörder waren, sondern weil sie einen etwas anstrengenderen Beruf hatten als einfache Soldaten. Das einzig Humane, das sie hatten und das sie etwas liebenswürdig-menschlich machte, war, daß sie ihre kleinen Vorteile ohne den Schein der Drükkebergerei bekamen – denn keiner von ihnen brauchte in den Krieg, und im Zeitalter der Bombardierungen, wo selbst Provinzstädte gefährlich wurden, waren die abgelegenen Konzentrationslager aus zwei Gründen absolut sicher: einmal, weil sie abgelegen waren, und zweitens, weil der Feind nicht Feinde des Regimes vernichten wollte und damit auch deren Mörder schonen mußte.
Die Antwort des gepeinigten Holt blieb immer dieselbe: »Niemand glaubt uns das, niemand! Wir müssen es menschlich machen! Auch das Unmenschliche muß menschlich begründet sein!«
Ich versuchte eine Szene in das Manuskript zu bringen, um

die Unmenschlichkeit ohne Menschlichkeit zu beweisen: Die Sklavenlager der deutschen Industrie. Holt wußte nichts davon. Er hing an seinem alten Konzept, daß ein Mörder immer ein schlechter Mensch sei. Ich erklärte ihm wieder und wieder, daß die Ereignisse in Deutschland nicht von Menschen angestiftet und begangen würden, die vom Mond heruntergekommen seien und das Land vergewaltigt hätten, sondern von guten Deutschen, die sich ganz bestimmt auch für gute Deutsche hielten. Ich erklärte ihm, daß es lächerlich sei anzunehmen, alle Generäle Deutschlands seien so blind und hätten solchen Gedächtnisschwund, daß sie nichts von den Folterungen und Morden wüßten, die täglich begangen würden. Und ich erklärte ihm auch, daß die größten Industrie-Unternehmungen des Landes Verträge mit den Konzentrationslagern geschlossen hätten, um die Sklaven dort für sehr billige Löhne, die an die KZ bezahlt wurden, so lange arbeiten zu lassen, bis sie arbeitsunfähig waren und dann durch die Schornsteine der Krematorien gejagt wurden.

Holt war blaß. »Das kann nicht wahr sein!«

»Es ist wahr. Zahlreiche Riesenunternehmen profitieren von den unglücklichen, geschundenen Sklaven. Sie haben sogar Zweigunternehmen ihrer Werke in die Nähe der Konzentrationslager gebaut, um selbst noch am Transport zu sparen. Recht ist, was dem deutschen Volk nützt.«

»Wir können das nicht bringen!« sagte Holt verzweifelt. »Keiner würde es glauben!«

»Obwohl Ihr Land Krieg mit Deutschland hat?«

»Trotzdem nicht. Psychologie ist international. Es würde als übelster, verlogenster Haßfilm der niedrigsten Sorte gewertet werden. 1914 war das noch möglich, mit den Filmen über deutsche Greueltaten an Frauen und Kindern in Belgien. Jetzt nicht mehr.«

»1914 war es nicht wahr, aber es wurde verfilmt. Jetzt ist es

wahr, aber man kann es nicht verfilmen, weil es niemand glauben würde?«
»Genau das, Robert.«
Ich nickte und gab mich geschlagen.

Ich verkaufte in vier Wochen vier Zeichnungen und ein Ölbild von Degas. Das Ölbild, eine Répétition de Danse, nahm Weller. Silvers behauptete prompt, ich habe das Bild einem seiner Kunden verkauft, und kürzte mir dafür die Provision.
Es gelang mir, noch ein Pastell von Renoir zu verkaufen. Holt nahm es mir ab und wurde es eine Woche später mit tausend Dollar Gewinn wieder los. Das machte ihm Mut. Er erwarb noch ein kleines Bild und verdiente wieder zweitausend Dollar daran. »Wie wäre es, wenn wir gemeinsam in den Bilderhandel gingen?« fragte er mich.
»Dazu brauchen wir viel Geld. Bilder sind teuer.«
»Fangen wir klein an. Ich habe Geld auf der Bank.«
Ich schüttelte den Kopf. Ich hatte kein besonderes Loyalitätsverhältnis zu Silvers, aber mir wurde klar, daß ich nicht in Kalifornien bleiben wollte. Das Dasein hier blieb, trotz aller Erschütterungen, ein Dasein in einem merkwürdigen Vakuum. Ich hing hier irgendwo zwischen Japan und Europa in der Luft, und je sicherer ich wurde, daß ich nicht in Amerika bleiben konnte, um so mehr wollte ich nach New York zurück. Ich entdeckte in diesen Wochen sogar eine fieberige Liebe zu New York, die wahrscheinlich daher kam, daß ich mehr und mehr erkannte, daß dies ein Intermezzo bleiben würde auf meinem Weg ins Ungewisse. Ich gab mir große Mühe, Geld zu verdienen, ich wußte, daß ich es brauchen würde, und ich wollte nicht daran scheitern, keines zu haben. Ich blieb deshalb länger, als der Film dauerte.
Es war eine Zeit, in der ich selbständig war. Ich hatte nichts zu tun als darauf zu warten, daß ein Fisch anbiß. In den letzten

Wochen der Dreharbeiten hatte ich gespürt, daß Holt und Weller mich zwar für unwichtige Kleinigkeiten holten, daß sie mich aber sonst vom Manuskript fernhielten. Für sie war ich nicht mehr glaubwürdig, sie waren überzeugt, es besser zu wissen. Das Merkwürdige daran war, daß sie beide Juden waren und ich nicht, obschon das zum Schluß nichts mehr ausmachte. Mir glaubten sie nur bis zu einem gewissen Grade – dann begannen sie zu zweifeln, weil sie mich für einen arischen Überläufer hielten, der Rache nehmen und sich selbst rechtfertigen wollte und deshalb übertrieb und erfand.

»In New York schneit es«, schrieb Kahn. »Wann kommen Sie wieder? Ich habe Natascha getroffen. Sie konnte nur wenig von Ihnen erzählen und glaubt, Sie kämen nicht wieder nach New York. Sie war auf dem Wege ins Theater mit einem Mann, der einen Rolls-Royce hat. Was macht Carmen? Ich höre nichts mehr von ihr.«

Ich saß am Swimming-pool, als ich diesen Brief erhielt. Die Erde mußte schon deshalb rund sein, dachte ich, weil sich der Horizont verschob. Vor Jahren war Deutschland meine Heimat gewesen, dann Österreich, dann Frankreich, dann Europa, dann Afrika – und immer war das Land erst dadurch zu meiner Heimat geworden, daß ich es verlassen hatte, nicht weil ich dort lebte. Es tauchte dann am Horizont als Heimat auf. Jetzt war es plötzlich New York, das am Horizont stand, und vielleicht würde Kalifornien am Horizont erscheinen, wenn ich wieder in New York wäre. Es war fast wie in dem Schubert-Lied vom Wanderer: Dort, wo du nicht bist, dort ist das Glück.

Ich suchte Carmen auf. Sie wohnte noch in dem Bungalow, wo ich sie zuerst getroffen hatte. Nichts schien sich geändert zu haben.

»Ich fahre in zwei Wochen nach New York zurück«, sagte ich. »Wollen Sie mitfahren?«

»Aber Robert! Mein Vertrag läuft noch fünf Wochen lang. Ich muß hierbleiben.«
»Hat man Sie inzwischen beschäftigt?«
»Ich habe Kleider probiert. Und ich soll im nächsten Film eine kleine Rolle bekommen.«
»Das heißt es immer. Glauben Sie, daß Sie eine Schauspielerin sind, Carmen?«
Sie lachte. »Natürlich nicht. Aber wer ist schon eine?« Sie musterte mich. »Sie haben sich herausgemacht, Robert.«
»Ich habe mir einen neuen Anzug gekauft.«
»Das ist es nicht. Sind Sie dünner geworden? Oder kommt es davon, daß Sie so braun sind?«
»Keine Ahnung. Wollen Sie mit mir essen gehen? Ich habe Geld und kann Sie zu Romanoff führen.«
»Gut«, sagte sie zu meiner Überraschung.
Die Filmschauspieler, die bei Romanoff saßen, interessierten sie nicht. Sie hatte sich auch nicht umgezogen. Es war Mittag. Sie trug enge weiße Hosen. Ich sah auf diese Weise zum ersten Male, daß sie auch einen herrlichen Hintern hatte. Es war fast zuviel: dieses tragische Gesicht, bei dem man sogar kurze Beine in Kauf genommen hätte, und dazu plötzlich dieser hohe, kostbare Arsch.
»Haben Sie etwas von Kahn gehört?« fragte ich.
»Er telefoniert neuerdings ab und zu. Aber Sie haben von ihm gehört, wie? Sonst hätten Sie mich doch nicht besucht.«
»Nein«, log ich. »Ich habe Sie besucht, weil ich bald wegfahre.«
»Warum? Finden Sie es hier nicht herrlich?«
»Nein.«
Sie studierte mich wie eine sehr junge Lady Macbeth. »Wegen Ihrer Freundin? Es gibt doch so viele Frauen. Besonders hier. Und eine Frau ist doch schließlich wie die andere.«
»Aber Carmen!« sagte ich. »Was für ein Unsinn!«
»Daß es Unsinn ist, glauben nur Männer.«

Ich sah sie an. Sie hatte sich etwas verändert. »Ist ein Mann auch wie der andere?« fragte ich. »Das dürften dann die Frauen wieder nicht glauben.«
»Männer sind verschieden. Zum Beispiel Kahn. Er ist eine Pest.«
»Was?«
»Eine Pest«, sagte Carmen lächelnd und ruhig. »Erst will er, daß ich nach Hollywood fahre, und jetzt will er, daß ich zurückkomme. Ich gehe nicht. Hier ist es warm. In New York liegt Schnee.«
»Ist das der ganze Grund?«
»Ist das nicht genug?«
»Gott segne Sie, Carmen. Wollen Sie nicht trotzdem mitkommen?« Sie schüttelte den Kopf. »Kahn macht mich nur verrückt. Ich bin ein einfaches Mädchen, Robert. Ich bekomme Kopfschmerzen von seinem Gerede.«
»Er hat nicht immer nur geredet, Carmen. Er ist das, was man einen Helden nennt.«
»Davon kann man nicht existieren. Helden sollten sterben. Wenn sie überleben, werden sie die größten Langeweiler.«
»Was? Wer hat Ihnen das erzählt?«
»Muß mir das jemand erzählen? Sie halten mich auch für bodenlos dumm, wie? Genau wie Kahn?«
»Im Gegenteil! Kahn hält Sie auch nicht für dumm. Er betet Sie an.«
»Er betet mich so an, daß ich Kopfschmerzen bekomme. Das ist noch langweiliger. Warum seid ihr alle nicht mehr natürlich?«
»Was?«
»Natürlich, wie andere Menschen. Zum Beispiel so wie meine Wirtin. Bei euch ist immer alles gleich schwierig.«
Der Kellner brachte Macédoine des fruits. »Genau wie das hier«, sagte Carmen. »Was für ein pompöser Name! Dabei ist es nur aufgeschnittenes Obst mit etwas Likör.«

Ich brachte sie zu den Hühnern, der rothaarigen Modellwirtin und ihrem Bungalow zurück. »Einen Wagen haben Sie auch schon«, sagte das tragische Dusen-Antlitz. »Sie machen sich raus, Robert.«
»Kahn hat jetzt auch einen Wagen«, log ich. »Einen besseren als ich. Tannenbaum hat es mir erzählt. Einen Chevrolet.«
»Einen Chevrolet mit Kopfschmerzen«, erwiderte Carmen und wandte mir ihren herrlichen Hintern zu. »Was macht Ihre Freundin, Robert?« fragte sie über die Schulter.
»Ich weiß es nicht. Ich habe seit einiger Zeit nichts von ihr gehört.«
»Schreiben Sie sich nicht ab und zu?«
»Wir haben beide permanenten Schreibkrampf in der rechten Hand; und wir können beide nicht Maschinenschreiben.«
Carmen lachte. »Wie es so geht, wie? Aus den Augen, aus dem Sinn! Das macht alles viel vernünftiger.«
»Ein weiseres Wort ist selten gesagt worden. Soll ich Kahn etwas bestellen?«
Sie dachte nach. »Wozu?«
Ein paar Hühner kamen flatternd vom Garten hergerannt. Carmen wurde plötzlich lebendig. »Um Gottes willen, meine weißen Hosen! Frisch geplättet!« Sie scheuchte die Tiere mit Mühe davon. »Husch, Patrick! Weg, Emilie! Da, schon ein Fleck!«
»Es ist gut, wenn man das Unglück beim Namen kennt, wie?« fragte ich. »Das macht es gleich familiärer.«
Ich ging zu meinem Ford zurück und blieb plötzlich stehen. Was hatte ich da eben gesagt? Mir war eine Sekunde, als hätte mich von hinten jemand gestochen. Ich drehte mich halb um.
»Nicht so schlimm«, hörte ich Carmen vom Garten her rufen. »Man kann es auswaschen!«
Ja, dachte ich. Aber kann man es auswaschen?

Ich verabschiedete mich von Scott. »Ich möchte zu meiner Rötelzeichnung noch eine zweite haben«, sagte er. »Ich bin ein Mann der Sofas und der Pendants. Wer weiß, wann Sie wiederkommen! Haben Sie noch eine?«
»Eine Kohlezeichnung. Keine in Rötel. Sie ist sehr hübsch; auch ein Renoir.«
»Gut. Dann habe ich zwei Renoirs. Wer hätte das je geglaubt?«
Ich nahm die Zeichnung aus dem Koffer und reichte sie ihm. »Ich gebe sie Ihnen am liebsten, Scott.«
»Warum? Ich verstehe doch nichts davon.«
»Sie haben Respekt, das ist fast noch besser. Leben Sie wohl, Scott! Mir ist, als kennten wir uns seit Jahren.«
Ich hatte sie oft erlebt, diese spontane Herzlichkeit, die meine europäische Vorsicht übersprang. Man nannte sich nach ein paar Stunden beim Vornamen und war damit auf eine vielleicht oberflächliche, doch herzliche Art befreundet. Freundschaft war in Amerika das leichteste und einfachste, das es gab – in Europa das langsamste und schwierigste. Der eine Kontinent war jung, der andere alt. Es könnte sein, daß es daran lag. Man sollte immer so leben, als ob man Abschied nähme, dachte ich.
Tannenbaum hatte eine andere kleine Rolle gefunden. Er war zufrieden und wollte meinen Ford kaufen. Ich erklärte ihm, daß ich ihn dem Studio zurückgeben müsse.
»Was spielen Sie im nächsten Film?«
»Einen englischen Koch, der auf einem Schiff dient, das von einem deutschen Unterseeboot torpediert wird.«
»Ertrinkt er?« fragte ich hoffnungsvoll.
»Nein. Er ist die komische Figur, die gerettet wird und dann für die Besatzung des deutschen Unterseebootes kocht.«
»Vergiftet er sie?«
»Nein. Er kocht für sie Plumpudding zu Weihnachten. Alle verbrüdern sich auf hoher See und singen englische und deut-

sche Volkslieder. Sie entdecken außerdem, daß die frühere deutsche und die englische Nationalhymne dieselbe Melodie haben. ›Heil dir im Siegerkranz‹ und ›God save the King‹. Sie entdecken das unter einem kleinen Tannenbaum mit elektrischen Lichtern und beschließen, nach diesem Krieg nicht mehr gegeneinander zu kämpfen. Sie finden zuviel Gemeinsames.«

»Man könnte schwarz für Sie in die Zukunft sehen. Aber vielleicht bietet Ihre Persönlichkeit inzwischen ein Gegengewicht.«

Ich stieg in den Zug mit seinen Negerportiers, seinen breiten, bequemen Betten aus Schaumgummi und seinen eingebauten Privattoiletten. Tannenbaum und der Zwilling winkten. Ich hatte zum erstenmal seit vielen Jahren alle meine Schulden bezahlt, Geld in der Tasche, eine um drei Monate verlängerte Aufenthaltserlaubnis und die Aussicht auf eine drei Tage lange Reise durch Amerika an einem großen Fenster, fünfzig Schritte vom Speisewagen entfernt.

XXVIII.

»Robert«, sagte Melikow, »ich dachte schon, du bliebst in Hollywood!«
»Das scheint fast jeder gedacht zu haben.«
Melikow nickte. Er sah grau aus. »Bist du krank?« fragte ich.
»Warum?« Er lachte. »Richtig, du kommst aus Kalifornien. Da sieht jeder New Yorker aus, als käme er aus dem Krankenhaus. Warum bist du zurückgekommen?«
»Ich bin Masochist.«
»Natascha hat auch nicht geglaubt, daß du wiederkämst.«
»Was hat sie geglaubt?«
»Daß du im Film unterkämst.«
Ich fragte nicht weiter. Mein Empfang war nicht heiter. Die alte Bude sah verstaubter und schäbiger aus denn je. Ich verstand plötzlich selbst nicht, warum ich zurückgekommen war. Die Straßen waren schmutzig, und es regnete. »Ich muß einen Mantel kaufen«, sagte ich.
»Willst du wieder hier wohnen?« fragte Melikow.
»Ja. Es kann diesmal ein größeres Zimmer sein. Hast du eines frei?«
»Das von Raoul ist frei geworden. Er ist endgültig ausgezogen. Nach einem großen Krach gestern. Ich weiß nicht, ob du seinen letzten Freund gekannt hast.«
»Hast du noch ein anderes Zimmer?«
»Das von Lisa Teruel. Sie ist vor einer Woche gestorben. Zu viele Schlaftabletten. Sonst ist nichts frei, Robert. Du hättest schreiben sollen. Im Winter sind alle Hotels besetzt.«
»Zwischen einem wilden Schwulen und einer sanften Selbstmörderin zu wählen ist nicht einfach. Gut, ich nehme das Zimmer von Lisa Teruel.«

»Das habe ich mir gedacht.«
»Warum?«
Melikow lachte. »Ich weiß nicht, warum. Im Sommer hättest du sicher Raouls Bude genommen.«
»Meinst du, daß ich jetzt weniger Angst vor dem Tod habe?«
Melikow lachte wieder. »Nicht vor dem Tod. Aber vor Gespenstern. Wer hat schon Angst vor dem Tod? Er ist doch unverständlich. Vor dem Sterben, das ist was anderes. Nun, Lisa ist gut gestorben. Sie sah zehn Jahre jünger aus, als wir sie fanden.«
»Wie alt war sie?«
»Zweiundvierzig. Komm, ich zeige dir das Zimmer. Es ist sauberer als alle andern. Wir mußten es ausschwefeln. Außerdem hat es Sonne. Im Winter nicht zu verachten. Raouls Zimmer hat keine Sonne.«
Wir gingen hinauf. Das Zimmer lag im ersten Stock. Man konnte hinaufkommen, ohne von der Halle aus gesehen zu werden. Ich packte aus. Ein paar große Muscheln, die ich in einem Laden in Los Angeles gekauft hatte, verteilte ich im Zimmer. Sie wirkten verlassen und hatten ihren Abenteuerglanz aus der Tiefe verloren. »Das Zimmer ist bedeutend freundlicher, wenn es nicht regnet«, sagte Melikow. »Wollen wir etwas Wodka trinken, um uns aufzuheitern?«
»Nicht einmal das. Ich werde ein paar Stunden schlafen.«
»Ich auch. Man wird älter. Ich habe Nachtdienst gehabt. Mit dem Winter kommt das Rheuma. Heute abend ist alles besser, Robert!«

Ich ging nachmittags zu Silvers. Er empfing mich freundlicher, als ich erwartet hatte. »Haben Sie Aufträge mitgebracht?« fragte er.
»Ich habe eine Kohlezeichnung verkauft. Für fünftausend Dollar. Den kleinen Renoir.«
Silvers nickte. »Gut«, sagte er zu meinem Erstaunen.

»Was ist los?« fragte ich. »Gewöhnlich erklären Sie mir doch, daß wir Kopf und Kragen verlieren, weil wir verkaufen.«
»Das tun wir auch. Am besten wäre es, alles zu behalten. Aber der Krieg geht zu Ende, Ross.«
»Noch nicht.«
»Er geht zu Ende. Ob einen Monat früher oder später, spielt keine Rolle. Deutschland ist fertig. Daß die deutschen Nazis weiterkämpfen bis zum letzten deutschen Nichtnazi, ist verständlich – sie kämpfen um ihr Leben. Daß der deutsche Generalstab weiterkämpft, ist auch verständlich – jeder kämpft da bis zum letzten Soldaten um seine Karriere. Trotzdem ist Deutschland fertig. In wenigen Monaten ist alles zu Ende. Sie wissen, was das heißt.«
»Ja«, sagte ich nach einer Weile.
»Es heißt, daß wir bald wieder nach Europa können«, sagte Silvers. »Und Europa ist jetzt arm. Man wird billig Bilder kaufen können, wenn man in Dollar zahlt. Verstehen Sie jetzt?«
»Ja«, sagte ich zum zweitenmal, aber diesmal überrascht.
»Es wird klüger sein, in Europa einzukaufen, als hier. Deshalb ist es gut, das Lager kleiner zu halten. Man muß aufpassen, in solchen Situationen kann man Verluste und Gewinne haben.«
»Das verstehe selbst ich.«
»Es war so ähnlich nach dem ersten Krieg. Damals verstand ich noch nichts davon. Ich machte große Fehler. Das darf nicht noch einmal passieren. Wenn Sie deshalb noch schwebende Verhandlungen haben, die am Preise gescheitert sind, könnte man jetzt nachgeben. Begründen Sie es damit, daß die Kunden bei Barzahlung einen Nachlaß bekämen. Wir wären gerade dabei, eine große Sammlung zu kaufen und brauchten deshalb bares Geld.«
Ich wurde plötzlich heiter. Reiner Geschäftssinn, nicht durch Moralphrasen getrübt, hatte manchmal diese Wirkung auf

mich, besonders wenn er kaltblütig Katastrophen in Soll und Haben ummünzte. Es war, als wenn tapfere Zwerge Gott regierten. »Wir müssen dabei natürlich Ihre Provision entsprechend herabsetzen«, fügte Silvers noch hinzu.
Ich hatte darauf geradezu gewartet. Es gab die letzte Würze; wie Knoblauch einem Hammelragout. »Natürlich«, erwiderte ich fröhlich.

Ich zögerte, Natascha anzurufen. Ich verschob es von Stunde zu Stunde. Unser Verhältnis war in den letzten Wochen zu einer abstrakten Scheinbeziehung geworden. Sie hatte sich auf ein paar Grüße und Postkarten beschränkt, und selbst bei ihnen hatte ich das Gefühl von Verlogenheit gehabt. Es hat einfach nichts zu sagen gegeben, wenn wir nicht zusammen waren, und es muß bei beiden von uns ähnlich gewesen sein. Ich wußte nicht, was geschähe, wenn ich anriefe. Ich war so unsicher gewesen, daß ich ihr nicht einmal meine Rückkehr mitgeteilt hatte. Ich hatte es vor, unterließ es aber dann. Die Wochen und Monate waren in einer sonderbaren Unwirklichkeit vorbeigeglitten – als wäre unser Verhältnis zufällig und ohne viele Schmerzen zu Ende gegangen.
Ich fuhr zu Betty und erschrak, als ich sie sah. Sie mußte zwanzig Pfund verloren haben. Die Augen starrten riesengroß aus dem eingeschrumpelten Gesicht. Sie waren das einzige, was noch lebte. Der Rest des Gesichtes hing herunter, übergroß geworden für die Knochen und die ermüdeten Muskeln.
»Sie sehen gut aus, Betty.«
»Zu dünn, wie?«
»Zu dünn kann man heutzutage nicht sein. Es ist die große Mode.«
»Betty wird uns alle überleben«, sagte Ravic. Er kam aus dem dunklen Salon.
»Nicht Ross«, erklärte Betty mit gespenstischem Lächeln. »Er sieht blühend aus. Braun und strotzend von Leben.«

»Das ist in zwei Wochen vorüber, Betty. Es ist Winter in New York.«
»Ich möchte auch ganz gern nach Kalifornien«, sagte sie. »Jetzt im Winter muß es dort gesund sein. Aber es ist so viel weiter entfernt von Europa!«
Ich sah mich um. Ich roch den Tod in den Falten der Portieren. Der Geruch war noch nicht so stark wie der von den Haufen von Toten im Krematorium. Dort war er auch anders gewesen, das Blut schon geronnen, und der süßliche Geruch, der der starken Verwesung vorausgeht, hatte den schärferen, etwas beißenden Oberton des Gases gehabt, das in den Lungen zurückgeblieben war. Hier war es ein lauer, abgestandener, aber auch süßlicher Geruch, der sich schon festgesetzt hatte und sich nur für Minuten durch das Öffnen der Fenster und durch Lavendelwasser vertreiben ließ. Er kam wieder. Ich kannte ihn. Der Tod hockte nicht mehr draußen vor dem Fenster, er war bereits im Zimmer – noch in den Ecken, aber er wartete.
»Hier wird es jetzt so früh dunkel«, sagte Betty. »Es macht die Nächte lang.«
»Sie müssen nachts das Licht brennen lassen«, erklärte Ravic. »Man kann die Tageszeiten ignorieren, wenn man keinen Beruf hat.«
»Das tue ich schon. Ich habe Angst vor der Dunkelheit. In Berlin hatte ich nie Angst.«
»Das ist lange her, Betty. Man ändert sich. Ich hatte auch Zeiten, in denen ich mich fürchtete, im Dunkeln aufzuwachen.«
Sie heftete die glänzenden großen Augen auf mich. »Immer noch?«
»Hier in New York immer noch. In Kalifornien weniger.«
»Warum nicht? Was haben Sie getan? Sie waren nachts nicht allein, wie?«
»Doch. Ich habe es vergessen, Betty. Ganz einfach.«

»Das ist das beste«, sagte Ravic.
Betty drohte mir mit dem skelettartigen Finger und lächelte ein entsetzliches Lächeln, die viel zu weite Haut ihres Gesichtes bewegte sich, als arbeiteten unsichtbare Fäuste darunter.
»Man braucht ihn doch nur anzusehen«, sagte sie und blickte mich mit starren kugeligen Augen an. »Er ist glücklich.«
»Wer ist schon glücklich, Betty«, sagte ich.
»Das habe ich herausgefunden. Jeder, der gesund ist. Man weiß es nur nicht, bis man krank wird. Und dann vergißt man es wieder, wenn man es nicht mehr ist. Ganz weiß man es nur, wenn man stirbt.«
Sie richtete sich auf. Ihre Brüste hingen wie leere Beutel unter ihrer geblümten Nachtjacke aus Kunstseide. »Alles andere ist Unsinn«, keuchte sie mit ihrer atemlosen, etwas heiseren Stimme.
»Das kann ich nicht glauben, Betty«, sagte ich. »Sie haben doch so viele schöne Erinnerungen. Die vielen Menschen, denen Sie geholfen haben! Die zahlreichen Freunde, die Sie haben!«
Betty schwieg einen Augenblick. Dann winkte sie mich nahe heran. Ich kam ungern, sie roch nach Pfefferminztabletten und Verfall. »Alles egal«, flüsterte sie. »Alles wird auf einmal ganz egal! Glauben Sie es mir.«
Der New Yorker Zwilling tauchte aus dem grauen Wohnzimmer auf. »Betty hat heute ihren anonymen Tag«, sagte Ravic und stand auf. »Cafard. Jeder hat das ab und zu. Ich habe es manchmal für Wochen. Ich komme heute abend noch einmal. Wir machen eine harmlose Spritze.«
»Cafard«, murmelte Betty. »Heuchelei. Sooft wir dieses Wort aussprechen, denken wir, wir seien in Frankreich. Wie furchtbar, diese Vorstellung. Man kann immer noch unglücklicher sein, als man glaubt. Ist es nicht so, Ravic?«
»Ja, Betty. Immer etwas glücklicher auch. Hier ist kein Gestapomann hinter Ihnen her.«

»Doch. Einer.«
Ravic lächelte. »Der ist hinter uns allen her, aber er ist langsam und verliert uns oft aus den Augen.«
Er ging. Der Zwilling breitete ein paar Fotos auf Bettys Bettdecke aus. »Der Olivaer Platz, Betty. Aus der Zeit vor den Nazis!«
Betty wurde plötzlich lebendig. »Tatsächlich? Wo hast du die her? Meine Brille! So etwas! Ist mein Haus auch zu sehen?«
Der Zwilling brachte eine Brille. »Mein Haus ist nicht drauf«, sagte Betty. »Es wurde von der anderen Seite aufgenommen. Hier ist das Haus von Doktor Schlesinger. Man kann sogar den Namen lesen. Natürlich war das vor der Zeit der Nazis. Sonst wäre das Schild nicht mehr da.«
Es war eine gute Zeit zu gehen. »Auf Wiedersehen, Betty«, sagte ich. »Ich muß gehen.«
»Wollen Sie nicht bleiben?«
»Ich bin heute erst angekommen. Muß auspacken.«
»Wie geht es meiner Schwester?« fragte der Zwilling. »Sie ist jetzt allein in Hollywood. Ich bin nämlich gleich wieder zurückgefahren.«
»Ich glaube, es geht ihr ganz gut.«
»Sie lügt so viel«, sagte der Zwilling. »Sie hat das schon einmal gemacht. Nichts war wahr. Wir mußten von Vriesländer Geld leihen, um zurückzukommen.«
»Warum bleiben Sie nicht Sekretärin bei Vriesländer, bis Ihre Schwester Ihnen das Geld für die Hin- und Rückreise schickt?«
»Da kann ich warten, bis ich einen Bart habe. Und inzwischen könnte ich vielleicht doch eine Chance haben.«
Betty hatte das Gespräch angstvoll verfolgt. »Du gehst nicht weg, Lissy, wie?« flehte sie. »Ich kann doch nicht allein zurückbleiben! Was soll ich denn dann machen?«
»Ich gehe nicht weg.«
Der Zwilling, von dem ich zum ersten Male gehört hatte, daß

er Lissy hieß, brachte mich auf den Flur. »Es ist ein Kreuz mit ihr«, flüsterte sie. »Sie stirbt und stirbt nicht. Und sie will in kein Hospital. Ich werde selbst krank dabei. Ravic will sie in ein Krankenhaus bringen, aber sie will lieber sterben, sagte sie. Doch sie stirbt nicht.«

Ich überlegte, ob ich zu Kahn gehen sollte. Aber ich hätte ihm nichts Erfreuliches mitteilen können, und ich wollte ihm nichts sagen, was nicht stimmte. Es war sonderbar, wie ich versuchte, den Anruf bei Natascha hinauszuschieben. Nahezu all die Zeit in Kalifornien hatte ich wenig daran gedacht. Dort hatte ich das Gefühl, daß es ein Verhältnis gewesen war, wie wir es uns beide am Anfang vorgemacht hatten, ein Verhältnis ohne Sentimentalität und ohne Schmerzen. Es hätte deshalb sehr einfach sein müssen, Natascha anzurufen und herauszufinden, wie wir zueinander stehen. Keiner hatte dem andern etwas vorzuwerfen, und keiner hatte Verpflichtungen. Trotzdem stand der Entschluß, mich zu melden, wie eine finstere Wolke am Himmel, wie eine Wolke, die immer dunkler wurde. Mir schien, als hätte ich etwas Unwiederbringliches versäumt, etwas, das nie wiedergutzumachen wäre und das ich durch meinen Unverstand und durch meine Nachlässigkeit nun für immer verloren hätte. Es ging fast so weit, als könne Natascha gestorben sein, so sehr verdichtete sich die unbestimmte Angst, als es Abend wurde. Ich wußte, daß der Besuch bei Betty etwas mit dieser unbegründeten Sorge zu tun hatte, trotzdem wich sie nicht.
Ich rief endlich an, als ginge es ums Leben. Ich hörte das Telefon läuten und wußte sofort, daß der Raum leer war. Ich rief alle zehn Minuten wieder an. Ich machte mir klar, daß Natascha ausgegangen sein konnte oder daß sie Aufnahmen machen mußte. Es nützte wenig, obschon die Panik geringer wurde, seit ich mich überwunden hatte zu telefonieren. Ich dachte an Kahn und Carmen, an Silvers und sein mißglücktes

Abenteuer, ich dachte an Betty und daran, daß alle unsere großen Worte vom Glück vor dem einen anderen Wort verbleichen, vor der Krankheit. Ich versuchte, mich an die kleine Mexikanerin in Hollywood zu erinnern und daran, daß es unzählige schönere Frauen als Natascha gäbe. Es nützte alles nur dazu, neuen Mut für den nächsten Anruf zu bekommen. Dann kam das alte Nummernspiel, noch zwei Anrufe und dann Schluß. Aber aus den zweien wurden drei und vier.
Plötzlich war sie da. Ich hatte den Hörer schon gar nicht mehr ans Ohr genommen, sondern ihn in meinem Schoß liegen lassen.
»Robert«, sagte sie. »Von wo rufst du an?«
»Von New York. Ich bin heute angekommen.«
Sie schwieg eine Weile. »Ist das alles?« fragte sie dann.
»Nein, Natascha. Wann kann ich dich sehen? Ich habe schon zwanzigmal angerufen und bin verzweifelt. Dein Telefon klingt leerer als alle anderen, wenn du nicht da bist.«
Sie lachte leise. »Ich bin eben erst zurückgekommen.«
»Geh mit mir essen«, sagte ich. »Ich kann dich in den Pavillon führen. Sag nicht nein. Wir können auch in einem Drugstore einen Hamburger essen. Wir können alles tun, was du willst.«
Ich fürchtete mich vor dem, was sie antworten könnte; vor einer langwierigen Auseinandersetzung, warum wir so lange nichts voneinander gehört hatten; vor unnötigem, aber verständlichem Beleidigtsein; vor all dem Schutt und Geröll, die eine Begegnung von Anfang an ersticken konnten.
»Gut«, sagte sie. »Hol mich in einer Stunde ab.«
»Ich bete dich an, Natascha! Das sind die schönsten Worte, die ich gehört habe, seit ich New York verlassen habe.«
Ich horchte in das Telefon. In dem Augenblick, als ich sie ausgesprochen hatte, wußte ich, was sie darauf antworten würde. Ich war ungeschützt für jeden Schlag. Aber sie antwortete nichts. Ich hörte das Klicken des Hörers, der aufge-

hängt wurde. Sie hatte nicht reagiert. Ich war erleichtert und enttäuscht. Ich hätte jetzt fast lieber einen Streit mit Beschimpfungen gehabt. Ihre Ruhe war verdächtig.

Ich stand im Zimmer von Lisa Teruel und zog mich an. Das Zimmer roch abends mehr nach Schwefel und Lysol als am Morgen.

Ich überlegte, ob ich nicht noch wechseln sollte. Raouls hinterlassene Atmosphäre hätte mich besser für den Waffengang gestählt, der, wie ich annahm, vor mir lag. Was ich brauchte, war eine gleichgültige Ruhe, die nicht gespielt wirken durfte, sonst wäre ich verloren. Raoul mit seiner Abneigung gegen Frauen war da ein besserer Schild als Lisa, von der ich glaubte, sie sei aus Enttäuschung gestorben. Ich überlegte sogar einen Augenblick, ob ich nicht vorher mit jemand schlafen könnte, um nicht anzufangen zu zittern, wenn ich Natascha traf. Ich hatte jemand in Paris gekannt, der ins Bordell ging, bevor er eine Frau traf, mit der er nicht mehr zusammensein wollte, auf die er aber immer wieder hereinfiel. Aber ich verwarf den Gedanken sofort; außerdem kannte ich keine Bordelle in New York.

»Gehst du zu einem Begräbnis?« fragte Melikow. »Wie wäre es mit einem Wodka?«

»Nicht einmal das«, erwiderte ich. »So ernst ist die Sache. Dabei ist sie gar nicht ernst. Ich darf nur keine Fehler machen. Wie sieht Natascha aus?«

»Besser denn je! Ich kann dir nicht helfen, es ist so!«

»Hast du heute abend Dienst?«

»Die ganze Nacht bis sieben Uhr morgens.«

»Gott sei Dank. Adieu, Wladimir, du kannst dir nicht vorstellen, was für ein Idiot ich bin. Warum habe ich nicht öfter geschrieben und telefoniert! Und ich war noch stolz darauf!«

Ich ging in die kalte Nacht hinaus, angetan mit Angst, Hoffnung, guten Vorsätzen, Reue und einem neuen Mantel von

der Stange. Außerdem voll von Lügen und strategischen Plänen.
Ich sah das Licht aufflammen und hörte das Summen des Aufzugs. »Natascha«, sagte ich rasch. »Ich bin voll von Verwirrung, Reue, Hoffnung, Lügen und strategischen Plänen hierhergekommen. Ich habe alles vergessen in dem Augenblick, als du aus der Türe kamst. Geblieben ist nur eins: Meine völlige Verständnislosigkeit dafür, daß ich jemals von dir weggehen konnte.«
Ich nahm sie in die Arme und küßte sie. Ich spürte, wie sie sich mir entzog, und hielt sie fester. Sie gab nach, und in dem Augenblick, als ich sie losließ, machte sie sich frei. »Du siehst so verwirrt aus«, sagte sie, »und du bist dünner geworden.«
»Ich habe von Gras und Diät gelebt. Gelegentlich von einer großen Portion Salat an Sonn- und Feiertagen.«
»Mich hat man zu Gala-Essen ins Twenty-One und in den Pavillon mitgenommen. Bin ich zu dick?«
»Ich wollte, du wärst es. Dann gäbe es mehr von dir. Aber du bist es nicht.«
Ich überhörte geflissentlich diesen Satz mit dem Gala-Essen, der wie ein Schlag gegen mich hätte wirken sollen. Ich war jetzt wirklich verwirrt, in einem Wirbel von Freude, Vorsicht und dem plötzlichen Zittern, seit ich sie umarmt hatte. Sie trug nie viel unter ihren Kleidern und wirkte, wenn man sie anfaßte, immer nackt und glatt und warm und aufregend. Ich hatte nicht mehr daran gedacht; jetzt dachte ich nur noch daran.
»Ist dir nicht kalt?« fragte ich idiotisch.
»Mein Mantel ist warm. Wohin gehen wir?«
Ich hütete mich, das Twenty-One oder den Pavillon zu erwähnen. Es war nicht notwendig, noch einmal zu hören, daß sie da jeden Tag gewesen sei und keine Lust mehr habe. »Wie wäre es mit dem Bistro?«

Das Bistro war ein kleines französisches Restaurant an der Dritten Avenue. Es war halb so teuer wie die andern Lokale.
»Das Bistro ist geschlossen«, sagte Natascha. »Der Besitzer hat es verkauft. Er ist nach Europa gefahren, um bei de Gaulles Einzug in Paris dabeizusein.«
»Wirklich? Konnte er reisen?«
»Es scheint so. Unter den französischen Emigranten ist das Rückwandererfieber ausgebrochen. Sie fürchten, zu spät nach Hause zu kommen und dann als Deserteure behandelt zu werden. Gehen wir in den Coq d'or. Das ist so ähnlich wie das Bistro.«
»Gut. Ich hoffe, der Besitzer ist noch da. Er ist doch auch Franzose.«
Das Lokal war gemütlich.
»Wir haben einen vorzüglichen Anjou rosé, wenn Sie Wein wollen«, sagte der Eigentümer.
»Gut.«
Ich sah ihn neidisch an. Er war ein anderer Emigrant als wir. Er konnte zurück. Sein Land war besetzt und würde befreit. Meines nicht.
»Du bist braun«, sagte Natascha. »Was hast du getan? Nichts oder noch weniger?«
Sie wußte, daß ich bei Holt gearbeitet hatte, aber sie wußte nicht viel mehr. Ich erklärte ihr, was ich getan hatte, um über die erste Viertelstunde mit ihren unnötigen Fragen hinwegzukommen.
»Mußt du wieder hin?« fragte sie.
»Nein, Natascha.«
»Ich hasse den Winter in New York.«
»Ich hasse ihn überall, nur nicht in der Schweiz.«
»Warst du dort in den Bergen?«
»Nein, im Gefängnis, weil ich keine Papiere hatte. Aber das Gefängnis war gut geheizt. Ich verbrachte dort schöne Wochen. Ich konnte den Schnee sehen, ohne darin herumlaufen

zu müssen. Es war das einzige geheizte Gefängnis, in dem ich gewesen bin.«
Sie lachte plötzlich. »Man weiß nie, ob du schwindelst oder nicht.«
»Das ist der einzige Weg, um Dinge zu erzählen, die man immer noch für Ungerechtigkeiten hält. Ein sehr altmodisches Prinzip. Es gibt keine Ungerechtigkeiten. Nur schlechte Chancen.«
»Glaubst du das?«
»Nein, Natascha. Nicht, wenn ich neben dir sitze.«
»Hast du mit vielen Frauen geschlafen in Kalifornien?«
»Mit keiner.«
»Natürlich nicht. Armer Robert.«
Ich sah sie an. Ich haßte es, wenn sie mich so nannte. Das Gespräch lief ganz anders, als ich gewollt hatte. Ich hätte versuchen sollen, so schnell wie möglich mit ihr zu schlafen. Dies alles waren störende Vorgeplänkel. Ich hätte sie im Hotel treffen sollen, um sie gleich auf Lisa Teruels Zimmer zu schleppen. Dieses hier war gefährlich. Wir strotzten vor Stacheln und vor freundlichen Worten, in denen Zeitzünder versteckt waren. Ich wußte, daß sie darauf wartete, daß ich ihr die gleiche Frage stellte.
»Das Klima in Hollywood ist nicht danach«, sagte ich. »Es macht müde und gleichgültig.«
»Hast du deshalb so wenig von dir hören lassen?« fragte sie.
»Nein, nicht deshalb. Ich kann keine Briefe schreiben. Mein Leben war so, daß ich nie wußte, an wen ich hätte schreiben können. Unsere Adressen waren Adressen für Tage, und sie wechselten immerfort. Ich konnte nur in der Gegenwart leben und für den Augenblick. Ich hatte nie eine Zukunft und konnte mir auch keine vorstellen. Ich dachte, du wärst ähnlich.«
»Woher weißt du, daß ich es nicht bin?«
Ich schwieg. »Man trifft sich wieder, und alles ist wie vorher«, sagte ich dann.

»Das wollen wir doch.«
Ich geriet immer mehr in die Falle. Ich mußte rasch heraus.
»Nein«, sagte ich. »Ich nicht.«
Sie blickte mich rasch an. »Du nicht? Du hast es doch gerade gesagt.«
»Es ist anders. Ich wußte es vorher nicht. Ich weiß es jetzt.«
»Was ist anders?«
Dies war ein Verhör. Ich konnte meine Gedanken nicht zusammenhalten. Sie irrten ab. Ich dachte an den Mann, der ins Bordell ging, ehe er die Frau traf. Ich hätte es auch tun sollen, dann wäre ich jetzt klarer gewesen. Ich hatte vergessen oder nie darüber nachgedacht, welchen Reiz Natascha auf mich ausgeübt hatte. Am Anfang unserer Beziehung war das nicht so gewesen, und dieser Anfang war es sonderbarerweise, der mir in der Nebelwand Hollywoods am meisten in Erinnerung geblieben war. Im Augenblick, als ich sie wiedergesehen hatte, war alles zurückgekommen. Jetzt scheute ich mich fast, sie anzusehen, aus Furcht, mich zu verraten. Dabei wußte ich nicht einmal, was zu verraten war. Ich hatte nur das Gefühl, daß ich für immer unterlegen sein würde, wenn sie es herausfände. Sie hatte noch längst nicht alle ihre Trümpfe ausgespielt. Sie wartete noch darauf, mir zu erklären, daß sie mit einem anderen Mann ein Verhältnis habe oder zumindest mit jemand anderem geschlafen habe. Ich wollte verhindern, daß sie es mir sagte. Ich fühlte mich auf einmal nicht mehr stark genug, das zu hören, obschon ich mich bereits mit der Unterstellung gewappnet hatte, daß jemand, der dies zugab, es wahrscheinlich nicht getan habe.
»Alles ist anders, Natascha. Ich kann es nicht erklären. Etwas, das wichtig ist und das man so nicht erwartet hat, kann man nicht sofort erklären. Ich bin glücklich, daß wir zusammen sind. Die Zeit dazwischen ist wie Rauch verschwunden.«
»Glaubst du?«

»Ich schon.«
Sie lachte. »Das ist bequem, wie? Ich muß jetzt nach Hause. Ich bin sehr müde. Wir bereiten die Frühjahrskollektion vor.«
»Ich weiß. Du bist immer eine Jahreszeit voraus.«
Frühjahr, dachte ich. Was wird dann geschehen sein? Ich blickte den Wirt mit dem schwarzen Schnurrbart an. Würde er sich dann in Paris als Deserteur verantworten müssen? Und was wird mit mir geschehen sein? Drohend kam etwas von allen Seiten auf mich zu. Mir war, als müßte ich ersticken. Das, worauf ich so lange gewartet hatte, erschien plötzlich als eine kurze Galgenfrist. Ich sah zu Natascha hinüber. Sie war unendlich fern. Kühl und gelassen zog sie sich ihre Handschuhe an. Ich wollte etwas sagen, das alle Mißverständnisse wegblasen sollte, aber mir fiel nichts ein. Beinahe stumm ging ich neben ihr her. Es war sehr kalt, und ein schneegeladener Wind fegte um die Ecken. Ich fand ein Taxi. Wir sprachen fast nichts. »Gute Nacht, Robert«, sagte Natascha.
»Gute Nacht, Natascha.«
Es war gut, daß ich wußte, Melikow würde heute nacht wach sein. Es war nicht der Wodka, den ich brauchte, es war jemand, der nichts fragte und doch da war.

XXIX.

Ich stand eine Weile vor Lowys Schaufenster. Der Tisch aus dem frühen 18. Jahrhundert war immer noch da. Ich begrüßte gerührt die Reparaturstellen an den Beinen. Er war umgeben von ein paar Sesseln mit altem Holz und neuer Bemalung, daneben standen einige ägyptische Kleinbronzen, darunter eine ziemlich gute Katze und eine Figur der Göttin Neith, zierlich, echt und mit guter Patina.

Ich sah Lowy senior aus dem Keller kommen, als wäre er Lazarus, der aus seinem Felsengrab emporstieg. Er schien älter geworden, aber so hatten merkwürdigerweise alle Bekannten auf mich gewirkt, die ich wiedergetroffen hatte – mit Ausnahme von Natascha. Sie war nicht älter geworden, sie hatte sich verändert. Sie war selbständiger und begehrenswerter als früher. Ich wollte nicht an sie denken. Der bloße Gedanke schmerzte mich, ähnlich, als hätte ich in einer Periode von Blindheit eine herrliche Chou-Bronze für eine Kopie gehalten und verschenkt.

Lowy stutzte, als er mich vor dem Fenster sah. Er erkannte mich nicht sofort, die Pracht meines Wintermantels und meine braune Gesichtsfarbe machten mich wahrscheinlich fremd. Außerdem nahm ich an, daß ich dieselbe Trauermiene zeigte wie er.

Eine rasche Pantomime ging vor sich. Lowy winkte, ich winkte zurück. Er hoppelte zur Tür. »Kommen Sie doch rein, Ross, was stehen Sie da in der Kälte umher! Hier ist es warm.«

Ich trat ein. Es roch nach Alter, Staub und Firnis. »Sie haben sich herausgemacht«, sagte Lowy. »Gehen die Geschäfte gut? Waren Sie in Florida? Gratuliere!«

Ich erklärte ihm, was ich getan hatte. Ich unterließ es, ihm etwas über meine Tätigkeit bei Holt zu sagen. Ich hatte eigentlich keinen Grund, ein Geheimnis daraus zu machen. Ich hatte nur keine Lust, heute morgen mehr zu erklären, als unbedingt notwendig war. Ich hatte mir mit Erklärungen bei Natascha genug geschadet. »Wie geht es bei Ihnen?« fragte ich.

Lowy winkte mit beiden Händen ab. »Es ist geschehen«, sagte er dumpf.

»Was?«

»Er hat geheiratet! Die Schickse!«

Ich sah ihn an. »Das bedeutet noch nichts«, erwiderte ich, um ihn zu trösten. »Heute kann man sich leicht scheiden lassen.«

»Das habe ich auch gedacht! Aber was soll ich Ihnen sagen, die Schickse ist katholisch.«

»Ist Ihr Bruder auch katholisch geworden?« fragte ich.

»Das noch nicht, aber was nicht ist, kann noch werden. Sie arbeitet Tag und Nacht an ihm.«

»Woher wissen Sie das?«

»Man sieht es. Er redet bereits über Religion. Sie hackt auf ihn ein, daß er verdammt sei, in der Hölle auf ewig zu braten, wenn er nicht katholisch werde. So was ist nicht angenehm.«

»Sicher nicht. Sind die beiden denn katholisch getraut?«

»Klar! Das hat sie fertiggebracht. In der Kirche getraut, und mein Bruder im Schwalbenschwanz, einem Cutaway, den er geliehen hatte, natürlich, denn was soll er mit einem Cut, er hat doch viel zu kurze Beine.«

»Welch ein Schlag im Hause Israel.«

Lowy blickte mich scharf an. »Richtig! Sie sind ja keiner von unseren Leuten! Sie verstehen das nicht so. Sie sind evangelisch?«

»Ich bin ein einfacher Atheist. Katholisch geboren.«

»Was? Wie geht das zu?«

»Ich bin aus der Kirche ausgetreten, als sie das Konkordat mit Hitler unterzeichnete. Es war zuviel für meine unsterbliche Seele.« Lowy war einen Augenblick interessiert. »Da haben Sie recht«, sagte er ruhig. »So etwas kann nur der Teufel verstehen. Die Kirche mit dem Satz: Liebe deinen Nächsten wie dich selbst – und dann Arm in Arm mit diesen Mördern. Besteht das Konkordat immer noch?«
»Soviel ich weiß, ja. Ich glaube nicht, daß es gekündigt worden ist.«
Lowy hatte sich erholt. »Und mein Bruder?« schnaufte er. »Der Dritte im Bunde!«
»Na, na, Herr Lowy! So ist das nun nicht! Ihr Bruder hat damit nichts zu tun. Er ist ein unschuldiges Opfer der Liebe.«
»Unschuldig? Sehen Sie sich das an!« Lowy wies mit theatralischer Geste um sich. »Sehen Sie sich das an, Herr Ross! Haben Sie das je in unserem Kunstinstitut erwartet?«
»Was?«
»Was? Heiligenfiguren! Bischöfe! Muttergottes-Statuen! Sehen Sie es denn nicht? Früher hatten wir keine einzige dieser bärtigen und bemalten Skulpturen hier! Jetzt wimmelt es davon.«
Ich sah mich um. Es standen einige gute Figuren in den Ecken.
»Warum stellen Sie diese Sachen so auf, daß man sie kaum sieht? Sie sind gut. Zwei haben sogar die alte Bemalung und das alte Gold. Das sind die besten Stücke, die Sie augenblicklich hier im Laden haben, Herr Lowy. Was ist da zu jammern? Kunst ist Kunst.!«
»Nicht unter diesen Umständen!«
»Herr Lowy, das ist ein weites Feld. Gäbe es keine religiöse Kunst, so wären drei Viertel aller jüdischen Kunsthändler pleite. Sie müssen da tolerant sein.«
»Ich kann es nicht. Auch dann nicht, wenn ich daran verdiene. Es zerbricht mir das Herz. Mein ungeratener Bruder

schleppt dieses Zeug herein. Die Sachen sind gut, zugegeben. Aber das macht es noch schlimmer. Wenn die Farben neu wären, die Vergoldung aus Bronzepulver hergestellt, wenn nur ein Fuß alt wäre und der Rest mit Schrot wurmstichig geschossen, dann wäre es besser für mich. Ich könnte mit Recht schreien und zetern! So muß ich das Maul halten und verbrenne innerlich. Ich kann kaum noch essen. Gehackte Hühnerleber, früher eine Delikatesse, stößt mir jetzt sauer auf. Von einer Gänsekeule mit Sauce und gelben Erbsen gar nicht mehr zu reden. Ich schwinde dahin. Das Furchtbare ist, daß die Person auch noch etwas vom Geschäft versteht. Sie fährt mir über den Mund, wenn ich klage wie an den Wassern Babylons, und nennt mich einen Antichristen. Das soll das Seitenstück zu einem Antisemiten sein. Und ihr Gelächter! Sie lacht den ganzen Tag! Sie lacht, daß sie bebt, die ganzen hundertsechzig Pfund an ihr. Es ist nicht zum Aushalten!«
Lowy hob die Arme.
»Herr Ross, kommen Sie zurück! Zusammen mit Ihnen werde ich es leichter haben. Kommen Sie in unser Geschäft zurück, ich erhöhe auch Ihr Gehalt!«
»Ich bin noch bei Silvers. Es geht nicht. Vielen Dank.«
Sein Gesicht zeigte Enttäuschung. »Auch dann nicht, wenn wir uns mehr auf Bronzen umstellen? Es gibt auch bronzene Heilige.«
»Aber sehr wenige. Es geht nicht, Herr Lowy. Ich bin jetzt unabhängig bei Silvers und verdiene sehr gut.«
»Natürlich! Der Mann hat ja keine Unkosten. Selbst wenn er pissen geht, kann er es noch von der Steuer absetzen!«
»Auf Wiedersehen, Herr Lowy. Ich werde nie vergessen, daß Sie mir meinen ersten Job gaben.«
»Was ist? Sie reden ja, als wollten Sie sich verabschieden. Wollen Sie etwa zurück nach Europa?«
»Wie kommen Sie darauf?«
»Sie reden so merkwürdig. Tun Sie es nicht, Herr Ross! Kein

Aas hat sich drüben verändert, ob sie den Krieg nun verlieren oder nicht. Glauben Sie Raoul Lowy!«
»Sie heißen Raoul mit Vornamen?«
»Ja. Meine gute Mutter las Romane. Raoul! Blöd, was?«
»Nein. Es beglückt mich. Warum, weiß ich nicht. Vielleicht, weil ich jemanden kenne, der auch Raoul heißt. Er hat allerdings andere Probleme als Sie.«
»Raoul«, murmelte Lowy düster. »Vielleicht habe ich deshalb nie geheiratet. So was macht unsicher.«
»Sie können das noch nachholen. Ein Mann wie Sie.«
»Wo?«
»Hier in New York. Hier gibt es doch mehr gläubige Juden als irgendwo anders.«
In Raouls Augen kam Leben. »Eigentlich keine schlechte Idee! Ich habe nie daran gedacht. Aber jetzt, mit diesem Deserteur von einem Bruder!« Er versank in Nachdenken.
Plötzlich grinste er. »Das ist das erstemal in Wochen, daß ich lache«, sagte er. »Die Idee ist gut. Glänzend sogar. Selbst wenn ich es nicht tue. Es ist, als ob man einem Wehrlosen einen Knüppel in die Hand gebe.« Er wandte sich mir ungestüm zu. »Ist da irgend etwas, was ich für Sie tun kann, Herr Ross? Wollen Sie einen Heiligen zum Einkaufspreis haben? Einen Sebastian aus dem Rheinland?«
»Nein. Was kostet die Katze?«
»Die Katze? Das ist eines der rarsten und feinsten ...«
»Herr Lowy«, unterbrach ich ihn. »Ich habe bei Ihnen gelernt. Die Ornamente sind unnötig. Was kostet die Katze?«
»Für Sie privat oder zum Verkauf?«
Ich zögerte eine Sekunde. Einer meiner abergläubischen Einfälle kam mir: Wenn ich jetzt ehrlich war, würde ein unbekannter Gott mich belohnen, und Natascha würde mich anrufen. »Zum Verkauf«, sagte ich.
»Bravo! Sie sind ehrlich. Hätten Sie gesagt privat, hätte ich es

nicht geglaubt: Also: fünfhundert Dollar! Einkaufspreis, ich schwöre es.«

»Dreihundertfünfzig. Höher geht mein Kunde nicht.«

Wir einigten uns auf vierhundertfünfundzwanzig. »Wenn ich schon so viel verliere, dann will ich ganz bankrott werden«, sagte ich. »Was kostet die kleine Figur der Neith? Sechzig Dollar! Ich will sie verschenken.«

»Hundertzwanzig. Weil Sie sie verschenken wollen.«

Ich bekam sie für neunzig. Raoul packte die zierliche Göttin ein. Ich schrieb ihm Nataschas Adresse auf. Er versprach, sie mittags selbst abzuliefern. Die Katze nahm ich mit. Ich wußte jemanden in Hollywood, der verrückt nach einem solchen Tier war. Ich konnte sie ihm für sechshundertfünfzig Dollar verkaufen. Ich hatte so die Statue für Natascha gratis und dazu noch reichlich Gewinn, um mir einen neuen Hut, ein Paar Winterschuhe und einen Schal zu kaufen und sie mit dieser Eleganz zu blenden und in ein besseres Restaurant einzuladen.

Sie rief mich abends an. »Du hast mir eine kleine Göttin geschickt«, sagte sie. »Wie heißt sie?«

»Sie ist ägyptisch, heißt Neith und ist über zweitausend Jahre alt.«

»Wer so alt werden könnte! Bringt sie Glück?«

»Mit ägyptischen Figuren ist das so eine Sache. Wenn sie jemanden nicht leiden mögen, bringen sie ihm kein Glück. Diese sollte dir Glück bringen. Sie sieht aus wie du.«

»Ich werde sie überallhin mitnehmen als Maskottchen. Man kann sie in die Handtasche tun. Sie ist schön und bewegt einem das Herz. Vielen Dank, Robert. Wie geht es dir in New York?«

»Ich kleide mich ein für den Winter. Hier soll es Blizzards geben.«

»Die gibt es wirklich. Willst du morgen mit mir essen? Ich kann dich abholen.«

Ich dachte rasch. Es ist überraschend, was man alles in einer Sekunde überlegen kann. Ich war enttäuscht, daß sie erst morgen kommen wollte. »Das ist schön, Natascha«, sagte ich. »Ich bin nach sieben im Hotel. Komm, wann es dir paßt.«

»Schade, daß ich heute keine Zeit habe. Aber ich wußte ja nicht, daß du wiederkommst, da habe ich noch ein paar Verabredungen getroffen. Abends kann man ja schlecht allein sein.«

»Das ist wahr«, sagte ich. »Ich habe auch eine Einladung bekommen. Von den Leuten, die so gutes Gulasch machen. Ich hätte sie nicht anzunehmen brauchen. Es sind immer viele Leute da, es wäre also auf einen mehr oder weniger nicht angekommen.«

»Gut, Robert. Ich komme morgen so gegen acht.«

Ich legte den Hörer auf und überlegte, ob mein Aberglaube mir geholfen hatte oder nicht. Ich entschied, daß er mir Glück gebracht hatte, obschon ich darüber enttäuscht war, Natascha nicht an diesem Abend zu sehen. Die Nacht lag wie eine finstere Grube vor mir. Wochenlang war ich ohne Natascha gewesen und hatte nicht viel darüber nachgedacht. Jetzt schien eine einzige Nacht bereits endlos zu sein. Es war nicht die Zeit, es war die Nacht dazwischen. Sie war der Tod, der Tag und Tage trennte.

Ich hatte nicht gelogen. Frau Vriesländer hatte mich tatsächlich eingeladen. Ich beschloß hinzugehen. Es war das erstemal, daß ich als freier Mann dort erschien, im Glanz meines neuen Anzugs, meines Wintermantels und ohne Schulden. Ich hatte Vriesländers Darlehen und sogar den Anwalt mit der Kuckucksuhr voll bezahlt. Ich konnte das Gulasch ohne Demut essen. Um meinem Erscheinen einen lebemännischen Schliff zu geben und gleichzeitig meine Dankbarkeit für das Darlehen zu bekunden, brachte ich Frau Vriesländer einen Strauß dunkelroter Gladiolen mit, die ich, da sie

schon ziemlich weit aufgeblüht waren, bei dem italienischen Blumenhändler an der Ecke zu einem ermäßigten Preis erstand.
»Erzählen Sie uns von Hollywood«, sagte Frau Vriesländer. Das war es gerade, was ich vermeiden wollte. »Es ist so, als ob einem eine durchsichtige Plastiktüte über den Kopf gestülpt würde«, erklärte ich. »Man sieht alles, versteht nichts, glaubt nichts, hört nur dumpfe Geräusche, lebt wie in einem Gelatinetraum, wacht auf und ist viel älter.«
»Ist das alles?«
»So ungefähr.«
Der Zwilling Lissy erschien. Ich dachte an Tannenbaum und seine Zweifel. »Was macht Betty?« fragte ich. »Geht es ihr einigermaßen?«
»Sie hat nicht allzuviel Schmerzen. Ravic sorgt dafür. Er gibt ihr Spritzen. Sie schläft jetzt viel. Nur abends wacht sie auf, trotz der Spritzen. Dann kämpft sie für den nächsten Tag.«
»Ist jemand bei ihr?«
»Ravic. Er hat mich weggeschickt, damit ich einmal herauskomme.« Sie strich sich über ihr buntes Kleid. »Ich werde schon ganz verrückt. Es geht für mich nicht zusammen, daß Betty stirbt und hier Gulasch gefressen wird. Geht es Ihnen nicht auch so?«
Sie sah mich mit ihrem hübschen, etwas leeren Gesicht an, in dem Tannenbaum vulkanische Leidenschaft vermutete. »Nein«, sagte ich. »Es ist ganz natürlich. Der Tod ist etwas, das man niemals verstehen kann, und man soll deshalb auch nicht darüber nachdenken. Sie sollten trotzdem etwas essen. Bei Betty gibt es doch nur Krankenkost.«
»Ich kann nicht.«
»Vielleicht etwas Szegediner Gulasch. Mit Kraut.«
»Ich kann nicht. Ich habe ja vormittags hier mitgeholfen, das Gulasch zu kochen.«

»Das ist etwas anderes. Möchten Sie dann einen Kümmelschnaps oder ein Bier?«
»Ich möchte mich manchmal aufhängen«, sagte Lissy. »Oder ich möchte ins Kloster. Aber manchmal möchte ich auch alles zerschlagen und toben. Verrückt, wie?«
»Normal, Lissy. Gesund und normal. Haben Sie einen Freund?«
»Wozu? Um ein uneheliches Kind zu kriegen? Dann sind doch meine letzten Chancen hin«, sagte Lissy verzweifelt.
Tannenbaum mußte den richtigen Zwilling erwischt haben, dachte ich. Vielleicht aber hatte Vesel ihm was vorgeschwindelt, und er hatte mit keiner etwas gehabt.
Vriesländer kam herein. »Ah, unser junger Kapitalist! Haben Sie von der Mandeltorte gekostet, Lissy? Nein? Das müssen Sie aber. Sie werden zu dünn!« Er kniff Lissy in den Hintern. Sie schien das zu kennen und reagierte nicht einmal. Es war auch kein passioniertes Kneifen, eher die väterliche Kontrolle des Arbeitgebers, der sich vergewissern wollte, ob noch alles da sei. »Mein lieber Ross«, sagte Vriesländer, und er war auch zu mir väterlich. »Wenn Sie etwas Geld machen, kommt bald die große Chance, es anzulegen. Wenn der Krieg vorbei ist, werden deutsche Aktien fast auf Null sinken und die Mark wird nichts mehr wert sein. Das ist die letzte Gelegenheit, groß einzusteigen und zu kaufen. Dieses Volk wird nicht am Boden bleiben. Es wird sich aufrappeln und arbeiten. Und es wird wieder hochkommen. Wissen Sie, wer ihm helfen wird? Wir, die Amerikaner. Ganz einfache Rechnung. Wir brauchen Deutschland gegen Rußland. Unser Bündnis mit Rußland ist so, als ob zwei Schwule ein Kind zeugen wollten. Widernatürlich. Ich habe das von hoher Stelle in der Regierung. Wenn die Nazis fertig sind, werden wir Deutschland stützen.« Er schlug mir auf die Schulter. »Erzählen Sie es nicht weiter! Es ist ein Millionentip, Ross. Ich gebe ihn an Sie weiter, weil Sie einer der wenigen Menschen sind, die mir

zurückgezahlt haben. Ich habe nie einen gedrängt. Aber wissen Sie, damit, daß man ein Emigrant ist, wird man noch nicht automatisch zu einem Engel, wie?«

»Danke für den Tip, aber ich habe kein Geld dafür.«

Vriesländer sah mich wohlwollend an. »Sie haben noch Zeit, welches zu machen. Ich höre, daß Sie ein guter Verkäufer geworden sind. Wenn Sie sich einmal selbständig machen wollen, können wir darüber reden. Ich finanziere, Sie verkaufen, und wir teilen fünfzig zu fünfzig.«

»Das ist nicht ganz so einfach. Ich müßte die Bilder ja von Händlern kaufen. Die würden von mir die Preise verlangen, zu denen sie selbst verkaufen.«

Vriesländer lachte. »Sie sind noch ein Greenhorn, Ross. Versuchen Sie es mal, es gibt schon Prozente. Sonst würde der Markt der Welt zusammenbrechen. Einer kauft vom andern, und einer verdient am andern. Melden Sie sich, wenn Sie soweit sind.«

Er stand auf und ich auch. Einen Augenblick fürchtete ich, er würde, abwesend und väterlich, mich auch in den Hintern kneifen, aber er klopfte mir nur auf die Schulter und ging weiter.

Frau Vriesländer kam auf mich zu, freundlich lächelnd und ganz in Gold. »Die Köchin läßt fragen, ob Sie lieber Szegediner oder normales Gulasch mitnehmen wollen.«

Ich wollte sagen, daß ich nichts haben wolle, das würde aber mein Elend nicht ändern, und es würde Frau Vriesländer und die Köchin nur kränken. »Szegediner«, sagte ich. »Es war herrlich. Und vielen Dank.«

»Ich habe zu danken, für die Blumen«, erklärte Frau Vriesländer lachend. »Mein Mann schenkt mir nie welche, dieser Börsenjogi. So nennen ihn seine Kollegen. Er studiert Joga. Wenn er meditiert, darf ihn niemand stören – außer dann natürlich, wenn ein Anruf von der Börse kommt. Das geht vor.«

Vriesländer verabschiedete sich. »Ich muß telefonieren«, sagte er. »Vergessen Sie den Tip nicht.«
Ich sah den Börsenjogi an. »Irgend etwas in mir sträubt sich dagegen«, erwiderte ich.
»Was denn?« Vriesländer kollerte plötzlich vor unterdrücktem Gelächter. »Haben Sie etwa moralische Bedenken? Aber lieber Ross! Wollen Sie etwa, daß die Nazis das viele Geld, das dann auf der Straße liegt, selbst verdienen? Das steht doch wohl eher uns zu, die man beraubt hat! Man muß logisch und pragmatisch denken. Irgendeiner wird das Geld verdienen. Doch nicht diese Unmenschen!« Er klopfte mir zum letztenmal auf die Schulter, kniff dem Zwilling Lissy noch einmal väterlich in den Hintern und verschwand zum Meditieren oder Telefonieren.
Ich brachte Lissy durch die windigen Straßen nach Hause, ich mußte mir ohnehin wegen des Gulaschs ein Taxi nehmen.
»Sie müssen grün und blau sein von der dicken Kneifzange«, sagte ich. »Jagt er Sie auch um Ihre Schreibmaschine herum?«
»Nie. Er kneift mich nur, wenn andere es sehen. Er will renommieren. Er ist impotent.«
Lissy stand klein, verloren und kalt zwischen den hohen Häusern.
»Wollen Sie nicht mit heraufkommen?« fragte sie.
»Es geht nicht, Lissy.«
»Natürlich nicht«, erwiderte sie trostlos.
»Ich bin krank«, sagte ich, ich wußte nicht, warum. »Hollywood«, fügte ich hinzu.
»Ich will nicht mit Ihnen schlafen. Ich will nur nicht allein in meinem toten Zimmer ankommen.«
Ich bezahlte das Taxi und ging mit ihr hinauf. Sie wohnte in einem düsteren Zimmer mit ein paar Puppen und einem Teddybären aus Plüsch. An der Wand hingen Postkarten von Filmschauspielerinnen.
»Soll ich uns einen Kaffee machen?« fragte sie.

»Gern, Lissy.«
Sie lebte auf. Das Wasser summte, und wir tranken den Kaffee. Sie erzählte mir einiges aus ihrem Leben, das ich sofort wieder vergaß. »Schlafen Sie gut, Lissy«, sagte ich und stand auf. »Und machen Sie keine Dummheiten. Sie sind sehr hübsch, und morgen ist auch noch ein Tag.«

Es schneite am nächsten Tag. Abends waren die Straßen weiß, und die Wolkenkratzer sahen aus wie riesige Bienenkörbe voll Schnee und Licht. Der Verkehr wurde gedämpfter, und es schneite ununterbrochen weiter. Ich spielte Schach mit Melikow, als Natascha hereinkam. Ihre Haare und ihre Kapuze waren mit Schnee behangen.
»Bist du im Rolls-Royce gekommen?« fragte ich.
Sie schwieg einen Augenblick. »Ich bin mit einem Taxi gekommen«, sagte sie dann. »Beruhigt dich das?«
»Sehr.«
»Wohin gehen wir?« fragte ich vorsichtig und deshalb idiotisch.
»Wohin du willst.«
So kam ich nicht weiter. Ich ging zum Ausgang des Hotels. »Es schneit in großen Flocken«, sagte ich. »Dein Pelzmantel wird ruiniert, wenn wir nach einem Taxi suchen. Wir müssen im Hotel bleiben, bis es aufhört.«
»Du brauchst nicht nach Gründen dafür zu suchen, daß wir hierbleiben«, sagte sie sarkastisch. »Du mußt aber etwas zu essen haben!«
Mir fiel plötzlich das Gulasch von Vriesländer ein. Ich hatte es vergessen. Unsere Beziehung war noch so gespannt, daß ich nicht daran gedacht hatte.
»Mein Gulasch!« sagte ich. »Mit Kraut, und ich bin sicher, daß auch Dillgurken dabei sind. Unser Problem ist gelöst. Wir speisen zu Hause.«
»Können wir das? In der Bude dieses Gangsters? Läßt er uns

nicht durch die Polizei herausholen? Oder hast du etwa ein Appartement mit Wohnzimmer und Schlafzimmer?«
»Das brauchen wir nicht. Ich wohne jetzt so, daß uns niemand hinausgehen sieht. Nahezu sturmfrei. Komm!«
Lisa Teruel hatte hübsche Lampenschirme gehabt. Das kam mir jetzt zugute. Das Zimmer sah durch die Schirme abends besser aus als am Tage. Die Katze von Lowy stand auf dem Tisch. Die Köchin Marie hatte mir mein Gulasch in einem Emailtopf mitgegeben, ich konnte es also aufwärmen. Eine elektrische Kochplatte hatte ich, ein paar Teller, Messer, Gabeln und Löffel auch. Ich fischte die Gurken aus dem Topf und holte Brot aus dem Schrank. »Alles ist bereit«, sagte ich und legte ein Handtuch auf den Tisch.
»Wir müssen nur warten, bis das Gulasch warm wird.«
Natascha lehnte neben der Tür an der Wand. »Gib mir den Mantel«, sagte ich, »hier ist nicht viel Raum, aber wir haben ja das Bett.«
»So?«
Ich hatte mir vorgenommen, mich in acht zu nehmen. Ich war meiner noch nicht sicher. Aber es ging mir wie am ersten Abend – als ich sie streifte, fühlte ich, daß sie fast nackt unter ihrem dünnen Kleid war, und ich vergaß meine Vorsätze. Ich sagte nichts. Auch Natascha schwieg. Ich hatte lange mit keiner Frau mehr geschlafen, und ich begriff, daß einem alles gleichgültig sein konnte: Skandal und sogar Verbrechen, wenn das bißchen Individuum in einem beiseite geschoben wurde von jenem zweiten und stärkeren Ich ohne Gesicht, das nur Hände war und kochende Haut und sich hochbäumendes, wachsendes Geschlecht. Ich wollte in sie hinein, in das heiße Dunkel, in die roten Flügel der Lungen, die sich um mich legen sollten wie Eulenflügel, in das Zucken des Herzens, hinein und hinauf bis hinter die Augen, daß sie stille waren und nicht mehr fragten und sich schlössen, und tiefer hinein und höher hinauf, bis nichts von unseren Ichs mehr

übrig war als das Schlagen des Blutes und das Keuchen, das nicht mehr zu uns gehörte.
Wir lagen auf dem Bett, erschöpft und plötzlich nahe an einem rasch herangeflogenen Schlaf, der wie eine leichte Ohnmacht war. Während das Denken von den Rändern zurückkam, wurde es sofort wieder weggeschwemmt durch die wunderbare Ruhe, die das Nächste ist zu Gott, diesen kurzen Augenblick, wo das tiefe Gefühl des Ichs schon wieder da ist, aber das Ich selbst noch nicht; wo es einem Zustand gleicht kurz vor der Geburt, noch im Leibe der Mutter, aber schon dem eigenen Leben zugewandt, auf der Grenze, zum letzten Male an das animalische Dasein angeschmiegt, in einem Abschied von ihm hinweg zu Intellekt, Irrtum und schwankender Individualität, einem Abschied, zu dem es erst nach dem letzten Atemzug zurückkehrt.
Ich fühlte Natascha neben mir, ihren Atem, ihr Haar und die sanften Bewegungen ihrer Rippen und das schwache Schlagen ihres Herzens. Es war noch nicht ganz sie, es war eine Frau ohne Namen und noch nicht einmal das. Es war Atmen und Herzschlag und Haut, und erst langsam spülte sich das Bewußtsein heran und wurde zu Namen, Hingebung und Gefühl, zu einer trägen, müden Hand, die eine Schulter suchte, und einem Mund, der versuchte, sinnlose Worte zu formen.
Ich glitt langsam wieder in diesen Zustand des Sich-und-den-andern-Wiederfindens, in dieses erschöpfte Schweigen, von dem man nicht weiß, was man mehr fühlt, das Schweigen oder die Besinnungslosigkeit vorher – in diesem Zustand glaubte ich plötzlich einen schwachen Brandgeruch zu bemerken. Einen Augenblick dachte ich an eine Halluzination, an ein Parallelschwingen zwischen Körper und Einbildung, dann aber sah ich den kochenden Emailtopf auf der Kochplatte.

»Verdammt, das Gulasch!« Ich schnellte auf.
Natascha öffnete halb die Augen. »Wirf es aus dem Fenster.«
»Da stehe Gott davor! Ich glaube, wir können es noch retten!«
Ich drehte die elektrische Platte ab und rührte im Topf um. Dann schüttete ich vorsichtig den Emailtopf aus, bis ich an die angesetzten braunen Reste kam. Ich ließ sie im Topf und hängte das Ganze vor das Fenster. »In einer Minute ist der Geruch verschwunden«, sagte ich. »Dem Gulasch fehlt nichts.«
»Dem Gulasch fehlt nichts«, wiederholte Natascha, ohne sich zu rühren. »Was möchtest du jetzt, du verfluchter Kleinbürger, mit dem geretteten Gulasch? Daß ich aufstehe?«
»Ich möchte nichts, als dir eine Zigarette und ein Glas Wodka geben. Du brauchst sie nicht zu nehmen.«
»Ich nehme sie«, erwiderte Natascha nach einigem Nachdenken. »Von wem hast du die Lampenschirme? Mitgebracht aus Hollywood?«
»Sie waren hier.«
»Es sind die Lampenschirme einer Frau. Mexikanische.«
»Mag sein. Die Frau hieß Lisa Teruel. Sie ist ausgezogen.«
»Eine Frau zieht nicht aus und läßt so hübsche Lampenschirme zurück«, erklärte Natascha noch halb verschlafen.
»Manchmal läßt man noch mehr zurück, Natascha.«
»Ja. Wenn die Polizei hinter einem her ist.« Sie richtete sich auf. »Ich weiß nicht, warum, aber ich bin auf einmal fürchterlich hungrig.«
»Das dachte ich mir. Ich auch.«
»Wie sonderbar! Ich habe nicht gern, wenn du etwas vorher weißt.«
Ich füllte die Teller. »Weißt du, Robert«, sagte Natascha, »als du mir erzählt hast, du gingest zu dieser Gulaschfamilie, habe ich dir nicht geglaubt. Aber du warst tatsächlich da.«
»Ich lüge so wenig wie möglich. Das ist viel bequemer.«

»Das ist es. Ich würde dir nie vorlügen, daß ich dich nicht betrogen habe.«
»Betrogen! Was für ein merkwürdiges Wort!«
»Warum?«
»Es setzt zwei falsche Tatbestände voraus. Sonderbar, daß es sich so lange in der Welt gehalten hat. Es ist doch nur eine Sache zwischen zwei Spiegeln.«
»Ja?«
»Natürlich. Nichts geschieht, als daß zwei Spiegel schwindeln. Wer hat schon ein Recht auf das Wort ›betrügen‹? Wenn du mit einem andern schläfst, betrügst du dich selbst – nicht mich.«
Natascha hörte auf zu essen. »Das ist einfach, wie?«
»Ja. Wenn es ein Betrug wäre, könntest du mich ja nicht betrügen. Der Betrug schließt den Betrug automatisch aus. Man kann nicht mit zwei Schlüsseln zur selben Zeit ein Schloß öffnen.«
Sie warf mit einer Dillgurke nach mir. Ich fing sie auf. »Dill ist in diesem Lande sehr selten«, sagte ich. »Man soll nicht damit werfen.«
»Man soll auch nicht versuchen, damit Schlösser zu öffnen!«
»Ich glaube, wir sind ziemlich albern, wie?«
»Das weiß ich nicht. Muß man für alles eine Bezeichnung haben, du ausgebürgerter Deutscher?«
Ich lachte. »Ich habe das entsetzliche Gefühl, Natascha, daß ich dich liebe. Und wir haben uns so viel Mühe gegeben, es nicht zu tun!«
»Haben wir?« Sie sah mich plötzlich sonderbar an. »Es ändert nichts, Robert. Ich habe dich betrogen.«
»Es ändert nichts, Natascha«, erwiderte ich. »Ich fürchte, ich liebe dich trotzdem. Was hat das eine mit dem anderen zu tun? Es ist wie Wind und Wasser, sie bewegen einander, aber jedes bleibt dasselbe.«
»Das verstehe ich nicht.«

»Ich auch nicht. Muß man immer alles verstehen, du nicht ausgebürgerte Angehörige vieler Länder?«
Ich glaubte aber nicht, was sie mir erzählte. Selbst wenn etwas davon stimmte, war es mir im Augenblick gleichgültig. Sie war wieder da, sie war bei mir, und alles andere war etwas für Leute mit einer gesicherten Zukunft.

XXX.

Ich verkaufte die ägyptische Katze an einen Holländer. Am Tage, als ich den Scheck erhielt, lud ich Kahn in das Restaurant Voisin ein. »Haben Sie so viel Geld?« fragte er.
»Ich habe darin antike Vorbilder«, erwiderte ich. »Die Alten schütteten etwas Wein auf den Boden, bevor sie tranken, als Opfer für die Götter. Aus demselben Grunde gehe ich in ein gutes Restaurant. Um beim Wein zu bleiben, wir werden eine Flasche Cheval Blanc trinken. Den gibt es noch im Voisin. Einverstanden?«
»Einverstanden? Wir können den letzten kleinen Rest dann auf die Teller tropfen lassen, um die Götter bei guter Laune zu halten.«
Das Voisin war voll. In Kriegszeiten sind die Restaurants sehr häufig voll. Jeder will noch was vom Leben haben, selbst wenn er nicht in Gefahr ist. Das Geld sitzt lockerer, als wenn im Frieden die Zukunft sicherer erscheint.
Kahn schüttelte den Kopf. »Ich bin heute nicht zu gebrauchen, Ross. Carmen hat mir geschrieben. Endlich! Sie findet, es sei besser, wenn wir uns trennten. In Freundschaft. Wir verständen uns nicht. Ich soll ihr nicht mehr schreiben. Hat sie jemand anders?«
Ich musterte ihn betroffen. Es schien ihn schwer zu treffen. »Davon habe ich nichts gemerkt«, sagte ich. »Sie lebt ziemlich einfach in Westwood bei einer Wirtin zwischen Hühnern und Hunden. Ich habe sie einige Male gesehen. Sie war zufrieden, nichts zu tun. Ich glaube nicht, daß sie einen Freund hat.«
»Was würden Sie tun? Hinfahren? Sie zurückholen? Würde sie kommen?«

»Ich glaube nicht.«
»Ich auch nicht. Was soll ich tun?«
»Warten. Und nicht mehr schreiben. Vielleicht kommt sie von selbst zurück.«
»Glauben Sie das?«
»Nein«, sagte ich. »Liegt Ihnen so viel daran?«
Er schwieg eine Weile. »Mir sollte gar nichts daran liegen. Mir lag auch nicht viel daran, es war eine Marotte. Mit einem Male ist es keine mehr. Wissen Sie, warum?«
»Weil sie weg will. Warum sonst?«
Er lächelte melancholisch. »Einfach, wie? Und wie man es trotzdem nicht begreift, wenn es passiert!«
Ich dachte an Natascha. War es mir mit ihr nicht auch beinahe passiert? Und passierte es mir nicht immer noch? Ich schüttelte den Gedanken ab und dachte darüber nach, was ich Kahn sagen sollte. All das paßte überhaupt nicht zu ihm. Weder Carmen noch seine Situation, noch seine Melancholie. Es war lächerlich, ging nicht zusammen und war deshalb gefährlich. Wäre es einem Poeten mit Phantasie passiert, so wäre es lächerlich und verständlich gewesen. Bei Kahn war es unverständlich. Er schien sich da in etwas geflüchtet zu haben, das in seinem Kontrast von tragischer Schönheit und phlegmatischer Seele als intellektuelle Spielerei amüsant war. Daß er es auf einmal ernst nahm, war ein unheilvolles Zeichen des eigenen Verfalls.
Er hob sein Glas. »Wie wenig man über Frauen zu sagen hat, wenn man glücklich ist, wie? Und wieviel, wenn es nicht so ist.«
»Das ist wahr. Glauben Sie, daß Sie mit Carmen glücklich geworden wären?«
»Sie meinen, wir paßten nicht zusammen? Das stimmt. Aber von Menschen, die zusammenpassen, kann man sich leicht trennen. Das ist wie ein Topf und ein Deckel, die passen. Sie lösen sich ohne Schwierigkeiten. Aber wenn sie nicht passen

und man einen Hammer nehmen muß, um den Deckel auf den Topf zu schlagen, da bricht leicht etwas, wenn man sie wieder trennen will.«
»Worte«, sagte ich. »Nichts davon ist wahr. Alle Sprichwörter lassen sich ins Gegenteil umkehren.«
Er raffte sich zusammen. »Alle Situationen auch. Vergessen wir Carmen. Ich bin wahrscheinlich etwas angeschlagen. Der Krieg geht zu Ende, Robert.«
»Sind Sie deshalb angeschlagen?«
»Nein. Aber was dann? Wissen Sie, was Sie dann tun wollen?«
»Wer weiß das genau! Es ist unvorstellbar, daß der Krieg zu Ende gehen kann. Ebenso unvorstellbar ist es, was man dann tun wird.«
»Wollen Sie hierbleiben?«
»Ich möchte heute nicht darüber reden.«
»Sehen Sie? Ich denke immer darüber nach. Für die Emigranten wird dann die große Ernüchterung kommen. Der letzte Halt war das Unrecht, das ihnen zugefügt worden ist. Plötzlich ist es nicht mehr da. Sie können zurückkehren. Wozu? Wohin? Und wer will sie schon haben? Man kann nicht zurück.«
»Viele werden hierbleiben.«
Er machte eine abwehrende Geste. »Ich meine die Verletzlichen. Nicht die Geschäftemacher.«
»Ich meine alle«, sagte ich. »Auch die Geschäftemacher.«
Kahn lächelte. »Prosit, Robert. Ich rede heute nichts als Unsinn. Es ist gut, daß Sie da sind. Radioapparate sind gute Sprecher, aber schlechte Zuhörer. Können Sie sich vorstellen, daß ich mein Leben als Vertreter für Radioapparate beschließe?«
»Warum nicht?« sagte ich. »Aber warum beschließen? Beschließen Sie es als Besitzer der Fabrik.«
Er sah mich an. »Halten Sie das für möglich?«

»Eigentlich nicht recht«, sagte ich.
»Gut, Robert.«
Er lachte. »Der Cheval Blanc ist ausgetrunken«, sagte ich. »Wir haben vergessen, den Göttern die letzten Tropfen zu opfern. Vielleicht sind wir deshalb unnötig melancholisch geworden. Wie wäre es mit einer Portion Eis für Sie? Sie essen es doch so gerne!«
Er schüttelte den Kopf. »Alles Bluff, Robert. Illusion des leichten Lebens. Selbst-Bluff. Ich habe es aufgegeben, mir selbst den Heiteren vorzuspielen. Der Gourmet. Der Schwindler. Ich werde ein alter Jude.«
»Ein alter Jude von fünfunddreißig?«
»Juden sind immer alt. Sie werden alt geboren. Auf jedem liegen zweitausend Jahre Verfolgung – von dem Moment an, in dem er seinen ersten Schrei tut.«
»Wollen wir eine Flasche Wodka mitnehmen und sie unter Gesprächen über das Leben austrinken?«
»Juden sind auch keine Trinker. Ich werde nach Hause gehen in mein Zimmer über dem Laden und morgen über mich lachen. Gute Nacht, Robert.«
Ich war tief beunruhigt. »Ich bringe Sie nach Hause«, sagte ich.
Nach der Wärme des Lokals empfing uns jetzt ein klirrender Frost. Die Drugstores und Hamburger-Läden starrten mit ihrem unbarmherzigen, gefrorenen Neonlicht in die windige Nacht. »Es gibt Situationen, in denen es lächerlich ist, heroisch allein sein zu wollen«, sagte ich. »Ihre kalte Bude …«
»Sie ist überheizt«, unterbrach Kahn mich. »Wie alles in New York.«
»Überheizt und kalt wie das verfluchte Neonlicht, das die Trostlosigkeit selber ist, wenn man allein durch die Straßen rennt und mit den Zähnen klappert. Warum kommen Sie nicht in die Plüschbude des Hotels Reuben? Zwischen Homosexuellen, Luden, Selbstmördern und Mondsüchtigen ist

man geborgener als sonstwo. Seien Sie vernünftig und kommen Sie mit!«
»Morgen«, sagte Kahn. »Heute habe ich eine Verabredung.«
»Unsinn.«
»Doch«, sagte er. »Mit Lissy Koller. Glauben Sie es nun?«
Der Zwilling, dachte ich. Warum nicht? Es war merkwürdig, aber der Zwilling schien mir noch weniger zu Kahn zu passen als Carmen. Der Zwilling war hübsch, häuslich, liebebedürftig wie eine verirrte Katze und viel weniger dumm als Carmen, aber plötzlich in der eisigen Nacht ging mir auf, warum Kahn nur Carmen haben konnte – es war ein Nebeneinander, das in seiner absoluten Sinnlosigkeit die Sinnlosigkeit des entwurzelten Daseins aufhob.
Kahn blickte die Straße entlang, die voll war von den roten Schlußlichtern der Autos, die wie verstreute Kohlen die Dunkelheit vergeblich zu erwärmen versuchten. »Dieser Schattenkrieg mit unsichtbaren Verwundeten und unsichtbaren Toten, mit stummen Bomben und stummen Friedhöfen auf der anderen Seite der Erde geht zu Ende. Was wird bleiben? Schatten, Schatten – wir auch!« Wir waren vor dem Radioladen angekommen. Die Apparate glitzerten im Mondlicht, wie automatische Soldaten eines zukünftigen Krieges. Ich sah hinauf. Das Fenster von Kahns Zimmer war erleuchtet. »Schauen Sie nicht um sich wie eine besorgte Bruthenne«, sagte Kahn. »Sie sehen, ich habe das Licht brennen lassen. Ich komme nicht in ein dunkles Zimmer.«
Ich dachte an den Zwilling, der auch vor seinem Zimmer Angst gehabt hatte. Vielleicht hockte er wirklich oben und kämmte sich. Es stimmte alles nicht und machte es nur trostloser. »Wird es eigentlich noch kälter in New York?« fragte ich.
»Viel kälter«, sagte Kahn.

Natascha trug Ohrringe aus großen Rubinen, eine Kette aus Rubinen und Diamanten und einen herrlichen Ring. »Der Ring ist zweiundvierzig Karat«, flüsterte der Fotograf Horst mir zu. »Wir wollten eigentlich einen großen Sternrubin dafür haben, aber es gibt keine im Handel. Selbst bei van Cleef und Arpels hat man keinen. Wir wollen nämlich auch Aufnahmen ihrer Hände machen. In Farben. Nun, den Stern kann man hineinretuschieren. Sogar einen schöneren, als es ihn in Wirklichkeit gibt«, fügte er mit Genugtuung hinzu. »Heutzutage ist ja alles Montage!«

»Ja?« fragte ich und sah Natascha an. Sie saß still in einem weißen Satinkleid, überrieselt von den Rubinen, auf der Plattform im weißen Licht. Nichts erinnerte daran, daß sie am Abend vorher auf meinem Bett gelegen und geschrien hatte, heiser und wie ein nackter Bogen gekrümmt: Tiefer, tiefer! Brich mich in Stücke! Tiefer! Zerreiß mich!

»Natürlich«, sagte Horst. »Die Frauen und die Politiker. Mehr und mehr Montage. Falsche Brüste, Schaumgummihintern, Schminke, falsche Augenwimpern, Perücken, falsche Zähne – das Ganze ein betörendes Bild. Dazu komme ich mit weicher Einstellung, unscharfer Linse, raffinierten Lichteffekten, die Jahre schmelzen wie Zucker im Kaffee, voilà. Und die Politiker? Die meisten können kaum lesen und schreiben. Sie haben kleine kluge Juden, die ihre Reden schreiben, Agenturen, die ihnen Bonmots zuschieben, Autoren für ihre Bücher, Berater hinter ihrem Rücken, Schauspieler, die ihnen Haltung beibringen, und eventuell Grammophone, die für sie sprechen.« Er stand auf und sprang zu seinem Apparat. »Das ist gut, Natascha. Halte es einen Augenblick so!«

Natascha stieg von ihrer Plattform und aus ihrem weißen Licht herunter und verwandelte sich aus der Kaiserin in die von Schmuck glitzernde Frau eines Waffenmillionärs. »Ich ziehe mich rasch um«, sagte sie. »Haben wir noch von dem Gulasch?«

Ich schüttelte den Kopf. »Es hat für drei Tage gereicht. Gestern abend haben wir die Schüssel ausgekratzt. Mußt du die Juwelen mitnehmen?«
»Nein. Der blonde junge Mann drüben ist von van Cleef. Er nimmt sie mit.«
»Gut. Dann können wir gehen, wohin wir wollen.«
»Ich muß noch eine Aufnahme machen. Ein Frühlingskostüm. Gott, bin ich hungrig.«
Ich griff in die Tasche. Ich kannte diese Hungeranfälle bei ihr. Sie hatte das Gegenteil von Diabetes, es hatte den scheußlichen Namen Hypoglykämie und war nichts weiter, als daß der Zuckerspiegel ihres Blutes rascher sank als bei normalen Menschen. So wurde sie schlagartig sehr hungrig. Ich hatte sie während der Zeit, als sie in der 57. Straße wohnte, nachts, wenn ich aufgewacht war und Diebe vermutet hatte, oft vor dem Eisschrank gefunden: Nackt, vom Innenlicht des Eisschranks magisch beleuchtet und hingebungsvoll an einem kalten Kotelett nagend, ein Stück Käse in der andern Hand. Ich holte ein Päckchen heraus, in Pergamentpapier eingehüllt.
»Etwas Steak-Tartar«, sagte ich. »Als Zwischengericht.«
»Mit Zwiebeln?«
»Mit Zwiebeln und dunklem Brot.«
»Du bist ein Engel«, erklärte sie, schob das Halsband beiseite und begann zu essen. Ich hatte mich daran gewöhnt, diese Päckchen immer in die Tasche zu stecken, wenn wir irgendwohin gingen, wo es für einige Stunden nichts zu essen gab, und ich nahm sie besonders dann mit, wenn das in die Zeit fiel, in der man gewöhnlich aß, wie ins Kino oder ins Theater. Sie ersparten mir viele Unbequemlichkeiten. Natascha konnte ziemlich ärgerlich werden, wenn sie plötzlich von diesem tobenden Hunger geblendet wurde und weit und breit nicht einmal ein Stück Brot greifbar war. Sie konnte nichts dagegen machen, es war wie eine Art geistiger Verwir-

rung. Sie spürte Hunger einfach viel stärker als andere Menschen, so, als hätte sie schon den ganzen Tag gefastet. Ich trug meistens auch ein kleines Fläschchen in meiner Rocktasche, das etwa zwei große Schluck Wodka enthielt. Mit einem Happen Steak-Tartar gab das eine fast königliche Mahlzeit, auch wenn der Wodka natürlich nicht kalt war. Es war eine Vorsichtsmaßnahme, die mir der Mann, von dem ich meinen Paß bekommen, beigebracht hatte. Körperlicher Komfort schlägt jeden Geistesblitz, hatte er mir erklärt. Man braucht sich weniger anzustrengen, und der andere ist glücklich. Ich wartete darauf, daß Natascha die Jahreszeiten wieder um eine Saison vorausstellte. Es waren nicht mehr viele Pelzmäntel im Atelier zu sehen, dafür einige leichte Breitschwanzjacken, die von den Lehrmädchen auch schon zusammengepackt wurden. Bei Horst war es Mai. Kostüme in Wolle und hellen Farben: kobaltblau, nilgrün, maisgelb, wüstenbraun und wie die verführerischen Namen sonst noch waren. Mai, dachte ich. Im Mai soll der Krieg zu Ende sein. Was dann? hatte Kahn gesagt. Was dann? dachte ich und sah Natascha an, die in einem kurzen Jackenkleid mit einem wehenden Chiffonschal aus dem Hintergrund hervorkam, schmal und etwas schwankend, als wären ihre Beine zu lang. Wo würde ich im Mai sein? Wieder einmal fiel mir die Zeit auseinander wie eine platzende Tüte mit Tomaten, und das sinnlose Kaleidoskop begann sich zu drehen. »Wir sind verdorben für ein normales Leben«, hatte Kahn gesagt, »können Sie sich mich vorstellen als Radiovertreter mit einer Familie, der demokratisch wählt, Geld beiseite legt und versucht, Kirchenvorsteher in seinem Sprengel zu werden? Wir sind verdorben, viele haben etwas abgekriegt wie die Opfer einer Explosion. Ein Teil ist ohne allzu schwere Verletzungen davongekommen, manche haben sogar profitiert, andere sind Krüppel geworden, und die Verletzten, auf die es am meisten ankommt, werden sich nie mehr zurechtfinden, und schließlich werden sie untergehen.« Mai 1945! Oder Juni oder Juli! Die Zeit, die all die Jahre hindurch so quälend dahingeschlichen war, schien auf einmal zu rasen. Ich starrte zu Natascha hinüber, die jetzt von allen Seiten beleuchtet wurde und auf der Plattform stand, etwas vorgereckt, das Gesicht im Profil, wahrscheinlich leicht nach Zwiebeln duftend, die Galionsfigur eines unsichtbaren Schiffes, das in einem Meer von Licht mit der Zeit um die Wette raste.

Mit einem Schlag erloschen die Scheinwerfer. Diffus und grau kämpften sich die gewöhnlichen Lampen des Studios durch den scheinbaren Nebel. »Schluß!« rief Horst. »Einpacken! Genug für heute!«

Natascha kam durch das Geraschel der Seidenpapiere und das Rascheln der Kartons heran. Sie trug den geliehenen Pelzmantel und die Rubinen-Ohrringe. »Ich konnte nicht anders«, sagte sie. »Ich habe sie behalten für heute abend. Morgen schicke ich sie zurück. Ich habe das schon öfter getan. Der blonde junge Mann weiß Bescheid. Sie sind herrlich.«

»Und wenn du sie verlierst?«

Sie sah mich an, als hätte ich zur falschen Zeit eine obszöne Bemerkung gemacht. »Sie sind versichert«, erwiderte sie. »Van Cleef und Arpels haben alles versichert, was sie uns leihen.«

»Gut«, sagte ich rasch, um nicht, wie oft in solchen Situationen, den Kleinbürger an den Kopf geworfen zu bekommen. »Das entscheidet über die Strategie des Abends. Wir werden im Pavillon essen.«

»Wir brauchen nicht viel essen, Robert! Ich hatte ja schon das Steak-Tartar.«

»Wir werden essen, wie es Betrügern und Falschmünzern zukommt – besser als kleinbürgerliche Fürsten.«

Wir gingen zur Tür. »Guter Gott«, sagte Natascha. »Da ist ja der Rolls, den hatte ich ganz vergessen!«

Ich blieb wie angewurzelt stehen. »Mit Fraser drin?« fragte ich mißtrauisch.
»Natürlich nicht. Er ist heute abgereist. Er hat mir gesagt, er würde den Wagen heute abend hierher schicken, weil es doch wahrscheinlich spät würde. Ich habe es vergessen.«
»Schicke ihn weg.«
»Aber Robert. Jetzt ist er doch da. Wir sind doch schon öfter damit gefahren. Es ist doch nichts dabei!«
»Es ist mein kleinbürgerliches Blut, das aufschäumt«, erwiderte ich. »Früher war das anders. Jetzt liebe ich dich und bin Kleinkapitalist. Ich bin in der Lage, ein Taxi zu bezahlen.«
»Paßt es nicht zu Betrügern und Falschmünzern, den Rolls zu nehmen?«
»Es ist sehr verlockend, ich kann darüber nicht sofort entscheiden. Nehmen wir ein Taxi, um von vornherein jede Reue zu vermeiden. Es ist ein angenehmer Abend, klirrend vor Frost. Sag dem Chauffeur, wir wollten einen Waldlauf machen oder spazierengehen.«
»Wenn du willst«, sagte sie zögernd und machte einen Schritt.
»Halt«, erwiderte ich. »Ich habe es mir überlegt. Verzeih mir, Natascha. Was dir Spaß macht, ist wichtiger als die von der Salzsäure der Eifersucht getränkte Moral. Steigen wir ein!«
Sie saß wie ein fremdartiger Vogel neben mir. »Ich habe mein Make-up nicht abgeschminkt«, erklärte sie. »Es hätte zu lange gedauert, und ich wäre zu hungrig geworden. Außerdem hat man bei Horst im Studio keine Ruhe dazu. Man verschmiert alles, wischt es dann mit Coldcream ab und kommt heraus wie ein gerupftes Huhn.«
»Du siehst nicht aus wie ein gerupftes Huhn«, sagte ich. »Du siehst aus wie ein hungriger Paradiesvogel, der sich verflogen hat. Oder wie die zum Opfer geschmückte Jungfrau eines unbekannten Stammes in Timbuktu oder Haiti. Frauen können gar nicht verändert genug aussehen. Ich bin ein altmodischer

Bewunderer der Frau als etwas, das hergeflogen ist aus Dschungel und Urwald, und ich bin ein Feind der Frau als gleichberechtigter Kameradin und Geschäftspartnerin.«
»Ein Barbar also!«
»Ein hoffnungsloser Romantiker.«
»Bin ich dir barbarisch genug? Falsche, künstliche Wimpern, ein Film-Make-up, geraubte Juwelen, eine neue Frisur und ein geliehener Pelzmantel? Ist das genug für deinen Falschmünzer-Charakter?«
Ich lachte. Sie wußte nichts von meinem falschen Namen und meinem falschen Paß und hielt alles nur für einen Scherz.
»Horst hat mir einen Vortrag gehalten, der viel weiter geht. Von Frauen und von Politikern. Darin kommen sogar falsche Busen, Zähne, Haare und Hintern vor.«
»Auch bei Politikern?«
»Bei Politikern sogar falsche Überzeugungen. Falsche Busen auch, an denen man Krokodilstränen vergießen kann. Wir sind noch lange nicht am Ende. Warte, bis ich mit falschem Geld zahle!«
»Tun wir das nicht immer?«
Ich nahm ihre Hand. »Wahrscheinlich. Aber man sollte Geschäftspraktiken stets für das Höchste halten. Im Altertum hatte die Lüge noch nichts Minderwertiges an sich, sondern war gleichbedeutend mit der Klugheit. Denke an den listenreichen Odysseus. Wie schön ist es, hier zu sitzen mit dir, unter den vielen Lichtern, umgeben von Kellnern mit Plattfüßen, und dann zu sehen, wie du ein Sirloinsteak verschlingst. Ich bete dich an, Natascha, aus vielen Gründen. Ein sehr wichtiger ist, daß du so gerne ißt, in einem Zeitalter, wo Diät Trumpf ist, und dies auf einer satten Rieseninsel zwischen zwei Ozeanen und dem Hunger der Welt. Die Frauen hier fürchten sich schon vor einem Salatblatt, sie essen wie Kaninchen, während ganze Kontinente hungern. Du aber hast den Mut, mit geschärftem Steakmesser einem tüchtigen Chateau-

briand zu Leibe zu rücken. Es ist ein Vergnügen, dich essen zu sehen. Bei andern Frauen gibt man einen Haufen Geld aus, sie stochern etwas auf ihrem Teller herum und lassen alles stehen. Vor Wut erwürgt man sie dann in einer dunklen Allee. Du aber ...«

»Welche anderen Frauen?« unterbrach Natascha.

»Irgendwelche! Schau dich um! Dieses herrliche Restaurant ist voll davon. Sie essen Salat und trinken Kaffee und machen den Männern ganz einfach deswegen Szenen, weil sie vor Hunger wütend werden. Das ist die einzige Wut, deren sie fähig sind. Im Bett sind sie dann Wesen, gegen die eine Holzlatte eine Viper ist. Während du ...«

Sie lachte. »Genug!«

»Ich hatte nicht die Absicht, da in Details zu gehen, Natascha. Ich war noch bei einer Ode auf deinen prachtvollen Appetit.«

»Ich weiß, Robert. Ich habe es auch nicht erwartet. Ich weiß aber auch, daß du gerne Oden und Hymnen anstimmst, wenn du an etwas ganz anderes denkst.«

»Was?« fragte ich überrascht.

»Ja«, sagte sie. »Du Falschmünzer und Doppeldenker und Schwindler! Ich frage nicht, was dir im Magen liegt und was du vergessen willst, aber ich weiß es.« Sie strich zärtlich über meine Hand. »Wir leben in einer exaltierten Zeit, wie? Da müssen wir manches größer oder kleiner machen, um durchzukommen. Ist es nicht so?«

»Vielleicht«, erwiderte ich vorsichtig. »Aber wir brauchen es gar nicht selbst zu tun, die verdammte Zeit tut es für uns.«

Sie lachte. »Glaubst du nicht, daß wir es tun, um das bißchen Persönlichkeit hochzuhalten, das die Zeit sonst plattwalzen würde?«

»Du wirst mir unheimlich! Wohin sind wir plötzlich gekommen? Du bist auf einmal eine Sphinx und ein sprechender Amazonas-Papagei geworden. Und dazu noch mit deinen glühenden Juwelen und der Kriegsbemalung. Ein Orakel von Delphi im Urwald von Sumatra. Oh, Natascha!«

»Oh, Robert! Du Mann der vielen Worte! Ich glaube sie nicht, aber ich höre sie gerne. Weißt du nicht, wie unnötig sie sind? Frauen lieben hilflose Männer, das ist ihr wohlgehütetes Geheimnis.«

»Eine Falle, um andere hilflos zu machen.«

Sie erwiderte nichts. Es war sonderbar, wie fremdartig sie immer noch wirkte mit den paar künstlichen Hilfsmitteln, von denen ich doch wußte. Wie leicht man zu betrügen ist und wie gerne man glaubt, dachte ich, und ich sah sie an und wünschte, wir wären allein. »Ich rede vieles daher, und ich verstehe nichts von Frauen«, sagte ich schließlich. »Aber ich bin glücklich mit dir. Es mag auch sein, daß ich etwas verberge, und es mag sein, daß ich aus all dem Elend, dem man zwar nicht entrinnen kann und von dem ich hier nur ein schattenhaftes Echo spüre, einen Fetzen Glück für mich behalten will, für mich, der niemandem etwas wegnimmt, der auf niemanden schießt und der keinen bestiehlt – das alles mag sein, Natascha, aber es hat trotzdem nichts damit zu tun, weil es keine Folge davon ist, sondern für sich besteht, so wie die Steine an deinen Ohren nichts mehr zu tun haben mit der Schwärze und dem Druck der Erde, der sie entstammen und die sie gemacht hat. Sie sind da, und ich bin glücklich mit dir. Das war eine lange Erklärung für einen einfachen Satz, und du mußt sie mir verzeihen, denn schließlich bin ich, wenn auch nur ein gewesener Journalist, dennoch ein Mann der Worte, der mit Worten sogar Geld verdient hat. So etwas vergißt man nicht so leicht.«

»Bist du keiner mehr?«

»Ich bin stumm geworden. Englisch kann ich gerade genug, um zu sprechen, französisch auch genug, um zu schreiben, von deutschen Blättern bin ich verbannt. Ist es da ein Wunder, wenn die Phantasie wie ein Unkraut hochschießt und

romantische Blüten ansetzt? In normalen Zeiten wäre ich kein so unzeitgemäßer, falscher Romantiker geworden.«
»Glaubst du das?«
»Nein, aber es ist etwas daran.«
»Es gibt keine falschen Romantiker, Robert«, sagte Natascha.
»Doch. In der Politik. Da aber stiften sie fürchterliches Unheil. In Deutschland sitzt gerade einer im Bunker von Berlin.«
Ich brachte sie nach Hause. Der Rolls-Royce war zum Glück nicht mehr da, sie hatte ihn fortgeschickt. Ich wäre nicht überrascht gewesen, wenn sie ihn behalten hätte. »Wunderst du dich nicht, daß er weg ist?« fragte sie.
»Nein«, sagte ich.
»Du hast es erwartet?«
»Auch nicht.«
»Was hast du erwartet?«
»Daß du mit mir ins Hotel Reuben kommen würdest.«
Wir standen im Eingang ihres Hauses. Es war dunkel und sehr kalt. »Schade, daß wir das Appartement nicht mehr haben, wie?«
»Ja«, erwiderte ich und sah in das fremde Gesicht mit den langen Wimpern.
»Komm mit mir hinauf«, flüsterte sie. »Aber wir müssen uns stumm lieben.«
»Nein«, sagte ich. »Komm mit mir ins Hotel. Da brauchen wir nicht stumm zu sein.«
»Warum hast du mich nicht vom Pavillon gleich mitgenommen?«
»Ich weiß es nicht.«
»Wolltest du mich nicht?«
»Ich weiß es nicht. Manchmal will man und will nicht.«
»Was war es?«
»Vielleicht, weil du so fremd warst. Ich weiß es nicht. Jetzt will ich, weil du so fremd bist.«

»Nur deshalb?«
»Nein.«
»Such ein Taxi. Ich warte hier.«
Ich ging rasch zur Straßenecke. Es war sehr kalt, und es war aufregend zu wissen, daß Natascha im Dunkel der Haustür wartete. Ich spürte, daß kleine Muskeln in meiner Brust zitterten. Ich lief bis zur nächsten Ecke und fand ein Taxi und fuhr mit ihm zurück. Natascha kam rasch aus dem Hause. Wir sprachen nicht miteinander. Ich fühlte, daß auch Natascha zitterte. Wir hielten uns an den Händen und preßten sie aneinander, aber sie zitterten weiter. Wir fielen fast aus dem Taxi. Niemand sah uns. Es schien, als wäre es das erstemal, daß wir zusammen waren.

XXXI.

Betty Stein starb im Januar. Die letzte deutsche Offensive gab ihr den Rest. Sie hatte den Vormarsch der Alliierten gierig verfolgt, ihr Zimmer war voll von Zeitungen gewesen. Als dann überraschend die deutsche Gegenoffensive einsetzte, war ihr verzweifelter Mut gesunken. Selbst der Zusammenbruch der Offensive konnte ihn nicht wieder beleben. Sie dämmerte dahin und glaubte, der Krieg würde sich jetzt noch Jahre hinziehen. Ihre große Hoffnung, die Deutschen würden sich von den Nazis befreien, sank. »Sie werden jede Stadt verteidigen«, erklärte sie müde. »Es wird noch Jahre dauern. Sie und die Nazis sind eins. Sie werden sie nicht im Stich lassen.« Sie schwand dahin. Eines Morgens fand Lissy sie tot im Bett. Sie war plötzlich klein und leicht geworden, und es war schwer, sie wiederzuerkennen, wenn man sie eine Woche nicht gesehen hatte, so sehr hatten die letzten Tage sie verändert.

Sie hatte nicht verbrannt werden wollen. Sie behauptete, dieser reinliche Tod sei durch die ununterbrochen flammenden Krematorien der Deutschen, die aus Hunderten von Schloten leuchteten wie die Schornsteine eines riesigen Schmelzwerkes der Hölle, für lange Zeit unannehmbar geworden, Betty hatte sogar die Medizinen der deutschen Chemiewerke abgelehnt, die noch aus alten Lagern in Amerika stammten. Unberührt von all diesem war der abstrakte Wunsch übriggeblieben, Berlin wiederzusehen. In ihrem Kopf war ein Berlin entstanden, das es nicht mehr gab und von dem keine Zeitungsnachricht sie abbringen konnte – ein längst vergangenes Berlin der Erinnerung, das nur noch in den Köpfen vieler Emigranten lebte und das in ihnen unzerstörbar war.

Betty wurde an einem Tag begraben, an dem die Straßen hoch voll Schnee lagen. Ein Schneesturm war am Tage vorher niedergegangen, und die Stadt wurde aus den weißen Massen herausgegraben. Hunderte von Lastwagen schleppten ihn in den Hudson und den Eastriver. Der Himmel war sehr blau, und die Sonne schien eisig.
Die Kapelle des Beerdigungsinstitutes konnte die Leute nicht fassen, die gekommen waren. Betty hatte vielen geholfen, die sie lange vergessen hatten. Jetzt aber füllten sie die Reihen der Pseudokirche, in der die Orgel stand, die keine Orgel war, sondern eine Grammophonanlage, und die Platten spielte mit den Stimmen von Sängern und Sängerinnen, die tot waren und so die Überreste eines Deutschland, das nicht mehr existierte. Richard Tauber sang deutsche Volkslieder, ein jüdischer Sänger mit einer der lyrischsten Stimmen der Welt, hinausgeworfen von den Barbaren, an Lungenkrebs in England gestorben. Er sang: Ach, wie ist's möglich dann, daß ich dich lassen kann, hab dich von Herzen lieb, nur dich allein. Es war schwer zu ertragen, aber es war Bettys Wunsch gewesen. Sie wollte nicht auf englisch scheiden. Ich hörte hinter mir ein schnaubendes Schluchzen und sah, daß es Tannenbaum war. Er sah hohläugig und grau aus und war nicht rasiert. Wahrscheinlich war er von Kalifornien herübergekommen und hatte nicht geschlafen. Er verdankte Bettys Unermüdlichkeit seine Karriere.
Wir versammelten uns noch einmal in Bettys Wohnung. Sie hatte auch darauf bestanden. Es sollte fröhlich zugehen, hatte sie angeordnet. Ein paar Flaschen Wein waren da, und Lissy, der Zwilling, und Vesel hatten für Gläser und etwas Kuchen aus der ungarischen Bäckerei gesorgt.
Es wurde nicht fröhlich. Wir standen herum und hatten das Gefühl, daß jetzt, wo Betty nicht mehr war, nicht einer fehlte, sondern viele.

»Was wird mit der Wohnung?« fragte Meyer II. »Wer kriegt sie?«
»Die Wohnung wurde Lissy hinterlassen«, sagte Ravic. »Die Wohnung und alles, was darin ist.«
Meyer II. wandte sich an Lissy. »Sie werden sie doch sicher abgeben wollen. Sie ist ja zu groß für Sie allein. Wir suchen dringend eine für drei Personen.«
»Die Miete geht noch bis Ende des Monats«, sagte Lissy mit verheulten Augen und stellte Meyer II. ein Glas hin.
Meyer II. trank. »Sie wollen sie doch sicher abgeben, wie? An Freunde Bettys, nicht an gleichgültige Menschen!«
»Herr Meyer«, erklärte Tannenbaum ärgerlich. »Muß darüber unbedingt jetzt geredet werden?«
»Warum nicht? Wohnungen sind schwer zu finden, besonders alte mit niedriger Miete. Da muß man rasch sein. Wir warten schon lange!«
»Dann warten Sie noch ein paar Tage länger.«
»Warum?« sagte Meyer II. verständnislos. »Ich muß morgen wieder auf die Tour und komme erst nächste Woche wieder nach New York.«
»Dann warten Sie bis nächste Woche. Es gibt so etwas wie Pietät.«
»Davon rede ich ja«, sagte Meyer II. »Ehe jemand Unbekannter die Wohnung wegschnappt, ist es doch pietätvoller, wenn Bekannte von Betty sie kriegen!«
Tannenbaum kochte vor Wut. Er betrachtete sich, des andern Zwillings wegen, als Lissys Beschützer. »Sie wollen die Wohnung natürlich umsonst haben, wie?«
»Umsonst? Wer spricht von umsonst? Man könnte vielleicht etwas zum Umzug beisteuern oder einige der Möbel kaufen. Sie wollen doch kein Geschäft aus einer so traurigen Angelegenheit machen?«
»Doch«, erklärte der rot angelaufene Tannenbaum. »Lissy hat Betty monatelang umsonst gepflegt, und Betty hat ihr

dafür die Wohnung hinterlassen. Sie wird nicht an Schlawiner verschenkt.«

»Ich muß doch sehr bitten, im Angesichte des Todes ...«

»Seien Sie ruhig, Herr Meyer«, sagte Ravic.

»Was?«

»Seien Sie ruhig. Machen Sie Fräulein Koller ein schriftliches Angebot, und seien Sie jetzt still.«

»Ein schriftliches Angebot? Sind wir denn Nazis? Ich meine, mein Wort ...«

»Dieser Leichengeier«, sagte Tannenbaum bitter. »Er hat Betty nie besucht, aber der armen Lissy möchte er die Wohnung wegnehmen, bevor sie weiß, was sie wert ist!«

»Bleiben Sie hier?« fragte ich. »Oder haben Sie noch in Hollywood zu tun?«

»Ich muß zurück. Eine kleine Rolle in einem Cowboyfilm. Sehr interessant. Wissen Sie, daß Carmen geheiratet hat?«

»Was?«

»Vor einer Woche. Den Besitzer einer Gärtnerei im San-Fernando-Tal. War sie nicht einmal mit Kahn zusammen?«

»Das weiß ich nicht. Ich glaube, nicht richtig. Wissen Sie es bestimmt?«

»Ich war bei der Hochzeit. Zeuge für Carmen. Der Mann ist groß, harmlos und mittelmäßig. War früher ein guter Baseballspieler, heißt es. Sie züchten Salat und Blumen und haben eine Hühnerfarm.«

»Hühner«, sagte ich, »ich verstehe.«

»Der Mann ist der Bruder der Wirtin, bei der sie wohnte.«

Ich hatte mich gewundert, daß Kahn nicht zur Trauerfeier gekommen war. Jetzt wußte ich, warum er weggeblieben war. Er wollte idiotische Fragen vermeiden. Ich beschloß, ihn aufzusuchen.

Es war Mittag, und er hatte frei um diese Zeit.

Ich fand ihn mit Holzer und Frank. Holzer war Schauspieler, Frank ein in Deutschland früher sehr bekannter Schriftsteller.

»Wie war es bei Betty?« fragte Kahn. »Ich hasse Leichenbegängnisse in Amerika. Hat Rosenbaum am Sarg geredet?«
»Er war nicht aufzuhalten. In Deutsch und sogar in sächsischem Englisch. In Englisch zum Glück kurz. Ihm fehlte die Suada.«
»Dieser Mann ist die Nemesis der Emigranten«, sagte Kahn zu Frank. »Er ist ein früherer Rechtsanwalt und darf hier nicht praktizieren, dafür redet er, wo er nur kann. Am liebsten bei Versammlungen. Kein Emigrant kommt ohne Rosenbaums salbungsvolle Worte ins Krematorium. Er drängt sich überall ein, ungefragt. Er zweifelt nie daran, daß man ihn dringend braucht. Wenn ich einmal sterben sollte, würde ich versuchen, es auf hoher See zu tun, um ihm zu entgehen, aber er würde entweder als blinder Passagier auftauchen oder von einem Helikopter herunterpredigen. Er ist unvermeidlich.«
Ich sah Kahn an. Er war sehr beherrscht. »Er kann an meinem Grabe predigen«, sagte Holzer düster. »In Wien, wenn es frei wird. Am Grabe eines verhinderten, ältlichen jugendlichen Liebhabers mit einer Glatze.«
»Für Glatzen gibt es Perücken«, sagte ich.
Holzer war 1932 das gewesen, was man ein Matinee-Idol nennt. Ein natürlicher, frischer, talentierter jugendlicher Liebhaber, der die seltenen Eigenschaften von Talent und glänzendem Aussehen vereinigt hatte. Jetzt war er fünfzehn Pfund schwerer, hatte eine Glatze bekommen, war selbst als Extra bei den englischen Theatern abgewiesen worden, und seine Mißerfolge hatten ihn zu einem grämlichen Misanthropen gemacht.
»Ich kann mich meinem Publikum nicht mehr zeigen«, erklärte er.
»Ihr Publikum ist auch zwölf Jahre älter geworden«, sagte ich.
Er wischte das beiseite: »Es hat mich aber nicht altern sehen.

Es ist nicht mit mir zusammen älter geworden. Es erinnert sich an mich nur als den Holzer von 1932.«
»Sie sind komisch, Holzer«, sagte Frank. »Das ist doch kein Problem. Sie wechseln hinüber ins Charakterfach, fertig.«
»Ich bin kein Charakterschauspieler. Ich bin der ausgesprochene jugendliche Liebhaber.«
»Schön«, erwiderte Frank ungeduldig. »Dann werden Sie ein Held, oder wie man das im Theaterjargon nennt. Meinetwegen ein älterer Held. Auch Caesar hatte eine Glatze. Spielen Sie den König Lear!«
»Dafür bin ich nun doch nicht alt genug, Herr Frank.«
»Mann!« sagte Frank. »Das ist doch kein Problem. Ich war vierundsechzig Jahre alt, in voller Schaffenskraft, wie man so sagt, als man 1933 meine Bücher verbrannte. Jetzt werde ich siebenundsiebzig. Ich bin ein Greis, der nicht mehr arbeiten kann. Mein Vermögen besteht aus siebenundachtzig Dollar. Sehen Sie mich an!«
Frank war so deutsch, daß ausländische Verleger, die hier und da einmal eine Übersetzung von ihm brachten, das nicht zum zweitenmal versuchten – die Auflagen blieben liegen. Frank konnte auch kein Englisch lernen, er war auch dazu zu deutsch. Er lebte mühselig von gelegentlichen Vorschüssen und Zuwendungen.
»Ihre Bücher werden nach dem Kriege wieder aufgelegt werden«, sagte ich.
Er sah mich zweifelnd an. »In Deutschland? Nach zwölf Jahren nationalsozialistischer Erziehung?«
»Gerade deshalb«, sagte ich und glaubte es nicht.
Frank schüttelte den Kopf. »Ich bin vergessen«, sagte er. »Die drüben brauchen andere Schriftsteller. Nicht mehr uns.«
»Gerade Sie!«
»Ich? Ich hatte 1933 noch viele Pläne«, sagte Frank leise. »Jetzt habe ich keine mehr. Jetzt bin ich alt. Es ist furchtbar. Man glaubt es so lange nicht, bis man es ist. Jetzt weiß ich es.

Wissen Sie, seit wann? Seit ich zum erstenmal gemerkt habe, daß der Krieg für die Nazis verloren ist und daß man vielleicht einmal zurückgehen kann.«

Keiner antwortete. Ich blickte aus dem Fenster. Draußen leuchtete der Winterhimmel, und das Getöse der Lastkraftwagen ließ das Zimmer leise zittern. Dann hörte ich, wie Frank und Holzer sich verabschiedeten.

»Welch ein Morgen«, sagte ich zu Kahn. »Welch ein strahlender Tag!«

Er nickte. »Sie haben natürlich gehört, daß Carmen geheiratet hat?«

»Von Tannenbaum. Aber in Amerika wird man leicht geschieden.«

Kahn lachte. »Mein lieber Robert! Sonst noch ein Trost?«

»Nein«, sagte ich. »Ebensowenig wie für Holzer.«

»Und ebensowenig wie für Frank?«

»Das ist ein verdammter Unterschied! Sie sind keine fünfundsiebzig Jahre alt.«

»Haben Sie gehört, was Frank gesagt hat?«

»Ja. Er ist fertig. Und er weiß nicht, wohin. Er ist alt geworden, ohne es zu merken. Wir sind es nicht.«

Mir fiel das disziplinierte und doch zerfahrene Wesen Kahns auf. Ich schob es auf Betty und Carmen. Es würde in kurzer Zeit vorbeigehen. »Seien Sie froh, daß Sie nicht bei Bettys Trauerfeier waren«, sagte ich. »Es war scheußlich.«

»Sie hat Glück gehabt«, erwiderte Kahn nachdenklich. »Sie ist zur rechten Zeit gestorben.«

»Meinen Sie?«

»Ja. Stellen Sie sich vor, sie hätte zurückgehen können. Sie wäre vor Enttäuschung krepiert. So ist sie in Erwartung gestorben. Ich weiß, sie war zum Schluß verzweifelt, aber ein kleiner Funke Erwartung glimmte wohl noch. Erwartung hat ein sehr zähes Leben.«

»Wie die Hoffnung.«

»Hoffnung ist schon anfälliger. Das ist so, wie wenn das Herz noch schlägt, während das Gehirn schon gestorben ist.«
»Machen Sie sich das Leben nicht schwerer als nötig?«
Er lachte. »Irgendwann hört selbst für Automaten die Kontrolle auf. Sie explodieren nicht, sie bleiben stehen.«
Ich merkte, daß wenig mit ihm zu machen war. Er drehte sich im Kreise wie ein Hund, der Verstopfung hat. Jedes, auch das verhüllteste Zeichen von Trost spürte er mit seinem angespannten und wachen Intellekt, bevor es noch geäußert wurde, und lehnte es ab. Man mußte ihn allein lassen. Ich spürte auch, daß ich selbst müde wurde. Wenig ermüdet ja so sehr als im Kreise zu rennen, und nur eines ist noch ermüdender: jemandem dabei zu folgen.
»Bis morgen, Kahn«, sagte ich. »Ich muß ins Bildergeschäft. Wozu haben Sie gerade Leute wie Holzer und Frank geholt? Sie sind doch kein Masochist.«
»Die beiden waren bei Bettys Trauerfeier. Haben Sie sie nicht gesehen?«
»Nein. Es war dort voll von Menschen.«
»Sie waren da und kamen dann zu mir, um sich aufzuheitern. Ich fürchte, ich habe sie im Stich gelassen.«
Ich ging. Es war fast wie eine Erlösung, in die, wenn auch etwas barocke, so doch klare, geschäftliche Atmosphäre von Silvers zu gelangen.

»Geht dein Bekannter von der 57. Straße nicht bald einmal auf Winterurlaub?« fragte ich Natascha. »Nach Florida, Miami oder Palm Beach? Ist er nicht lungenkrank, hatte er nicht schon eine Herzattacke, Asthma oder eine der Krankheiten, für die das Klima von New York zu rauh ist?«
»Er verträgt keine Hitze. Nicht diese Waschküchenatmosphäre im Sommer.«
»Das nützt uns jetzt nichts. Wie schwer es ist, als armer Mensch in Amerika der Liebe zu pflegen! Ohne eigenes

Appartement ist es fast unmöglich. Das Land muß voll von trostlosen Onanisten sein. Huren habe ich in diesen sterilen Breiten auch noch nicht gesehen. Hünenhafte Polizisten, die gerade wegen ihrer Statur vom Militärdienst dispensiert worden sind, fangen diese schwachen Ersatzstecklinge der Erotik auf den Straßen wie Hundefänger herrenlose Mopse und bringen sie vor verständnislose Richter, die sie zu hohen Strafen verdonnern. Wo findet der Sex nur statt?«

»In den Autos.«

»Und wenn man kein Auto hat«, sagte ich und vermied es, an den geräumigen Rolls-Royce mit der eingebauten Bar zu denken – vielleicht konnte Fraser nicht selbst fahren, und der Chauffeur war mein Schutzengel. »Was tun alle diese kräftigen jungen Leute, wenn es keine Bordelle gibt? In Europa schwärmen die Huren aller Preislagen wie Zugvögel durch die Straßen. Hier habe ich noch keine gesehen. Nicht einmal ein öffentliches Pissoir. Glaubst du, da ist ein Zusammenhang? In Paris stehen diese trauten Schilderhäuschen alle paar hundert Meter wie Bastionen aus Blech an den Straßen und werden fleißig benutzt. Die Damen der Nacht fliegen bereits um elf Uhr morgens aus, und das Land kennt keine Psychiater und kaum Nervenzusammenbrüche. Hier hat fast jeder einen Psychiater, und es gibt keine Pissoirs und Huren nur über geheime Telefonnummern für die Wohlhabenden. Was machen die ärmeren Leute, zwischen Polizeiverboten, keifenden Wirtinnen, frommen Presbyterianern und Gendarmen im Winter, was tun sie ohne Auto, dieser letzten Zuflucht zusammengekrümmter Liebe?«

»Sie leihen sich eins.«

Ich saß in einem wackeligen Sessel, der mit Plüsch derselben Farbe überzogen war wie die Möbel in der Halle. Der mysteriöse Besitzer des Hotels mußte vor dreißig Jahren einen Plüschwaggon überfallen und beraubt haben, in dem außerdem auch verbotener Whisky war, denn anders war es

kaum zu erklären, daß das ganze Hotel von unten bis zum Dach in dieser wüsten Farbe ausgestattet und gleichzeitig mit dunklen Whiskyflecken übersät war. Natascha lag auf dem Bett. Auf dem Tisch vor uns standen die Reste unseres Abendessens, herübergeholt von dem Trost aller Leute ohne Familie und ohne Küche: dem amerikanischen Delikatessenladen, dieser großartigen Einrichtung, in der man heiße Hühner vom Rost, Schokoladekuchen, Wurstaufschnitt, sämtliche Konserven, luxuriöses Toilettenpapier, Dillgurken, roten Kaviar, Brot, Butter und Heftpflaster, wo man kurzum alles kaufen konnte, außer Präservative. Präservative bekam man in der anderen amerikanischen Einrichtung, der Kombination von Apotheke und Restaurant, dem Drugstore, wo sie einem von einem weißgekleideten Besitzer verschwörerisch ausgehändigt wurden, als sei er ein abgefallener katholischer Priester, der soeben einen symbolischen Kindsmord begehe.
»Möchtest du ein Stück Schokoladekuchen zu deinem Kaffee?« fragte ich.
»Ein großes Stück. Und schon vor dem Kaffee. Der Winter macht gefräßig. Wenn Schnee auf den Straßen liegt, ist Schokoladekuchen wie Medizin.«
Ich stand auf, holte die elektrische Kochplatte aus ihrem Versteck im Koffer und setzte den Aluminiumkessel mit Wasser auf. Dazu zündete ich mir eine White-Owl-Zigarre an, damit der Duft des Kaffees nicht allzu stark auf den Korridor dringe. Es bestand keine Gefahr, obschon Kochen im Zimmer verboten war, da sich niemand darum kümmerte. Aber wenn Natascha da war, war ich vorsichtig. Es konnte sein, daß der unsichtbare Besitzer des Hotels durch die Gänge schlich. Er hatte das nie getan, gerade das aber machte mich vorsichtig. Dinge, die niemals geschehen konnten, waren in meinem Leben zu oft passiert, das war eines der ungeschriebenen Gesetze der Emigration.

Als ich den Kaffee aufgoß, klopfte es an der Tür, leise und hartnäckig. »Versteck dich unter meinem Mantel«, sagte ich. »Beine und Kopf auch. Ich will nachsehen, was los ist.«
Ich schloß auf und öffnete die Tür einen Spalt. Draußen stand die Puertoricanerin. Sie legte einen Finger an die Lippen. »Polizei«, flüsterte sie.
»Was?«
»Unten. Drei Mann. Achtung. Vielleicht kommen sie herauf. Hotel durchsuchen. Vorsicht!«
»Was ist denn los?«
»Sind Sie allein? Keine Frau hier?«
»Nein«, sagte ich. »Ist die Polizei deswegen hier?«
»Weiß nicht. Glaube wegen Melikow. Aber man weiß nicht. Vielleicht durchsuchen. Frau mitnehmen, wenn finden.«
Ins Badezimmer, dachte ich rasch. Aber wenn die Polizei eine Razzia machte und Natascha im Badezimmer fand, dann war das noch belastender. In die Halle nach unten konnte sie nicht, wenn die Bullen schon da waren. Verdammt, dachte ich, was tun?
Plötzlich stand Natascha neben mir. Wie sie so rasch angezogen sein konnte, war fast ein Wunder. Sie hatte sogar ihre kleine Kappe auf dem Haar und war kühl und ruhig. »Melikow«, sagte sie. »Sie haben ihn geschnappt.«
Die Puertoricanerin machte Zeichen. »Schnell! Sie zu mir in Zimmer, Pedro hier. Verstehen?«
»Ja.«
Natascha schaute sich rasch um. »Bis später.« Sie folgte der Frau. Aus dem Schatten des Korridors tauchte Pedro, der Mexikaner, auf. Er knöpfte seine Hosenträger fest und band seine Krawatte. »Buenas Tardes, Señor. Besser so!«
Ich verstand. Wenn die Polizei kommen sollte, war Pedro mein Gast, Natascha der der Puertoricanerin. Eine viel einfachere Lösung als die dramatische der Angelsachsen, durch Klosettfenster und über vereiste Dächer zu fliehen. Eine lateinische

Lösung. »Setzen Sie sich, Pedro«, sagte ich. »Eine Zigarre?«
»Danke. Lieber eine Zigarette. Vielen Dank, Señor Roberto. Ich habe eigene.«
Er war nervös. »Papiere«, murmelte er. »Schwierig. Vielleicht kommen sie nicht.«
»Haben Sie keine? Sie können sie vergessen haben.«
»Schwierig. Haben Sie gute?«
»Ja. Ganz gut. Aber wer sieht gerne die Polizei?« Ich war selbst sehr nervös. »Wollen Sie einen Wodka, Pedro?«
»Zu stark in dieser Situation. Besser, klar zu sein. Aber einen Kaffee sehr gerne, Señor!«
Ich schenkte den Kaffee ein. Pedro trank hastig. »Was ist mit Melikow?« fragte ich. »Wissen Sie etwas davon?«
Pedro schüttelte heftig den Kopf. Dann legte er ihn auf die Seite, schloß ein Auge, hob die Hand und hielt sie an die Nase, als schnupfe er etwas hinein. Ich begriff. »Glauben Sie das?«
Er hob die Schultern und öffnete die Hände. Ich erinnerte mich an die Andeutungen Nataschas. Was konnte ich tun?
»Nichts«, antwortete Pedro, dessen Augen mir gefolgt waren. »Den Mund halten, sonst wird es nur schlimmer für Melikow.«
Ich packte die Kochplatte in den Koffer und sah mich um, ob Natascha noch irgendwelche Spuren hinterlassen hatte. Den Aschenbecher mit zwei rotgefärbten Mundstücken leerte ich durch das geräuschlos geöffnete Fenster. Dann schlich ich zur Tür, öffnete sie und horchte nach unten.
Das Hotel war still wie ein Grab. Von der Halle her hörte ich Gemurmel. Dann kamen Schritte die Treppen herauf. Ich erkannte sie sofort als Polizei. Darin kannte ich mich aus, ich hatte sie in Deutschland, Belgien und Frankreich oft genug gehört. Ich schloß rasch die Tür. »Sie kommen.«
Pedro ließ seine Zigarette fallen. »Sie gehen nach oben«, sagte ich.

Pedro hob seine Zigarette auf. »Zu Melikows Zimmer?«
»Das werden wir sehen. Warum glauben Sie, daß die Polizei eine Haussuchung machen könnte?«
»Um etwas zu finden.«
»Ohne Haussuchungsbefehl?«
Pedro hob wieder die Schultern. »Befehl? Bei armen Leuten?«
»Natürlich.« Das hätte ich mir denken können. Warum sollte es in New York anders sein als irgendwo in der Welt? Und ich sollte das wahrhaftig wissen. Meine Papiere waren gut, aber nicht sehr gut. Pedros wahrscheinlich ähnlich. Auch bei der Puertoricanerin war ich nicht sicher. Sicher war ich nur bei Natascha. Man würde sie entlassen. Bei uns andern konnte das noch etwas dauern. Ich schnitt ein großes Stück von unserem Schokoladekuchen ab und stopfte es in mich hinein. Die Verpflegung auf allen Polizeistationen der Welt war schauerlich.
Ich blickte aus dem Fenster. Gegenüber waren ein paar Fenster erleuchtet. »Wo ist das Zimmer Ihrer Freundin?« fragte ich Pedro. »Kann man es von hier aus sehen?«
Er kam heran. Sein gelocktes Haar roch nach einem süßlichen Öl. Im Nacken hatte er die Narbe eines Furunkels. Er blinzelte nach oben. »Über uns. Eine Etage höher. Man kann es von hier aus nicht sehen.«
Wir mußten ziemlich lange warten. Ab und zu horchten wir auf den Flur hinaus. Nichts rührte sich. Jeder, der im Hotel war, wußte anscheinend, daß etwas los war. Keiner kam nach unten. Endlich hörte ich die schweren energischen Schritte von oben kommen. Sie verloren sich nach unten. Ich schloß die Tür. »Ich glaube, die Polizei geht. Keine Haussuchung.«
Pedro lebte auf. »Warum lassen sie die Menschen nicht in Ruhe? Was tut schon ein bißchen Schnupfen, wenn es einen glücklich macht? Im Krieg zerreißen sie Millionen mit Granaten. Hier verfolgen sie das weiße Pulver, als wäre es Dynamit.«

Ich betrachtete ihn aufmerksam, seine feuchten Augen mit dem bläulichen Weiß, und mir kam der Gedanke, daß er selbst schnupfen könnte. »Kennen Sie Melikow schon lange?« fragte ich.

»Nicht so sehr lange. Einige Zeit.«

Ich schwieg; was ging es mich an? Ich dachte darüber nach, ob man etwas für Melikow tun könnte. Da war nichts zu tun, am wenigsten von Ausländern mit etwas zweifelhaften Papieren.

Die Tür ging auf. Es war Natascha. »Sie sind weg«, sagte sie. »Mit Melikow.«

Pedro war aufgestanden. Die Puertoricanerin kam herein. »Komm, Pedro.«

»Vielen Dank«, sagte ich zu ihr. »Vielen Dank für Ihre Freundlichkeit.«

Sie lächelte. »Arme Leute helfen sich gern gegenseitig.«

»Nicht immer.«

Natascha küßte sie auf die Wange. »Vielen Dank, Raquel, für die Adresse.«

»Was für eine Adresse?« fragte ich, als wir allein waren.

»Für Strümpfe. Die längsten, die ich gesehen habe. Sie sind schwer zu finden. Die meisten sind zu kurz. Raquel hat mir ihre gezeigt. Fabelhaft.«

Ich mußte lachen. »Pedro war weniger unterhaltend.«

»Natürlich. Er hatte Angst. Er schnupft. Und er hat jetzt ein Problem: Er muß einen anderen Lieferanten suchen.«

»War Melikow einer?«

»Ein kleiner, glaube ich. Der Gangster, dem dieses Hotel gehört, hat ihn dazu gezwungen. Er wäre sonst herausgeflogen. Eine neue Stellung hätte er nie bekommen, er ist zu alt.«

»Kann man etwas für ihn tun?«

»Nichts. Das kann nur der Gangster. Vielleicht kriegt er ihn frei. Er hat einen sehr geschickten Rechtsanwalt. Und er muß etwas für ihn tun, damit Melikow ihn nicht belastet.«

»Woher weißt du das alles?«
»Von Raquel.«
Natascha schaute sich um. »Wo ist der Kuchen geblieben?«
»Hier. Was fehlt, habe ich gegessen.«
Sie lachte. »Der Hunger der Angst, wie?«
»Nein. Der Hunger der Vorsicht. Den Kaffee hat Pedro getrunken. Willst du welchen?«
»Ich glaube, es ist besser, wenn ich gehe. Zweimal wird man nicht gerettet. Man weiß nicht, ob die Polizei nicht noch einmal kommt.«
»Gut. Ich bringe dich nach Hause.«
»Nein, bleib hier. Es kann sein, daß man unten noch einen Beobachter gelassen hat. Wenn ich allein komme, kann ich sagen, ich hätte Raquel besucht. Ziemlich abenteuerlich, wie?«
»Zuviel für mich. Ich hasse Abenteuer.«
Sie lachte. »Ich nicht.«
Ich brachte sie bis zur Treppe. Sie hatte plötzlich Tränen in den Augen. »Armer Wladimir«, murmelte sie, »arme herumgestoßene Seele.«
Sie ging rasch und sehr aufrecht die Treppe hinunter. Ich kehrte zurück in meine Bude und betrachtete die Unordnung. Dann räumte ich den Tisch auf. Das war etwas, was mich immer etwas melancholisch machte. Wahrscheinlich, weil nichts im Leben von Dauer war, nicht einmal ein verfluchter Schokoladekuchen. In einer Anwandlung von plötzlicher Wut öffnete ich das Fenster und warf den Rest des Kuchens in den Hof. Mögen die Katzen ein Fest feiern, wenn meines schon vorbei war. Das Hotel schien ohne Melikow auf einmal leer zu sein. Ich ging hinunter. Niemand war da. Hier mied man Plätze, wo die Polizei gewesen war, als hätte sie die Pest mitgebracht. Ich wartete eine Zeitlang und fing sogar an, in einem alten Heft von Time zu lesen, das ein Gast liegengelassen hatte, aber mich irritierte die Allwissenheit

dieses Magazins, das mehr wußte als Gott selbst und das alles in fertigen kleinen Paketen und etwas preziös aufgemacht lieferte. Ich schlich durch die auf einmal verwaiste Halle und dachte daran, daß man einen Menschen erst dann schätzt, wenn er nicht mehr da ist; eine verdammt triviale, darum aber um so niederdrückendere Wahrheit. Ich dachte an Natascha und daran, daß es nun schwieriger sein würde, sie in mein Zimmer zu schmuggeln. Ich wurde immer melancholischer und füllte mich wie eine Regentonne bei einem Platzregen mit Selbstmitleid. Es war ein grauer Tag gewesen, ich war voll von vergangenen Abschieden, und dann dachte ich an die kommenden, und das machte mich ganz elend, weil ich keinen Ausweg wußte. Ich fürchtete mich vor der Nacht und meinem Bett und davor, daß die klebrigen Träume mich begraben könnten. Ich holte meinen Mantel und ging durch die klirrende weiße Stadt, um mich müde zu machen. Ich suchte die Straßen, ich ging die ganze totenstille Fifth Avenue hinauf bis zum Central Park. Die Fenster links und rechts von der verlassenen Straße leuchteten wie Glassärge, als wäre vor den Auslagen ein Schauer von Eisregen gefroren. Ich hörte auf einmal meine Schritte und dachte an die Polizei im Hotel und dann an Melikow in irgendeinem Käfig, und dann wurde ich sehr müde und kehrte um. Ich ging schneller und schneller, weil ich gelernt hatte, daß es manchmal die Trauer mindert, aber ich war zu müde, um zu merken, ob es so war oder nicht.

XXXII.

Plötzlich ging alles sehr schnell. Die Wochen zerschmolzen wie der Schnee auf den Straßen. Ich hörte eine Zeitlang nichts mehr von Melikow. Dann war er eines Morgens wieder da.
»Du bist frei«, sagte ich. »Ist alles vorüber?«
Er schüttelte den Kopf. »Ich bin frei gegen Kaution. Die Verhandlung kommt erst noch.«
»Kann man dir etwas nachweisen?«
»Es ist besser, wenn wir nicht darüber reden. Und es ist besser, wenn du nicht fragst, Robert. Wenn man nichts weiß und nichts fragt in New York, ist man am sichersten.«
»Gut, Wladimir. Du bist dünner geworden. Warum hat es so lange gedauert, bis du freigelassen worden bist?«
»Das soll deine letzte Frage gewesen sein. Glaub mir, Robert, es ist besser. Und meide mich.«
»Nein«, sagte ich.
»Doch. Und jetzt wollen wir einen Wodka trinken. Es ist einige Zeit vergangen, seit ich einen gehabt habe.«
»Du siehst nicht gut aus. Dünner und traurig. Hoffentlich wird sich das bald ändern.«
»Ich bin in der Haft siebzig geworden. Und mein verdammter Blutdruck ist zu hoch.«
»Dafür gibt es Mittel.«
»Robert«, sagte Melikow leise. »Gegen Sorgen gibt es nicht viele Mittel. Ich will nicht im Gefängnis sterben.«
Ich schwieg. Draußen tropfte das Tauwasser vom Dach. »Kannst du nicht ...« sagte ich dann leise, »kannst du nicht das, was ich in Gefahr getan habe, auch tun? Amerika ist groß, und die Meldepflicht existiert nicht. Außerdem sind die Staaten sehr selbständig und haben eigene Ge-

setze. Dies ist kein Vorschlag, ich rede nur so vor mich hin.«
»Ich will nicht gejagt und gesucht werden. Nein, Robert, ich muß es mit dem Glück versuchen. Damit, daß die Leute mir helfen, die mich zunächst einmal herausgebracht haben. Vergessen wir alles andere.« Er lächelte krampfhaft. »Trinken wir unseren Wodka und hoffen wir auf einen Herzinfarkt, solange wir noch frei sind.«

Die Tochter Vriesländers verlobte sich im März mit einem Amerikaner. Sie heiratete im April. Vriesländer beschloß, zwei Empfänge zu geben – einen als Amerikaner, den andern als ehemaliger Emigrant. Er war zwar fest entschlossen, täglich mehr Amerikaner zu werden, und er betrachtete die Heirat seiner Tochter mit einem echten, geborenen Amerikaner als einen bedeutenden Schritt weiter in dieser Richtung, aber er wollte uns Staatenlosen gleichzeitig zeigen, daß er seine Herkunft zwar verschweigen, aber nicht verleugnen wollte. Aus diesem Grunde gab es eine echte Hochzeitsfeier mit den Angehörigen des Mannes, Original-Mayflower-Leuten, und einigen ausgewählten Emigranten, die entweder schon eingebürgert oder Professoren waren, und eine spätere für die einfachen Staatenlosen und das ärmere Volk. Ich hatte keine Lust, dort hinzugehen, aber Natascha, die blind vor Gier wurde, wenn sie an das Szegediner Gulasch der Köchin Vriesländers dachte, hatte darauf bestanden, weil sie glaubte, ich würde wieder einen Topf voll nach Hause bringen.
Es war, wie Vriesländer es ausdrückte, eine Art Abschiedsabend und ein neuer Anfang. »Die Wanderung durch die Wüste nähert sich dem Ende«, erklärte er.
»Wo ist das Gelobte Land?« fragte Kahn ironisch.
»Hier!« erwiderte Vriesländer erstaunt, »wo sonst?«
»Dann ist das hier eine Siegesfeier, wie?«

»Juden feiern keine Siege, Herr Kahn. Juden feiern, daß sie durchgekommen sind«, erklärte Vriesländer.
»Kommt das junge Paar heute auch?« fragte ich Frau Vriesländer.
»Nein. Es ist gleich nach der Hochzeit nach Florida gefahren.«
»Nach Miami?«
»Nach Palm Beach. Miami ist nicht so fein.«
Ich erinnerte mich an den Schwiegersohn; er war Bankier, seine Vorfahren waren vor Jahrhunderten aus England herübergekommen mit der ›Mayflower‹, dem sagenumwobenen kleinen Schiff, der Arche Noah der amerikanischen Aristokratie, die etwa zehnmal so groß wie die ›Queen Mary‹ gewesen sein mußte, wenn sie all die Sträflinge und Piraten beherbergt haben soll, deren Urenkel später behaupteten, ihre Ahnen seien mit ihr angekommen.
Ich sah mich um. Gleich zu Anfang hatte ich gefühlt, daß die Stimmung anders war als sonst. Vriesländer veranstaltete seinen Abend für Flüchtlinge alle paar Monate. Anfangs hatte er es getan, um dem versprengten Haufen so etwas wie einen Mittelpunkt zu geben. Es hatte sich gezeigt, daß die Assimilierung mit Amerikanern den normalen Verlauf nahm, wie bei allen Minoritäten – sie fand erst in der zweiten Generation statt. Die erste hockte unter sich, die zweite schwärmte dann aus. Gründe waren die mangelhafte Beherrschung der Sprache, überlieferte Gewohnheiten und die Schwierigkeit, sich im vorgerückten Alter noch anzupassen. Die Kinder, die in amerikanische Schulen gingen, glitten ohne viele Reibungen in die Gewohnheiten des Landes hinein. Die Eltern nicht. Daher kam – bei aller Dankbarkeit für die Aufnahme – das leise Gefühl, in einem angenehmen Gefängnis ohne Mauern zu sitzen, und der einzelne wurde sich nicht bewußt, daß nur er selbst es war, der die Schranken errichtete und fühlte. Das Land selbst war das fremdenfreundlichste der Welt.
»Ich bleibe hier«, sagte Tannenbaum, der wieder einmal aus

Hollywood zurückgekehrt war, um im Theater einen SS-Mann zu spielen. »Das ist der einzige Platz, wo wir nicht als Eindringlinge und Fremdkörper behandelt werden. Überall sonst war es anders. Ich bleibe hier.«
Vesel starrte ihn an. »Und wenn Sie keine Arbeit mehr finden? Sie haben einen starken Akzent, und wenn der Krieg jetzt zu Ende geht, hört es mit Ihren Rollen auf.«
»Im Gegenteil, dann geht es erst los.«
»Sie sind nicht Gott und allwissend«, sagte Vesel scharf.
»Ebensowenig wie Sie, Vesel. Aber ich habe Arbeit.«
»Aber meine Herren«, rief Frau Vriesländer, »doch keinen Streit! Jetzt, wo wir alles hinter uns haben!«
»Haben wir?« fragte Kahn.
»Nicht, wenn Sie zurückgehen«, sagte Tannenbaum. »Was meinen Sie, wie es da jetzt aussieht?«
»Heimat ist Heimat«, erklärte Vesel.
»Und Scheiße ist Scheiße.«
»Ich muß zurück«, sagte Frank traurig. »Was soll ich anderes tun?«
Es war die Frage dieses trübseligen Abends, den alle so voll von Zukunftsgedanken begonnen hatten. Plötzlich war das passiert, was Kahn vorausgesagt hatte. Die, die bleiben wollten, hatten, gerade weil sie nun bald zurückkonnten, das ungewisse Gefühl, dadurch etwas verloren zu haben. Das Bleiben war nicht mehr ganz so strahlend wie vorher, obschon es sich in nichts geändert hatte. Und die, die zurückwollten und immer Europa als die alte Heimat vor sich hatten schimmern sehen, spürten auf einmal, daß es ein verwüstetes Land voller Probleme war und nicht ein Paradies. Es war wie bei einem Wetterhäuschen: Wenn die eine Figur hervortrat, ging die andere zurück. Die barmherzigen Illusionen, von denen alle gelebt hatten, zerplatzten. Beide, sowohl die Heimkehrer wie die Dableiber, hatten das Gefühl der Desertion. Es war die letzte Illusion. Sie desertierten dieses Mal sich selbst.

»Lissy will zurück«, sagte Kahn. »Lucy, der andere Zwilling, will bleiben. Sie waren fast nie getrennt. Beide glauben, die andere sei eine Egoistin, und das Ganze ist eine Tragödie.«
Ich sah ihn an. Ich wußte nicht, wie er mit Lissy stand.
»Wollen Sie Lissy nicht zureden?« fragte ich.
»Nein. Der große Aufbruch«, sagte er sarkastisch. »Und die große Ernüchterung.«
»Auch für Sie?«
»Für mich?« sagte er lachend. »Ich zerplatze wie ein Ballon. Ich gehe nicht hierhin und nicht dahin. Und Sie?«
»Ich? Ich weiß es nicht. Es ist noch Zeit genug, darüber nachzudenken.«
»Das haben Sie doch getan, seit Sie hier sind, Robert.«
»Es gibt Dinge, die durch Nachdenken nicht besser werden. Man soll auch nicht zuviel darüber nachdenken. Sie werden nur schlimmer und schwieriger. Man tut sie plötzlich.«
»Ja«, sagte er. »Man tut sie plötzlich, das ist es.«
Vriesländer zog mich beiseite. »Vergessen Sie nicht, was ich Ihnen gesagt habe über deutsche Aktien. Nach dem Waffenstillstand werden sie für ein Butterbrot zu haben sein. Und sie werden steigen, steigen, steigen. Man kann das Land politisch hassen, zu seiner Ökonomie kann man Vertrauen haben. Ein schizophrenes Volk. Tüchtige Wirtschafter, Wissenschaftler und Massenmörder.«
»Ja«, sagte ich bitter. »Und oft beides zugleich in einer Person.«
»Wie gesagt: schizophren. Seien Sie auch schizophren: Machen Sie ein Vermögen, und hassen Sie die Nazis.«
»Klingt das nicht sehr pragmatisch?«
»Nennen Sie es, wie Sie wollen. Wozu sollen die Geschäftskonzerne, die Sklavenarbeiter zu Tode geschunden haben, hinterher noch ein Vermögen verdienen?«
»Sie werden es verdienen«, sagte ich. »Das und sämtliche Ehren, Orden, Pensionen und alle Millionen. Ich bin nicht

umsonst dort geboren. Wir haben es nach dem ersten Krieg gesehen. Gehen Sie wieder zurück, Herr Vriesländer?«
»Keinen Schritt! Mein Geschäft kann ich durchs Telefon erledigen. Wenn Sie Geld brauchen, strecke ich Ihnen gern tausend Dollar vor. Damit kann man drüben im Frieden allerlei anfangen.«
»Danke. Ich werde Ihr Angebot vielleicht annehmen.«
Mir schien einen Moment, als habe es einen Kurzschluß von einer hundertstel Sekunde im Licht des Salons gegeben, so, als wäre das Licht nicht ausgegangen, sondern hin und her geschüttelt worden, doch gleich darauf brannte es wieder strahlend und ruhig. Es war ein Augenblick, in dem ein drohender, finsterer Wunsch, der Angst und Unmöglichkeit in sich trug, plötzlich mit einem unsichtbaren Ruck Realität wurde. Was Vriesländer mir anbot, war für mich nicht etwas, um Geschäfte zu machen. Es war die Möglichkeit zurückzukehren, war das Geld, das ich dazu brauchte, mehr sogar, reichlich, genügend, um das Land zu erreichen, das wie eine schwarze Wolkenwand in meinen Träumen immer näher auf mich zugekrochen war. Ich stand unter den Kronleuchtern und starrte geblendet vor mich hin, ohne mehr zu sehen als eine unbestimmte, schwimmende Helligkeit unter meinen Augen.
Ich brauchte noch Zeit, mich zu fassen. Es war, als wäre ich in eine Windhose geraten. Alles wirbelte jetzt um mich herum, Licht und Schatten, und dazu hörte ich Kahns Stimme. »Ihr Gulasch wird von der Köchin abgefüllt. Sie können es abholen in der Küche, und wir können dann fliehen. Wollen wir?«
»Was? Fliehen? Wann?«
»Wann Sie Lust haben. Gleich, wenn Sie wollen.«
»Ach so!« Ich verstand Kahn wieder. »Ich kann noch nicht«, sagte ich. »Ich habe noch ein paar Sachen zu erledigen. Ich muß noch bleiben, Kahn.« Ich wollte mich sammeln, das ging am besten im Durcheinander der Gesellschaft. Ich

wollte auch nicht mit Kahn reden, gerade jetzt nicht. Alles war noch zu unbestimmt, neu und schattenhaft groß.
»Gut«, erklärte Kahn. »Ich gehe. Ich kann es nicht mehr aushalten in dieser Brühe von Aufregung, Sentimentalität und Ungewißheit. Hundert geblendete Vögel flattern plötzlich gegen die Stäbe ihres Käfigs und entdecken auf einmal, daß sie nicht mehr aus Stahl sind, sondern aus gekochten Spaghettis. Jetzt wissen sie nicht, ob sie singen oder klagen sollen. Ein paar singen schon«, fügte er grimmig hinzu. »Bald werden sie wissen, daß da nichts zu singen ist, und daß man ihnen jetzt auch noch ihr Letztes genommen hat: das romantische Heimweh und den romantischen Haß. Zerstörung kann man nicht mehr hassen. Gute Nacht, Robert.«
Er war sehr blaß. »Ich komme vielleicht später noch vorbei«, sagte ich erschrocken.
»Tun Sie es nicht. Ich gehe schlafen. Mit zwei Schlaftabletten. Fürchten Sie nichts«, sagte er, als er mein Gesicht bemerkte. »Ich tue mir nichts an. Haben Sie noch eine fröhliche Zeit auf dieser vermantschten Siegesfeier, die das genaue Gegenteil ist. Gute Nacht, Robert.«
»Gute Nacht, Kahn. Ich sehe morgen mittag bei Ihnen vorbei.«
»Tun Sie das.«
Ich hatte ein schlechtes Gefühl und wollte ihm nachgehen, aber ich war zu verwirrt mit mir selber, mit der ganzen absurden, trostlosen Feier und mit dem, was Kahn zum Schluß noch gesagt hatte. Ich blieb sitzen und horchte achtlos auf Lachmann, der mir erklärte, daß er sicher wieder gesund würde, wie er das nannte; er habe seit vier Wochen ein zwar etwas stockendes, aber doch normales Verhältnis mit einer Witwe. »Alles das wird vorbei sein wie ein böser Traum«, erklärte er mit Augen, in denen das Weiße unterhalb der Iris zu sehen war.

»Dein katholischer Beruf auch?« fragte ich. »Die Rosenkränze und Heiligenfiguren?«
»Das werde ich später sehen. Vorläufig habe ich keine Eile. Ich bin der beste Reisende, den die Leute haben. Mit einem andern Glauben hat man doch eine ganz andere Distanz und eine größere Freiheit. Das kommt dem Geschäft mächtig zugute. Die Leute glauben einem auch mehr, weil man nicht aktiv beteiligt ist.«
»Du gehst also nicht zurück, wie?«
»In einigen Jahren vielleicht einmal. Zu Besuch. Doch das hat Zeit, viel Zeit.«
Ich sah ihn neidisch an. »Was warst du früher?« fragte ich. »Vor den Nazis.«
»Student und der Sohn wohlhabender Eltern. Gelernt habe ich nichts.«
Ich konnte ihn nicht fragen, was aus seinen Eltern geworden war, aber ich hätte gerne gewußt, was in seinem Kopf vorging. Kahn hatte mir einmal gesagt, daß die Juden kein Volk der Rache wären, vielleicht war etwas daran. Sie seien neurasthenisch wie ihr Haß, der zu rasch in Resignation umschlage, und, um das Gesicht vor sich zu wahren, in Verständnis für den Feind. Das war, wie jede extreme und allgemeine Behauptung, nur zum Teil zutreffend. Trotzdem hatte ich es mir gemerkt. Sie waren kein Volk der Rache, sie waren zu kultiviert und sublimiert. Ich war das alles nicht, dachte ich. Ich war allein, und ich kam mir wie ein Troglodyt vor. Aber da war etwas, über das ich nicht hinweg konnte, und es war so sehr da, daß alle Versuche, es zu umgehen oder wegzurücken, mich mit einer jähen, ungeduldigen Hitze füllten, die rasch unerträglich wurde. Es war eine mir selbst fast unverständliche Sache des Blutes, von der ich wußte, daß sie mich ins Verderben führen würde. Ich kämpfte gegen sie, ich versuchte, ihr zu entkommen, und manchmal schien es mir, als gelänge es beinahe. Aber dann kam irgend etwas, eine

Erinnerung, ein schwerer Traum oder, wie jetzt, eine Möglichkeit, diesem lautlos wartenden Verhängnis näherzukommen – und alle Illusionen des Entkommens wurden niedergedrückt wie eine Wolke von Schmetterlingen durch einen Eisregen. Ich wußte wieder, daß es da war und daß ich mich ihm stellen mußte. Es war in meinem Blut, und es verlangte Blut. Ich konnte versuchen, es zu ironisieren und es zu bewitzeln und es im Licht des klaren Tages zu verspotten: Es blieb, und nachts holte es schweigend alles wieder auf, was ich glaubte in der Sonne zurückgedrängt zu haben.
»Seien Sie ein bißchen fröhlicher, Herr Robert«, sagte Frau Vriesländer. »Schließlich ist dies unser letztes Beisammensein als Emigranten.«
»Das letzte?«
»Bald löst sich doch alles auf. Die Zeit Ahasvers ist vorüber.«
Ich sah die brave, dicke Frau verdutzt an. Von wem hatte sie das nur? Ich wurde plötzlich ohne irgendeinen Grund heiter. Ich vergaß Kahn und meine eigenen Gedanken, ich blickte in das rosige Gesicht reiner, gütiger Dummheit, und ich erfaßte mit einem Schlage, wie absurd diese Trauer- und Siegesaffäre mit ihrer harmlosen, prächtigen und rührenden Konfusion eigentlich war. »Sie haben recht, Frau Vriesländer«, sagte ich. »Wir sollten uns noch etwas aneinander freuen, ehe wir auseinanderstreben. Unser gemeinsames Schicksal ist wie bei Soldaten nach dem Kriege. Bald werden sie wieder Freunde, keine Kameraden mehr sein, es wird wieder so sein, wie es einst gewesen ist. Da sollten wir uns zum Abschied noch einmal an all dem freuen, was wir einander gewesen und nicht gewesen sind.«
»Das meine ich! Eben das meine ich! Rosy hat Ihnen Ihr letztes Gulasch schon zurechtgemacht. Mit Tränen. Und reichlich.«
»Das ist schön. Ich werde es sehr vermissen.«

Ich wurde immer heiterer. Es mag sein, daß Verzweiflung dabei war, aber wann war die nicht dabei. Mir schien, daß nichts Schlimmes passieren könnte, auch für Kahn nicht, gerade weil alles so offenkundig gewesen war, so voll Haken und Spitzen und Andeutungen, daß es einfach nicht möglich zu sein schien, daß es auch noch einträfe.
Ich nahm meinen Topf mit Gulasch und ging mit dem Gefühl nach Hause, das man manchmal hat, wenn man abstreifen kann, was wie ein Bleihimmel auf einem gelegen hat, und man überraschend das quellenhafte Leben in sich sickern spürt, jenseits von allem, was vielleicht noch kommen kann und kommen wird.

XXXIII.

Ich fand Kahn am nächsten Mittag. Er hatte sich erschossen. Er lag nicht auf seinem Bett, sondern hatte in einem Stuhl gesessen, von dem er heruntergerutscht war. Es war ein sehr heller Tag, von einer fast schneidenden Klarheit. Die Vorhänge waren nicht zugezogen. Das Licht strömte ins Zimmer, und Kahn lag zusammengesunken vor dem Stuhl. Es wirkte im ersten Augenblick so unwirklich, als könnte es nicht wahr sein. Dann hörte ich das Radio, das weitergespielt hatte, seit er tot war, und ich sah den zersplitterten Kopf. Das Gesicht war auf einer Seite heil erschienen, als ich es von der Tür her sah. Erst als ich näher herankam, konnte ich die Zerstörung bemerken. Kahn lag auf der Seite, die weggeplatzt war.

Ich wußte nicht, was ich tun sollte. Ich hatte gehört, daß man in solchen Fällen die Polizei anrufen müsse und daß nichts berührt werden dürfe, bis sie da war. Ich starrte eine Zeitlang auf das, was Kahn gewesen war, und hatte nur das taube Gefühl, daß es nicht wahr war. Was da am Boden lag, hatte mit Kahn so wenig zu tun wie die Wachsfiguren in einem Schaukabinett mit den Figuren, die sie darstellen. Ich selbst fühlte mich wie eine Wachsfigur, die noch lebte. Dann erst, plötzlich, wachte ich auf zu mir selbst und zu einem entsetzlichen Wirrwarr von Schmerz und Reue. Ich glaubte fest, und es war unerträglich, daß ich schuld an Kahns Tod sei. Er hatte es mir so fürchterlich klargemacht am Abend vorher, daß es schon beinahe melodramatisch gewirkt hatte und so fremd für Kahns Charakter, daß ich mich nicht hätte beruhigen dürfen.

Und es wurde mir grauenhaft klar, wie einsam Kahn gewesen

war und wie sehr er mich gebraucht hatte, als ich alle Zeichen übersehen hatte, weil ich sie übersehen wollte.

Es war nicht das erste Mal, daß ich einen Toten sah, und auch nicht das erste Mal, daß es ein toter Freund war, ich hatte viele gesehen und unter schauerlichen Umständen, aber dies war etwas anderes. Kahn war für mich und viele andere so etwas wie ein Denkmal gewesen, er schien mehr Eisen und Erz gehabt zu haben als jeder andere, er war ein Kondottiere gewesen und ein Don Quichotte, ein Robin Hood und ein Schinderhannes, der Retter aus einer Sage, ein Rächer und ein Kind des Glückes, ein Tänzer aus Stahl, tödlich und elegant wie ein witziger Sankt Georg, der die Drachen der Zeit übertölpelte und ihnen ihre Opfer entriß.

Ich hörte auf einmal wieder das Radio und drehte es ab. Ich suchte mit den Augen nach einem Brief oder irgend etwas, das er hinterlassen hatte; aber mir war sofort klar, daß ich nichts finden würde. Er war ebenso einsam gestorben, wie er gelebt hatte. Ich wußte auch gleich, warum ich nach einer Mitteilung suchte. Es war, um mich zu entlasten, um irgendeine Entschuldigung zu finden, ein Wort von ihm, etwas, das mich freisprechen konnte. Ich sah nichts. Dafür sah ich den zerschossenen Kopf jetzt in seiner gräßlichen Wirklichkeit und doch auch so, als sähe ich ihn weit entfernt, wie durch eine starke Glasscheibe. Ich wunderte mich etwas verwirrt, warum er sich erschossen hatte, es ging mir sogar durch den Kopf, daß das keine Todesart für einen Juden sei, aber während ich es dachte, erinnerte ich mich daran, daß Kahn das gesagt haben könnte in seiner sarkastischen Art, daß es nicht wahr sei, und daß ich bereute, es überhaupt gedacht zu haben. Qualvoll überfiel mich der Schmerz wieder und das schlimmste Gefühl, das es gibt: Daß etwas für immer ausgelöscht ist, als wäre es nie gewesen, und daß es vielleicht durch meine Nachlässigkeit geschehen war.

Ich raffte mich schließlich zusammen. Ich mußte etwas tun. Mir fiel nichts anderes ein, als Ravic anzurufen. Er war der einzige Arzt, den ich noch kannte. Ich hob das Telefon vorsichtig ab, als wäre es auch tot und dürfe nicht mehr benützt werden. Ravic war in seinem Zimmer. Es war Mittag.
»Ich habe Kahn tot gefunden«, sagte ich. »Er hat sich erschossen. Ich weiß nicht, was ich tun soll. Können Sie kommen?«
Ravic schwieg einen Augenblick. »Er ist sicher tot?«
»Sicher. Der Kopf ist zerschmettert.«
Ich hatte das hysterische Gefühl, daß Ravic überlegte, ob es dann nicht Zeit habe bis nach der Mittagsruhe oder dem Mittagessen; man denkt vieles und sehr rasch in einem solchen Augenblick.
»Tun Sie gar nichts«, sagte Ravic. »Lassen Sie alles, wie es ist. Und rühren Sie nichts an. Ich komme sofort.«
Ich legte den Hörer auf. Mir fiel ein, daß ich ihn abwischen sollte, damit er keine Fingerabdrücke zeige. Ich verwarf den Gedanken sofort, irgend jemand mußte Kahn ja gefunden und den Arzt benachrichtigt haben. Wie sehr das Kino unsere Art zu denken korrumpiert hat, dachte ich und haßte mich sofort, weil ich das dachte. Ich setzte mich auf einen Stuhl neben der Tür und wartete. Dann erschien es mir feige, so weit entfernt von Kahn zu sitzen, und ich setzte mich an den Tisch im Zimmer. Überall entdeckte ich Spuren von Kahns letzter Tätigkeit – einen verschobenen Stuhl, ein Buch, das geschlossen auf dem Tisch lag. Ich öffnete es und hoffte daraus Aufschluß zu gewinnen, aber es war weder eine Anthologie deutscher Dichter noch ein Band von Franz Werfel, sondern ein belangloser amerikanischer Roman.
Das Schweigen, das keines war, weil der gedämpfte Lärm von draußen es so sonderbar machte, daß es da war und nicht da war, wurde drückend. Es schien sich in die schmale dunkle Ecke unter dem Tisch neben dem Toten zurückgezogen zu haben und dort zu kauern, als warte es darauf, daß der

lebende Lärm endlich verstumme und dem Toten Gelegenheit gebe, sich aus seiner zusammengesunkenen, unbequemen Haltung auszustrecken, um wirklich zu sterben und nicht nur von einem hastigen Tod niedergestreckt zu sein wie eine blutige Beute. Selbst das gelbe Licht schien stillzustehen, paralysiert und im Fluge festgehalten durch etwas Unsichtbareres als es selbst und stärker, so wie alle Stille plötzlich stärker ist als das geschwindeste Leben. Ich glaubte einen Augenblick, die Blutstropfen auf den Fußboden fallen zu hören; aber ich brauchte mich nicht zu vergewissern, daß es nicht sein konnte. Kahn war tot, und es war unfaßbar, so wie selbst der Tod eines Kaninchens unfaßbar ist, weil es nicht gelingt, es je zu verstehen, da es zu nahe am eigenen Tod ist und ihn streift.

Ravic kam leise herein, aber ich schreckte auf, als wäre er eine Dampfwalze. Er ging gleich zu Kahn hinüber und sah ihn an. Er beugte sich nicht herunter und rührte Kahn auch nicht an.

»Wir müssen die Polizei benachrichtigen«, sagte er. »Wollen Sie dabei sein, wenn sie kommt?«

»Muß ich das nicht?«

»Ich kann sagen, ich hätte ihn gefunden. Es gibt viele Fragen, wenn die Polizei kommt. Wollen Sie die vermeiden?«

»Jetzt nicht mehr«, sagte ich.

»Ihre Papiere sind in Ordnung?«

»Es macht nichts mehr.«

»Doch, es macht etwas«, sagte Ravic. »Und Kahn nützt es nichts mehr.«

»Ich werde bleiben«, erwiderte ich. »Es ist mir egal, ob die Polizisten glauben, ich hätte ihn ermordet.«

Ravic sah mich an. »Glauben Sie das nicht selbst?«

Ich starrte ihn an. »Warum denken Sie das?«

»Es ist nicht schwierig zu erraten. Machen Sie sich darüber keine Gedanken, Ross. Wenn man alle Zufälle als Schicksal betrachten würde, könnte man keinen Schritt mehr tun.« Er

blickte in das starre Gesicht, das keiner von uns mehr erkannte. »Mir schien immer, daß er nicht wußte, was er im Frieden anfangen sollte.«
»Wissen Sie es denn?«
»Für einen Arzt ist es einfach. Menschen wieder zusammenzuflicken, damit sie im nächsten Krieg getötet werden können.« Er hob das Telefon ab und rief die Polizei an. Er mußte die Nummer und die Adresse mehrmals sagen. »Ja, er ist tot«, erklärte er. »Ja, gut! Wann? Gut.« Er legte den Hörer auf. »Sie kommen, sobald es geht. Sie haben viel zu tun, sagte der Sergeant. Morde gingen vor. Dies wäre nicht der einzige Selbstmörder in New York.«
Wir saßen und warteten. Wieder schien es, als hinge die Zeit tot zwischen uns. Ich entdeckte eine elektrische Uhr auf Kahns Radioapparat. Es war sonderbar, wenn ich dachte: Kahns Radioapparat und Kahns Uhr. Es war bereits ein Anachronismus, und es kam mir nicht ganz richtig vor. Besitz war mit Leben verbunden. Diese Dinge gehörten nicht mehr Kahn, weil er nicht mehr zu ihnen gehörte. Er hatte sie zurückgegeben an eine große Anonymität. Sie waren herrenlos geworden und trieben namenlos umher wie Gegenstände im All ohne Schwergewicht.
»Bleiben Sie in Amerika?« fragte ich Ravic.
Er nickte. »Ich habe zweimal meine Prüfungen als Arzt wiederholen müssen, in Paris und dann hier. Wenn ich zurückginge, würde ich nicht überrascht sein, wenn man sie drüben noch einmal verlangen würde.«
»Das ist doch unmöglich.«
Ravic sah mich ironisch an. »Meinen Sie?« Er deutete zu Kahn hinüber, der am Boden aussah, als sei er keine zwanzig Jahre alt. »Der da hatte keine Illusionen. Man wird uns wohl hassen wie vorher! Glauben Sie noch immer an das Märchen von den armen, vergewaltigten Deutschen? Schauen Sie doch in die Zeitungen! Sie verteidigen jedes Haus, obschon

sie schon zehnmal den Krieg verloren haben. Sie verteidigen ihre Nazis wütender als eine Mutter ihre Kinder und sie sterben auch noch für sie.« Er schüttelte ärgerlich und traurig den Kopf. »Der dort wußte, was er tat. Er war nicht verzweifelt. Er sah nur klarer als wir.« Ravic raffte sich zusammen. »Ich bin traurig«, sagte er. »Ich traure um Kahn. Er hat mich 1940 gerettet. Ich war im Lager. Im Internierungslager der Franzosen. Zusammengefangen in der allgemeinen Angst. Die Deutschen kamen. Der Kommandant wollte uns nicht laufen lassen. Ich wußte, daß man mich suchte. Man hätte mich aufgehängt, wenn man mich gefunden hätte. Kahn fand heraus, wo ich war. Er erschien in SS-Uniform mit zwei Begleitern im Camp, schrie den französischen Kommandanten an und verlangte, daß man mich ihm auslieferte.«

»Klappte es?«

»Nicht ganz«, erwiderte Ravic trocken. »Der Kommandant besann sich plötzlich auf seine verdammte militärische Ehre. Er behauptete, ich sei nicht im Lager und wäre schon entlassen. Er hatte nichts dagegen, uns in corpore zu übergeben, bei einem einzelnen jedoch versuchte er, ihn zu retten. Kahn brachte das Lager in Aufruhr, bis er mich fand. Es war eine Komödie der Irrungen. Ich hatte mich versteckt, weil ich tatsächlich glaubte, die Gestapo wäre da. Draußen gab Kahn mir einen Kognak und erklärte mir, was los war. Er war so verkleidet, daß ich ihn nicht erkannt hatte. Führerschnurrbart und gefärbtes Haar. Sein Kognak war der beste, den ich je getrunken hatte. Er hatte ihn eine Woche vorher erbeutet.« Ravic sah auf. »Er war der leichteste Mensch in schweren Situationen, den ich gekannt habe. Hier wurde er schwerer und schwerer. Er konnte nicht gerettet werden. Verstehen Sie, weshalb ich Ihnen dies gesagt habe?«

»Ja.«

»Ich habe mehr Grund als Sie, mich anzuklagen. Ich klage mich nicht an. Wo bliebe man sonst?« sagte Ravic langsam.

Dann krachte es auf der Treppe. »Die Schritte der Polizei«, sagte Ravic. »Auch sie vergißt man nie.«
»Wohin bringt man ihn?« fragte ich rasch.
»In die Morgue zum Sezieren. Vielleicht auch nicht. Die Todesursache ist klar.« Die Tür sprang auf. Rohes, primitives Leben füllte den Raum. Knallende Gesundheit machte sich professionell breit mit ihren stupiden Fragen, den zu kurzen Bleistiften, mit einer Bahre und Lärm. Man nahm uns mit zur Polizei. Wir mußten unsere Adressen angeben und konnten schließlich gehen. Kahn blieb zurück.

»Der Besitzer des Beerdigungsinstituts begrüßte uns bereits, als wären wir alte Bekannte«, sagte Lissy Koller bitter.
Ich sah sie an. Sie war gefaßter, als ich erwartet hatte. Es war sonderbar, daß Kahn auf Frauen keinen nachhaltigen Eindruck gemacht hatte. Ravic hatte Tannenbaum benachrichtigt, und der hatte Carmen Bescheid gesagt. Sie hatte geantwortet, daß sie nicht überrascht sei, und sich wieder ihren Hühnern zugewandt. Lissys Beziehungen waren kürzer und loser gewesen, aber auch sie war viel weniger verstört als bei der Trauerfeier für Betty Stein. Ihr Gesicht war rosig und frisch, als lägen ihre Depressionen weit hinter ihr. Sie hatte wahrscheinlich einen Liebhaber gefunden, dachte ich. Jemand, der harmlos und egoistisch ist und den sie versteht. Kahn hatte auch sie nicht begriffen, und er hatte sich nie für Frauen interessiert, die ihn verstanden hätten.
Es war ein windiger Tag mit weißen Wolkengebirgen. Von den Dächern tropfte der Tau. Ich hatte Rosenbaum gedroht, ihn aus der Kapelle zu prügeln, wenn er an Kahns Sarg reden sollte, und er hatte versprochen zu schweigen. Es gelang mir im letzten Augenblick, den Besitzer des ›Trauerheims‹ davon abzuhalten, deutsche Volkslieder auf dem Grammophon zu spielen. Er war ziemlich beleidigt und erklärte mir, daß andere Kunden nichts dagegen einzuwenden gehabt

hätten, im Gegenteil: ›Ach, wie ist's möglich dann‹ hätte sehr gefallen.
»Woher wissen Sie das?«
»Es wurde mehr geweint als sonst.« Es kam darauf an, wie man es auffaßte, dachte ich. Der Mann hatte die Platten von Bettys Trauerfeier behalten und daraus ein Geschäft gemacht. Er war seit Mollers Tod der Spezialist für Emigrantenbegräbnisse geworden. »Etwas Musik muß doch gespielt werden«, erklärte er mir. »Es ist sonst zu nüchtern.«
Die Gebühr für die Beerdigung erhöhte sich mit Musik um fünf Dollar. Ich hatte bereits die Lorbeerbäume am Eingang gestrichen, jetzt starrte der Mann mich an, als risse ich ihm sein letztes Stück Brot aus den Goldzähnen. Ich schaute seinen Plattenvorrat durch und fand das ›Ave verum‹ von Mozart. »Spielen Sie diese Platte«, sagte ich. »Und lassen Sie meinetwegen die Kübel mit den Lorbeerbäumen da.«
Die Kapelle war nun halb voll. Ein Nachtwächter, drei Kellner, zwei Masseure, eine Masseuse, die nur neun Finger hatte, und eine weinende alte Frau, die ich nicht kannte, waren dabei. Die alte Frau, ein Kellner, der früher in München ein Korsettgeschäft, und ein Masseur, der in Rothenburg ob der Tauber eine Kohlenhandlung gehabt hatte, waren von Kahn in Frankreich der Gestapo weggeschnappt worden. Sie konnten nicht begreifen, daß er tot war. Außerdem war noch eine Anzahl Leute da, die ich flüchtig kannte.
Plötzlich sah ich Rosenbaum. Er kam hinter dem armseligen kleinen Sarg hervorgeschlichen wie ein schwarzer Frosch. Da er ein Begräbnistiger war, trug er einen Anzug mit einem Jackett aus Marengostoff und einer gestreiften Hose. Er war der einzige, der todesgemäß angezogen war; er war im sogenannten ›kleinen Besuchsanzug‹ vergangener Zeiten. Breit stellte er sich vor den Sarg, schielte zu mir herüber und öffnete den Mund.
Ravic stieß mich an. Er hatte gemerkt, daß ich gezuckt hatte.

Ich nickte. Rosenbaum hatte gesiegt; er hatte gewußt, daß ich keine Prügelei vor Kahns Sarg riskieren würde. Ich wollte hinausgehen, aber Ravic stieß mich wieder an. »Glauben Sie nicht, daß Kahn gelacht hätte?« flüsterte er.
»Nein. Er hat sogar darüber gesprochen, daß er lieber ertrinken wolle, als Rosenbaum reden zu lassen.«
»Gerade deshalb«, sagte Ravic. »Kahn wußte, wenn etwas unabwendbar war – er drehte es dann um. Dies ist unabwendbar.«

Ich brauchte keinen Entschluß zu fassen. Es war, als wäre eines zum andern gekommen, so wie man Blätter aufeinanderlegt, und plötzlich sind sie ein Buch geworden. Die Monate des Zauderns, der Hoffnung, der Resignation, der Rebellion und der schweren Träume hatten sich aufeinandergelegt, und ohne daß ich selbst etwas dazuzutun brauchte, waren sie zu einer Gewißheit geworden. Ich wußte, daß ich zurückgehen würde. Es war nichts Melodramatisches mehr dabei; es war fast wie das Fazit eines Buchhalters. Ich konnte nicht anders. Ich ging nicht einmal zurück, um mich zu rächen. Selbst das war vorbei. Es war viel einfacher. Ich ging zurück, um meinen Fall zu ordnen. Solange ich das nicht getan hatte, würde ich nirgendwo Ruhe finden. Der Selbstmord, der Ekel vor meiner Feigheit und die scheußlichste Reue würden sonst meine nächsten Begleiter sein, während ich mein Dasein weiterschleppte. Ich mußte gehen. Ich wußte noch nicht, was ich tun würde, aber ich war ziemlich sicher, daß es mit Gerichten, Prozessen und legalen Sühnen nicht viel zu tun haben würde. Ich kannte die Gerichte, und ich kannte die Richter in dem Lande, in das ich zurückkehren wollte. Sie waren fügsame Helfer der Regierung gewesen, und ich konnte mir nicht vorstellen, daß sie plötzlich ein Gewissen bei sich entdecken würden, das etwas anderes war als eine opportunistische Gelegenheit, sich auf die Seite zu schlagen, die jetzt an

der Macht war. Ich konnte mich nur auf mich selbst verlassen.
Als der Waffenstillstand bekanntgegeben wurde, ging ich zu Vriesländer. Er begrüßte mich strahlend. »Endlich ist die Schweinerei vorbei! Jetzt kann man anfangen, wieder aufzubauen!«
»Aufzubauen?«
»Natürlich. Wir Amerikaner. Wir werden Milliarden investieren.«
»Es scheint einem sonderbar, daß man etwas zerstört, um es dann wieder aufzubauen. Oder denke ich falsch?«
»Nicht falsch, nur unrealistisch. Wir haben das System zerstört und jetzt bauen wir das Land wieder auf. Da sind enorme Möglichkeiten. Denken Sie allein einmal an das Baugeschäft.«
Es war erfrischend, einem Mann der Tatsachen zu begegnen.
»Glauben Sie, daß das System zerstört ist?« fragte ich.
»Selbstverständlich! Nach so einer Niederlage.«
»Die Kriegslage 1918 war auch katastrophal. Trotzdem wurde Hindenburg, der für sie mitverantwortlich war, Reichspräsident.«
»Hitler ist tot«, erklärte Vriesländer mit jugendlichem Schwung. »Die Alliierten werden die andern aufhängen oder einsperren. Jetzt muß man mit der Zeit gehen.« Er zwinkerte mir zu. »Deshalb sind Sie doch auch zu mir gekommen, wie?«
»Ja.«
»Ich habe nicht vergessen, was ich Ihnen angeboten habe.«
»Es mag einige Zeit dauern, bis ich es zurückgeben kann«, sagte ich und spürte, wie sich eine schwache Hoffnung in mir erhob.
Wenn Vriesländer jetzt ablehnte, mußte ich warten, bis ich genug Geld hatte, um die Überfahrt zu bezahlen. Es war eine

Galgenfrist, die ich dann noch hatte; eine Frist in einem Lande, das jetzt, wo ich es verlassen wollte, wieder den Schimmer eines fremden Paradieses hatte.
»Ich halte, was ich verspreche«, sagte Vriesländer. »Wie wollen Sie das Geld haben? Bar oder in einem Scheck?«
»Bar«, sagte ich.
»Das dachte ich mir. So viel habe ich nicht hier. Kommen Sie morgen wieder und holen Sie es ab. Und mit dem Zurückzahlen hat es Zeit. Sie wollen es investieren, wie?«
»Ja«, sagte ich nach einem Augenblick des Zögerns.
»Gut. Sagen wir, Sie zahlen mir sechs Prozent Zinsen. Sie werden hundert damit verdienen. Das ist fair, wie?«
»Sehr fair.«
Fair – das war eines seiner Lieblingsworte, obwohl er es wirklich war. Sonst sind Lieblingswörter meistens Gewohnheitsverstecke.
Ich stand auf, halb erleichtert und halb hoffnungslos. »Vielen Dank, Herr Vriesländer.«
Ich blickte ihn eine Sekunde mit fressendem Neid an. Da stand er, blühend, von Familie und gesundem Geschäft umrankt, ein Pfeiler in einer klaren Welt. Dann erinnerte ich mich daran, daß Lissy mir erzählt hatte, er sei impotent. Ich beschloß, es für einen Moment zu glauben, um meinen Neid zu überwinden. »Sie bleiben doch sicher in Amerika?« fragte ich.
Er nickte. »Für mein Geschäft ist das Telefon erfunden worden. Und das Telegramm. Und Sie?«
»Ich fahre hinüber, sobald es Schiffe dafür gibt.«
»Das wird alles jetzt rasch in Ordnung kommen. Der Krieg in Japan kann nicht mehr lange dauern. Wir räumen nur noch auf. Der Verkehr in Europa wird nicht darunter leiden. Sind Ihre Papiere jetzt in Ordnung?«
»Ich habe noch eine Aufenthaltserlaubnis für ein paar Monate.«

»Damit können Sie sicher reisen. Auch in Europa, nehme ich an.«

Ich wußte, daß es nicht so einfach war. Aber Vriesländer war ein Mann der großen Linien. Details waren nicht seine Sache.

»Melden Sie sich noch einmal, bevor Sie abfahren«, sagte er, als sei bereits tiefster Frieden.

»Bestimmt! Und vielen Dank!«

XXXIV.

Es war nicht so einfach, wie Vriesländer es sich gedacht hatte. Es dauerte noch mehr als zwei Monate, ehe es soweit war, und es war schwierig. Trotzdem aber war es die leichteste Zeit für mich seit vielen Jahren. Alles, was mich gequält hatte, war noch da, und es vervielfältigte sich sogar; aber es wurde erträglich, weil ich jetzt ein Ziel hatte und ihm nicht mehr hilflos gegenüberstand. Ich hatte einen Entschluß gefaßt, und es wurde mir täglich klarer, daß es keinen anderen für mich gab. Ich versuchte auch nicht, darüber hinauszudenken. Ich mußte zurück, alles andere würde sich drüben ergeben. Meine Träume verließen mich nicht. Sie kamen sogar öfter als sonst, und sie waren fast noch intensiver. Ich sah mich in Brüssel in einen Schacht kriechen, der immer enger wurde, bis ich mit einem Schrei erwachte. Ich sah das Gesicht des Mannes vor mir, der mich versteckt hatte und dafür weggeschleppt worden war. Jahre hindurch war es in meinen Träumen undeutlich und verhängt wie von Schleiern gewesen, als hätte eine schwere Angst, daß es unerträglich sein würde, es vor mir versteckt. Jetzt sah ich es plötzlich deutlich, die müden Augen, die faltige Stirn und die zu weichen Hände. Ich wachte auf, tief verstört, aber nicht mehr so verwirrt und nahe dem Selbstmord wie sonst. Ich wachte auf, voll von Bitterkeit und Rachegefühlen, aber nicht mehr hingeschlagen und wie von einem Lastwagen überfahren, sondern geduckt und gesammelt und in einer furchtbaren Ungeduld und dem finsteren Bewußtsein, noch am Leben zu sein und mein Leben benutzen zu können. Es war nicht mehr das Gefühl eines hoffnungslosen Endes – es war das Gefühl eines hoffnungslosen Beginnens. Hoffnungslos deshalb, weil nichts wieder lebendig zu machen war. Was gefoltert, ermordet und verbrannt war, war geschehen und nicht wieder gutzumachen und nicht mehr zu ändern. Zu ändern war aber die andere Seite des Geschehens. Das war nicht mit Rache zu verwechseln, obwohl es ihr glich und aus denselben primitiven Wurzeln kam wie sie. Es war das Gefühl, das nur dem Menschen eigen war: Daß ein Verbrechen nicht ungesühnt bleiben sollte, weil sonst alle moralischen Fundamente zusammenbrechen und Chaos herrschen würde.

Es war sonderbar, daß diese letzten Monate trotz allem etwas Gewichtsloses hatten. Das Bild hatte sich verschoben, das Schattenhafte, Unwirkliche, das der ganze Aufenthalt in Amerika an sich gehabt hatte, war auf einmal einer stillen, zauberhaften Landschaft gewichen. Es war, als hätte sich ein Nebel gehoben, Farben waren da, ein Idyll am frühen Abend im goldenen Licht, eine stille Fata Morgana über einer rastlosen Stadt. Es war das Bewußtsein des Abschieds, der alles verklärte und idealisierte. Es war immer der Abschied, dachte ich, und ein Leben voller Abschiede schien mir einen Augenblick lang wie das wirkliche Pendant zum Traum des ewigen Lebens, nur daß es an die Stelle einer unerträglichen ahasverhaften Monotonie ein volles Dasein von verklärten Toten setzte. Jeder Abend war der letzte.

Ich hatte mich entschlossen, Natascha erst im letzten Augenblick zu sagen, daß ich zurückginge. Ich spürte, daß sie es ahnte, aber sie sagte nichts, und ich wollte es lieber auf mich nehmen, als Deserteur und Verräter dazustehen, als der Quälerei eines lang hinausgezogenen Abschieds mit Vorwürfen, Gekränktsein, kurzen Versöhnungen und den anderen Schwierigkeiten ausgesetzt zu sein. Ich konnte es auch nicht. Was ich an Kraft hatte, war auf ein anderes Ziel gerichtet. Ich konnte nichts davon entbehren und in fruchtloser Trauer, Streit und Erklärungen verschwenden.

Es waren klare Wochen, die so voll von Liebe waren wie ein Bienenkorb mit Waben voller Honig. Der Mai wuchs in den Sommer hinein, und die ersten Nachrichten aus Europa kamen durch. Es war, als öffne sich ein Grab, das lange zugemauert gewesen war. War ich früher oft den Nachrichten ausgewichen oder hatte ich sie nur mit der oberen Schicht meines Bewußtseins registriert, um von ihnen nicht umgestoßen zu werden, so stürzte ich mich jetzt darauf. Sie hatten mit dem Ziel zu tun, das mir wie ein Pfahl im Fleische steckte: abzufahren. Ich war blind und taub gegen alles andere.

»Wann fährst du?« fragte Natascha mich plötzlich.

Ich schwieg eine Sekunde. »Anfang Juli«, sagte ich dann.

»Woher weißt du es?«

»Nicht von dir. Warum hast du es mir nicht gesagt?«

»Ich habe es erst gestern erfahren.«

»Du lügst.«

»Ja«, erwiderte ich, »ich lüge. Ich wollte es dir nicht sagen.«

»Du hättest es mir ruhig sagen können. Warum nicht?«

Ich schwieg. »Es fällt mir schwer«, murmelte ich dann.

Sie lachte. »Warum? Wir waren eine Zeitlang zusammen, und wir haben uns nichts vorgemacht. Einer hat den anderen benützt. Jetzt trennen wir uns. Was ist dabei?«

»Ich habe dich nicht benützt.«

»Aber ich dich. Und du mich auch. Lüge nicht! Es ist nicht notwendig.«

»Ich weiß.«

»Es wäre gut, wenn du einmal nicht lügen würdest. Wenigstens zum Schluß nicht.«

»Ich werde es versuchen.«

Sie sah mich rasch an. »Du gibst es also zu?«

»Wie kann ich das? Aber wie kann ich es auch bestreiten? Du mußt glauben, was du willst.«

»Das ist einfach, wie?«

»Nein, das ist gar nicht einfach. Ich gehe fort, das ist wahr. Ich

kann dir nicht einmal erklären, weshalb. Alles, was ich sagen kann, ist, daß es so ist, als wenn jemand in den Krieg muß.«
»Muß?« fragte sie.
Ich schwieg gequält. Ich mußte es durchstehen. »Ich kann nichts dazu sagen«, erwiderte ich schließlich. »Du hast recht. Wenn Recht irgend etwas damit zu tun hat. Ich bin alles das, was du gesagt hast. Ein Lügner, ein Schwindler, ein Egoist. Und ich bin es auch nicht. Wer kann alles das unterscheiden in einer Situation, in der die Wahrheit das Unrichtigste ist?«
»Und was ist wichtiger?«
»Daß ich dich liebe«, sagte ich mit Anstrengung. »Dies ist nicht die Zeit, um das zu sagen.«
»Nein«, sagte sie, plötzlich sanft. »Dies ist nicht die Zeit, Robert.«
»Doch«, erwiderte ich. »Es ist immer die Zeit.«
Daß ich sie so leiden sah, schmerzte mich, als schnitte ich mir die Hand an einem schartigen Messer. Ich hätte es gerne anders gehabt, aber ich wußte auch, daß das ein jammervoller, komfortabler Egoismus war.
»Es macht nichts«, sagte sie. »Wir waren uns weniger, als wir dachten. Wir waren beide Lügner.«
»Ja«, erwiderte ich ergeben.
»Ich war in unserer Zeit auch mit anderen Männern zusammen. Du warst nicht der einzige.«
»Ich weiß, Natascha.«
»Du weißt es?«
»Nein«, sagte ich rasch. »Ich habe es nicht gewußt. Ich hätte es nie geglaubt.«
»Du kannst es glauben. Es ist wahr.«
Ich sah den trostlosen Ausweg für ihren Stolz. Ich glaubte ihr auch in diesem Augenblick nicht. »Ich glaube es dir«, sagte ich.
Sie reckte das Kinn höher. Ich liebte sie sehr, als ich sie so sah. Ich war verzweifelt wie sie, nur war sie es noch mehr. Der

zurückbleibt, ist es immer, selbst wenn man ihm die Waffe überläßt, um einen zu verwunden. »Ich liebe dich, Natascha. Ich wollte, du könntest das verstehen. Nicht für mich. Für dich.«

»Nicht für dich?«

Ich merkte, daß ich wieder einen Fehler gemacht hatte. »Ich bin hilflos«, erklärte ich. »Siehst du das nicht?«

»Wir gehen auseinander wie gleichgültige Leute, die zufällig ein Stück Weges zusammen gegangen sind und die sich nie verstanden haben. Wie könnten wir auch?«

Ich wartete darauf, daß mein Charakter als Deutscher wieder herhalten mußte, aber ich sah auch, daß sie wußte, daß ich darauf wartete. Was sie nicht wußte, war, daß ich nicht widersprochen hätte. So unterließ sie es. »Es ist gut, daß es so gekommen ist«, sagte sie. »Ich wollte dich verlassen. Ich wußte nur nicht, wie ich es dir beibringen sollte.«

Ich wußte, was ich antworten sollte. Ich konnte es nicht. »Du wolltest weggehen?« fragte ich schließlich doch.

»Ja. Schon lange. Wir waren schon viel zu lange zusammen. Affären wie unsere sollten kurz sein.«

»Ja«, sagte ich. »Ich danke dir, daß du gewartet hast. Ich wäre sonst verloren gewesen.«

Sie drehte sich um. »Warum lügst du schon wieder?«

»Ich lüge nicht.«

»Worte! Immer hast du so viele Worte. Immer die passenden.«

»Jetzt nicht.«

»Jetzt nicht?«

»Nein, Natascha. Keine. Ich bin traurig und hilflos.«

»Schon wieder Worte!«

Sie stand auf und griff nach ihrem Kleide. »Sieh mich nicht an«, sagte sie, »ich will nicht mehr, daß du mich so ansiehst.« Sie zog ihre Strümpfe und Schuhe an. Ich blickte aus dem Fenster. Die Flügel standen offen, und es war warm. Jemand übte auf einer Geige ›La Paloma‹. Er machte immer denselben Fehler und wiederholte die ersten acht Takte unermüdlich. Ich fühlte mich sehr elend und begriff nichts mehr. Ich fühlte nur, daß, selbst wenn ich bliebe, jetzt alles zu Ende wäre. Ich hörte, wie Natascha hinter mir ihren Rock anzog. Ich drehte mich um, als ich die Tür hörte, und stand auf. »Bring mich nicht hinaus«, sagte sie. »Bleib hier. Ich will allein gehen. Und komm nicht wieder. Nie. Komm nie wieder.«

Ich blieb im Zimmer stehen. Ich starrte sie an, ihr blasses, ausdrucksloses Gesicht, die Augen, die über mich hinwegsahen, ihren Mund und ihre Hände. Sie winkte nicht, sie war schon fort, bevor sie die Tür hinter sich schloß.

Ich lief ihr nicht nach. Ich wußte nicht, was ich tun sollte. Ich stand und starrte.

Ich dachte daran, daß ich Natascha noch erreichen könnte, wenn ich ein Taxi nähme. Ich stand schon an der Tür, aber dann dachte ich darüber nach, was geschähe, und ich ging zurück. Ich wußte, daß es zwecklos wäre. Ich stand noch eine Weile im Zimmer. Ich wollte mich nicht setzen. Schließlich ging ich nach unten.

Melikow war da. »Hast du Natascha nicht nach Hause gebracht?« fragte er verwundert.

»Nein. Sie wollte allein gehen.«

Er sah mich an. »Das gibt sich wieder. Morgen ist das vergessen.« Eine unsinnige Hoffnung packte mich. »Meinst du?«

»Natürlich. Gehst du schlafen? Oder trinken wir noch einen Wodka?«

Die Hoffnung hielt an. Ich hatte ja noch zwei Wochen bis zur Abfahrt. Alles verwandelte sich plötzlich in eine fließende Freude. Ich hatte das Gefühl, wenn ich jetzt mit Melikow tränke, würde Natascha morgen anrufen oder kommen. Es war unmöglich, daß wir uns so trennten. »Gut«, sagte ich, »trinken wir einen. Was macht dein Prozeß?«

»In einer Woche ist er dran. Ich habe noch eine Woche zu leben.«
»Warum?«
»Wenn ich lange eingesperrt werde, überlebe ich das nicht. Ich bin siebzig Jahre alt und hatte bereits zwei Herzinfarkte.«
»Ich kannte jemand, der ist im Gefängnis gesund geworden«, sagte ich vorsichtig. »Kein Alkohol mehr, leichte Beschäftigung im Freien, ein geregeltes Leben. Und nachts Schlaf, nicht am Tage.«
Melikow schüttelte den Kopf. »Alles Gift für mich. Aber wir werden sehen. Man soll nicht nachdenken, wenn es unnötig ist.«
»Nein«, sagte ich. »Das soll man nicht. Wenn man es nur könnte.« Wir tranken nicht viel. Wir hatten beide das Gefühl, als hätten wir uns noch eine Menge zu sagen, und wir setzten uns hin, als würde es eine lange Nacht. Aber dann war auf einmal sehr wenig zu reden, wir blieben fast stumm. Jeder war in seine eigenen Gedanken versunken, und da war nichts mehr mitzuteilen. Ich hätte nicht nach Melikows Prozeß fragen sollen, dachte ich, aber das war es nicht. Ich stand schließlich auf. »Ich bin unruhig, Wladimir. Ich werde noch so lange herumlaufen, bis ich müde bin.«
Er gähnte. »Und ich werde schlafen – obschon ich dazu sicher später noch genug Zeit haben werde.«
»Glaubst du, daß man dich verurteilen kann?«
»Man kann jeden Menschen verurteilen.«
»Ohne Beweise?«
»Man kann auch für alles Beweise finden. Gute Nacht, Robert. Man soll sich vor Erinnerungen hüten, das weißt du ja, oder?«
»Ja, das weiß ich. Das habe sogar ich gelernt. Sonst lebte ich nicht mehr.«
»Erinnerungen sind ein verdammt schweres Gepäck. Besonders wenn man eingesperrt ist.«

»Das weiß ich auch, Wladimir. Du doch auch?«
Er hob die Schultern. »Ich glaube es. Aber wenn man alt wird, vergißt man sie oft ganz. Oder sie kommen plötzlich wieder. Bei mir kehren Dinge zurück, an die ich seit vierzig Jahren nicht mehr gedacht habe. Sehr merkwürdig.«
»Sind es gute Erinnerungen?«
»Teils, teils. Das ist eben das Merkwürdige. Die guten sind schlecht, weil sie vorbei sind, und die schlechten sind gut, auch weil sie vorbei sind. Glaubst du, daß man im Gefängnis mit so etwas leben kann?«
»Ja«, sagte ich. »Es vertreibt die Zeit. Solange du so darüber denkst wie jetzt.«

Ich ging durch die Stadt, bis ich todmüde war. Ich ging an Nataschas Haus vorbei, blieb vor einigen öffentlichen Telefonen stehen, aber ich rief nicht an. Ich hatte noch vierzehn Tage Zeit, dachte ich.
Das schwerste war es immer, die erste Nacht zu überwinden, weil sie einem in solchen Situationen nahe am Tode zu liegen schien. Was wollte ich denn? Einen bürgerlich rührenden Abschied, mit Küssen an der Gangway eines dreckigen Schiffes und dem Versprechen zu schreiben? War es nicht besser so? Wie hatte Melikow gesagt? Man sollte keine Erinnerungen mit sich herumschleppen. Sie waren ein schweres Gepäck, wenn man nicht so alt war, daß sie das einzige waren, was einem blieb. Und wie hatte ich selbst immer gedacht? Man sollte keine Erinnerungen züchten, sondern sich so weit davon weghalten, daß sie einen nicht wie Lianen im Urwald abwürgen konnten. Natascha hatte getan, was richtig war. Warum tat ich es nicht? Warum lief ich umher wie ein sentimentaler Schüler, in die miserablen Fetzen heulender Sehnsucht und Feigheit gekleidet, nicht fähig zum einen noch zum andern? Ich spürte die weiche Nacht, fühlte die ungeheure Stadt, und anstatt locker auf dem Leben zu sitzen und

seinem Wehen zu folgen, irrte ich wie in einem Spiegelkabinett umher, nach einer Ausflucht suchend und immer nur wieder mir selbst begegnend. Ich kam bei van Cleef vorbei und wollte nicht hineinsehen und zwang mich, stehenzubleiben. Ich sah den Schmuck der toten Kaiserin in der Juninacht und dachte daran, wie Natascha ihn getragen hatte – ein geliehener Schmuck mit einer geliehenen Frau in einem Falschmünzerdasein. Ich hatte damals die Ironie in falscher Behaglichkeit genossen. Jetzt blickte ich auf das Geglitzer und wußte plötzlich nicht, ob ich nicht im Begriff war, einen schweren Irrtum zu begehen und einen Rest fliegenden Glücks gegen ein Bündel verstaubter und lächerlicher Vorurteile einzutauschen, die zu nichts weiter führen konnten als zu einem quichottesken Ritt gegen Windmühlen, die nicht mehr da waren. Ich starrte auf die Schmuckstücke und wußte nicht, was ich tun sollte. Ich wußte nur, daß ich dieser Nacht entkommen mußte, und ich klammerte mich daran, daß ich noch zwei Wochen Zeit in New York hätte, ich klammerte mich an das Morgen und das Übermorgen wie an Rettungsringe. Ich mußte nur über diese Nacht hinwegkommen. Aber wie, wenn ich gerade in dieser Nacht noch Natascha erreichen konnte. Wenn sie darauf wartete, daß ich sie anrief. Ich stand da und flüsterte: Nein, nein, immer wieder, ich flüsterte es wirklich, ich sagte es so, daß ich es deutlich hören konnte, es war etwas, das ich einmal gelernt hatte, es hatte mir früher schon ab und zu geholfen, daß ich zu mir selbst sprach, eindringlich wie zu einem Kinde: Nein, nein, nein und: Morgen, morgen, morgen, und ich tat es jetzt wieder, monoton, als müßte ich mich beschwören und hypnotisieren. Nein, nein! Morgen, morgen, bis ich fühlte, daß es meine Erregung stumpf machte, und ich weitergehen konnte, langsam zuerst und dann fast keuchend, bis ich das Hotel erreichte.

Ich sah Natascha nicht wieder. Es mag sein, daß wir beide erwartet hatten, der andere würde sich melden. Ich wollte es oft, aber jedesmal sagte ich mir vor, daß es zu nichts führen könne. Ich konnte nicht über den Schatten springen, der mein Dasein begleitete, und ich erklärte mir immer wieder, daß es besser sei, etwas beerdigt zu lassen, so, wie es war, als sich noch weiter zu verletzen, denn auf etwas anderes würde es nicht hinauskommen. Ich hatte manchmal den Gedanken, daß Natascha mich vielleicht mehr geliebt hat, als sie je zugegeben hätte. Das machte mich atemlos und unruhig, aber es ging dann in der allgemeinen Unruhe des Aufruhrs unter, der jeden Tag höher und höher am Horizont emporwuchs. Ich suchte Natascha, wenn ich auf der Straße war, aber ich traf sie nie. Ich beruhigte mich mit den törichtesten Mitteln, unter denen die Idee einer Rückkehr nach Amerika noch das geringste war. Melikow wurde zu einem Jahr Gefängnis verurteilt. Ich war die letzten Tage allein. Silvers schenkte mir fünfhundert Dollar als Bonus. »Vielleicht sehe ich Sie in Paris«, sagte er. »Ich will im Herbst hin, einiges kaufen. Schreiben Sie mir.« Ich klammerte mich daran und versprach, ihm zu schreiben. Es tröstete mich, daß er nach Europa kam und aus einem so bequemen Grunde. Es machte Europa weniger mörderisch, als es mir erschien.

Als ich nach Europa zurückkam, fand ich eine Welt vor, die ich nicht mehr kannte. Ich fand das Museum in Brüssel, aber niemand konnte mir darüber Auskunft geben, was in der Zwischenzeit geschehen war. Man kannte noch den Namen des Mannes, der mich gerettet hatte; niemand aber wußte, was aus ihm geworden war. Ich suchte einige Jahre lang. Ich suchte auch in Deutschland. Ich suchte nach den Mördern und nach meinem Vater. Ich dachte oft mit großem Schmerz an Kahns Worte, er hatte recht gehabt. Die schwerste Enttäuschung war die Rückkehr, sie war eine Rückkehr in die

Fremde, eine Rückkehr in Gleichgültigkeit, versteckten Haß und Feigheit. Niemand erinnerte sich mehr daran, zur Partei der Barbaren gehört zu haben. Keiner übernahm die Verantwortung für das, was er getan hatte. Ich war nicht mehr der einzige mit einem falschen Namen. Es gab jetzt viele Hunderte, die rechtzeitig ihre Pässe umgetauscht hatten und eine Emigration von Mördern bildeten. Die Besatzungsbehörden waren gutwillig, aber ziemlich hilflos. Sie waren bei Auskünften auf deutsche Mitarbeiter angewiesen, die Angst vor späterer Rache haben mußten oder immer an den Ehrenkodex dachten, das eigene Nest nicht zu beschmutzen. Ich fand das Gesicht aus dem Krematorium nicht wieder; niemand konnte sich an Namen erinnern; niemand an seine Taten; viele nicht einmal daran, daß Konzentrationslager existiert hatten. Ich stieß auf Schweigen, auf Mauern von Angst und Ablehnung. Man versuchte es damit zu erklären, daß das Volk zu müde geworden sei. Es habe selbst so viele Kriegsopfer und Tote gehabt. Jeder hatte selbst genug durchgemacht; man konnte sich nicht auch noch um andere kümmern. Die Deutschen waren kein Volk der Revolutionen. Sie waren ein Volk von Befehlsempfängern. Der Befehl ersetzte das Gewissen. Er wurde die beliebteste Ausrede. Wer auf Befehl gehandelt hatte, war nicht verantwortlich.

Ich weiß nicht mehr, was ich in diesen Jahren alles getan habe. Es gehört auch nicht in diese Aufzeichnungen. Es war sonderbar, daß die Erinnerung an Natascha langsam immer stärker aufstieg. Es war kein Bedauern darin und keine Reue, aber ich wußte erst jetzt, was sie für mich gewesen war. Ich hatte es damals nicht begriffen, aber nun, wo alles andere von mir abfiel oder zu Enttäuschungen, Ernüchterung und Irrwegen sich zusammendrängte, wurde es mir mehr und mehr klar. Es war, als schmelze man aus einem rohen Golderz das reine Metall hervor. Es hatte nichts mit meiner Enttäuschung zu tun, aber ich hatte angefangen, klarer zu sehen und Distanz zu gewinnen. Je weiter die Zeit zurückwich, um so bestürzender wurde die Erkenntnis, daß Natascha das wichtigste Erlebnis meines Lebens gewesen war, ohne daß ich es gewußt hatte. Es mengte sich keine Sentimentalität hinein, auch nicht das Bedauern, daß ich es zu spät erkannt hatte. Ich glaube vielmehr, daß, wenn ich es damals schon begriffen, Natascha mich wahrscheinlich verlassen hätte. Meine Unabhängigkeit, die daher kam, daß ich sie zu leicht nahm, war wohl gerade das, was sie länger bei mir hielt. Ich dachte manchmal auch darüber nach, daß ich in Amerika hätte bleiben können, wenn ich vorher gewußt hätte, was in Europa auf mich wartete. Doch das waren Gedanken wie der Wind, sie wurden weder zu Tränen noch zu Verzweiflung, denn ich wußte, daß das eine nicht ohne das andere möglich gewesen war, und danach ging eben das andere auch nicht mehr. Man kann nicht zurückkehren, nichts steht still, weder man selbst noch der andere. Alles, was übrigblieb, war manchmal ein Abend voll Schwermut, die Schwermut, die jeder Mensch fühlt, weil alles vergeht und er das einzige Tier ist, das es weiß und das ebenso weiß, daß das ein Trost ist, obschon es ihn nicht versteht.

Nachwort

»Alles war falsch. Ich muß noch einmal anfangen. ... Und wir sind schon so müde.«[1]

I.

»Niemand kannte Remarques letzten Roman« lautet die Überschrift der Meldung in der *Kölnischen Rundschau* (22. 4. 1971), in der von der großen Presse- und Medienshow (über 100 Teilnehmer) im Münchener Verlagshaus von Droemer Knaur am 20. 4. 1971 berichtet wurde. Paulette Goddard-Remarque überreichte das Manuskript des Romans dem Verleger Willy Droemer. Remarques literarischer Agent (zu Lebzeiten), Felix Guggenheim, und der Cheflektor des Verlags, Dr. Nöhbauer, versuchten »gegen den allgemeinen Lärm« etwas über den Roman zu sagen. Aber das war wohl schwierig:

> Es schien, als seien die zahlreichen Partygäste weniger aus literarischen als aus sensationslüsternen Motiven gekommen: Von dem rot gebundenen Manuskript *Schatten im Paradies* wurde kaum Notiz genommen, dafür um so mehr von der rosaroten schmuckbehängten Hollywood-Veteranin, die mit damenhafter Attitude, wenn auch unbestreitbar aufgeregt, die Zeremonie bewerkstelligte.[2]

Natürlich wurde die tränendrüsenreife Geschichte breitgetreten, die das Leiden des todkranken Autors und seine »Aufopferung«, das Manuskript für den Druck gegen den eigenen Tod fertigzustellen, beinhaltete:

> Der Autor schrieb noch in der letzten Nacht, die er vor

seinem Tod im September 1970 in seinem Hause verbrachte, an dem Manuskript.[2]

Remarque starb am 25. 9. 1970 in der Klinik Sta. Agnese in Locarno. Nach Berichten von glaubwürdigen Zeitzeugen, die in den letzten Lebensmonaten mit Remarque Kontakt hatten, scheint es außerordentlich unwahrscheinlich, daß diese kühne Behauptung zutrifft. Sie dürfte wohl nur ein Werbegag auf Kosten des Autors gewesen sein.

Die so provozierte Art der Berichterstattung lief dann auch entsprechend breit in den Medien. Ironischerweise ist der 20. 4. »Führers Geburtstag«, was für den militanten Antifaschisten Remarque von besonderer Pikanterie gewesen wäre. Im *Spandauer Volksblatt* vom 9. 5. 1971 heißt die Überschrift: »Auch diesmal zog Erich alle Register.« Felix Guggenheim soll der Presse gesagt haben:

> Bis zuletzt hat Remarque an diesem Roman gearbeitet und gefeilt. Wir haben nicht weniger als *sechs* Fassungen gefunden, von denen jetzt die *letzte* gedruckt wird.[3]

Die Presseberichte stimmen weitgehend überein mit den Pressemitteilungen 308/71, 309/71 und 311/71 des Droemer Knaur Verlags, die im Remarque-Archiv Osnabrück vorliegen. Allerdings spricht Paulette nur von »*fünf* früheren Fassungen«, nicht von »*sechs*« wie Guggenheim.[4] Und in der Presseankündigung des Verlags gestaltet Remarque mit diesem Buch »ein grandioses Finale«.

> Noch einmal – und zum letztenmal – zieht Remarque hier sämtliche Register seiner an feinsten Timbres und Tempo so reichen Sprache, und schöpft er mit vollen Händen aus seinem überquellenden Arsenal verfolgter, unterdrückter, liebender – eben »menschlicher« – Gestalten.[4a]

Richtig ist wohl, daß kaum ein Außenstehender etwas über Remarques letztes Romanprojekt wußte. In der Korrespondenz mit seinem deutschen Verlag Kiepenheuer & Witsch findet sich ebensowenig ein Hinweis wie in Meldungen über

den Remarque der letzten Lebensjahre. Es war seine Art, nichts über seine neuen Romane mitzuteilen, bevor sie im Druck erschienen. Nicht einmal die Verleger kannten in der Regel bei Vertragsabschluß das Manuskript, das dann häufig »Überraschungen« bot. Als Erfolgsautor konnte Erich Maria Remarque sich das bis zu seinem letzten, selbst veröffentlichten Roman leisten (*Die Nacht von Lissabon*, 1963).
Seinen letzten Roman hatte er allerdings nicht fertigstellen können und dementsprechend auch noch keinen Verlagsvertrag abgeschlossen. Er tat dies immer erst dann, wenn er absehen konnte, daß er mit seiner Fassung zufrieden war. In der vorliegenden Form hätte er allerdings einer Veröffentlichung kaum zugestimmt.
Die Erbin Paulette und der Agent Guggenheim hätten das bei etwas Mühewaltung ein halbes Jahr nach dem Tod des Autors wissen müssen, wenn sie es denn zur Kenntnis hätten nehmen wollen.
Nicht Remarque zog diesmal »alle Register«, sondern die genannten »Vermarkter«, die den Roman »meistbietend« an Droemer Knaur vergaben und Kiepenheuer & Witsch leerlaufen ließen, den deutschen Verlag, der 1952 mit dem umstrittenen KZ-Roman *Der Funke Leben* das Erbe in der Verlagsbetreuung des Autors in Deutschland (nach Ullstein in der Zeit bis 1933) übernommen hatte. Der Verlagswechsel erfolgte angeblich wegen einer »Differenz« von 25 000,– US-Dollar im Honorar.
Nun endlich, nach 24 Jahren, kann der Roman in der KiWi-Reihe erscheinen, um Remarques Romanwerk in dieser Reihe vorerst abzuschließen.
Die Nachlaßforschung im Erich Maria Remarque-Archiv Osnabrück, die durch die Mikroverfilmung der Bestände in der Fales Library, New York University, möglich wurde, kann nun zweifelsfrei nachweisen, daß es nicht fünf (oder gar sechs) Versionen gibt, sondern nur zwei maßgebliche Varian-

ten (natürlich mit vielfältigen Korrekturen und Notizen, wie bei der Arbeitsweise Remarques üblich):

1. Die in dieser KiWi-Ausgabe gedruckte Fassung aufgrund des von Paulette Goddard an Willy Droemer überreichten »rot gebundenen Manuskriptes«, von Remarque ca. 1967/68 vorläufig abgeschlossen und beiseite gelegt, d. h. nicht weiter bearbeitet. Allerdings wurde dieses Typoskript für die Droemer Knaur-Ausgabe erheblich »bearbeitet« und um ca. 10 % des Gesamtvolumens gekürzt (bei insgesamt 34 Kapiteln).
2. Ein völliger Neubeginn des Romanprojektes unter dem neuen Arbeitstitel »Das gelobte Land«, vermutlich ab 1968 neugeschrieben, von dem Kapitel 1–19 im Typoskript vorliegen (S. 1–361), Kapitel 20 handschriftlich (21 Seiten) und der Beginn von Kapitel 21 (3 Seiten). Es fehlt der Rest von ca. 13 Kapiteln, vermutlich etwa 1/3 des Textes. Über die geplante Fortführung dieser *zweiten*, von Remarque in Angriff genommenen Fassung gibt es etliche Notizen im Nachlaß.

Dieses Ergebnis legt zweifelsfrei eine Arbeit von Marc Wilhelm Küster vom Januar 1995 dar (»Manuskriptlage in Remarques *Schatten im Paradies*«), dem ich mich und andere Mitarbeiter des Remarque-Archivs sich voll inhaltlich anschließen.[4b]

Die ersten Ideen und Überlegungen zu diesem Romanprojekt lassen sich bis in die Jahre 1951/52 zurückverfolgen, als Remarque sich in einem außerordentlich schmerzlichen Trennungsprozeß von Natascha Paley-Wilson befand. Natascha war die Nachfolgerin von Marlene Dietrich und Vorläuferin von Paulette Goddard in Remarques bewegtem und überwiegend psychisch sehr strapaziösem Liebesleben.

Die bekannte Psychoanalytikerin Karen Horney (Mutter von Brigitte Horney, mit Remarque gut bekannt und ebenfalls mit einem Haus im Tessin), die ihn therapierte, empfahl, die Natascha-Geschichte literarisch aufzuarbeiten. Näheres findet sich in der jüngst erschienenen Doppelbiographie von Julie Gilbert *Opposite Attraction. The Lives of Erich Maria Remarque and Paulette Goddard* (New York: Pantheon Books, 1995).

Julie Gilbert hatte erstmals die Gelegenheit, die Remarque-Tagebücher (geführt von 1937 bis zum 11. 1. 1955 und dann nochmals vom 4. 10. 1964 bis zum 7. 3. 1965) auszuwerten. Für die Zeit danach, über die es keine Tagebuchaufzeichnungen gibt, läßt sich aus der von Gilbert ausgewerteten Korrespondenz und aus den Unterlagen des Remarque-Archivs schließen, daß Remarque seinen ca. 1967/68 fertiggestellten ersten Entwurf verworfen hatte und völlig neu anfing.

Einen Titel für sein letztes Romanprojekt hat Remarque nie definitiv festgelegt. In den Nachlaßmaterialien finden sich folgende Arbeitstitel:

»New York Story«
»New York Intermezzo«
»Das gelobte Land«.

Der für die Droemer Knaur-Publikation gewählte Titel *Schatten im Paradies* geht auf einen Vorschlag der für den Verlag in den USA tätigen Lektorin zurück und wurde als *Shadows in Paradise* auch für die US-Ausgabe (1972) verwendet. Als alternative Titel wurden in einer Notiz für Paulette Goddard vorgeschlagen:

»Meeting of Shadows« (»Schattentreffen« oder »Treffen der Schatten«) und
»The Caravan Passes« (»Die Karawane zieht vorüber«, Zitat aus der Druckvorlage des Romans, Seite 442).

II.

Nach langen Überlegungen haben wir uns im Remarque-Archiv zusammen mit dem Verlag Kiepenheuer & Witsch entschieden, die Droemer Knaur-Fassung *unverändert* nachzudrucken, auf der schließlich die Rezeption dieses Romans seit nunmehr 24 Jahren beruht, sowohl national wie international, obgleich die Eingriffe in die Textgestaltung der von Remarque 1967/68 abgeschlossenen, aber nie zur Publikation freigegebenen Fassung erheblich sind. Die Droemer Knaur-Fassung (1971) wurde dann für die US-Ausgabe *Shadows in Paradise*, übersetzt von Ralph Manheim, New York: Harcourt, Brace, Jovanovich, 1972, weiter »bearbeitet« (vor allen Dingen zusätzliche Streichungen).

In den Nachlaßmaterialien finden sich zwei »Notes« der Lektorin Maria Pelikan, die für den Droemer Knaur Verlag in den USA tätig war, vom 22. 1. und 27. 1. 1971 (in Englisch) für Paulette Remarque, in der die »Bearbeitung« der Vorlage für die Druckfassung Droemer Knaur konstatiert wird. Paulette zeichnete dies gegen mit der Autorisation »All corrections and cuts in green ink have been authorized by me. Paulette Remarque.« (Alle Korrekturen und Streichungen in grüner Tinte sind durch mich autorisiert. P. R.)

Hierbei handelt es sich um folgende Komplexe:

1. Änderungen und Konsistenz von Namensgebungen; Änderungen bezüglich der »Verdunklungen« (statt Lichterpracht) in New York (ab 1943 »brown out in New York«).
2. Alle Passagen, die das Fernsehen betreffen, insbesondere Remarques scharfe Kritik an US-»Werbeeinblendungen« sind gestrichen, aber auch atmosphärische Einblendungen von TV, weil 1944 noch nicht von allgemeiner Fernsehnutzung auszugehen ist. Diese »Anachronismen« Remarques (Punkt 1 und 2) aus der Perspektive des später schreiben-

den Autors sind aus anderen Romanen bekannt (z. B. Hitlerrede über das Radio in *Der schwarze Obelisk*).

3. Streichung von Wiederholungen, stilistisch mißglückten Sätzen, übermäßig langatmigen Ausführungen, »übertrieben Philosophischem« etc.
4. Der größte Teil der Streichung betrifft eindeutig politische Aussagen bezüglich der Situation in Nachkriegsdeutschland (Adenauer-Restauration) und die Situation von rückgekehrten oder rückkehrwilligen Emigranten (Kritik an der »Unfähigkeit zu trauern« der Deutschen).
5. Satirisch überspitzte, böse Bemerkungen über Kultur und Lebensformen in den USA.

Zumindest bei den Punkten 4 und 5 kann man ohne weiteres von »Zensur« sprechen.

Dies gilt auch für potentielle Leser in den USA »schockierende« Aussagen, wie eine Passage über die Vision eines atomaren Holocausts für New York, die ausgelassen ist.

In der gedruckten Fassung heißt es:

> Die Fenster der verlassenen Straße leuchteten wie Glassärge, als wäre ein Schauer von Eisregen vor den Auslagen gefroren.

Gestrichen ist:

> ... oder als wäre die Stadt vor Jahren durch einen Atomsturm entvölkert worden und nur die zurückgebliebenen Auslagen zeugten noch davon, wie in einer verlassenen Goldgräberstadt, daß hier vor langer Zeit einmal Leben gewesen war. (S. 502, Manuskript der Druckvorlage)

Zwei Beispiele für die Art der eliminierten Kritik an fortlebenden NS-Verhaltensmustern in der BRD-Gesellschaft seien abschließend zitiert. Gestrichen ist folgende Dialogpassage zwischen New Yorker Emigranten über das Thema der Rückkehr:

> »Man wird Sie als Deserteur ansehen, weil Sie sich nicht haben totschießen lassen.«

> »Ich weiß es. Trotzdem. Was soll ich tun?«
> (Druckvorlage, S. 507)

In der Schlußpassage, die mit dem Satz beginnt »Keiner übernahm die Verantwortung für das, was er getan hatte« (S. 491 der vorliegenden KiWi-Ausgabe), ist folgender Satz gestrichen:

> Worum man sich allein kümmern konnte, war, wieder Geld zu verdienen. Dazu war keiner zu müde. Man konnte nicht einmal etwas dagegen sagen; es war selbstverständlich. (S. 539 Druckvorlage)

Wie man sieht, sind die Texteingriffe nicht ohne Tendenz. Dies ist das gleiche Problem, wie es sich bei der Publikation von *Zeit zu leben und Zeit zu sterben* im Jahre 1954 für den Verlag Kiepenheuer & Witsch stellte. Bei der Neuausgabe dieses Romans in der KiWi-Reihe (Band 193) im Jahre 1989 wurden in Übereinstimmung mit dem Verlag diese Zensureingriffe zurückgenommen.

Außerdem ist der Beginn des Romans völlig verändert. Der in der Droemer Knaur-Ausgabe gedruckte »Prolog« über die *Via dolorosa* ist alleinige Zutat des Lektorats, allerdings gestützt durch die Übernahme einer entsprechenden Passage im späteren Text der Druckvorlage. Auch der Romanbeginn von Remarques Typoskript der Druckvorlage ist erheblich verändert. Der Text der Droemer Knaur-Fassung beginnt erst auf Seite 2 (Mitte) der Druckvorlage: »Ich war vor einigen Monaten …«

Da Remarque die gedruckte Droemer Knaur-Ausgabe unter dem von ihm nicht autorisierten Titel *Schatten im Paradies* wohl nie akzeptiert hätte, macht es keinen Sinn, die Streichungen dieser Ausgabe zu restituieren. Im Falle *Zeit zu leben und Zeit zu sterben* war die Situation völlig anders. Remarque hatte ein Manuskript »letzter Hand« an den Verlag abgeliefert, bevor die Eingriffe erfolgten, denen Remarque letztendlich, wenn auch mit »Ekel«, für den deutschen Buchmarkt zustimmte.

Da auch die von Remarque neu begonnene zweite Fassung unter dem Arbeitstitel »Das gelobte Land« nie zu einem Abschluß gekommen ist, ergibt sich für die Herausgeber das gravierende Problem, welche Fassung man dem heutigen Leser vorlegen sollte. Mir scheint es trotz allem die beste Lösung, die 1971 veröffentlichte Fassung vorerst beizubehalten, bevor eine kritische Aufarbeitung der Manuskriptlage in der mit dem Verlag Kiepenheuer & Witsch geplanten Werkausgabe zum 100. Geburtstag Remarques im Jahre 1998 erfolgen kann.

Dies würde den Abdruck der nicht vollendeten Neufassung »Das gelobte Land« einschließen sowie die wichtigsten Auslassungen der Droemer Knaur-Ausgabe.

Wir bitten die Leser dieser KiWi-Ausgabe um Verständnis, daß eine bessere Lösung des Textproblems zur Zeit nicht möglich erscheint. Die Neupublikation erfolgt allerdings unter der Prämisse des Hinweises auf das Remarque-Zitat, das als Titel für dieses Nachwort benutzt wurde: »Alles war falsch. Ich muß noch einmal anfangen ... Und wir sind schon so müde.«

III.

Die Kritiken bei Erscheinen von *Schatten im Paradies* waren überwiegend vernichtend, nicht nur in Deutschland, sondern vor allem auch in den USA, dem hauptsächlichen, einkommensträchtigen Buchmarkt für Remarque seit *Arc de Triomphe* (1945).

Hans Wagener schreibt zusammenfassend in seiner Studie von 1991:

> Die amerikanischen Rezensionen waren fast einmütig vernichtend. Sie kritisierten den Roman im Hinblick auf eine mangelhafte Handlung und einen fragwürdigen Helden

(Robert Ross), der nicht weiß, was sein wirkliches Lebensziel ist.[4c]

Einige Beispiele aus der deutschen Kritik mögen folgen. Das *Spandauer Volksblatt* schreibt in einer sehr einfühlsamen Rezension von Hans-Eberhard Lex:

> Am Ende seines Lebens war er nur noch ein Schatten seiner selbst. Diese deprimierende Tatsache zumindest beweist sein Nachlaßroman, der besser nicht erschienen wäre. Und da dieser Fehler doch begangen wurde und sich der Droemer-Verlag von der Witwe Paulette Goddard von dem »letzten großen Remarque« überzeugen ließ, haften dem gerade verstorbenen Erich Maria Remarque Makel an. Leider.[5]

Im *Tagesspiegel* rezensiert Hans Scholz unter dem Titel »Sonderbarer Schatten von früher«, und er resümiert mitfühlend:

> Möglicherweise hätte der lebende Autor das Manuskript so nie aus der Hand gegeben. Wir wissen es nicht. Aber so geht es auch nicht.[6]

Wie oben ausgeführt, ist es ziemlich sicher, daß der Rezensent recht hat und Remarque wirklich der Auffassung war: »Ich muß noch einmal anfangen.«

Trotzdem räumt der Rezensent ein: »... das Buch, es liest sich und liest sich, dafür ist es ein Remarque – gut ist es nicht.« Ebenfalls mit viel Verständnis für den alt gewordenen Autor rezensiert Friedrich Luft in *Die Welt der Literatur.*[7]

Er beginnt: »Dieses Buch macht traurig.«

Und weiter heißt es:

> Remarque hat sich in seinem letzten Buch ... leergeschrieben. ... Nichts, was er schreibt, ergreift mehr. Diesmal und mit seinem lebensletzten Buch ergreift das Schicksal des Autors: Ihn hat die alte Kraft, der direkte Zauber verlassen ... Remarque liest man mit Mühe.

Und: »Robert Ross, Remarques letzter Held, ist ihm zu einem Monument der Wehleidigkeit geraten.« Damit meint er wohl den Autor selbst. Und auch er bezweifelt, ob Remarque »selber dieses Buch noch an die Öffentlichkeit gegeben hätte«. Zu Recht. Auch die Neuausgabe in der KiWi-Reihe schützt die Herausgeber nicht vor der berechtigten Schlußfolgerung von Friedrich Luft:

> (Der Roman) zeigt einen Autor, kurz vor seinem Tode, im Verlust seiner alten Kräfte und unverhohlener Vorzüge von einst. Das macht die Lektüre so tieftraurig.

Jahre und Jahrzehnte später wird in der wissenschaftlichen Literaturkritik das Urteil der Rezensenten im Rahmen der Einschätzungen des Gesamtwerks weitgehend gestützt.

So urteilen Christine R. Barker und R. W. Last schon 1979, daß Remarque mit seinem letzten Roman die literarische Szene mit einem »Wimmern« verläßt, daß die einst »fruchtbare Vorstellungskraft« zu reiner Technik »degeneriert« sei. Aber auch Barker/Last zeigen sich überzeugt, daß Remarque sein Manuskript »niemals zu seiner eigenen Zufriedenstellung« vollendet hat.[8]

Auch die Stellungnahmen von Richard Arthur Firda (1988) und Harley U. Taylor, Jr. (1988) sind wenig freundlich.[9]

Die jüngste wissenschaftliche Studie über Remarques Gesamtwerk von Hans Wagener (1991) stimmt mit den Kritikern überein, die den Roman nicht mehr unter Remarques »besten« Büchern einstufen. Er kritisiert insbesondere einen Mangel an spannender Handlung und einer »klaren Botschaft«.

Allerdings räumt er ein, daß der Roman wichtig sei, weil Remarques »spätere politische Ansicht« und zum erstenmal eine Beschäftigung mit der amerikanischen Lebenswelt dargelegt werden.[10]

IV.

In den vorausgegangenen Ausführungen war Erhellendes über die Umstände der Publikation von Remarques nicht autorisierter Fassung zu vermelden sowie wenig Positives im Hinblick auf die Kritik des in dieser Fassung publizierten Romans. Der Leser/die Leserin mag nach der Lektüre entscheiden, ob er/sie das genauso sieht.

Es ist nicht Sinn dieses Nachwortes, ausführlich auf die von Remarque begonnene, aber nicht vollendete Zweitfassung unter dem Arbeitstitel »Das gelobte Land« einzugehen, die vorerst nicht gedruckt vorliegt.

Nur soviel sei gesagt:

1. Remarque ändert die Namen der Haupt- und einiger Nebenfiguren radikal.
2. Er plant einen völlig veränderten Schluß.

Zu 1:

Aus *Natascha Petrowna* wird *Luciana Coleman* und dann endgültig *Maria Fiola*, was atmosphärisch an die früheren Romane *Station am Horizont* (1927/28) und *Der Himmel kennt keine Günstlinge* (1961) erinnert.

Die Vermutung liegt nahe, daß Remarque in seiner letzten Lebensphase (vielleicht auch, um Paulette gefällig zu sein) die direkte Erinnerung an Natascha Paley-Wilson eliminierte oder daß er die schmerzende Bewältigung der Liebesbeziehung überwunden hatte. Natascha hatte ihm nicht die Ruhe und Erfüllung gebracht, die er sich nach der Katastrophe der gescheiterten Beziehung zu Marlene Dietrich so sehr gewünscht hatte. Dies gelang dann Paulette Goddard, die den Ablösungsprozeß von Natascha begleitete und schließlich Ruhe und Frieden in Remarques Leben brachte (Heirat mit Paulette am 25. 2. 1958; siehe die ausführliche Darstellung des Beginns und Verlaufs der Beziehung bei Julie Gilbert).

Da der Schlußteil des Romans in der Neufassung nicht vorliegt, bleibt offen, ob der Autor die Beziehungsproblematik von Ross/Ludwig Sommer zu Natascha/Maria Fiola wesentlich neu gestaltet hätte.

Aus *Robert Ross* wird *Ludwig Sommer*, wobei der Vorname *Ludwig* an *Ludwig Bodmer* aus *Der schwarze Obelisk*, einem in vielen Punkten erkennbaren *Alter ego* des Autors, erinnert. Den Namen *Ross* hatte Remarque schon in seinem Theaterstück *Die letzte Station* (1956) für den Haupthelden verwendet.

Der militante »Makkabäer« und erfolgreiche Anti-Nazi-Kämpfer *Harry Kahn* wird zu *Robert Hirsch*. Warum, bleibt eine noch offene Frage. Der Kunsthai *Silvers* wird zu *Reginald Black*, die Gebrüder *Lowy* zu den Gebrüdern *Silver*. Weiterhin werden die Nebenfiguren *Vriesländer/Warwick* zu *Tannenbaum/Smith*, *Betty Stein* zu *Jessie Stein*, *Dr. Gräfenheim* zu *Dr. Bosse*. Fazit: Eine mehr oder weniger vollständige Umbenennung des »Personals« des Romans.

Zu 2:

Eine völlige Neukonzeption des Endes legen mehrere Notizzettel dar. In Remarques Neufassung des Romans spielt der Mord an Sommers *Vater* eine große Rolle, der in der Droemer Knaur-Fassung überhaupt keine Erwähnung findet. Es heißt in einem Typoskript:

> Meine [Sommers] Jugend war unter den Todesschreien des Vaters zusammengebrochen. Er hatte einen Tag lang geschrien, und ich wußte, wer ihn hatte ermorden lassen.[11]

Daraus folgt eine persönliche Racheverpflichtung für Ludwig Sommer, die er nach seiner Rückkehr nach Deutschland einlösen muß. Eine der mehreren Notizen über den geplanten Schluß lautet:

> Ende. Er trifft den Mörder seines Vaters. Will ihn schießen, wohin er seinen Vater geschossen hatte. Die Frau kommt dazu. Kotze? Er geht weg, grübelt, schießt ihn in den Bauch.
>
> Flieht. Niemand verfolgt ihn. Ein Jahr später hört er, daß

der Mörder wieder gesund ist, aber hinkt (schreibt ihm: Ich komme wieder). Oder hört, daß der Mörder ein Wrack geworden ist vor Angst.

Überlegt, ob zurück nach N. Y. vielleicht.[12]

Aber das ist wohl noch nicht die letzte Überlegung Remarques für das Roman-Ende. In einer weiteren Notiz heißt es:

Sommer ... wird verhaftet, als er einen alten Paß in Deutschland beantragt, 7 Jahre Zuchthaus (Richter: wir müssen wieder Discipline einführen (zur Zeit der Persilscheine). S. hängt sich auf.[13]

Aus diesen Hinweisen ergibt sich zweifelsfrei, daß Remarque das persönliche Rachemotiv bzw. die Verpflichtung zur persönlichen Rache mit einem abschließenden Negativ-Urteil hinsichtlich der Bewältigung der NS-Verbrechen durch die BRD-Justiz verknüpfen wollte. Die Desillusionierung über seine frühere Heimat war letztlich ein entscheidendes Motiv für seinen letzten Roman und in gewisser Weise ein literarisches Vermächtnis an die »neue« Bundesrepublik Deutschland. Aber wer hätte das lesen wollen?

Inzwischen war schließlich das Jahr 1970 erreicht, und die Bundesrepublik eine sich selbst lobende, erfolgreiche demokratische Gesellschaft.

V.

Remarque geht es in seinem letzten Roman-Projekt um mehrere Themen, die eine sehr unterschiedliche Gewichtung in den beiden Fassungen erhalten:

1. Das Natascha-Problem als bittere Konsequenz der nicht realisierbaren Liebe und als autobiographische Schilderung der Liebesqualen des Autors, möglicherweise erheblich zurückgenommen in der zweiten Fassung durch die Figur der Maria Fiola.

2. Die neugierige, anerkennende, aber auch kritische Schilderung von Milieu und Kultur der USA, insbesondere mit der positiven Würdigung der Aufnahme der Exilanten in einer Umgebung, in der nicht mehr die alltäglichen Gefahren europäischer Exilländer lauerten.
3. Die Satire über Kunsthändler und Antiquare, wobei Remarque mit der Beschreibung seines Expertentums für chinesische Bronzen und französische Impressionisten (aus eigener Sammeltätigkeit) brilliert. Hier wird man unmittelbar an die zum Teil liebevolle und zum Teil beißende Satire in *Der schwarze Obelisk* erinnert.
4. Die bittere Hollywood-Satire über eine Traumwelt, die die Verbrechen des Faschismus in Filmen nur als »spannende Abenteuer« behandelt und nichts begreift.
5. Das Problem der entwurzelten Emigranten, die sich nicht zur kulturellen Integration als neues Lebensziel in den USA entschließen können (sowie das Gegenteil: die etwas verkrampft geschilderte Assimilation eines Vriesländer/Warwick). Die Nostalgie der Erinnerung der Emigranten an frühere Zeiten (Betty Stein und ihr Berliner Salon sowie dessen Neuauflage für bedürftige Emigranten in New York).
6. Das durchgängige Problem der Enttäuschung der Emigranten über das deutsche Volk, das bis zum bitteren Ende der totalen Niederlage »ihre« Nazis mit »rattenhafter Wut« verteidigt hat; die Generäle, die zur Vollstreckung sinnloser »Morde« (unter dem Deckmantel der Vaterlandsverteidigung) bereit waren.
7. Das Problem der »Rache« an den Tätern nach dem bevorstehenden Kriegsende – orestische Getriebenheit, stille Resignation oder Verzweiflung wegen der Unlösbarkeit des Problems (Selbstmord von Kahn).

Die Kritik hat mit Recht konstatiert, daß Remarque die Integration der vielfältigen Themenkomplexe in Handlung und Charakterzeichnung seiner Figuren in der vorliegenden Fassung nicht gelungen ist. Es bleibt eine offene Frage, ob ein Ludwig Sommer der Neufassung mit dem skizzierten Ende eines Scheiterns an der deutschen Nachkriegsgesellschaft mehr Sinn und Perspektive geboten hätte: Der Emigrant, dem von den Nazis bitteres Unrecht geschehen ist und der seine Racheverpflichtung nicht mit den Mechanismen des wiedererstandenen »Rechtsstaats« in Einklang bringen kann. Unstreitig bleibt, daß Remarque an seinem Lebensende zutiefst verletzt und enttäuscht war über die westdeutsche Restaurationsmentalität und das Verdrängen der Naziverbrechen.

Natürlich ist es eine unbeantwortbare Frage, ob in der Neufassung die im folgenden zitierte Passage aus dem Schlußkapitel der Droemer Knaur-Fassung Bestand gehabt hätte, aber vom Tenor her scheint es letztlich das Vermächtnis des exilierten Deutschen Remarque an die Deutschen zu sein, wie es sich ähnlich in den Schlußkapiteln von *Der schwarze Obelisk* (1956) und *Die Nacht von Lissabon* (1963) findet:

> Die schwerste Enttäuschung war die Rückkehr, sie war eine Rückkehr in die Fremde, eine Rückkehr in Gleichgültigkeit, versteckten Haß und Feigheit. Niemand erinnerte sich mehr daran, zur Partei der Barbaren gehört zu haben. Keiner übernahm die Verantwortung für das, was er getan hatte. Ich war nicht mehr der einzige mit einem falschen Namen. Es gab jetzt viele Hunderte, die rechtzeitig ihre Pässe umgetauscht hatten und eine Emigration von Mördern bildeten.
>
> ... niemand konnte sich an Namen erinnern; niemand an seine Taten; viele nicht einmal daran, daß Konzentrationslager existiert hatten. Ich stieß auf Schweigen, auf Mauern von Angst und Ablehnung. (S. 490/491 der vorliegenden KiWi-Ausgabe).

Osnabrück 1995 — Tilman Westphalen

Anmerkungen

1 E. M. Remarque, auf einem Notizzettel im Nachlaß, abgelegt bei den Textentwürfen zu seinem letzten Roman (vermutlich 1968–69). Remarque-Collection, New York, Fales Library, 1.214.0207 (Mikrofilm im Remarque-Archiv).

2 *Kölnische Rundschau*, 22. 4. 1971, Artikel von Anne Rose Katz.

3 Rolf Seeliger. In: *Spandauer Volksblatt*, 9. 5. 1971. Hervorhebungen von T. W.

4 »Remarques letzter Roman«, Droemer Knaur Information 311/71 (20. 4. 1971).

4a »Über den Autor Erich Maria Remarque«, Droemer Knaur Information 310/71 (20. 4. 1971).

4b Siehe auch den Beitrag von Marc Wilhelm Küster im Erich Maria Remarque-Jahrbuch V/1995.

4c Hans Wagener. *Understanding Erich Maria Remarque.* Columbia, SC: University of South Carolina Press, 1991, S. 114 (Übersetzung T. W.).

5 »Abgerutscht in die Trivialität«, *Spandauer Volksblatt*, 3. 10. 1971.

6 25. 7. 1971.

7 »Eleganter Schmerz, der uns nicht berührt«, 22. 7. 1971.

8 Christine R. Barker and R. W. Last. *Erich Maria Remarque.* London: Wolff, 1979, S. 143 ff. (Übersetzung T. W.).

9 Richard Arthur Firda. *Erich Maria Remarque. A Thematic Analysis of his Novels.* New York: Peter Lang, 1988, S. 261 ff.

Harley U. Taylor, Jr. *Erich Maria Remarque. A Literary and Film Biography.* New York: Peter Lang, 1988, S. 257 ff.

10 Hans Wagener. *Understanding Erich Maria Remarque.* A.a.O., S. 106 ff. (Übersetzung T. W.).

11 Remarque-Collection (R-C) 1.204, S. 48 (Mikrofilm im Remarque-Archiv); auch die Hinweise auf die völlige Veränderung des geplanten Endes verdanke ich der Arbeit von Marc Wilhelm Küster (s. o.).

12 R-C 1.212/001.0033. Frau Claudia Glunz, Remarque-Archiv Osnabrück, hat in Ergänzung der Arbeit von Marc Wilhelm Küster die z. T. schwer entzifferbaren Notizen vorbildlich transkribiert.

13 R-C 1.212/003.0063